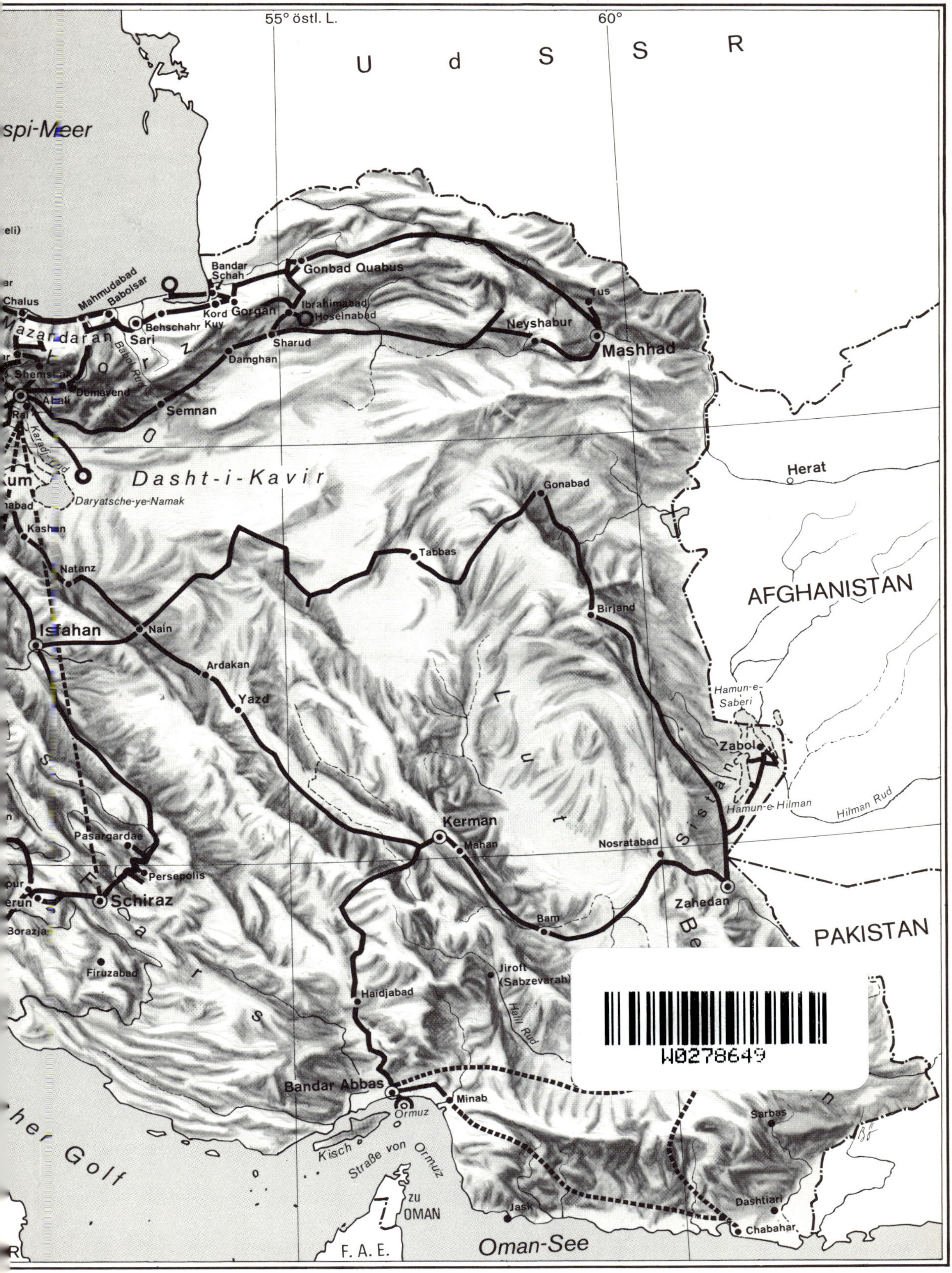
55° östl. L.
60°
U d S S R
spi-Meer
Bandar Schah
Gonbad Quabus
Tus
Chalus
Mahmudabad
Babolsar
Kord Kuy
Gorgan
Ibrahimabad
Hoseinabad
Mazandaran
Sari
Behschahr
Babol Rud
Sharud
Neyshabur
Mashhad
Damghan
Shemsrak
Demavend
Semnan
Karadj Rud
Dasht-i-Kavir
Daryatsche-ye-Namak
Kum
Kashan
Herat
Gonabad
Tabbas
Natanz
AFGHANISTAN
Birjand
Isfahan
Nain
Ardakan
Yazd
Lut
Hamun-e-Saberi
Zabol
Hamun-e-Hilman
Hilman Rud
Sistan
Kerman
Mahan
Nosratabad
Pasargardae
Persepolis
Schiraz
Fars
Zahedan
Bam
PAKISTAN
Borazja
Firuzabad
Jiroft (Sabzevarah)
Halil Rud
Haidjabad
Bandar Abbas
Minab
Ormuz
Kisch
Straße von Ormuz
Sarbas
Golf
zu OMAN
Jask
Dashtiari
Chabahar
Oman-See
F. A. E.

Hans-Otto
Meissner

Abenteuer Persien

C. Bertelsmann Verlag

Vorsatzkarte Adolf Böhm

Leider gibt es keine einheitliche Schreibweise für persische Namen in den europäischen Sprachen. Der Autor hat daher versucht, die Aussprache persischer Namen möglichst genau unserem Alphabet anzupassen.

Fotonachweis

B. Baniahmad, Teheran: S. 69, 87, 296 unten; Informationsministerium des Iran, Teheran: S. 17, 88, 225 oben, 244, 296 oben; R. Oertel, Teheran: S. 243. Alle übrigen Fotos vom Verfasser

München, Gütersloh, Wien
Gesamtherstellung Mohndruck Reinhard Mohn OHG, Gütersloh
Printed in Germany · ISBN 3-570-02327-3

Inhalt

Die sieben Gesichter des Iran

Iran, in früheren Zeiten als Persien bekannt, ist sechsmal größer als die Bundesrepublik Deutschland. Mit einer Ausdehnung von mehr als 1,6 Millionen Quadratkilometern bedeckt das Iranische Reich ungefähr die gleiche Fläche wie ganz Europa ohne die skandinavischen und sozialistischen Staaten. In diesem weiten Gebiet erlebt der Reisende sieben völlig verschiedene Landschaften. Nirgendwo sonst sind innerhalb der gleichen Staatsgrenzen so krasse Gegensätze vereint. Als wir in Bandar Abbas am Persischen Golf unter 39 Grad Hitze stöhnten, mußten die Bewohner Kermans drei Kältegrade ertragen. Kaum zu durchquerende tiefgrüne Wälder schmiegen sich an die Nordhänge des Alborz-Gebirges, ein schier endloses Sandmeer dagegen ist die vollkommen leblose, tischflache, von allen Menschen gemiedene Wüste Lut. 5654 Meter hinauf in den Himmel erhebt sich der Demavend, höchster Gipfel zwischen dem Himalaya im Osten und den südamerikanischen Anden im fernen Westen. Von seinen Schultern schaut man hinab auf die Küste des Kaspi-Meeres, das 20 Meter unter dem Meeresspiegel liegt. Kokospalmen, Bananenstauden und saftige Feigen entlang der Südküste; Olivenhaine und Maulbeerbäume in mittleren Gebirgslagen; knorrige Eichen, von Stürmen zerzauste Nadelhölzer reichen bis fast 3000 Meter hinauf; noch höher klettern an sonst kahlen Hängen die knisternd dürren Dorngewächse. Tiefer Schnee liegt ein halbes Jahr lang und noch länger im Hochgebirge. Zur selben Zeit herrscht im weitaus größten Teil des Landes wohltuende Wärme, und goldgelb strahlt die Sonne vom Himmel.

Ein Land der Kontraste in jeder Hinsicht. Gestern noch haben Fluten des Schmelzwassers die Brücke auf unserem Weg nach Hamadan fortgerissen, auf dem Rückweg werden wir von einem Sandsturm aufgehalten. Wo ich auf der Reise im Oktober nur einen Talboden in trostlos graubraunen Farben gesehen habe, breiten sich jetzt im Mai saftige grüne Wiesen aus. Damals keine Spur vom kleinsten Rinnsal, nun aber sprudeln durch die gleiche Gegend blitzende Bäche. Von Karadj bis Chalus stehen die Mandelbäume in Blüte, überhaupt sind wesentliche Teile Persiens in Paradiese verwandelt. So muß es zumindest den Bewohnern erscheinen, da sie in den übrigen elf Monaten des Jahres kaum ein grünes Blatt zu Gesicht bekommen.

Wer nicht glaubt, daß Menschen eine Sommerhitze bis 55 Grad Celsius (im Schatten!) aushalten können, der besuche während des Juli und August die Ortschaften am Persischen Golf, auch die sengendheißen Gebiete nahe der afghanischen Grenze. Dort wagen sich die Menschen erst nach dem Sinken der Sonne aus dem schützenden Schatten und kehren baldmöglichst von der notwendigsten Arbeit zurück ins Halbdunkel ihrer Häuser. Andere Iraner leben ganzjährig in windigen, nur schwer erreichbaren Hochtälern des Alborz, auch in den Bergen von Luristan, Kurdistan und Azerbeidjan, wo ihre Hausdächer während des Winters von meterhohem Schnee bedeckt sind. An so manchen Morgen müssen sich die Bewohner den Weg nach draußen freischaufeln.

In diesem Land der klimatischen und geographischen Gegensätze leben – sehr ungleichmäßig verteilt – nach der letzten Schätzung 33 Millionen Menschen, deren Zahl sich jedes Jahr um etwa drei Prozent vermehrt. Bei der Volkszählung von 1956 waren es knapp 20 Millionen, zehn Jahre später schon 26 Millionen. Welch rasche Vermehrung das bedeutet, ist beim Betrachten jener Schätzung der iranischen Bevölkerungszahl zu erkennen, die fremde, in Persien lebende Ärzte seinerzeit aufgestellt haben. Danach gab es im Jahre 1873 nur fünf Millionen, 1888 ungefähr neun Millionen Menschen innerhalb der damaligen wie heutigen Grenzen des Iran. Vor der Jahrhundertwende lebte kaum der zehnte Teil der Bevölkerung in den Städten. Heute sind es 13,5 Millionen, während noch 19,5 Millionen auf dem Lande leben. Binnen wenigen Jahren ist zu erwarten – aber nicht erwünscht –, daß mehr als die Hälfte der Iraner zu Stadtmenschen geworden sind.

In der Zentralprovinz Teheran beträgt die Siedlungsdichte 48 Menschen pro Quadratkilometer, in Sistan und Iranisch Belutschistan nur zwei. So gut wie niemand lebt in den großen Wüsten. Fürs ganze Land beträgt der Durchschnitt pro Quadratkilometer 13 Personen. Bei uns sind es nach dem neuesten Stand 260 Bundesbürger, die sich auf einem Quadratkilometer zusammendrängen.

In den meisten Ländern unserer Erde wird der Rückgang, oft sogar das endgültige Verschwinden freilebender Tiere beklagt. Nicht so im modernen Persien. Hier hat man sich gerade noch rechtzeitig um die Rettung der einheimischen Tierwelt bemüht und zwar durch energische, drastische und damit erfolgreiche Maßnahmen. Der Wunsch des Kaisers, die Sachkenntnis seines Bruders, des Prinzen Abdoreza, sowie die unermüdliche Schaffenskraft des Staatssekretärs Eskander Firouz stehen dahinter. Strenge Gesetze, wirksame Kontrollen und 54 Wildschutzgebiete mit insgesamt 70000 Quadratkilometer haben verblüffende Erfolge möglich gemacht. Viele hundert Steinböcke der iranischen Art (Capra hircus) habe ich am gleichen Tage gesehen. Ebenso zahlreich erschienen die Urialschafe an Berghängen des Nordens und Südens. Iranisches Rotwild, dort Maral genannt, erreicht an Gewicht und Geweih bewundernswerte Stärke. Wildschweine sind in bewaldeten Regionen massenhaft zu Hause. Weil bekanntlich die Mohammedaner kein Schweinefleisch verzehren, leben Keiler, Sauen und Frischlinge auch in bejagten Gebieten ungestört. Bis noch zu Anfang der fünfziger Jahre hielt man den Persischen Damhirsch – größer als der europäische mit schmaleren Schaufeln – für endgültig ausgestorben. Dennoch wurden eines Tages geringe Restbestände in einem menschenfernen Rückzugsgebiet von der Expedition des jungen deutschen Zoologen Werner Trense entdeckt. Es gelang, aus einigen gefangenen Tieren – zum Teil im Opel-Gehege bei Frankfurt – einen Bestand von heute etwa hundert dieser seltenen Geschöpfe aufzubauen, die nun auf drei verschiedene Reservate verteilt sind.

Braunbären tummeln sich im Waldgestrüpp des Alborz, angeblich ist auch der lange verschwundene Schwarzbär wieder aufgetaucht. Die Leoparden haben beachtlich zugenommen, ebenso die nur wenigen Menschen bekannte Iranische Wildkatze (Felis manul). Auch vom Cheetah, dem Geparden, kann heute gesagt werden, daß innerhalb der persischen Grenzen keine Gefahr für ihn besteht. Was den Tiger betrifft, der früher in den Kaspi-Provinzen Gilan und Mazandaran zu Hause war, besteht immerhin die an Gewißheit grenzende Hoffnung, daß er wieder aufgetaucht ist. Jedenfalls wurden Fährten des gestreiften Raubtiers mehrfach bestätigt. Den Persischen Löwen, in romantischen Berichten (und von Karl May) »Silberner Löwe« genannt, wird man in einem besonders für ihn geschaffenen Schutzgebiet einbürgern. Ein paar hundert der asiatischen Löwen waren der allgemeinen Ausrottung dank der Fürsorge eines indischen Maharadjas entgangen, der sie in seinem riesigen Jagdrevier bei Giri beschützen ließ. Von dort sollen nun zwölf ausgewählte Exemplare ins persische Reservat Dasht-e-Ban übersiedeln.

Auch für die Wildesel, die Onager, kam die Rettung im letzten, allerletzten Augenblick. Erbarmungslos hatte man in alten Zeiten die Vorfahren aller zahmen Esel verfolgt. Nun leben in drei geschützten Zonen wieder 1100 und bald noch mehr.

Die Liste läßt sich seitenlang fortsetzen. Zu den geretteten, erhaltenen und vermehrten Tieren der freien Wildbahn gehören die Sumpfkrokodile (Crocodylus palustris) in den Flüssen Sarbas und Dashtiari, der Kaukasische Spielhahn (Chyrurus mlokosiewiczi) im Hochgebirge an der sowjetischen Grenze (erst im Juni 1971 entdeckt), zwei Gazellenarten, die verschiedensten Arten von Raubvögeln und sogar seltene Fische im Kaspi-Meer.

Was alles im iranischen Boden ruht, ist noch längst nicht bekannt. Je weiter sich die Forschung ausdehnt und tiefer in die Erde eindringt, desto mehr Bodenschätze werden entdeckt. Iran hat ungefähr alles, was die moderne Industrie an Rohstoffen braucht. Die Gewinnung steht erst am Anfang, neue Projekte werden bis weit in die Zukunft geplant. Riesige Dammbauten verwandeln bisheriges

Wüstenland in wertvolle Weiden und fruchtbares Ackerland. Aufs neue entstehen Wälder, wo es sie vor tausend oder zweitausend Jahren gegeben hat. Menschliche Unvernunft hatte sie vernichtet. Die Vernunft des modernen Iran und die Geldmittel aus dem Öl werden im Verlauf der nächsten zwölf bis zwanzig Jahre weite Teile des Landes wieder mit grünen Wäldern bedecken.

»Wenn auch das jüngste meiner vier Kinder erwachsen ist«, sagte mir die Kaiserin, »werden sich rings um Teheran rauschende Wälder ausbreiten.«

Rascher noch wachsen die Bohrtürme und Raffinerien, die modernen Feuertempel des Erdöls. Wahrlich ein Gottesgeschenk aus dem Innern der Erde. Das iranische Volk wird auf dem dunklen Strom dieser brennbaren Flüssigkeit einer großen Zukunft, einem bisher nie erlebten Wohlstand entgegengetragen. Die Einnahmen aus dem Öl sind in den Jahrzehnten zuvor ständig und immer steiler gestiegen. Seit Ende 1973 bringen sie drei- und vierfachen Gewinn. Schon hat die Wachstumsrate des Bruttosozialproduktes den seinerzeitigen Jahresrekord des deutschen und japanischen Wirtschaftswunders hinter sich gelassen. Iran ist auf dem besten Weg, eine wirtschaftliche und auch militärische Großmacht zu werden. Öl ist bis auf weiteres das Lebenselixier des Landes. Es rinnt durch alle Adern des politischen, wirtschaftlichen und kulturellen Lebens. Jeder spürt den Strom, jedes Mitglied einer jeden Familie, bis zum letzten Winkel des weiten Staatsgebietes.

Im Jahr 1920 betrug – in Realwerten ausgedrückt – das Pro-Kopf-Einkommen der Iraner nur 22 US-Dollar. Die Einnahmen der noch relativ geringen Ölproduktion flossen fast restlos in die Taschen fremder, meist englischer Ölgesellschaften. Als sich um das Jahr 1963 der Ölsegen für die Iraner selbst auszuwirken begann, stieg das Pro-Kopf-Einkommen auf 150 Dollar, bis 1972 auf 500 Dollar und erreichte 1975 pro Kopf der Bevölkerung 820 Dollar. Es steigt weiter und weiter und weiter.

1920 gab es in ganz Persien nur 10 Krankenhäuser mit insgesamt 200 Betten. So war praktisch eine medizinische Versorgung gar nicht vorhanden. 1960 existierten immerhin 300 Hospitäler mit 17000 Betten, 1970 waren es 407 Krankenhäuser mit 33000 Betten. Zur Zeit bestehen 550 Hospitäler mit 45000 Betten und über 12000 Ärzten. Aber der Schahanschah hat vor kurzem erklärt, daß er noch längst nicht zufrieden sei.

Im Jahre 1921, gegen Ende der unfähigen Kadjaren-Dynastie, wurden in ganz Persien nur 40000 Schüler in der Kunst des Lesens wie Schreibens unterrichtet. Das geschah fast nur in Privatschulen, in den Koran-Schulen oder durch Hauslehrer. 1941, nachdem Reza Schah Pahlevi, Vater des heutigen Herrschers, 15 Jahre regiert hatte, besuchten immerhin 400000 Kinder eine öffentliche Schule. Wieder 15 Jahre später waren es schon 1,6 Millionen, und heute sind es 3,4 Millionen Buben und Mädchen, die Lesen und Schreiben lernen. Ihnen stehen 29000 Schulen zur Verfügung. Bis 1980, so wünscht der Kaiser, wird jede Ortschaft mit über 300 Bewohnern mindestens eine Schule besitzen – und bisher wurden alle Planziele erreicht, oft sogar weit übertroffen.

Zwei Drittel der Weltbevölkerung sind Analphabeten, in manchen Ländern Asiens, Afrikas und Südamerikas bis 90 Prozent. In Persien, das mit seinem Schulwesen praktisch auf der Nullstufe begonnen hatte, besuchten 1974 nur etwa 15 Prozent Kinder der entsprechenden Altersstufe noch keine Schule. Bis zum Jahr 1980 wird auch dieser Rest von der Schulpflicht erfaßt sein. Schwieriger ist es mit den älteren Leuten, die niemals Unterricht erhielten. Von diesen haben 1,5 Millionen von Abendschulen und dem Erwachsenenunterricht Gebrauch gemacht und dabei Lesen wie Schreiben gelernt. Es wird aber, solange diese Generation noch lebt, immer ein Rest von Analphabeten übrigbleiben.

An den drei Universitäten Teherans und den sieben Universitäten im übrigen Land werden z. Z. 125000 Studierende ausgebildet. Etwa 20000 Absolventen verlassen jedes Jahr die Hochschulen. Ebenso viele Iraner studieren im Ausland, davon ungefähr die Hälfte auf Kosten der Staatskasse. Aller Unterricht, vom Kindergarten über Volksschulen und Mittelschulen, auch an Fachschulen und Gymnasien, ist kostenlos. Seit Mitte 1974 hat der großzügige Staat auch die Kosten für Privatschulen übernommen. Gegen Ende des gleichen Jahres wurde für alle Schulkinder des Iran freie Schulspeisung mit einer Mahlzeit verfügt.

Frei ist auch das Studium wie überhaupt jede akademische Ausbildung, wenn sich der Studierende verpflichtet, wenigstens fünf Jahre im Staatsdienst zu bleiben. Mediziner werden derart verwöhnt, daß sie – je nach den klimatischen und sonstigen Bedingungen der entsprechenden Gegend – »Härtezulagen« von monatlich 2000,– bis 4000,– DM erhalten, sogar noch mehr bei ausgedehnter Landpraxis. Dabei steht ihnen frei, durch eine Privatpraxis noch mehr zu verdienen.

Die Staatsführung des Iran, in diesem Fall besonders die Kaiserin, weiß, was sie der Vergangenheit schuldig ist. Es wird restauriert, repariert und gerettet wie nirgendwo sonst in einem Land uralter Kultur. Längst vergessene Ruinen hat man wiedergefunden, ausgegraben, hergerichtet und Besuchern zugänglich gemacht. Tempel der Archämeniden, Kulturstätten der Urzeit, dreitausendjährige Stufenpyramiden, steinzeitliche Siedlungen gelangen aus der Tiefe ans Tageslicht. Die Schahbanu, seit ihrem Studium der Architektur in Paris leidenschaftliche Archäologin, entwirft die Pläne für Museumsbauten, beschafft die Gelder für das Freilegen versunkener Kulturen und treibt immer neue Unternehmen voran.

Weil die iranischen Fachleute nicht ausreichen, sind italienische Gastarbeiter mit der Reparatur von Mosaiken, auch als Vergolder, Stukkateure und Freskomaler in Persien beschäftigt. Deutsche Archäologen haben die uralte Burg, die Tempel und Paläste von Takht-i-Suleiman, auf 2600 Meter Bergeshöhe freigelegt und zahlreiche wertvolle Funde gemacht. Franzosen sind um die Wiederherstellung des auf das siebente Jahrhundert zurückgehende armenische Kloster St. Thaddäus, genannt Kara Klissi, bemüht. In dieser Hinsicht ist so viel, so unendlich viel geschehen, daß interessierte Besucher aus dem Abendland wohl ein halbes Jahr im Lande reisen müßten, um nur die wichtigsten Zeugen fünftausendjähriger Kultur zu sehen.

Man rollt von der nordwestlichen Ecke des Iran bis in den tiefen Südosten, vom Kaspi-Meer zum Persischen Golf und von Kurdistan nach Khusistan immer über Asphalt. Benzin kostet etwa ein Viertel unserer Preise. Die Sicherheit kann nicht besser sein, obwohl noch Reza Schah und selbst der heutige Schah bis gegen Ende der fünfziger Jahre regelrechte Feldzüge gegen gutorganisierte Banditen führen mußten. Es ist heute in iranischen Großstädten sicherer als bei Nacht in Frankfurt, Berlin, München und sehr viel besser als bei Tage in New York. Lebensgefährlich dagegen ist der motorisierte Verkehr in Teheran, wo es für jeden Fremden gesünder ist, ein Taxi zu nehmen, als selber zu fahren.

Von den Restaurants, den Gasthäusern, auch von den sogenannten Teehäusern muß man sagen, daß sie fast ohne Ausnahme ein Muster an Sauberkeit sind. Peinlich überrascht wird man eigentlich nur beim Betreten der Abtritte. Von den Hotels, überhaupt von den Möglichkeiten der Übernachtung, ist zu berichten, daß sie nur selten dem Standard des internationalen Tourismus entsprechen. Zwar sind die modernen Häuser gut gebaut, waren bei ihrer Fertigstellung auch mit allen Bequemlichkeiten ausgestattet, in Einzelfällen sogar mit Luxus. Was jedoch fehlt, ist das Management, denn nur sehr wenige der meist jugendlichen Chefs haben zweckentsprechende Erfahrung gesammelt. Es fehlt an geschultem Personal und halbwegs tüchtigen Technikern, die imstande sind, elektrische, hygienische und sonstige Funktionen eines Hotels zu erhalten. Wo der Hahn tropft, der Stöpsel geklaut ist, die Glühbirne nicht brennt und das Fenster klemmt, bleibt es so und ändert sich nicht, es sei denn zum Schlechteren. Die Kenntnis fremder Sprachen, auch des Englischen, ist meist dürftig, oft nicht in Ansätzen vorhanden. Die Speisekarte ist kurz und alle Tage gleich, und oft gibt es nicht einmal, was darauf steht.

All das und noch vieles mehr sind Schwierigkeiten der Infrastruktur. Bei so rasend rascher Entwicklung kann es kaum anders sein. Ist doch das Tempo sehr verschieden, mit dem die Iraner, jeder einzelne für sich, in die vielversprechende Zukunft eilen. Dabei können Versäumnisse, hemmende Elemente wie Unvollkommenheit gar nicht vermieden werden. Aber die Masse solch kleiner Mängel kann des öfteren den Abendländer zur Verzweiflung treiben.

Man muß sich jedoch bei ruhiger Überlegung sagen, daß die Iraner dabei sind, während nur einer Generation etwa die gleiche Entwicklung zu leisten, für die unsere Vorfahren zwei bis drei Jahrhunderte gebraucht haben. Vom Esel aufs Motorrad, vom Kamel in die Luft, vom Märchenerzähler zum Fernsehen. Welch fabelhafte Veränderung binnen so kurzer Zeit auf diese Menschen einstürmt, ist für unsereinen kaum vorstellbar.

Wer Persien vor den Ereignissen des Sommers 1941 besucht hat, auch vor ungefähr zwanzig Jahren noch und kommt nun ins moderne Iran, wird zunächst nicht glauben, daß er wieder im gleichen Land ist. So sehr hat sich fast alles verändert. Selbst die Landschaft wurde durch Bewaldung, Bewässerung und neuerdings entwickeltes Weideland teilweise verändert. Anfangs kennt man sich kaum noch aus.

Jedenfalls ist es mir so ergangen. Ich habe das alte Persien vom Kaspi-Meer bis zum Persischen Golf durchquert und kann deshalb bis zu einem gewissen Grad zwischen seinerzeit und heutigentags Vergleiche ziehen. Äußerlich gesehen gab es vor etwa dreißig Jahren nur wenige Menschen, die Schuhe an den Füßen trugen. Nun dürfte es schwerfallen, einen barfüßigen Iraner zu finden. Die meisten gingen mit Lumpen bekleidet, jetzt ist nur ganz selten noch ein zerlumpter Mensch zu erblicken, und der ist selbst daran schuld. Vielen, sehr vielen Leuten war früher anzusehen, daß sie ständig von Hunger geplagt wurden, daß sie am Rande des Existenzminimums dahinlebten. Heute hat jeder genug zu essen, zumal die Grundnahrungsmittel staatlich subventioniert und deshalb so preiswert sind, daß wirklich keine Familie zu darben braucht. Alles, was über das einfache Leben hinausgeht, hat jedoch seinen normalen, von Angebot und Nachfrage bestimmten Preis. Sündhaft teuer sind Luxusartikel jeder Art, weil sie mit hohen Steuern und Einfuhrzöllen belastet sind, zum Beispiel importierte Autos bis dreihundert Prozent.

Löhne und Gehälter steigen jedes Jahr um reale 15 bis 25 Prozent. Aber nicht die hohen Einkommen, vielmehr wird der bisherige Mindestlohn entsprechend gehoben. Die soziale Fürsorge und soziale Sicherheit bessern sich von Jahr zu Jahr. Üblich sind schon vierzehn Monatsgehälter und teilweise ist man bei fünfzehn angelangt. Eine Gewinnbeteiligung der Arbeitnehmer gilt seit Jahren als selbstverständlich.

Selbstverständlich ist ebenfalls, daß ein Staat und Volk bei so rascher, so alles umfassender Verwandlung nicht an sämtlichen Seiten und Ecken glänzen kann. Nicht jede Neuerung hat zum gewünschten Erfolg geführt, auch hat sich manche Berechnung als falsch erwiesen, und viele, sogar sehr viele Iraner sind mehr an ihrer behaglichen Ruhe interessiert, als daran mit fleißiger Arbeit den Fortschritt der Nation zu fördern. Protektion belastet Betriebe und Behörden mit

Nullfiguren, die nichts leisten und nichts dazulernen. Korruption ist nicht völlig ausgerottet, sondern wagt trotz aller Gegenmaßnahmen in jüngster Zeit wieder das Haupt zu erheben.

Diese Negativa sind wohl zwangsläufige Begleiterscheinungen des stürmischen Vorwärtsdranges einer ganzen Nation. Schon zweimal in ihrer fast fünftausendjährigen Geschichte ist diese Nation eine Großmacht gewesen. Wenn nicht alles täuscht, steht nun das iranische Volk zum dritten Male vor einer großartigen und glänzenden Zukunft.

Teheran

Wollte jemand behaupten, daß Teheran keine schöne Stadt ist, hat er nie den Anflug um Mitternacht erlebt. Da sind die grellen Reklamen ausgeschaltet, aber die vielen tausend, vielleicht hunderttausend Straßenlampen leuchten. Schwebt der Riesenvogel aus dunkler Nacht zum Flughafen Mehrabad hinunter, liegt vor den Augen der Ankommenden ein meilenweiter Teppich flimmernden Lichtgewebes. Die klare Luft des Hochlandes, die samtschwarze Umgebung der Metropole, dazu der matte Silberschimmer des über 5654 Meter ansteigenden Gebirges verleihen der funkelnden Fläche besondere Wirkung. Die goldenen und amethystblauen Leitlinien bilden ein engmaschiges Netz, das vor Energie und Erregung zu zittern scheint.

Sonst aber hat, es muß leider gesagt werden, das Stadtbild von Teheran schöne Anblicke kaum zu bieten. Das hat historische, aber in letzter Zeit vorwiegend wirtschaftliche Gründe. Früher zerfiel Persien in zahlreiche Provinzen, Fürstentümer, Emirate und sonstige private Interessengebiete, die schon wegen der weiten Entfernung von der Zentralregierung des jeweiligen Schah bestenfalls auf mittelbare Weise regiert wurden. Teheran hatte also keineswegs die entscheidende Bedeutung wie im heutigen Einheitsstaat.

Als Nasereddin Schah aus der Kadjarendynastie nach fast einem halben Jahrhundert eigenwilliger Regierung 1896 von Mörderhand zu Tode kam, schätzte man die Einwohnerzahl der Hauptstadt auf ungefähr 100000. Noch ein volles Vierteljahrhundert mußte vergehen, bis man in Teheran etwas mehr als 200000 Menschen vermuten konnte. Genau gezählt wurden sie natürlich nicht. Nach dem Wechsel der Dynastie und angeregt von Reza Schahs durchgreifenden Reformen ging es mit dem Bevölkerungszuwachs sehr viel rascher. Schon 1956 zählte man anderthalb Millionen Teheraner, zwölf Jahre danach über zwei Millionen. 1975 ist man bei 3,75 Millionen angelangt, mit wenigstens sechs Millionen ist bis 1985 zu rechnen.

Von allen Großstädten der Welt ist nur Tokyo mit Yokohama in etwa gleichem Tempo gewachsen. Viel aber hat dazu die Lage Tokyos am buchtenreichen Meer beigetragen und das reichlich in großen Flüssen aus dem Gebirge herabströmende Wasser. Außerdem ist Tokyo von einem der fruchtbarsten Gebiete Japans umgeben. Für Teheran fehlen diese drei Voraussetzungen. New York kann sich rühmen, eine ältere Stadt zu sein als Teheran. Gewiß, es hat an gleicher Stelle eine Siedlung, ein umwalltes Dorf mit bestenfalls tausend Menschen schon viel früher gegeben. Der spanische Diplomat Don Ruy de Clavijo, der 1404 zum vielgefürchteten Sultan Timur reiste, war der erste Abendländer, von dem man weiß, daß er Teheran besuchte. 1618 hielt sich ein Italiener für zwei oder drei Tage dort auf, doch sein Kommentar ist nur kurz. Zehn Jahre später gibt der – nach Isfahan – zur damaligen Hauptstadt durchreisende englische Botschafter Sir Dodmore Cotton die erste, kurze Beschreibung von »Tyroan«.

»Ich vermute, daß Tyroan dreitausend Häuser enthält, die aus luftgetrockneten, weißgetünchten Lehmziegeln gebaut sind . . . zwei Bäche strömen durch die Stadt. Es gibt Gärten und Baumgruppen und Mauern um einen Garten, wo bei Reisen des Königs-der-Könige die Zelte aufgeschlagen werden. (Die gleiche Lage wie der Gulestan-Palast und Park). Die Frauen sind lieblich und neugierig auf alles Fremde. Aber die eifersüchtigen Männer kontrollieren genau das leichtsinnige Temperament ihrer Töchter und Frauen.«

Weshalb nun Aga Mohammed Khan, der erste Schah aus dem Hause Kadjar, ein fast krankhaft grausamer Mann, im Jahre 1786 ausgerechnet Teheran zur neuen Hauptstadt seines Riesenreiches bestimmte, darüber streiten die Gelehrten noch heute. Jedenfalls verlor das schöne, viel zentraler gelegene Isfahan seine bisherige Bedeutung. Der Hof und die hohen Beamten begaben sich ins staubige, vorerst noch provinzielle Teheran.

Der erste Kadjaren-Schah weilte nur selten in Teheran. Fath Ali Schah, sein Nachfolger, der vor allem durch seinen meterlangen, schwarzglänzenden Bart und seine dreihundertfünfzig anerkannten Kinder berühmt wurde, hat weit mehr für den Ausbau der neuen Hauptstadt getan. Der französische Botschafter General de Gordane schätzt 1807 die Bevölkerung auf fünfzigtausend Menschen, sein Gegenspieler, der englische Botschafter James Morier, meint im gleichen Jahr, es seien nicht mehr als die Hälfte. Mohammed Schah, der dritte Kadjar, machte sich durch den Bau von unterirdischen Wasserleitungen verdient, den in Persien erfundenen *Kanaten*. Erst als Nasereddin 1848 zur Regierung kam, wurde Teheran zu einer wirklichen Stadt. Seine Auslandsreisen, die ersten eines iranischen Herrschers, regten den Schah zu einigen wenigen Reformen in seinem mittelalterlichen Land an. Er ließ eine Pferdetrambahn anlegen, gründete eine von Franzosen geleitete Mädchenschule, eine von den Engländern gebaute und betriebene Telegrafenlinie, die einerseits bis nach London und andererseits bis Kalkutta reichte. Belgier sollten die Post organisieren, Schweizer eine Staatsbank errichten, Schweden die Gendarmerie organisieren und Russen

Die kaiserliche Familie. Mohammed Reza Pahlevi Aryamehr, Schahanschah des Iran, vor ihm Prinzessin Fahranaz (geb. 1963), darüber Prinzessin Leila (geb. 1970), Kaiserin Farah, vor ihr Prinz Ali Reza (geb. 1966), links Kronprinz Kurosh (geb. 1960).

ein Eliteregiment ausbilden, die später so berühmte Kosakenbrigade. Österreicher wurden im Forstwesen beschäftigt, Deutsche bemühten sich um Nasereddins Artillerie, auch um die Anfänge der Industrie und einer Verwaltung nach preußischem Muster.

Jedoch alles nur im embryonalen Zustand. Mit dem Tode Nasereddins kam dies zaghafte Beginnen zum Stillstand. Seine Nachfolger auf dem Thron taugten wenig und leisteten nichts. Das Geschlecht der Kadjaren war verbraucht, obwohl es noch dreißig Jahre lang den fortschreitenden Verfall regierte.

Nur wenige Reste sind von damaliger Zeit im heutigen Stadtbild geblieben. Der Gulestan-Palast (auf deutsch »Rosengarten«), die Sepahsalar Moschee, der Baharestan Palast, heute ein Teil des Parlaments (Majlis), auch Shams-ol-Emareh, das »Sonnenhaus« Nasereddins und einige Privatpaläste, die heute ganz von modernen Bauten umschlossen sind. Noch andere Gebäude aus dem vorigen Jahrhundert wurden während der Regierungszeit Reza Schahs Ministerien und sind es teilweise noch.

Das schwierigste Problem war schon damals die Wasserversorgung. Gegen Ende der Kadjaren-Zeit gab es 34 öffentliche und 26 private Kanate mit einer durchschnittlichen Länge von 5 bis 10 Kilometern. Ein Kanat besaß sogar die Länge von 24 Kilometern. Zusammen lieferten sie 1540 Liter pro Sekunde, etwa vier Liter Trinkwasser pro Person und Tag. Aber für die rasch wachsende Bevölkerung konnte es nicht genügen. Hinzu kam steigender Verbrauch der neuen Industrien, der privaten und öffentlichen Gärten sowie der Bäder in modernen Haushalten. Ein Kanat von 52 Kilometer Länge wurde gegraben und Zysternen für gesammeltes Regenwasser angelegt. Ständig mußte man die Leitungen vermehren, vergrößern und verlängern.

Wie lebte man als Ausländer im alten Persien? Wie reiste man vor dem Ersten Weltkrieg von Berlin oder Wien dorthin?

Es fiel nicht schwer, zwei Deutsche, einen Schweizer und einen ehemaligen Gardeleutnant des russischen Zaren zu finden, die schon vor 1914 im »Land des Silbernen Löwen« ihren eigenen Haushalt gegründet hatten. Ihre Erinnerungen waren überwiegend positiver Art. Frau Schrieker, um mit ihr zu beginnen, hatte die Fahrt von Berlin nach Teheran als junges Mädchen schon 1912 angetreten, zum Besuch ihrer mit einem deutschen Forstmann verheirateten Schwester. Weil eine Achtzehnjährige damals unmöglich allein reisen durfte, hatte sich das Mädchen einem deutschen Ehepaar angeschlossen.

»Der Iran hat sieben Gesichter«, sagt man. Hier eine Kalkbrennerei wie in uralten Zeiten. Sie liegt über 2000 m hoch im zentralen Alborz-Gebirge, an der Paßstraße zwischen Gachsar und Chalus. Noch heute ist sie in Betrieb, gleichzeitig mit den allermodernsten Fabriken für Kalkgewinnung.

»Es war nicht so anstrengend, nicht so abenteuerlich oder gar lebensgefährlich, wie man heutigentages meistens glaubt«, erzählt mir Frau Schrieker. »Die Fahrt ging mit der Bahn von Berlin in kaum zwölf Stunden bis zur russischen Grenze, wo man der größeren Spurweite wegen in russische Schlafwagen umsteigen mußte. Sodann einen Tag und eine Nacht bis Moskau. Dort wohnten wir im Hotel »International« bis zur Abfahrt des Südostexpreß am folgenden Tage. Der führte Schlafwagen und Speisewagen, so daß es uns an gar nichts fehlte. Nach drei Tagen und Nächten erreichten wir Baku, am Westufer des Kaspischen Meeres, wo schon zu jener Zeit russisches Erdöl floß. Mit all unserem Gepäck, für das genügend Träger vorhanden waren, gingen wir an Bord eines Dampfschiffes. In etwa 20 Stunden überquerte es das Kaspi-Meer. In Enzeli, dem heutigen Bandar Pahlavi, betraten wir persischen Boden.«

Hier nun bestiegen die Reisenden zu vier bis acht Personen einen großen, gegen strömenden Regen, aber nicht gegen Staubwolken geschützten Reisewagen, der von vier, auf Bergpässen von sechs starken Pferden gezogen wurde. Drei Tage fuhr man in dieser schwankenden Kutsche, wenn das Wetter nicht zu schlecht und die Pässe nicht zugeschneit waren. Für die Mahlzeiten und Nachtquartiere blieb man in gut verproviantierten Rasthäusern. Die Organisation lag ganz in russischen Händen, und dem gleichen russischen Unternehmen gehörten die Rasthäuser. Es beförderte auch Post und Pakete bis zum persischen Postamt in Teheran.

Die Ausländer holten sich Verpflegung europäischer Art in Magazinen – Supermärkten, würde man heute sagen –, die ebenfalls von russischen Kaufleuten eingerichtet waren. Natürlich gab es dort mangels Tiefkühltruhen nur Nahrungsmittel, die auch bei längerer Lagerung nicht verdarben.

Vor 1914 existierte in Teheran nur ein Hotel gehobenen europäischen Stils, das »Hotel de France«. Es war der gesellschaftliche Mittelpunkt für die etwa 700 Fremden. Dort tagten die Clubs, dort gab es Konzerte, dort wurde am Samstagabend getanzt. Meist lebten die Junggesellen in einer Pension, die Deutschen in einem deutschen Hause, die Schweizer in einer Schweizer Pension und die Engländer in einem typisch englischen Boardinghouse. Jede fremde Gesandtschaft – Botschaften gab es noch nicht – hatte ihren Gesandtschaftsarzt. Der betreute außer dem Personal seiner Behörde auch die in Teheran lebenden Landsleute.

Dennoch starben viele Fremde in jungen Jahren, auch im sogenannten besten Alter, meist an schwerer Malaria, an Typhus oder an plötzlich auftretenden Magenleiden. Auf dem alten Friedhof für ausländische Christen, der jetzt in einen Park verwandelt wird, liegen unter anderem ein Dutzend Deutsche, die zur Kadjaren-Zeit bis in höchste Staatsstellen, auch zum Rang von Generalen gelangt sind. Grabplatten und Gebeine von Toten, die man als historische Persönlichkeiten betrachten kann, sollen in den alten Park der neuen Residenz des bundesdeutschen Botschafters gebracht werden. Dazu gehört auch der in Südpersien von dem Iran-Kenner und Schriftsteller Hermann Schaefer kürzlich entdeckte Grabstein des Freiherrn von Minutoli, der als erster preußischer Gesandter 1864 während einer Dienstreise an Malaria gestorben war.

Jenes junge Mädchen, das achtzehnjährig nach Teheran gekommen war, stand bald am Sterbebett der Mutter von drei Kindern. Nach Lage der Dinge konnte nicht ausbleiben, daß sie die Frau des Witwers wurde. Die Familie lebte, weil Forstmeister Schrieker die Wälder an den Nordhängen des Alborz zu betreuen hatte, nicht weit von der Kaspi-Küste in einem von Ausländern selten besuchten Teil des Landes. Zum Haushalt gehörte, wie es bei wohlhabenden Persern üblich war, ein Koch, zwei Zimmermädchen, eine Kinderfrau, der Gärtner mit einem Gartenjungen sowie Kutscher und Pferdepfleger. Dem persönlichen Schutz sowie als Begleiter bei Ausritten dienten dem Ehepaar zwei Mann der Kosaken-Brigade. Die Fortbewegung geschah fast nur auf Pferderücken. Kinder beförderte man in Tragetaschen beiderseits der Maultiere. Soweit wie möglich versuchte die Familie mit einheimischen Nahrungsmitteln auszukommen. Aber Konserven, Pumpernickel, Zucker, Kaffee und auch Getränke wurden beim »Russischen Magazin« in Teheran bestellt, das sich an der gleichen Stelle der Ferdowsi-Straße befand wie heute die Botschaft der Bundesrepublik.

Ernst Vollmar, geborener Schweizer und seit 1913 Vertreter deutscher wie schweizer Firmen, heute Dauergast des Teheraner Park-Hotels, erzählte mir, daß in alten Zeiten jeder Ausländer den anderen gut gekannt hat. Das Leben in Teheran, übrigens auch in Tabriz, war gar nicht schlecht. Ein geselliges und gemütliches Dasein im Kreis gleichgestimmter Freunde. Es gab Jagdausflüge, Einladungen zu Tisch und oft traf man sich zur trinkfreudigen Tafelrunde. Allerdings, die Landstraßen waren unsicher, Warentransporte gingen oft verloren und mußten hoch versichert werden. Bei abendlichen Ausgängen war man stets von einem Diener begleitet, der seinem Gebieter eine Lampe voraustrug. Straßenbeleuchtung war noch unbekannt, um so zahlreicher waren Straßenräuber.

Etwa ein Dutzend Automobile gab es bei Ausbruch des Ersten Weltkrieges in Teheran. Schon ums Jahr 1905 besaß und benutzte Muzareffdin Schah einen französischen Wagen mit französischem Chauffeur. Erster Privatmann mit Auto war 1913 ein Schweizer Arzt.

Im allgemeinen war es rascher, bequemer und sicherer, von Teheran nach Mitteleuropa zu reisen als von Teheran nach Isfahan oder Schiraz. Zum Schutz vor Räubern mußte man mindestens ein Dutzend Gendarmen mieten. Eine Karawane mit 60 Kamelen, die 1921 das gesamte Mobiliar nebst sonstiger Einrichtung für die neue Gesandtschaft des Deutschen Reiches von Buschir nach

Teheran befördert hat, war vom Golf bis zur Hauptstadt sechs Wochen unterwegs. Wie man heute noch rühmend erwähnt, wurde keine Tasse beschädigt. So blieben die Verhältnisse bis ungefähr Ende der zwanziger Jahre, als Reza Schah mit radikalen Reformen begann.

Viel zuviel Menschen leben im heutigen Teheran. Zu viele Ämter, Firmen, Fabriken und Vertretungen haben sich dort niedergelassen und wünschen zu bleiben. Eine Zentralisierung der Verwaltung, der Geschäfte, des kulturellen Lebens und des Lebens überhaupt, wie man es von London kennt und ebenso von Paris. Wer auf sich hält und weiterkommen möchte, wer es sich irgendwie leisten kann oder auch nicht, lebt und strebt und bleibt in Teheran. In Teheran hat schon gestern die Zukunft begonnen.

Wenn man von München sagt, es habe den höchsten Freizeitwert unter allen deutschen Städten, ist damit in erster Linie die Umgebung gemeint. Rühmt man die Anziehungskraft von Teheran, ist die Stadt selbst gemeint. Die Menge der Kinos, vom einfachsten Flimmerschuppen bis zum luxuriösen, gar nicht so teuren Filmpalast, außerdem ein halbes oder ganzes Dutzend Theater, Konzerthallen und Ballettbühnen. Auch Opernaufführungen können musikalische Teheraner genießen. Wer sucht, der findet Cafés und Konditoreien abendländischer Art, auch Restaurants jeder Preisklasse und manche mit Spezialitäten, die man sonst in iranischen Städten nicht kennt. Viele Ausländer, die ständig in Teheran leben, auch die fremden Diplomaten und einige tausend durchreisende Touristen, haben der Hauptstadt kosmopolitisches Flair verliehen.

Wer die großen Städte Europas, die Metropolen in Amerika, auch Hongkong, Tokyo und Singapore gewohnt ist, wird Teheran nicht gerade reizvoll finden. Doch sind fremde Urteile für die Masse der Iraner nicht maßgebend. Sie halten ihre Hauptstadt für einmalig, und tatsächlich ist Teheran für sie Mittelpunkt ihrer Welt. Deshalb gibt es mehr als genug Doktoren, Professoren, Ingenieure und andere Akademiker in Teheran. Es sind oft Talente, deren Dienste und Kenntnisse draußen im Land viel dringender gebraucht werden.

Innerhalb des Teheraner Wohngebietes bestehen Höhenunterschiede bis vierhundert Meter. Weil die Sommerhitze je höher desto leichter zu ertragen ist, läßt sich mehr oder minder die soziale Struktur an den Höhenmetern der Wohnviertel ablesen. Obwohl Reza Schah schon vor einem halben Jahrhundert mit dem Abbruch der Slums begonnen hat, wo teilweise die Menschen unter der Erde hausten, wurde bislang der soziale Unterschied zwischen dem Süden, dem Zentrum und dem Norden Teherans nicht beseitigt. Droben im Norden wohnen feine Leute, drunten im Süden die armen Leute. Wirkliches Elend ist bis auf geringe Reste verschwunden. Auch diese Reste werden in wenigen Jahren nur noch Erinnerung sein, Erinnerung an die schlechte alte Zeit. Jedes Jahr entstehen große und grüne, gut gepflegte Erholungsparks anstelle übervölkerter Armenquartiere. Für die dort ausquartierten Menschen hat man weiter draußen neue Straßenzüge und neue Stadtviertel angelegt. Es sind vorwiegend Kleinhäuser mit Hof und Minigarten, wie es die meisten Iraner wünschen. Weil man den Zuzug nach Teheran nicht sperren will, wandern Monat für Monat tausende von Neubürgern in die Hauptstadt und erweitern durch ihre provisorische Niederlassung die Randgebiete. Draußen besteht fast aller Boden aus Lehm, und eine Lehmziegelfabrik ist der anderen benachbart. So finden die Zuwanderer denkbar billiges Baumaterial. Rechts und links der Straße nach Varamin kann auch der Fremde diese Quartiere sehen. Bevor man deren Bewohner für die Ärmsten der Armen hält, beachte man den Wald der Fernsehantennen und ... die Schuhe an den Füßen. Von meiner transpersischen Reise im Frühjahr 1941 behielt ich als bezeichnende Erinnerung, daß selbst in den Städten nur ungefähr jeder Zehnte ein paar Schuhe trug. Alle übrigen waren mit Strohsandalen, Fetzen von Lammfellen bekleidet oder gingen barfuß.

Billig, teilweise spottbillig ist heute alles, was zu den Grundnahrungsmitteln zählt. Die Kosten werden vom Staat subventioniert und die Preise relativ streng kontrolliert. Es kann eigentlich, so wird mir von allen Seiten versichert, niemand hungern und frieren.

Von Erdhöhlen zum Eigenheim, vom staubigen Fußpfad zur asphaltierten Straße und vom lichtlosen Wohnquadrat zum Dreizimmerhaus mit fließendem Wasser, elektrischem Strom, winzigem Garten und Höfchen, es war gewiß ein weiter Weg. Dafür hatte der Alte Schah nur knapp zehn Jahre Zeit. Danach folgten ab 1941 die britisch-sowjetische Besetzung, die Not des Nachkriegs und innenpolitische Schwierigkeiten. Erst um das Jahr 1955 konnte man die städtebaulichen Arbeiten in Teheran wieder aufnehmen. Was in dieser relativ kurzen Zeit geleistet wurde, versetzt auch Fachleute in Staunen.

Wohnungsnot herrscht in der Innenstadt, obwohl die Hochhäuser an Zahl und Stockwerken zunehmen. Schlimm sieht es aus mit den öffentlichen Verkehrsmitteln. Es gibt keine Straßenbahn und trotz aller, seit Jahrzehnten diskutierter Projekte noch keine U-Bahn. (Doch will man nach neuesten Meldungen bald damit beginnen, und zwar mit technischer Hilfe der Franzosen.) Man ist angewiesen auf meist vollgestopfte Busse, leichte Motorräder, gebrauchte Kleinwagen und Fahrräder. Bessere Privatwagen, sofern nicht im Lande hergestellt, sind wegen der iranischen Einfuhrzölle unwahrscheinlich teuer.

Für Touristen ist Teheran keine bequeme Stadt, es sei denn, Sie lassen sich von INTO-Bussen und einigermaßen sprachgewandten INTO-Hostessen durch die fast Vier-Millionen-Stadt befördern. Dabei rollt das Programm automatisch ab. Man besucht an Sehenswürdigkeiten, was wirklich und vielleicht sehenswürdig ist, bleibt jedoch am Ende unbefriedigt. Die Hauptstadt eines der ältesten Kulturländer der Welt hat von sechzig Jahrhunderten persischer Zivilisation nur wenig zu bieten. Der durchschnittliche Tourist ist damit schon fertig, wenn er ungefähr zwei Stunden im nicht gar so großen archäologischen Museum, dem Iran Bastan, verbracht hat. Selbst INTO, die stark expandierende Iranische Nationale Touristenorganisation, hat für ganz Teheran nur eine Rundfahrt vorgesehen. Schon für den zweiten Tag wird man dem Fremden besuchenswerte Ziele in der näheren, meist jedoch in der weiteren Umgebung vorschlagen. Der Gulestan Palast ist nach Baustil, Einrichtung und den dort aufbewahrten Dingen kein persisches Schloß, vielmehr eine interessante Mischung aus abendländischen, vorwiegend französischen Einflüssen und dem persischen Geschmack der Kadjaren-Zeit. Schon seit langem ist der Gulestan ein Museum und steht ebenso wie der große Park der Öffentlichkeit zur Verfügung. Nur für besondere Staatsempfänge, wie damals bei der Krönungsfeier und zum Geburtstag des Monarchen, wird der Palast noch vom König der Könige benutzt.

Besonders die Damen möchten die Kronjuwelen so nah wie möglich betrachten. Gibt es doch auf der weiten Welt keine zweite Sammlung schöner Steine und wertvollen Schmucks, die sich damit vergleichen läßt. In den Vitrinen liegen so große und viele Diamanten, Perlen, Saphire, Amethyste, Rubine und andere Edelsteine, gefaßt und ungefaßt, daß sie für gewöhnliche Begriffe gar nicht glaubhaft sind. Daumendicke Perlenketten von Überlänge und faustgroße Klunker blitzender Brillanten vom reinsten Wasser. Die große Kaiserkrone des Schahanschah und Kronen seiner Vorgänger sind zu sehen, ebenso die zur Krönung der Kaiserin benutzte Krone sowie Diademe für Staatsempfänge und die Krönchen der Prinzessinnen. Dazu all die vielen glänzenden und glitzernden Schmuckstücke, die ungefaßten, auch die ungeschliffenen Steine, die Säbel und Dolche, die Schalen, die Dosen und Trinkgefäße, die Agraffen, Gürtel und Orden ehemaliger Herrscher. Der goldene, brillantbesetzte Globus und natürlich der weltberühmte, oft genannte Pfauenthron. Die Konzentration sinnverwirrender Schätze scheint unglaublich. Im Verlauf eines halben Jahrtausends wurde alles erworben, erpreßt und von den Vorfahren hinterlassen. Die schönsten Stücke haben die längste Geschichte, oft eine blutbefleckte.

Nichts davon gehört dem regierenden Kaiser oder einem Mitglied seiner Familie. Schon Reza Schah hat den unschätzbaren Schatz der Iranischen Staatsbank übergeben, wo er in schwieriger Zeit als Deckung der Landeswährung gedient hat. Der jetzt regierende Kaiser hat zugunsten des Volksvermögens ganz darauf verzichtet. Nur einige Stücke sind zum »persönlichen Gebrauch der Kaiserlichen Familie« bestimmt. Auch die Schahbanu muß jedesmal den Empfang der Leihgabe quittieren, und die Melli-Bank bestätigt deren Rückgabe.

Der Schahyad-Turm, aus Anlaß der 2500-Jahrfeier im »modern-achaemenidischen Stil« erbaut und im Westen der Stadt gelegen, erscheint bei sinkender Sonne in besonders schönem Licht. Von außen eindrucksvoller als von innen, ist das riesige, elegant geformte Bauwerk ein geschmackvoll ausgestattetes Museum. Darin bewundert der Besucher unter anderem einen pausenlos wechselnden Film sowie recht eigenartige Lichteffekte.

Was man im Land der Perserteppiche bisher vergeblich sucht, ist ein Teppich-Museum. Danach fragen die meisten Touristen und sind enttäuscht von der negativen Antwort. Immerhin ist nun ein Teppich-Museum geplant.

Wer in Teheran danach sucht, von Kennern gut beraten wird und hilfreiche Freunde gewinnt, kann durchaus noch diese oder jene Überraschung entdecken. Mein »ständiger Begleiter« Djahangir Beheshti führte mich in der Nähe des Bazars auf steiler Treppe etwa dreißig Stufen hinunter in einen riesigen, von mächtigen Säulen getragenen Raum mit gewölbtem Dach. Eine ehemalige Zisterne, die vor über hundert Jahren halb Teheran mit Wasser versorgt hat. Heute existiert darin ein volkstümliches Speiselokal, das nur wenige Ausländer kennen und Touristen gar nicht. Ein Springbrunnen sprudelt in der Mitte, Wasserbecken in jeder Ecke und ein Sammelsurium von Kitsch, Kunst und Kostümpuppen. Schön kühl ist es da unten, Tauben fliegen frei durch den Raum.

Zu den Besonderheiten Teherans gehören die »Djubs«. Darauf ist sehr zu achten, denn besonders Ausländer haben sich in den Djubs so manches Bein gebrochen oder sind mit ein bis zwei Rädern hängengeblieben. Es sind Wassergräben am Straßenrand, oft einen halben Meter tief und ebenso breit. Man findet sie auf beiden Seiten von älteren Straßen, wo es ihre Aufgabe ist, die Alleebäume zu bewässern. Früher brachten sie den Anwohnern auch das notwendige Wasser und spülten Abfälle davon. Von Kanaten werden sie gespeist, die ihrerseits von Gebirgskämmen im Alborz versorgt werden. Wer als Fahrer oder Fußgänger die Djubs übersieht, wird manch Mißgeschick erleben. Im Gegensatz zu uns sind die Iraner gewöhnt, auf ihre Schritte zu achten. Weil oft auch die Gehsteige schadhaft sind, schauen sie fast immer vor sich auf den Boden.

»Als ich in Deutschland war«, sagte uns Beheshti, »haben sich meine Freunde oft gewundert, daß ich häufig Geld auf der Straße fand. Auch Armbänder, Handschuhe und Schlüsselbunde habe ich beim Weg zur Arbeit und beim Stadtbummel entdeckt. Nur wegen der iranischen Gewohnheit, immer vor meine Füße zu schauen. Die Deutschen tun das nicht, deshalb fanden sie auch nichts.«

Im Zentrum der Stadt, in unmittelbarer Nähe der von Autos wimmelnden Boulevards und Kreisverkehrsinseln, läßt sich noch das alte, nur scheinbar vergangene Teheran ohne weiteres finden. Man muß nur in die nächste, möglichst schmale Straße eindringen. Bald wird sie krumm, und alles ist seltsam still. Man sieht durch Pforten und halboffene Tore, daß hinter den hohen Mauern geduldig versucht wird, ein Gärtchen zu hegen. Mehr als zwei Stockwerke hoch sind die Häuser nicht. Fast jedes besitzt Balkon und Terrasse mit Pflanzenkübeln darauf. Es sieht gemütlich aus, und ganz vergißt man, daß die Kleinstadtidylle nur hundert Schritt von einer turbulenten Hauptstraße entfernt ist.

Man sagt, der Bazar von Teheran habe an Ausdehnung, Warenumsatz und Menschengewimmel nichts seinesgleichen in der orientalischen Welt. Das mag übertrieben sein, denn die Bazare von Bagdad, Istanbul und Kairo sind auch nicht zu übersehen. Aber wie dem auch sei, können in Teheran mehrere Tage nicht genügen, um sich in dem auf zwei, sogar auf drei Ebenen verteilten Labyrinth ohne Gefahr des Verirrens zu bewegen. Selbst geborene Teheraner, die sich liebenswürdigerweise erboten, meine Frau Marianne und mich zu führen, fanden nur durch vieles Fragen den rechten Weg in die unterirdischen wie oberirdischen Gassen.

Ganz allgemein verdanken die Bazare ihre Entstehung einer religiösen Vorschrift des Islam, die bestimmt, daß sich der Handel und Wandel an einer Stelle der Stadt konzentrieren sollen. Innerhalb dieses Bezirkes, so wurde verlangt, muß jede Zunft im selben Areal zu finden sein. Daher ein Kupferschmied neben dem anderen, die Uhrmacher, die Schuster und Schuhverkäufer jeweils zusammen. Jedes Gewerbe, jedes Handwerk im gleichen Quartier. Ein Segen für Käufer und Verbraucher, vor allem für die einfachen Menschen vom Lande. Unter sehr zahlreichen Angeboten können sie prüfen, vergleichen und wählen. So streng wie früher geht es nicht mehr zu. Auch die einstige Trennung zwischen den Religionen ist entfallen.

Nur wenig Fremde wissen, daß der Bazar weit mehr ist als nur ein Konglomerat von winkligen Gassen, wo man kauft, verkauft, handelt, hämmert und anbietet. Der Bazar ist ein Industriebezirk von mehreren tausend Kleinunternehmen, auch ein Wohngebiet mit allem, was zu einer separaten Stadt gehört. Im Teheraner Bazar leben ungefähr 30000 Menschen. In dem Gewirr der meist überdeckten Gassen gibt es zahlreiche Höfe und Hinterhöfe, auch solche mit sprudelnden Brunnen, immergrünen Baumgruppen, ebenso Karawansereien (heutzutage natürlich ohne Kamele), außerdem Schlachthäuser, Lagerschuppen, große und kleine Handelshäuser, Schulen und Kindergärten, Moscheen und Hospitäler. Wer es aus anderen Ländern gewohnt ist, daß ihn lästige Verkäufer lauthals anrufen, mit sanfter und vielleicht nicht so sanfter Gewalt in die Läden ziehen und kaum mehr fortlassen, wird vom Bazar-Verhalten der Iraner angenehm überrascht. Es ist ruhiger und stiller, man könnte sagen vornehmer und würdevoller. Erst wenn man den Eindruck ernsthaften Interesses erweckt, geht der Verkäufer zur Ansprache über.

Wo auch sparsame Familienväter in Versuchung geraten, ihr Monatsgehalt zu verschwenden und künftiges Einkommen zu verpfänden, ist die unterirdische Teppichstadt. Angeblich befindet sich hier der bedeutendste Umschlagplatz des nationalen wie internationalen Teppichhandels. Hinter jedem der etwa sechshundert offenen Teppichläden, die allerkleinsten mitgerechnet, verbirgt sich ein bis zur Decke gefülltes Lager, außerdem noch ein lichtloser Raum, wo sorgfältig verpackte, oft viele Zentner schwere Teppichballen auf ihren Abtransport in ferne Länder warten.

Falls Sie einen der großen, vielleicht gar exklusiven Händler bitten, ihnen seine besonders guten Stücke zu zeigen, und falls er Ihnen nach prüfendem Blick die entsprechende Kaufkraft zutraut, läßt der sprachgewandte Mann vor Ihren Augen wahre Gedichte der höchsten und feinsten iranischen Knüpfkunst ausrollen. Deren Preise vernimmt man mit Entsetzen, denn sie belaufen sich auf 10000 Dollar und mehr, mitunter auf sehr viel mehr. Wobei man allerdings wissen muß, daß wirklich edle, gut erhaltene Teppiche, vor allem die herrlichen Seidenteppiche, von denen manche mit Silberfäden durchwirkt sind, im Lande ihrer Hersteller keineswegs billiger sind als in London, Paris, New York, Tokyo, Rio und so weiter. Reiche Iraner holen von dort die schönsten Sammelstücke ins eigene Land zurück. Aber selbstverständlich finden Sie in der grenzenlosen Vielfalt des Teheraner Bazars auch sehr gute, mit echten Pflanzenfarben verarbeitete und schön gemusterte Teppiche in Preislagen, denen ein deutsches Durchschnittseinkommen gewachsen ist.

Auch in Teheran gibt es noch alte Bräuche, unter anderem recht lebendige Traditionen aus vorislamitischer Zeit. Selber entdecken kann sie wohl kein Zugereister, zumal der Ausländer nicht wagt, in solch geschlossene Gesellschaft einzudringen.

Damit meine ich ganz besonders das »Zurkhaneh«, auf deutsch »Haus der Stärke«. Dabei handelt es sich um einen Sportverein, der mehrmals in der Woche Gymnastik ganz eigener Art betreibt. Die Mitglieder stammen aus allen Kreisen der Bevölkerung, was insofern bemerkenswert ist, als ja der Iran bis vor kurzem noch ein ausgesprochener Klassenstaat gewesen ist. Sie alle vereint das religiös wie patriotisch bestimmte Ideal der »Zurkhaneh«.

Das Haus der Stärke, von denen in Teheran zwei bekannte und recht schöne existieren, davon eines in der Staatsbank, enthält einen runden oder achteckigen Raum unter hoher Kuppel. Dessen Mitte liegt etwa einen Meter tiefer als der stufenweise aufsteigende Ring der Zuschauerbänke. Die Arena hat einen Durchmesser von etwa zehn Metern. Schon vor dem Beginn der anstrengenden Gymnastik dröhnen altmodische Instrumente, dazu singt und ruft der »Murschid«, der meist schon betagte Veranstaltungsleiter. Die Athleten betreten den

Ring in besonderer, altpersischer Bekleidung, die aber den muskulösen Oberkörper freiläßt. Das Alter ist unterschiedlich, auch Männer in reifsten Jahren sind dabei. Die einen sind so fett, daß der Bauch bei jeder Bewegung wabbelt und andere so dünn wie der Stiel eines Kochlöffels. Muskeln von außergewöhnlicher Kraft müssen sie alle haben, sonst wären ihre Leistungen nicht möglich.

Die abendliche Übung, mit einem Gebet zu Beginn und am Ende, dauert mehr als eine Stunde, doch sind nicht alle zur gleichen Zeit daran beteiligt. Unglaublich, wie sie die schweren Keulen schwingen, in die Höhe werfen und wieder auffangen. Ein fabelhaftes, weil ungewohntes, meist unbekanntes Schauspiel, bei dem die starken Männer in perlendes und strömendes Schwitzen geraten. Jeder Interessent, auch der völlig Fremde, kann als Zuschauer ins »Haus der Stärke« eintreten. Es kostet nichts, man muß nur höflich grüßen und sich niedersetzen.

Das tägliche Leben in Teheran hat seine Tücken! Wer nicht den beruhigenden Rückhalt einer gutgeführten Reisegruppe genießt, dem bleiben ganze Serien von Mißverständnissen, Schwierigkeiten der Kommunikation, des Auffindens von Adressen, des Einhaltens von Verabredungen sowie des Durchbruchs in Betrieben und Behörden bis zum richtigen Mann nicht erspart. Frustration über Frustration, Leerlauf ohne sichtbares Ende. Schuld hat sehr oft die undurchdringliche Sprachsperre auch bei solchen Leuten, die scheinbar Englisch, Deutsch oder eine andere Fremdsprache reden, aber in Wahrheit den Sinn ihrer eigenen Worte nicht verstehen.

Ein auf Nerven erpichtes Untier ist beispielsweise der Teufel im Telefon. Zwar soll es ein Telefonbuch geben, sogar eine Ausgabe für Ausländer, doch gesehen oder gar benutzt habe ich keines. Unsereins muß sich alle notwendigen Nummern selbst notieren und dabei hoffen, daß es die richtigen sind. Oft hängen vier bis fünf Teilnehmer an der gleichen Nummer. Meldet sich ein anderer Name, muß zumindest der Ausländer annehmen, er sei falsch verbunden.

Im Rückblick sind dies alles nur Kleinigkeiten, nur die unvermeidlichen Folgen des rapiden Aufschwungs. Doch an Ort und Stelle, im Alltag kann die Summe solcher Kleinigkeiten geradewegs zu Depressionen führen. Ich hatte es besser, ich hatte Djahangir Beheshti als Dolmetscher, als Wegbereiter und ständigen Begleiter. Dennoch möchte ich an einem Beispiel – und damit soll es genug sein – erklären, was alles passieren kann. Weil ich den mir schon bekannten, perfekt englisch sprechenden Dr. Bahremand, Vizechef von INTO, besuchen wollte, bat ich den deutschen Presseattaché Rosiny das Gespräch durch seinen iranischen Dolmetscher vereinbaren zu lassen. Mir war es nicht möglich gewesen, telefonisch durchzukommen. Also gut, morgen früh, 10 Uhr 15, im Büro des Dr. Bahremand, Boulevard Elizabeth 174, 4. Stock. Nichts leichter als das, und eine Taxe des Park-Hotels bringt mich hin. Aber nur mit Mühe gelingt es mir, am Empfang vorbeizukommen. Dort versteht man nicht oder will nicht glauben, daß ich vom Vizechef erwartet werde. Etage und Tür des Dr. Bahremand sind mir bekannt, ohne besondere Zwischenfälle erreiche ich das Vorzimmer. Eine junge Dame, mit zwei Telefonen, die es fertig bringt, gleichzeitig zu rauchen, Gummi zu kauen und sich die Nägel zu polieren, bewacht den weiteren Weg. Vergeblich versuche ich ihr klarzumachen, wer ich bin und daß mich der Vizechef zu eben dieser Zeit erwartet. Sie telefoniert im ganzen Haus herum, wobei sie nur meinen mittleren Namen nennt. Kurz und schlicht bin ich »Otto«. Sie läßt sich das nicht ausreden. Wieder eine Kraft, die zwar etwas Englisch spricht, aber davon kein Wort wirklich versteht.

Dann jedoch erscheint ein älteres Mädchen, das mich nacheinander auf Englisch wissen läßt, Dr. Bahremand sei nicht anwesend . . . er befinde sich in einer Konferenz . . . er dürfe keinesfalls gestört werden. Als ich meinen Ärger kaum noch zu verbergen vermag, kommt mit raschen Schritten eine Frau mittleren Jahrgangs herbei, die mit strenger Stimme erklärt, daß Dr. B. den Presseattaché der Deutschen Botschaft, Herrn Rosiny, erwarte. Ich sollte ein anderes Mal wiederkommen und mich gefälligst vorher anmelden. Sie kann und will nicht begreifen, daß ich angemeldet bin und zwar durch den eben genannten hilfsbereiten Herrn Rosiny. Ich bin es und niemand anders, den Dr. B. erwartet. Es hilft nichts, alle Mühe scheint umsonst. Gemeinsam bringen mich die weiblichen Wesen eine Etage tiefer, wo mir hilfreiche Hände ganze Stapel von Heftchen zuschieben, worin die Schönheiten von Isfahan, Schiraz, Persepolis und so weiter geschildert werden. Zwei, drei junge Herren kommen hinzu. Die wünschen meinen Paß zu sehen, stellen alle möglichen Fragen zur Person und erkundigen sich, welche Firma, welches Blatt oder welches Reisebüro ich vertrete. Lebhaft diskutieren sie unter sich über meinen Fall. Ich verlange Telefonverbindung zur Deutschen Botschaft und schreibe die Nummer auf. Ich will Herrn Rosiny bitten, daß sein Dolmetscher die hier herrschenden Mißverständnisse richtigstellt. Jedoch ein Fremder darf nicht von hier telefonieren. In ungeduldigem Ton werde ich angewiesen, endlich zu erklären, was mich eigentlich zu INTO führt.

Da geht die Tür auf, Dr. Bahremand tritt ein und schaut mich an.

»Wo stecken Sie denn . . . seit einer guten halben Stunde warte ich in meinem Büro auf Sie. Ja, dieser Verkehr in Teheran . . . da wird man ziemlich lange aufgehalten.«

Ich habe von dem kleinen Erlebnis nur deshalb breit berichtet, weil sich dergleichen, wenn Sie in Teheran, überhaupt im Iran zu tun haben, ziemlich oft ereignet. Nehmen Sie solche Mißverständnisse nicht allzu übel, denn sie gehören zum Übergang von der auslaufenden Epoche in die neue Zeit. In zehn bis zwölf Jahren ist alles vorüber.

Die persische Post von heute ist weit davon entfernt, die Glanzleistungen ihres Gründers, Cyrus des Großen, zu erreichen. Damals hatten Stafetten, die bei Tag und Nacht bei allem Wetter und zu jeder Jahreszeit auf schnellen Pferden unterwegs waren, die Postbeutel vom äußersten Norden des riesigen Reiches zum tiefsten Süden zu befördern. Sie legten von einem Mittag zum anderen etwa fünfhundert Kilometer zurück. Man wechselte die auf Schnelligkeit gezüchteten Pferde an Poststationen ungefähr alle zwei Stunden. Ein anderer Reiter, schon startbereit im Sattel, fing den Postbeutel auf und galoppierte davon. So war es möglich, schriftliche Mitteilungen vom Kaspi-Meer an den Nil, vom Indus bis an den Bosporus binnen sieben bis zehn Tagen zu befördern. Schon nach vierzehn Tagen konnte die Antwort zurück sein. Aber das war vor 25 Jahrhunderten. Heute brauchen Briefe, auch wenn sie vom raschen Flugzeug befördert werden, sehr oft bedeutend länger und kommen möglichweise gar nicht an. Bei allem spektakulären Fortschritt des Iran bedeutet es doch einen kaum zu glaubenden Rückschritt, wenn unlängst die Iranische Postverwaltung in der Presse erklären ließ, daß selbst Ausländer im Ausland ihre für den Iran bestimmten Sendungen in Farsi (also in arabischer Schrift) adressieren müßten. Immerhin hat unlängst die Regierung eine Riesensumme für die Verbesserung des Postwesens bewilligt.

Für Touristen wird Teheran nicht so bald attraktiver, statt dessen aber für Geschäftsleute mit vernünftigen Projekten. Viel hängt davon ab, wen man kennt und kennenlernt, besonders aber, wo man wohnt und wie es dort zugeht. Das »Hilton«, das »Sheraton« und die anderen Superhotels internationalen Zuschnitts (auch im Preisgefüge) liegen in den westlichen Außenbezirken zwar höher, freier und aussichtsreicher, aber zu weit draußen. Das war der Grund, weshalb ich beim zweiten Aufenthalt für mich, beim dritten für meine Frau und mich das Park-Hotel im Zentrum der Stadt zum Standquartier gewählt habe. Unsere Botschaft, die Zentrale der Melli-Bank, die Hauptgeschäftsstraßen, auch einige der Museen sind von dort aus zu Fuß erreichbar. Die eigentlichen Hotelgebäude umrahmen einen kleinen, grünen, schattigen Park, den eine hohe Mauer zur Hafiz Avenue abschließt.

Das »Park« besteht in seinen Anfängen schon seit etwa dreißig Jahren und gehört einem hochbetagten Onkel oder Großonkel der Kaiserin. Eine gewisse Tradition ist also vorhanden und die altpersische Höflichkeit hat nicht ausgedient wie anderswo. Man hat noch gediegenes Personal, und besonders freundlich sind die rundlichen Zimmerfrauen älteren Jahrgangs. Jene fortschreitende Schmuddeligkeit und Schnoddrigkeit, wie sie in modernen Hotelpalästen schon bald nach der glanzvollen Eröffnung beginnt, hat man – bis auf weiteres – im »Park« nicht zu befürchten.

Wir oder ich hatten zweimal zwei Monate lang das gleiche Zimmer und behielten es, wenn wir für einige Tage, auch für Wochen die Hauptstadt verließen. Die für unsere Begriffe relativ bescheidenen, von der Regierung kontrollierten Preise, auch in den besten Hotels von Persien, machen es möglich.

Das Zimmer ist groß, einigermaßen gut möbliert, dazu gehören ein geräumiges Bad, ein großer Balkon und noch ein Vorzimmer mit viel Platz fürs umfangreiche Gepäck. Es liegt im sechsten Stock und hat, was für uns sehr hilfreich ist, die Nummer 621. Hilfreich deshalb, weil die Iraner wie fast alle Mohammedaner ihre Jahreszahlen nach der Hegira (Hedschra) benennen, das heißt mit jenem Jahr beginnen, als Mohammed der Prophet fluchtartig von Mekka nach Medina übersiedelte. Der Unterschied zwischen der islamischen und abendländischen Zeitrechnung beträgt genau 621 Jahre. Wenn also jemand sagt, Schah Abbas der Große hat von 966 bis 1008 regiert, so heißt das von 1587–1629. Für uns eine ebenso bequeme wie rasche Rechnung. Wir brauchten nur unsere Zimmernummer addieren, und die vergißt man nicht.

Nun ja, die Telefondrähte sind durchgescheuert, aber das kann ich mit Tesafilm selbst reparieren. In der Schreibtischlampe ist die Glühbirne durchgebrannt und im Badezimmer fehlen (wie üblich) die Stöpsel. Außerdem hängt von der Decke ein halbmetergroßes Stück Pergamentpapier herab. Weil die Hinweise beim Manager erfolglos bleiben, besorgen wir die Birne selbst, verwenden fürs Bad unseren eigenen, mitgebrachten Stöpsel. Nur gegen den herabhängenden Deckenbelag können wir selbst nichts machen, sondern gewöhnen uns daran. Wenn bisweilen der Lift nicht funktioniert, erreichen wir die sechste Etage zu Fuß, was sehr gesund ist. Rückblickend müssen wir trotz allem sagen, daß wir außerhalb der eigenen vier Wände selten so gemütlich gelebt haben wie im Zimmer 621 des Park-Hotels von Teheran.

Auch die Küche des »Park« ist genießbar, teilweise vorzüglich. Nur sollen Dauergäste wissen, daß die aus etwa zehn Gerichten bestehende Speisekarte für alle vergangenen und kommenden Jahre die gleiche ist. Ein freundlicher Kellner, ein stilvoller Speisesaal und relativ rasche Bedienung trösten darüber hinweg.

Die persische Küche mag köstlich sein, aber selbst in den guten, sogar in den hochgelobten Restaurants von Teheran bleiben die Gäste auf mehr oder minder gleiche Angebote beschränkt. Ein Feinschmecker wird auf die Dauer enttäuscht, aber er kommt auf seine Kosten, denn – vorläufig noch – sind in den Augen von Ausländern die Preise niedrig.

Nachtschwärmer, die aus der Fremde kommen, haben in Teheran nicht viel zu lachen. Amüsierbetriebe gehobener oder durchschnittlicher Art, Bars mit Damenbedienung und Nachtlokale mit erotischen Darbietungen sind wenig verbreitet und eher provinziell, im übrigen steht ihre Moral unter Kontrolle.

Selbst harmlose Diskotheken sind selten, da sie vorerst nicht zu den Lebensgewohnheiten der iranischen Jugend gehören. Gelegentlich zeigen die großen Kinos Filme in fremder Sprache oder mit fremdsprachigen Untertiteln. In ein oder zwei relativ eleganten Lichtspieltheatern können die Besucher während der Vorstellung an kleinen Tischen essen. Der Appetit wird dabei kaum vergehen, denn eine schonend ausgeübte Zensur verhindert allzu brutale Gewalt auf der Leinwand, ebenso allzu deutliche Pornographie.

»Was sollen wir morgen machen . . . es muß noch vieles geben, was man sich ansehen könnte?«

Mit diesen und ähnlichen Wünschen bringe ich den bedauernswerten Djahangir Beheshti an den Rand der Verzweiflung. Sein Vorrat an Vorschlägen ist längst erschöpft. Wir sind schon überall gewesen, angeblich kenne ich Teheran besser als die meisten Teheraner. Mache ich selber einen Vorschlag, wie etwa das Armee-Museum, dies oder jenes Krankenhaus, eine moderne Fabrik, vielleicht eine Generalprobe in der Rudaki-Hall, stimmt er zwar zögernd zu, hält aber einen »Antrag« von INTO bei den jeweils zuständigen Stellen als ersten Schritt der Vorbereitung für unumgänglich. Weil das aber nach schon gemachten Erfahrungen mindestens eine und meist zwei Wochen dauert, verliere ich gleich das Interesse. Wenn sich irgendwo die passende Gelegenheit bietet, lasse ich den Wagen anhalten und gehe mit Beheshti in die öffentlichen Einrichtungen. Niemals werde ich gehindert, solange nur die Kamera im Beutel bleibt.

In Krankenhäusern und Kliniken bin ich gewesen, einige davon sind erstklassig, andere gerade noch drittklassig. In Teheran selbst herrscht kein Mangel an Ärzten, Schwestern und sonstigem Personal. Aber sie fehlen draußen auf dem Land. Bei so manchen jungen Medizinern ist die Bereitschaft, den einfachen Leuten in entlegenen Bezirken zu helfen, nicht so stark wie ihre lauten Proteste an ausländischen Universitäten.

Sportplätze und Kindergärten, Studentenwohnungen, Koran-Schulen und Blindenheime, von allem und noch anderem habe ich Beispiele gesehen. Man spürt die Anstrengungen des Staates und begreift, daß er nicht alles zur gleichen Zeit besorgen kann. Oft, so scheint mir, wird für wenige zuviel getan, anderswo reicht es an allen Ecken und Enden nicht aus.

Weit offen stehen die Tore zum Gelände der Universität.

»Wir werden über INTO einen Antrag beim Rektor stellen«, meint der hilfsbereite Freund, »dann können Sie alles besichtigen und werden von einem Professor geführt . . .«

Aber nicht heute, auch nicht in der kommenden Woche. Auf einem kilometerlangen Instanzenweg wird der Antrag behandelt und vermutlich irgendwo steckenbleiben.

Junge Menschen, aber auch Männer und Frauen mittleren Alters strömen ins Gelände der Universität. Die modernen Gebäude stehen in einem alten, weiten und schattigen Park. Jeder Bewohner der Hauptstadt kann sich darin aufhalten. Niemand an den offenen Toren fragt nach einem Ausweis. Warum denn einen Antrag, wo man ohne weiteres hineinkommt.

Studenten frühstücken auf Treppenstufen, Studentinnen plaudern an den Wasserbecken, aber stets halten sich Jungen und Mädchen getrennt. Es sind alte Verhaltensweisen, die sich nicht von heute auf morgen ändern lassen.

Wenn Studenten bei solch frustrierenden Umständen unzufrieden sind, kann unsereins sie gut verstehen. Aber es liegt nicht an der Regierungsform, schon gar nicht am »Establishment«. Aus keiner amtlichen Richtung erhalten sie irgendwelche Vorschriften fürs Privatleben. Die Hemmungen sind bei den jungen Leuten selbst vorhanden, eine Folge iranischen Brauchtums von Jahrtausenden. Die eigene Initiative zu freierem Verhalten scheint zu fehlen . . . aber . . . da drüben fliegen Tische, Stühle und Bänke aus den Fenstern. Vom zweiten Stock eines Gebäudes der Technischen Fakultät werden sie von jungen Männern auf die Steintreppen draußen geworfen, wo sie krachend zerbrechen.

»Wir gehen lieber, es ist heute nicht gut hier«, meint Beheshti und möchte mich fortziehen. Aber gerade das will ich mir keinesfalls entgehen lassen. Nun sehe ich eine dreifach gestaffelte Mauer des Schweigens, bestehend aus etwa dreihundert Mitgliedern der akademischen Jugend. Mit verschränkten Armen und finsterem Gesicht betrachten sie das lärmende Spektakel. Doch lassen ihre Mienen nicht erkennen, ob sie die Zerstörung öffentlichen Eigentums mißbilligen oder aus bestimmten Gründen damit einverstanden sind.

Ich möchte wissen, was los ist. Worum geht es, was hat den Zorn der jungen Leute erregt? Mein vorsichtiger Beheshti gibt keine Auskunft. Nur Möbelstücke leichter Art fliegen hinaus und lösen sich auf. Abgesehen von den untätigen Zuschauern nimmt die Masse der Studenten keinen Anteil am Geschehen.

In diesem Augenblick erscheint die Polizei, und zwar auf geradezu geheimnisvolle Weise. Keine Sirene hat geheult, kein Pfiff und kein Befehl war zu hören. Es ist die für solche Fälle vorgesehene Spezialpolizei. Mann neben Mann stehen sie auf Tuchfühlung, Schutzhelme auf den Köpfen, die Plastikvisiere heruntergelassen, Rundschild am linken Arm. Die Schlagstöcke stecken noch im Halfter. In jedem Helm ist ein Funksprechgerät eingebaut. Gerade die Ruhe dieser Männer muß für Ruhestörer beunruhigend sein, weiß doch jeder, daß die volle Staatsgewalt dahintersteht. Keiner der uniformierten Männer rührt sich vom Fleck. Sie sehen zu, wie noch ein paar Tische und Bücherregale von oben kommen. Dann scheint die spontane Empörung verpufft und erloschen, aus welchem Grund auch immer. Die Zuschauer zerstreuen sich, droben treten die Studenten von den Fenstern zurück. Das Gerümpel drunten bleibt liegen. Die Spezialpolizei macht kehrt und verschwindet. In der Presse wird nichts darüber berichtet. Später sagen mir iranische Freunde, das seien recht häufige Ereignisse, so eine Art von »Dampfablassen«, wozu kein schwerwiegender Anlaß notwendig sei. Die Polizei braucht nur höchst selten einzugreifen.

In den Parks von Teheran, wie überhaupt in allen öffentlichen Gärten iranischer Städte erlebt der Fremde, soweit es die Witterung zuläßt, gegen Abend und vor allem nach Einbruch der Dunkelheit ein ungewohntes Bild. Nicht etwa Liebespaare im Halbdunkel verborgen, sondern fleißige Schüler und Studenten im hellen Licht der bis Mitternacht leuchtenden Lampen. Weil sich zu Hause vielleicht die Geschwister tummeln, das Fernsehen flimmert und die Eltern reden, haben sich die fleißigen Söhne in die relative Ruhe unter das kostenfreie Licht des nächsten Stadtparks zurückgezogen. Da liegen Schüler und Studenten im Gras, eifrig lernen sie aus Büchern, und keiner stört den anderen.

Als ich beim ersten Aufenthalt noch im Hilton wohnte und von dort zweimal und auch dreimal täglich mit einem Taxi in die Stadt eilte, wurde ein Fahrer namens Selim mein besonderer Freund. Er sprach gutes Englisch, sogar ein paar Worte Deutsch. Als er mir erzählte, daß sich seine Eltern mit vier Kindern einen Wohnraum geteilt hatten, daß die Familie nur eine Petroleumfunzel besaß und daß nur der Vater richtige Schuhe getragen hatte, die Mutter und Kinder dagegen aus alten Autoreifen gebastelte Sandalen, befragte ich Selim näher über die damaligen und heutigen Zustände.

»Der Schah ist unser Vater, Gott segne ihn. Mein erster Sohn ist Hauptmann der Luftwaffe bei Hamadan, meine erste Tochter verdient recht gut in einer Fabrik, der zweite Sohn studiert Ingenieur hier an der Universität, meine zweite Tochter geht noch zur Schule . . . will Krankenschwester werden. Wir haben einen Vater, der nur für sein Volk arbeitet. Gott segne den Schah . . . Wir haben jetzt alle zwei Paar Schuhe . . . wir haben fünf elektrische Lampen in drei Räumen und Wasserspülung im Klosett. Fernsehen haben wir auch und jedes Jahr zu Noruz wird ein neuer Teppich gekauft. Das hat der Schahanschah für uns . . . hat er für alle gemacht. Möge Gott ihn lange erhalten.«

Ein schöner Bericht mit schönen Worten, aber so manches wird im Orient märchenhaft übertrieben.

»Bitte, Selim, lad mich doch zum Tee ein . . . bei dir zu Hause.«

Die Schuhmachergasse im Bazar von Teheran. Einer Vorschrift des Koran zufolge müssen im Bazar die Händler und Handwerker mit gleichem oder ähnlichem Angebot in demselben Viertel des Bazars vereint sein. Der Teheraner Bazar, dessen Bedeutung infolge Konkurrenz der Warenhäuser allmählich abnimmt, beherbergt noch immer fast 30000 Geschäfte.

Er nickt ohne weiteres und wendet verbotswidrig auf der Hauptstraße. Im übrigen schaltet er gleich die Uhr ab.

Die Wohnung, besser gesagt, das Eigenheim liegt ziemlich weit draußen. Alles klein und schmal, auch der Garten vor dem Drei-Zimmer-Haus und der asphaltierte Wirtschaftshof dahinter.

Drinnen ist es sauber, warm und gemütlich. Kein Tisch, kein Stuhl, denn man lebt nach alter Sitte unmittelbar auf dem Teppich. Die gutgenährte Frau zerfließt vor Begeisterung, so plötzlich einen fremden, für ihre Begriffe vornehmen Gast bei sich zu haben. Sie serviert süßen Tee, süßes Gebäck und süße Mandarinen. Kein Zweifel, den Leuten geht es gut, es fehlt ihnen an nichts, was zur Behaglichkeit gehört. Kein Vergleich zu früher ist möglich. Keine zwanzig Jahre sind seit der damaligen Misere und dem heutigen (relativen) Wohlstand verstrichen. Wie in jedem, auch im bescheidensten Haus schauen der Schah, die Schahbanu und Kronprinz Kurosch von der Wand.

Während meiner ersten Teheraner Tage segle ich zumeist im Kielwasser des Botschafters Georg von Lilienfeld. Wir kennen uns seit jungen Jahren, gehörten zeitweise zum gleichen Referat im Berliner Auswärtigen Amt. Lilienfeld war Beamter unserer Botschaft in Rom, während ich als Deutscher Konsul in Mailand amtierte. Auch den totalen Zusammenbruch 1945 haben wir unter üblen Umständen gemeinsam erlebt. Das verbindet, wie man weiß, und zwar besser und fester als die guten Jahre. Der Gedanke, ein Buch über den Iran zu schreiben, war von Lilienfeld gekommen.

Es sollte und durfte kein Reisebuch wie meine anderen werden, das war uns beiden klar. Persönliche Erlebnisse, Berichte über jagdliche Unternehmen oder Abenteuer abseits der Straße, das allein kann einem Land wie dem Iran nicht gerecht werden. Der sechstausendjährigen Geschichte des alten Persiens steht die explosive Entwicklung des modernen Iran gegenüber. Eine Kette von Kulturen verschiedenster Art hat das hochbegabte Volk geprägt. Zeiten des Verfalls und schlimmster Not folgten Wiederaufstieg und beherrschende Stellung als Großmacht. Die schroffen Kontraste von Landschaft, Klima und Lebensweise

Oben: Die freigelegten Ruinen von Pasargardae, rund 70 km nördlich von Persepolis, von Cyrus dem Großen als Residenz seines riesigen Reiches um 550 v. Chr. erbaut. Die großen Tempel und Paläste des für jene Zeit überraschend menschenfreundlichen Reichsgründers waren von einem herrlichen Park mit Bächen und Teichen umgeben. Heute muß man das Wasser mit Motorpumpen aus der Tiefe holen.
Unten: Der Shayad-Turm am Westrand von Teheran, erbaut und eröffnet 1972 zur 2500-Jahrfeier der Persischen Nation. Der Turm enthält ein kulturhistorisches Museum, in dem pausenlos Farbfilme gezeigt werden, die fürs moderne Iran von Interesse sind. Hier beginnt die Autobahn nach Westen über Karadj nach Kasvin. Sie soll über Täbriz schließlich die türkische Grenze erreichen.

sind zu schildern. Also eine Fülle faszinierenden Materials, aber am Ende können nur wenige von unerschöpflich vielen Themen übrigbleiben. Jedes für sich wäre hochinteressant und gewiß aufschlußreich. Ich würde mich gerne mit allem befassen, doch reicht ein ganzes Menschenleben dafür nicht aus.

Wo es für mein Vorhaben nutzbringend sein könnte, öffnet mir der Botschafter die Türen und stellt mich maßgebenden, kenntnisreichen und hilfsbereiten Menschen vor. Wer von seinem Botschafter persönlich »herumgereicht« wird, hat es hinterher bei fast allen Instanzen im ganzen Lande sehr viel leichter als bei Versuchen auf eigene Faust.

Wir verlassen Samiran in südwestlicher Richtung, durchqueren ein erst vor kurzem entstandenes Industriegelände und rollen auf holprigem Feldweg durch trostlose Gegend. Sand, Dorngestrüpp, Steingeröll, auch vom Wind verwehte Abfälle aus Papier und Plastik bieten ein betrübliches Bild. Sicher keine vornehme Gegend, dabei fahren wir zu einer fürstlichen Familie. Aber der Iran ist nun einmal das Land der Kontraste. Plötzlich erscheint in leicht abfallendem Gelände ein Wald noch junger Bäume, schon mit dem zarten Grün des Monats März geschmückt. Eine völlige Verwandlung der Gegend wie der Szenenwechsel auf einer Drehbühne. Grüne Weide und Gemüsebeete, Weinreben, Weißdornhecken und blühende Mandelbäume, Rosenbüsche, Spalierobst und Kästen mit blühenden Blumen. Wir sind in Nosratabad.«

»Vor acht Jahren war gar nichts hier, alles sah aus wie eben die steinige Dornensteppe«, sagt Lilienfeld. »Man braucht nichts weiter als Wasser, um solche Wunder zu vollbringen, natürlich auch Leute, die genug von Landwirtschaft verstehen.«

Das Heranbringen von Wasser ist hier am Südhang des Alborz-Gebirges, besonders seit Bestehen des Karadj-Dammes, nicht allzu schwierig. Wer nicht glauben will, daß die meisten Steppen und Wüsten fruchtbar sind, sieht hier mit eigenen Augen den Beweis des Gegenteils. Sobald das Wasser plätschert, entsteht eine Oase, die sich dank menschlicher Hilfe relativ rasch in einen florierenden Gutsbetrieb verwandelt.

Wir passieren ein Tor, fahren zwischen zwei Wassergräben durch eine Allee und gelangen zum Gutshof. Zwischen Pferdeställen hält der Wagen. Nosratabad ist unter anderem ein Treffpunkt des »horsy set«, der passionierten Reiter von Teheran. Eine Attraktion für Pferdefreunde sind die zartgliedrigen Urpferde, die vorläufig nur hier gezüchteten Kaspi-Pferde. Noch kleiner als etwa die Island-Ponies sind es nach Körperbau, Proportion und Verhalten doch echte Pferde, nur eben eine Zwergform. Angeblich waren Attilas Hunnen so kleinwüchsig, daß sie mehr als die Hälfte Europas auf solchen »Kaspi-Pferden« sengend, brennend und plündernd durchstreiften.

Alles hier geht formlos zu, schon weil sich die meisten Gäste lange kennen. Mit einer Handbewegung werde ich vorgestellt, verstehe aber selbst keine Namen. Alles dreht sich um Pferde, auch Lilienfeld hat sich auf seinen privaten Schimmel geschwungen und trabt davon.

In der Oberschicht hat sich gesellschaftliche Gewandtheit trotz allen zeitbedingten Wandels ungebrochen erhalten. Nicht erst mühsam angelernt, sondern selbstverständlich sind die Umgangsformen. Es gibt keine Sprachensperre in diesem Kreis. Englisch wird von jedem beherrscht, wohl die meisten der älteren Generation sprechen außerdem französisch, während als dritte Fremdsprache deutsch in geringerem Maße verbreitet ist.

Nur ein Dutzend der Gäste bleiben zum Lunch, wobei man sich selbst vom kalten Buffett bedient. Auch das ohne besonderen Aufwand, denn meist sind Iraner nur mäßige Esser, und man verzichtet mittags fast ganz auf Alkohol. Der Hausherr, den ich erst bei Tisch näher kennenlerne, spricht Deutsch so gut wie Sie und ich, auch Englisch und Französisch bereiten ihm keine Schwierigkeiten. Er ist Ingenieur und anerkannter Experte für bestimmte Formen der Wasserwirtschaft. Sein Name sagt Fremden nur wenig, läßt aber jeden Iraner erkennen, daß er einen Schah der vorhergehenden Dynastie zu seinen Vorfahren zählt. Sein Bruder, Eskander Firouz, ebenfalls anwesend, leitet das Amt für Umweltschutz und Jagdwesen. Sein Vater, der über achtzigjährige General Firouz, von Ausländern noch mit »Königliche Hoheit« angeredet, war vor dem Ersten Weltkrieg junger Page am russischen Zarenhof. Deshalb beherrscht er neben anderen Fremdsprachen auch Russisch.

Erstaunlich in einem islamischen Land, wo die Hunde als unrein gelten, ist in Nosratabad die Zahl der Hunde.

»Hier drinnen«, sagt der Hausherr auf meine Frage, »sehe ich nur zehn, die anderen sind wohl draußen.«

Bevor man Platz nimmt, am Tisch oder vor dem Kamin, muß erst ein Hund vom Polster vertrieben werden. Es geschieht durch Schrägstellung des Stuhles, so daß der Hund zu Boden rutscht. Ein zugelaufener einäugiger Esel grast im Garten, und gelegentlich kommen Antilopen zu den Wassergräben. Kaum eine halbe Stunde später sind wir im Garten eines anderen Gastgebers, wo Wirtschaft und Handel dominieren. Der grüne Rasen kurz gemäht, der weite Garten mit Sorgfalt gepflegt. Der Hausherr hat in Oxford studiert, sich in den USA mit Bergbau beschäftigt und leitet jetzt im eigenen Land eine Wirtschaftsgruppe. Zu den Gästen gehören der iranische Botschafter in Bonn und der amerikanische in Teheran. Angeregte Konversation in drei, vier Sprachen. Schöne, schlanke, samtäugige Frauen, die von Reisen durch fremde Kontinente sprechen, als seien es nur Ausflüge zum Wochenende. Mir scheint, daß im modernen Persien mehr

Frauen öffentliche Ämter bekleiden oder akademische Berufe ausüben als bei uns. Die ältere Dame, mit der ich gerade spreche, ist Abgeordnete im Parlament, eine andere Leiterin des Jugendamtes in Tabriz und diese Professor der Iranologie. Einer Ärztin, einer Frau Staatsanwalt und einem Fräulein Regierungsrat werde ich vorgestellt. Leicht läßt man sich durchs gepflegte Äußere über das Geburtsjahr der Damen täuschen.

Weiter geht es zum Abendempfang der Witwe eines Ministerpräsidenten. Elfenbeinfarbene Türen, weinrote Treppenläufer, blitzende Deckenleuchter venezianischen Stils und Portieren aus mattweißem Samt. Die mehr als siebzigjährige Hausfrau beweist bewundernswertes Temperament. Da ihr drei Fremdsprachen nicht genügt haben, beherrscht sie noch Italienisch. Hier werde ich dem amtierenden Ministerpräsidenten Amir Abbas Hovaida vorgestellt, dessen prüfende Augen jeden Menschen durchdringen. Er trägt fast immer eine Orchidee im Knopfloch.

Der Dienst geht weiter, sagt Georg von Lilienfeld, auch wenn heute Feiertag ist. Knapp zehn Minuten fürs Umziehen im Hilton, dann zum Dinner in eine der höchstgelegenen Villen von Samiran. Keine Zeit, um müde zu werden, denn an einem Feiertag wie diesem herrscht gesellschaftlicher Hochbetrieb.

»Ich brauch Ihnen nicht zu sagen«, meint der Botschafter, »daß Sie heute nur Menschen aus dem relativ engen Kreis des *toplevel* begegnen.«

Es sind nicht Reichtum und Rang, nicht Herkunft, klingende Titel oder einflußreiche Verwandtschaft, welche die Zugehörigkeit bestimmen. Man gehört im Iran zum *toplevel* durch Leistung, durch Bildung, Ausbildung und individuelle Tüchtigkeit. Einer der Minister hat als Banklehrling begonnen, ein anderer war in jungen Jahren linksradikal und der dritte ist der Sohn eines Fischverkäufers. Allen gemeinsam, sehr häufig auch ihren Frauen, ist fast unheimliche Energie beim Überwinden aller Schwierigkeiten, wozu in den meisten Fällen ein gewaltiges Lernprogramm gehört hat. Wenn ehemalige Feudalherren, Stammesfürsten und Nachkommen früherer Dynastien beim *toplevel* mitwirken, so nur deshalb, weil sie von Hause aus außergewöhnliche Bildung und Sprachkenntnisse mitbrachten. Dagegen haben Versager aus den einst führenden oder herrschenden Familien nichts mehr zu melden.

Wem es beschieden war, schon während der ersten Wochen die politischen und wirtschaftlich führenden Schichten im gesellschaftlichen Rahmen kennenzulernen und hochzuschätzen, dem bietet sich später in Betrieben und Behörden ein ganz anderes Bild. Denn nur hauchdünn ist die elitäre Führungsschicht. Sie ist meines Erachtens zu dünn, um alle heutigen und auf sie zukommenden Aufgaben zu erfüllen. Die Ausweitung des *toplevel* wäre dringend notwendig, aber die dafür unerläßlichen Kräfte können wegen der langen Ausbildungszeit nicht schnell genug nachwachsen. Das heutige Persien bietet »freie Bahn dem Tüchtigen«. Es nimmt jeden Begabten, vor allem den Leistungsmenschen, mit offenen Armen auf, kann jedoch bei weitem nicht genug bekommen.

So modern die Iraner der Führungsschicht sein mögen, so weltgewandt in den Umgangsformen, haben sie doch manche Sitten ihrer Vorfahren bewahrt, die jeder Fremde kennen sollte. Sie essen nicht viel und essen nicht üppig. Selbst bei großen Staatsbanketten wird kein großer Aufwand getrieben, erst recht nicht mit Getränken. Zwei bis drei Stunden steht man herum, redet miteinander und geht von Gruppe zu Gruppe, bis endlich das Essen beginnt. Danach, gleich nach dem Kaffee, wo bei uns die Geselligkeit erst richtig beginnt, ist bei den Iranern der Abend zu Ende. Man bedankt sich bei dem Gastgeber und verläßt das Haus.

Im Tagebuch Nasereddin-Schahs, der vor mehr als hundert Jahren Europa ausführlich bereist hat, sind mit scharfem Tadel die schlechten Tischmanieren der Abendländer erwähnt: »Sie verderben sich den Genuß einer guten Mahlzeit durch ernsthafte Gespräche . . . sie benutzen kalte Instrumente aus Metall, um Speisen in den Mund zu befördern. Auf diese Weise berauben sich die Abendländer des feinfühligen Genusses, den uns das Berühren eßbarer Köstlichkeiten bereitet. Und dann bringen sie ihre Frauen zum Essen mit, tatsächlich wird in deren Gesellschaft gespeist. Meist sind sie zwar recht schön und üppig, und der Mann kann von oben her zwischen ihre Brüste schauen. Aber alles zu seiner Zeit! Gutes Essen und schöne Frauen, das paßt nicht zusammen.«

Steinböcke ... auf viertausend Meter und darüber

»Für Sie freie Jagd im ganzen Land . . . wohin soll's gehen, welche Zeit wäre passend, was wünschen Sie zu erlegen?«

Ein Angebot, wie man es gewiß nur selten hört, besser gesagt, wohl im ganzen Leben nicht. Aber mir kam es zu Ohren und war an meine Adresse gerichtet. Nur darf man dergleichen nicht wörtlich nehmen und muß von der höflichen Übertreibung schon im Augenblick, da sie ausgesprochen wird, mehr als die Hälfte abziehen. Das Wort des Ministers beim Gläserklang und dessen Realisierung in der freien Wildbahn sind nicht nur zweierlei, sondern es liegen Welten dazwischen. Von Schonzeiten und Sperrgebieten, von Jagdpersonal, das anderweitig beschäftigt ist, auch von Jägern, die bereits hier und dort eingeteilt sind, hat Seine Exzellenz nichts gesagt. Dennoch bleibt von der großmütigen Offerte manches übrig, mehr als ich jemals bewältigen kann. Die Wildreservate des Iran sind riesengroß und werden von Menschen und menschlichen Einrichtungen fast gar nicht gestört. Dank weitgehenden Schutzes nimmt der Wildbestand bedeutend rascher zu, als die oft nur dürftige Futterbasis ernähren kann. Eine begrenzte Bejagung ist deshalb in den meisten Reservaten nicht nur gestattet, sondern aus hegerischen Gründen notwendig.

Nach dem Steinbock steht mein Sinn, von den Iranern *Kahl* genannt und von den Zoologen Capra hircus. Es handelt sich um die – frei und wild lebende – Bezoar-Ziege. Weil aber die äußere Erscheinung bis auf geringe Abweichungen dem Alpensteinbock (Ibex ibex) gleicht, bevorzuge ich die Bezeichnung Steinbock. Das klingt viel besser als Ziegenbock.

Die Lebensweise der Bezoare ist fast dieselbe wie bei den echten Ibex, ja, die Capra hircus steigt noch viel höher ins Gebirge hinauf und widersteht auch dem schlimmsten Schneesturm. Im Fernglas unterscheidet sich der Steinbock vom Bezoar-Bock so gut wie gar nicht. Dieselbe Größe, Farbe und Körperform. Auch das Gehörn kapitaler Bezoar-Böcke hat fast die gleiche Beschaffenheit wie das vom Ibex ibex. Nur sind die Hörner schmaler und auch leichter als beim Steinbock der Alpen, dafür aber weiter zurückgebogen und im Durchschnitt ein beachtliches Stück länger.

Die »Central Alborz Protected Region« wurde mir zugewiesen, für eine ganze Woche im Monat Oktober. Das wildromantische, rauh zerklüftete, für unsere Begriffe hochalpine Gelände mit fast einer halben Million Hektar Umfang ist etwa fünfhundertmal so groß wie mein privates Jagdgebiet im Herzen Tirols. Unvorstellbar ist diese für den europäischen Jäger grenzenlose Weite. Gute zehn Tage würde ich brauchen, um die »Central Alborz Protected Region« mit seinen schroffen Höhen und dunklen Tiefen zu durchqueren.

Erst sollte ich mit Beheshti und Mahmud über den höchsten Paß im Alborz-Gebirge nach Chalus fahren, ans Kaspische Meer, um vom dortigen Chef des Jagdschutzes nähere Anweisung zu erhalten. Für Jagdführer, Zelte, Feldbetten, Schlafsäcke und alles sonst sei gesorgt, wurde mir versichert. Weil ich aber hinreichend Erfahrung in sechs Kontinenten inklusive Antarktis gesammelt habe, bin ich bei solchen Unternehmen vorsichtshalber Selbstversorger. Auf Wegen abseits der großen Straße habe ich stets eine vollständige Camping-Ausrüstung im Wagen. Es ist eine Beruhigung, auch wenn man nichts braucht. Dem guten Djahangir Beheshti riet ich dringend zu Schlafsack, Luftmatratzen, warmen Wollsachen, auch zu Regenschutz und bequemen Bergstiefeln. Nur Mahmud, der Fahrer, wollte nichts davon wissen, weil er keineswegs daran dachte, sich auch nur wenige Meter weit vom Wagen zu entfernen. Der bot ihm nicht nur behagliche Schlafgelegenheit, vielmehr auch Schutz vor wilden Tieren, die nach seiner Ansicht für jeden wohlgenährten Menschen eine tödliche Gefahr darstellen. Mahmud ist wohlgenährt, und in den wilden Tälern des Alborz sind neben anderen Getier auch Bären, Wölfe, Leoparden und vereinzelt Geparden zu Haus, völlig harmlose Raubtiere, wenn man sie nicht durch allzu ungeschicktes Verhalten reizt.

Wir verließen das Park-Hotel um sieben Uhr morgens. Es war Freitag und damit Sonntag für die Iraner. Relativ rasch ging es über die neue Autobahn, den Südhang des Alborz stets zur Linken und die Ebene zur Rechten, nach der aufblühenden Ortschaft Karadj, wo die zum Kaspi-Meer führende Bergstraße von der geradewegs nach Tabriz strebenden Hauptstraße abweicht. Unser kurvenreiches Asphaltband begleitet stets und ständig den grüngrauen, rasch strömenden, laut gurgelnden oder leise murmelnden Karadj-Rud. Dieser Fluß macht es möglich, daß beiderseits der Ufer, selbst auf bandschmalen Streifen, frisches Grün in mannigfacher Form gedeiht. Schlanke Pappeln, knorrige Weiden, hundertjährige Oliven, auch Mandelbäume und sonstige Obstbäume, Sträucher, Gestrüpp und Schilf. Wo immer der enge Raum zwischen Straße und Steilhängen gerade noch reicht, haben fleißige Leute Gemüsebeete angelegt. Nach den Villen und Ferienhäusern in der Nähe von Karadj folgen in Schluchten und auf felsigen Vorsprüngen die altersgrau wirkenden Dörfer der echten und ständigen Bergbewohner.

Für die Iraner, in erster Linie wohl die Teheraner, bedeutet das Karadj-Tal mit seinem Überfluß an quirlendem Wasser und üppiger Vegetation einen wunderbaren Anblick. Die kahlen, kargen Felswände, die beiderseits aufsteigen, bilden den rechten Kontrast zum lieblichen Grün am Grunde des wildromantischen Tals. Kühl und feucht ist die Atmosphäre. Jede Familie, die über Zeit und Fahrzeug verfügt, genießt im heißen Sommer die labende und belebende Erholung an den Ufern des Karadj-Rud. Später im Jahr habe ich selber gesehen, wie an Feiertagen jeder nur irgendwie passende Platz am Fluß von Eltern und Kindern besetzt ist. Mit Kocher, Küchengeschirr und Kissen verbringen sie den ganzen Tag im kühlen Tal. Man sitzt auf mitgebrachten Teppichen oder mietet sich bettenartige Holzgestelle, um darauf den Teppich auszubreiten. Dicht belaubte Bäume werden von den Bergbauern angepflanzt, um Schatten zu vermieten.

Je höher hinauf sich unsere Straße schraubt, desto dürftiger die Vegetation. Selten sind Dörfer und enger wird die Schlucht. Dafür erscheint nach einer der vielen Kurven die einhundertachtzig Meter hohe, dem Wasserdruck entgegengewölbte Mauer des Amir-Kabir-Damms, besser als Karadj-Damm bekannt. Schon 1961 als erster der großen Staudämme gebaut, enthält der von Menschenhand geschaffene Bergsee mehr als zweihundert Millionen Kubikmeter klares Wasser. Etwa 125 000 Hektar ehemaliger Halbwüste hat der Karadj-Stausee in fruchtbare Gärten und Felder verwandelt. Außerdem werden mit Hilfe der Wasserkräfte fast 100 000 Kilowatt Strom erzeugt. Ein Nebenprodukt, wenn man so sagen darf, ist die frappierende Verschönerung des Landschaftsbildes. Der grünschimmernde See hat einige der Seitentäler in Fjorde verwandelt, worin sich schneebedeckte Höhen spiegeln. Villen, Gärten und Terrassenrestaurants, auch zwei elegante Clubs für Angler, Segler und Wassersportler sind an den wenigen, nicht allzu steilen Stellen entstanden. Zwei bis drei bessere Hotels gibt es schon und ein Maxihotel der Luxusklasse öffnet demnächst seine Pforten. Mir würde es am besten gefallen, in einem der kleinen, schmucken Ferienhäuser drüben auf der anderen Seite zu wohnen. Keine Straße führt dorthin, nur mit dem Boot gelangt man hinüber. Leider ist wegen der Höhenlage die Saison für Baden, Angeln und Segeln knapp bemessen.

Weiter hinauf windet sich der Weg, immer höher hinauf ins Zentralmassiv des Alborz-Gebirges. Oft ist die Schlucht so schmal, daß man die Straße als Halbtunnel seitlich in die senkrechte Felsenwand gesprengt hat. Von Anfang bis Ende ein Werk deutscher Ingenieure, noch geschehen zur Regierungszeit des Alten Schah. Damals vielbestauntes Wunderwerk des modernen Bergstraßenbaus, heute aber dem Verkehr nicht mehr genügend. Eine breitere, schnellere Autobahn, deren Trasse als Tunnel viele Berge durchstößt, wird binnen zwei bis drei Jahren eröffnet.

In Gachsar, auf rund zweitausend Meter Höhe, liegt ein kleines Straßendorf, das sein Entstehen dem Gachsar-Hotel verdankt. Es ist seinerseits aus einem alten Rasthaus hervorgegangen, denn hier befand sich schon seit Jahrtausenden der wichtigste Rastplatz bei der so langwierigen und gefahrvollen Übersteigung des Hochgebirges. Ganz hinten im Park des Hotels, fürs Publikum nicht zugänglich, der Pavillon gleichen Stils für den Alten Schah. Mit nur kleinem Gefolge pflegte der Kaiser hier zu übernachten. Damals loderten Lagerfeuer um den im Jugendstil gebauten Pavillon und standen Wachen bereit, um etwaige Überfälle von Rebellen oder Räubern abzuwehren.

Danach erleben wir Serpentinen mit fünfzehn Haarnadelkurven hintereinander. Siebenmal hat der Fahrgast Gelegenheit, den gleichen Wasserfall aus verschiedenen Blickwinkeln zu sehen. Wer nicht selber fährt, möchte an manchen Stellen gerne die Augen schließen. Nach der Wasserscheide ändert sich bald das Bild der Landschaft. Selbst hohe Hänge tragen nun einen Hauch von Grün. Kurzes Gras, kleine Büsche, dichtes Gestrüpp folgen in tieferen Lagen. Wir sind jetzt auf der Nordseite des ungefähr tausend Kilometer langen und bis weit über fünftausend Meter ansteigenden Gebirges. Es hält die feuchten Winde auf, die vom Kaspi-Meer heranwehen, und empfängt kühle bis kalte Luft aus dem russischen Norden. Nebelbänke und Regenwolken hängen häufig vor dem Gebirge. Sie bestimmen das Klima der Nordseite, und damit auch die Vegetation. Wer nur das andere Persien kennt, jene neun Zehntel des riesigen Reiches, wo Regenwasser, grüne Wälder und dichtes Gebüsch äußerst selten sind, befindet sich auf der Nordseite des Alborz gleichsam in einer anderen Welt. Man sieht nicht mehr den nackten Fels, weil alles mit Pflanzenwuchs bedeckt ist.

Schon am frühen Nachmittag sind wir, trotz der vielen Aufenthalte unterwegs, in Chalus. Für Fremde ist die Hafenstadt am flachen, sandigen graublauen Kaspi-Meer nicht interessant. Es sei denn, man bemerkt oder empfindet, daß Chalus schon relativ lange gewisse abendländische Züge trägt, sogar hier und dort ans alte Rußland erinnert. Es ist keine Täuschung, hat vielmehr historische Gründe. Bevor der motorisierte Verkehr nach Persien kam, als noch keine Bahn von Täbriz nach Teheran führte und man noch nicht ans Fliegen dachte, führten die Verbindungswege zur Außenwelt über die Häfen des Kaspi-Meeres, über Rescht, Chalus und Enzeli (heute Bandar Pahlavi). Man überquerte auf Segelschiffen, später auf Dampfschiffen das große Binnenmeer und reiste danach durch Rußland ins mittlere und westliche Europa. Als die Bahn von Baku und Astrachan nach Moskau, dann weiter nach Westen funktionierte, war die etwa zehntägige Fahrt auf Schiff und Schienen relativ bequem geworden. Jedenfalls gehört auch Chalus zu den Einfallstoren vor allem des zaristischen Rußlands.

An sich wollte ich gleich nach der Ankunft im Chalus-Hotel zum Jagdamt fahren, um persönlichen Kontakt aufzunehmen. Aber Beheshti erinnerte an den Freitag, es wäre gewiß sehr unpassend, die allgemeine Arbeitsruhe zu stören.

Doch genau um acht des folgenden Tages – denn iranische Behörden sind pünktlich –, gehen wir die hundert Meter zum Amt und werden von dem noch relativ jungen Chef liebenswürdig empfangen. Er sagt in leicht vorwurfsvollem Ton, daß man für gestern abend einen Empfang mit Festessen vorbereitet hatte, zu dem wir leider nicht erschienen sind.

Dies und jenes wird sodann besprochen. Weil der hiesige Behördenchef keine Fremdsprache kennt, muß Beheshti übersetzen. Dabei sind Mißverständnisse nicht auszuschließen, da Freund B. durchaus nichts von der Jagd versteht.

Klar ist jedoch, daß wir gut fünfzig Kilometer auf der gleichen Straße wieder ins Gebirge hinauffahren, um nach siebzehn Kilometern auf schmaler Seitenstraße ein Dörfchen zu erreichen. In einer Talsenke nebenbei befindet sich das komplett eingerichtete, mit allen Notwendigkeiten versehene, seit Tagen schon vorbereitete Standlager für mein mehrtägiges Unternehmen. Mit Jagdführern und Jagdbegleitern, mit Mulis und Maultiertreibern geht es von dort hinauf in Hochtäler und Schluchten einer Gebirgsgegend, die Malek Ceshmeh genannt wird. Alles Weitere, so meint der Mann in Grün, ergibt sich dann von selbst. Der Jagdchef fährt mit, wozu sein Jeep einen Fahrer benötigt. Ein dritter Mann in Uniform und ein vierter in Zivil gesellen sich dazu. Der rasch rollende Jeep fährt voraus und mein langer Jeep Wagoneer hinterher.

Knapp zwei Stunden später verlassen wir die asphaltierte Hauptstraße, um statt dessen einem geschotterten Nebenweg zu folgen. Beide Fahrer schalten auf den zweiten Gang. Wilde, großartige, unerschlossene Felsenlandschaften öffnen sich. Links vom Wege taucht eine kleine Häusergruppe auf. Zwei uniformierte Wildhüter eilen heran, mit Ledersäcken auf dem Rücken und kurzen Gewehren in der Hand. Das sind, wie sich später herausstellt, Omar und Hassan, die zuständigen Wildschützer und Jagdführer. Omar, dessen weiteren Namen ich nicht notiert habe, ist der Chef und Hassan sein Stellvertreter. Sie klemmen sich auch noch in den Jeep, und weiter bergauf rumpeln die Wagen.

Nur eine einzige menschliche Siedlung ist während der Fahrt von weitem zu sehen, mit Schieferplatten gedeckte Steinhäuser an einem blitzenden Bach zwischen graugrünen Felsen. Beheshti sagt mir, das sei Kamarbon, und ich denke, wir steuern dorthin. Aber der Jeep schliddert einen feuchten Hang hinab zum flachen Talboden, planscht durch ein rieselndes Gewässer und steht vor einem großen, dunkelgrauen, mehrfach durchlöcherten Zelt. Darin vier wacklige, angerostete Bettgestelle mit schon viel gebrauchten Pferdedecken. In der Mitte ein rußgeschwärzter Petroleumofen. Auf dem Erdboden daneben ein Sammelsurium verbeulter Tassen, Teller und Töpfe, dazu mehr oder minder verrostete Löffel und Messer. Dem Vernehmen nach ist das windschiefe Zelt nebst klapprigem Inhalt unser Jagdlager. Während D. B. beide Hände tief in die Taschen versenkt und das Standquartier in gedrückter Stimmung betrachtet, hole ich meinen Campingsack aus dem Wagen. Was daraus zum Vorschein kommt, erregt ebensoviel Erstaunen wie lebhafte Neugier. Vor den erst spöttischen, dann fassungslosen Gesichtern muß ich mein Minizelt aufbauen, wegen des frisch wehenden Windes gar nicht so einfach. Sodann die Luftmatratze aufblasen, den Schlafsack ausbreiten, die Gaslampe aufhängen, den Gaskocher startklar machen, das Kochgeschirr und Eßgeschirr, die Teller, Tassen, Gläser, Gewürze und so weiter griffbereit am gewohnten Platz unterbringen. Weiter die Getränke, die Lebensmittel, den Lesestoff und sonstigen Bedarf bereitstellen. Während all dieser Verrichtungen folgen zwölf Augen jeder meiner Bewegungen, und über jeden Gegenstand wird – so hört es sich an – mit abwertenden Worten gesprochen. Solche Kritik und Kommentare von tatenlosen Zuschauern mag ich gar nicht. Aber es muß ertragen werden, und nach einer knappen Stunde bin ich fertig.

Mein bedauernswerter Dolmetscher hat keine Campingsachen ausgepackt, weil er von Teheran nichts dergleichen mitgebracht hat. Er ist nicht einmal mit Wollsachen, Bergstiefeln, Regenhaut und sonstigen Unentbehrlichkeiten versehen. Ihm fehlt sogar ein Schlafsack, also muß er mit den nach Roßäpfeln riechenden Pferdedecken vorlieb nehmen. Mahmud, der Fahrer, hat gleich beschlossen, zusammen mit dem Wagen droben im Bergdorf zu verweilen, bis beide wieder gebraucht werden.

Ich denke, daß wir erst morgen mit der Jagd beginnen, aber ich denke falsch. Wie aus dem Boden gewachsen, erscheinen vier graue, grobknochige Maultiere, drei mit Schafpelzdecken auf dem Rücken und eines mit Ledersattel. Zu den offenbar starken Tieren gehören zwei Treiber, die ebenfalls mit Schafdecken behängt sind. Ihre Mützen bestehen aus Schafpelz, die kniehohe Fußbekleidung wurde aus Wolle und Leder der gleichen Tiere hergestellt. Mit ihren braungebrannten, von Wind und Wetter gegerbten Gesichtern sehen beide Männer aus wie Tiroler zu Zeiten des Andreas Hofer. Völkerkundler würden sagen, daß sie den Typus der Dinarier vertreten.

Mir die Namen zu merken ist unmöglich, sie klingen jedenfalls wie Siss und Sissit. So nenne ich sie, und beide verstehen, wer von ihnen gemeint ist.

»Gleich hinter dem nächsten Bergrücken«, läßt mir der Chef der Central Alborz Protected Region mitteilen, »liegt ein kreisrunder Talkessel, wo sich ständig über hundert Steinböcke aufhalten. Von keinem Menschen lassen die sich stören. Selbstverständlich ist die Jagd in jenem Talkessel nicht gestattet . . . lassen Sie das Gewehr hier, nehmen Sie nur Fernglas und Kamera mit. So wünsche ich besten Erfolg, heute mit der Kamera und morgen mit der Kugel.«

Mit diesen Worten nimmt er Abschied von uns, nimmt auch die beiden nutzlosen Begleiter mit. Alle sind bald in einer Staubwolke verschwunden.

Omar und Hassan, die beiden Jagdführer, werden gleich nach dem Verschwinden ihres Chefs aktiv. Die über hundert Steinböcke oben im kreisrunden Tal wären keineswegs sicher, wird mir verdolmetscht. Aber zwei oder drei scheue »Kahls« könnten wir möglicherweise erblicken, und zu diesem Zweck sollte ich doch meine Büchse mitnehmen.

Freund D. B. läßt zu meinem nicht geringen Erstaunen wissen, daß er unter Asthma und Ischias leide, ihm außerdem sein linkes Knie zu schaffen mache. Deshalb müsse er im Lager zurückbleiben. Monate danach klärt er mich noch weiter auf und sagt, es sei ihm als Beamter von INTO strikt verboten, irgendwelche Unternehmen meinerseits mitzumachen, die von einer anderen Behörde organisiert werden. Angeblich hat das mit Problemen der Verantwortung zu tun. Die Folge ist, daß ich auf den Jagdunternehmen ohne Dolmetscher bin.

Die »Vom Hofe 7,66« über die Schulter gehängt, das Glas griffbereit auf der Brust und mein Tiroler Filzhut in die Stirn gedrückt, steige ich mit gewohnter Gewandtheit in den abgewetzten Sattel. Ein braves und ruhiges Tier, meine freundlichen Worte quittiert es mit spielenden Ohren. Im übrigen gehört das Maultier dem Treiber Sissit, der es nicht am Halfter führt, sondern mit Zurufen lenkt. Ein griffiger Sattelknopf dient dem Reiter zum Festhalten, wenn er meint, das sei in besonders steilem oder rauhem Gelände nötig. Die Zügel, wird mir bedeutet, nur lose halten oder an den Sattelknopf hängen. Mit richtigem Reiten hat diese Art der Fortbewegung nichts zu tun.

Eine halbe Stunde etwa bummeln wir neben dem Bach bis ans Ende des Talgrundes. Nur wenige einsame Pappeln stehen auf der Fläche, sonst magere Weide und fahles Gebüsch. Auf schmalen Maultierpfaden streben wir sodann sehr steil an einem Schotterhang hinauf. Ganz von selbst biegen dabei die braven Tiere in alle engen Kurven ein.

Wieder eine halbe Stunde, dann ist der Bergrücken erreicht, und wir schauen von droben in einen Talkessel, worin sich die vielbegangenen Wechsel von Steinböcken erkennen lassen. Aber von den »Kahls« selbst ist keiner zu sehen, obwohl uns der Wind ins Gesicht weht.

Wir liegen und schauen, wir warten ziemlich lange. Allenthalben suchen wir das Gelände ab, doch nirgendwo erscheint das Haupt eines Capra hircus.

Mir weit voran eilen Omar und Hassan quer durch das kreisrunde Tal, eine Anhöhe hinauf und weiter durchs nächste Tal, bis wieder ein Höhenrücken vor uns liegt. Von hier aus geht's nicht mehr weiter. Eine tiefe Schlucht mit schroffen Wänden hat sich aufgetan. Lange schaue ich durchs zehnfache Glas, kann aber nichts erkennen.

Da packt plötzlich Omar meine Schulter und flüstert »Kahl ... Kahl ... Kahl«. Ich weiß, daß hiermit der iranische Steinbock gemeint ist.

»Kahl . . . Kahl . . . Kahl . . . Kahl . . .«, flüstert auch Hassan. Seine am Fernglas zitternde Hand scheint anzudeuten, daß er zu einem kapitalen Ibex schaut.

»Kahl . . . Kahl . . . Kahl . . . Kahl . . .«, zischt Omar wieder in mein linkes Ohr. Seinem ausgestreckten Arm und Zeigefinger folgend, sehe ich drüben am rotbraunen Felsenturm eine Silhouette von ibexähnlicher Gestalt. Meines Erachtens ist das edle Wild nicht weiter als einhundertfünfzig Meter entfernt. Der Steinbock dort hat die gleiche Farbe wie das Gestein, dennoch sehe ich recht gut das starke, nach hinten geschwungene Gehörn.

Auf unsichtbarem Felsband steigt der Bock schräg links nach unten. Keine Sekunde ist zu verlieren, sonst gerät er mir außer Sicht. Runter mit den Schutzklappen vom Zielfernrohr, weg mit dem Mündungsschoner, nur Ruhe jetzt, nur Ruhe, durchladen, sicher auflegen, Ziel fassen und stechen.

Jetzt warten, bis der Atem ruhig geht, dann eine halbe Sekunde die Luft anhalten, jetzt der entscheidende Fingerdruck . . .

Der Schuß hallt zehnfach wider.

Omar und Hassan machen mit beiden Händen eine schlenkernde, in die Ferne weisende Bewegung. Also habe ich gefehlt. Habe mich blamiert und bin bis auf weiteres als Versager abgestempelt. Dennoch schaue ich aus alter Gewohnheit mit dem Glas zum Anschuß.

Aber nicht doch . . . was heißt gefehlt? Da liegt er ja, drüben auf dem halbmeterbreiten Vorsprung. Ich sehe ganz deutlich den rotbraunen Körper mit seinen geschwungenen Hörnern.

Es dauert ziemlich lange, bis ich Omar und Hassan davon überzeugt habe. Sie reden laut und lebhaft miteinander, danach versuchen sie noch lebhafter, mir irgend etwas klarzumachen. Aber ich verstehe nichts. Jedenfalls ist nun das Problem zu lösen, wie man den erlegten Ibex erreichen kann. Nach ungefähr zwanzig Minuten riskanter Kletterei sind wir genau über dem Ibex, müssen aber feststellen, daß man ohne Seil nicht zu ihm hinunter kann. Aber lange dauert es nicht, da hat Omar eine andere Idee. Das Haupt mit dem schweren Gehörn hängt über die Felsplatte in den freien Raum hinaus. Schon ein leichter Stoß kann genügen, um den ganzen Körper abstürzen zu lassen.

Hassan bittet um meine Büchse, beugt sich vor und zielt sehr lange. Dem Himmel sei gedankt, daß ich bemerke . . . vielleicht im allerletzten Augenblick, wohin die Mündung zeigt. Nämlich direkt auf Felsen, nur zwei Handbreit vor der Waffe. Hassan kann es durchs Zielfernrohr nicht sehen, weil ja das Zielglas um etwa drei Zentimeter höher auf dem Büchsenlauf sitzt. Also schaut er am Fels vorbei, während die Mündung eben darauf gerichtet ist. Die Kugel muß mit Sicherheit zurückschlagen, und kann dabei einen von uns schwer verletzen. Ich reiße den Mann zurück, der rasch versteht, in welcher Gefahr wir gewesen sind.

Er verbessert seine Position, zielt nicht mehr lange und schießt vortrefflich. Der Wildkörper hat den Stoß erhalten, wir sehen ihn stürzen und hören einen dumpfen Aufschlag. Ich kann nur hoffen, daß sein Gehörn noch heil ist. Weil drunten Schotter ins Rollen gerät, wird wohl die restliche Talfahrt glimpflich verlaufen.

Wir haben Eile wegen beginnender Dunkelheit. Wir hasten über Geröll und scharfkantiges Gestein zu den Maultieren. Es ist schon Nacht, als wir bei den Zelten ankommen, wo ein wohlig wärmendes Feuer lodert.

Daneben, es ist kaum zu fassen, liegt der Steinbock mit wohlerhaltenem Gehörn. Aber was seine Größe, die Stärke und Auslage betrifft, bin ich doch ein wenig enttäuscht. Die Schlagschatten des späten Nachmittags haben mehr von meinem Ibex an den Hintergrund gemalt, als beim Original vorhanden war. Aber warum haben sich nur Omar und Hassan wegen eines mittelmäßigen »Kahl« so aufgeregt?

»Die haben gar nicht das Tier gesehen, worauf Sie gezielt haben«, erklärt mir D. B. ohne Spur von innerer Anteilnahme. »Hassan und Omar haben einen ganz anderen, einen großartigen Kahl entdeckt und Ihnen haargenau erklärt, wo der gestanden hat mit seinem Riesengehörn. Jetzt sind die beiden tieftraurig, weil der große Jäger nur einen Kahl unter Durchschnitt geschossen hat.«

Versöhnlich stimmt der herrliche, der rauhe und romantische Abend beim prasselnden Lagerfeuer. Weit und windig ist das Tal, aber wir haben es warm. Beizender Rauch, würziger Duft und knisterndes Holz der Bergfichten. Wir drehen die faustdicken Fleischfetzen der etwa vierjährigen Beute über dunkelroter Glut. Die frischen Holzspieße haben wir uns vorhin selbst geschnitten und geschnitzt. Wir schmieren gesalzene Butter aufs Wildbret, deren herabrinnende Tropfen im Feuer verzischen. Dazu der Rotwein aus Schiraz und zwischendurch ein Schluck iranischen Wodka. Das sind Stunden, für die es sich lohnt zu leben. Trotz des nur mittelmäßigen Ibex bin ich zufrieden.

Freund Beheshti sagt mir auf Deutsch, daß Omar und Hassan meinen, ich sei der erste ihrer Jagdgäste, der mit Maultiertreibern am Feuer zusammensitzt. Später erlebe ich, daß sogar zwischen Wildhütern, Schafhirten und den Maultiertreibern Unterschiede des Ranges bestehen.

»Die Männer wollen morgen alles versuchen«, erklärt D. B., »daß Sie einen selten guten Ibex bekommen. Es wird hart sein für die Maultiere und nicht einfach für die Menschen, bis zum höchsten Rücken des Kuhl Malek Cesmeh will man mit Ihnen hinauf. Schon gegen vier Uhr müssen Sie aufstehen und vor dem ersten Morgenlicht im Sattel sein.«

Die Nacht ist kalt und kurz. Mein Atem wird zu Eis am dünnen Zeltstoff über mir. Der Schlafsack hält warm, aber Nase und Ohren müssen frieren. Scharfer

Wind faucht um mein winziges Zelt. Alle Viertelstunde werde ich wach und werfe einen Blick auf die Uhr. Es ist soweit, ich muß aus dem molligen Sack in die eiskalte Luft. Mühsames Anziehen von Reithose, Stiefeln und Anorak, denn eng und niedrig ist der Raum im Minizelt. Dabei höre ich schon das Schnaufen der Maultiere, das verhaltene Reden von vier Männern und Klappern von Blechgeschirr. Würziger Kaffeeduft lockt mich ins Freie.

Am finsteren Himmel funkeln Myriaden von Sternen, während der Mond allmählich verblaßt. Es plätschert der Bach beim großen Zelt, und die Rösser zermahlen ihr Morgenfutter aus Gerste mit Hafer gemischt. Der schlaftrunkene D. B. zeigt sich nur kurz, wünscht guten Erfolg, um sich dann wieder dem Schlummer zu widmen. Wir fünf Erwachten trinken den siedend heißen Kaffee und stopfen Pistazien-Gebäck in den Mund. Reden hat nicht viel Sinn, weil ich ja nur wenige Worte Farsi verstehe. Zeichensprache muß helfen.

Der glattpolierte Sattel ist ein recht bequemer Sitz, zumal vorne wie hinten handhohe, gepolsterte Wülste angebracht sind, die auch bei steilsten Stellen das Rutschen verhindern. Außerdem ist für extreme Fälle noch der Sattelknopf vorhanden. Kandare gibt es nicht, Trense und einfache Zügel sind für Maultierritte mehr als genügend. Die Steigbügel waren mir gestern zu tief. Heute habe ich sie selbst gerichtet und finde jetzt festen Halt. Im übrigen habe ich wenig, besser gesagt überhaupt nichts zu tun. Meine Fathma ist gewohnt, Sissits zu folgen.

Wir reiten im Schritt durch Nacht und Frühnebel an dem Murmelbach entlang, dann aber in scharfem Winkel nach rechts, einer himmelhohen, völlig schwarzen Felswand entgegen. Niemand spricht, nur das dumpfe Dröhnen der Pferdehufe ist zu hören. Es wird zum hellen Geklapper, als unsere Kavalkade den Fuß der Felswand erreicht. An den Umrissen der vor uns liegenden Schatten, ist zu erkennen, daß wir in eine Schlucht gelangen. Ich höre rinnendes Wasser, das durch diese Schlucht den Weg ins Freie sucht.

Unsere Maultiere kennen den Weg, und sie wissen aus unliebsamer Erfahrung, welche Mühe und Plage ihnen bevorsteht. Ich weiß es nicht, habe nur von Beheshti gehört, daß der Aufstieg nach Auskunft der Wildschutzbeamten so um vier Stunden dauern soll. Das wäre nicht allzu schlimm. Wir müßten demnach gegen zehn Uhr oben sein, hätten gut fünf Stunden Jagdzeit und wären vor Anbruch der Nacht wieder beim Standlager. So ungefähr bin ich das auch von der Gamsjagd in meinem Tiroler Revier gewöhnt, wo natürlich alles zu Fuß gemacht wird.

Als ziemlich rasch der neue Tag beginnt, schon bald mit rotgoldenen Sonnenstrahlen, entsteht ein Bild, wie sich auch bei bestem Willen kein schöneres denken läßt. Die Steilwände zu meiner Rechten werden vom Morgenlicht angestrahlt. Sie schimmern, ja sie glühen in verschiedenen Farben. Gewiß enthalten sie eine Menge von ungewöhnlichen Mineralien. Jedes davon empfängt das Licht in seiner Art und wirft es zurück. Die andere, die linke Seite des Canyons liegt im Schatten. Sehr breit ist der Bach, wird aber häufig durch Sandbänke, Steinblöcke und Geröllinseln geteilt. Auch hier unzählig viele Farben, und die Steinkanten vom ewig fließenden Wasser glattgeschliffen. Das strömende, stellenweise strudelnde Gewässer blitzt im Sonnenlicht und schwätzt bei der raschen Bewegung munter drauflos. An geschützten Stellen hier und dort graugrünes Buschwerk, sogar zerzauste Weiden und fußhohes, fingerbreites Schilfgras. Hoch über den Wänden, die neben uns aufsteigen, der blaßblaue Himmel mit zarten weißen Wolken.

So klein wie fünf dahinkriechende Ameisen muß unsere Kavalkade wirken, sollte vom Kamm des Gebirges jemand in die Schlucht hinunterschauen. Die Fortbewegung dürfte langsamer erscheinen als die einer Schnecke. Roß und Reiter befinden sich allem Anschein nach in gehobener Stimmung. Die Männer reden miteinander, die Maultiere bewegen sich gleichmäßig und beugen sich manchmal zum Trinken hinab. Mir wird bald warm unter dem pelzgefütterten Anorak. Der schmale, wohl in der Hauptsache von Maultieren getretene Weg wird fühlbar steiler. Eine endlose Folge von Serpentinen muß mithelfen, daß unsere Tiere hinaufkommen. Der Bach ist geringer geworden, denn es fehlen ihm hier die Zuflüsse aus seitlichen Tälern. Er stürzt in Gestalt kleiner Wasserfälle über mächtige Blöcke, rinnt auch, in tausend Wasserfäden geteilt, an den Wänden herab. Viel, sehr viel Höhenunterschied haben wir noch vor uns, bis wir auf ungefähr dreitausend Meter sind. Die Maultiere schnauben heftiger und atmen mit vollgepumpten Lungen. Das schweißglänzende Fell beginnt zu dampfen. Wir halten nach jeder besonderen Anstrengung, um ihnen Ruhe zu gönnen. Schon zwei Stunden unterwegs, aber kein Ende abzusehen. Vor uns ein verflucht steiler Schotterhang, unsere Rösser rutschen auf zwei Schritte mindestens einen zurück. Die beiden Treiber gleiten zur Entlastung ihrer Mulis aus dem Sattel und klettern zu Fuß neben ihnen her. Ich will das gleiche tun, aber Omar gibt durch energische Zeichen zu verstehen, daß ich droben bleiben soll. Er und Hassan tun es auch. Mir wäre wohler auf den eigenen Beinen. An solchen Steilhängen im Sattel, wo überall die Steine herabrollen, das ist eine scheußliche Sache. Doch wir dürfen vermuten, gleich oben zu sein auf dem höchsten Rücken des Zentralen Alborz. Dann wird die eigentliche Pirsch beginnen und das natürlich zu Fuß.

Endlich, wir haben's geschafft! Die Mulis klettern über die letzte Steilwand, bevor wir freien Blick genießen. Aber nein, so frei ist der Blick nicht. Nach hundert Metern über flachen, mit Moos und kurzem Gras bedeckten Boden erhebt sich ein anderer Hang bis in die Nähe des Himmels hinauf. Wir gönnen den Tieren Erleichterung, steigen ab und laufen eine Weile neben ihnen her. Im Schutze eines überliegenden Felsens sehe ich zwei, dann sogar drei kaum mannshohe Schutzhütten aus Steinblöcken. Ehemals, so höre ich später, waren es Behausungen für Schafhirten. Auch die Einwohnerschaft ganzer Dörfer suchte hier oben Zuflucht, wenn es Räuber und Mordbrenner drunten im Tal gar zu schlimm trieben.

Unsere Mulis erklimmen den zweiten, noch mühevolleren Hang. Dabei wage ich nicht mehr zu hoffen, daß wir dann die letzte Steigung hinter uns haben. So bleibt mir bittere Enttäuschung erspart, als am Ende der Hochfläche wieder himmelstürmender Anstieg beginnt. Der Unterschied zu der vorletzten Etappe ist nur, daß sich hier Schneefelder ausbreiten und bis auf geringe Spuren kaum noch Vegetation gedeiht. Nach wieder einer Pause geht es weiter, für unsere Tiere infolge der dünnen Luft noch beschwerlicher und keuchender als zuvor. Rollendes Geröll, fester Fels, rutschender Schotter. Halten, verschnaufen, fünfzig Meter weiter, nochmals Erholung für die Mulis, dann noch dreißig Meter, geschafft. Gleich nach der Pause die nächste Anstrengung. Ich lege mich weit vor und halte den Sattelknopf mit beiden Händen. Auf Halten von Zügel und Trense habe ich längst verzichtet. Schenkeldruck und dergleichen sind unsere Gäule erst recht nicht gewohnt.

Mit einem Mal die Erlösung! Kaum darauf hoffend, mich gerade am steilsten Stück bis auf den Hals des Mulis vorlegend, steht plötzlich meine Fathma völlig still. Und ich erlebe eines der wunderbarsten Bilder dieser Welt.

Zahlreiche schneebedeckte Gipfel Kopf an Kopf. Unabsehbar die Folge scharfgeschnittener Bergrücken, davor ein Fächer zahlreicher Tiefen und dunkelblauer Täler. Nach Norden hin die blanke, graugrüne Fläche des Kaspischen Meeres. Im Osten sehe ich, alles überragend und das gesamte Gebirge beherrschend, die 5670 Meter hohe Pyramide des Demavend.

Still bin ich vor Staunen und vergesse, zu welchem Zweck wir die Mulis bemüht haben, uns so hoch zu tragen. Erst mein Gewehr, das beim Absteigen gegen Steine stößt, erinnert an die Jagd. Omar und Hassan sind gleichfalls abgestiegen. Alle vier Männer haben sich im Windschutz eines Steinmales niedergelassen, das verirrten Jägern zeigen soll, wo der Abstieg ins ferne Tal beginnt, sonst könnte man die Stelle kaum finden. Prinz Abdoreza, Protektor des Umweltschutzes, des Jagdwesens und der Wildhege, ein Bruder des Schahanschah, sagt mir Monate später, daß er diese Stelle markieren ließ und auch selbst des öfteren von hier aus gejagt hat. Die bei jener Gelegenheit vermessene Höhe betrage 3965 Meter. Hier also, hoch in schon spürbar verdünnter Luft, beginnt unsere Steinbockpirsch, die Jagd zu Fuß und oft mit Hilfe beider Hände. Ein Atemzug für jeden Schritt und drei, wenn eine Steigung damit verbunden ist.

Statt zehn Uhr, wie voraus berechnet, ist es Mittag geworden. So viel Zeit, wie zuvor gedacht, haben wir also nicht. Es muß schnell gehen, aber schnelle Jagd ist nicht nach meinem Geschmack, und fast viertausend Meter über dem Meeresspiegel schon gar nicht. Sehr intensiv schauen die beiden Kenner des so himmelhoch lebenden Steinwildes durch die zehnfachen Gläser. Weit, sehr weit können sie sehen, besonders nach Osten hin, weil sich vor uns ein halbes Dutzend Täler öffnen, die aussehen wie erstarrte Wellen. Irgendwelche Vegetation muß zwischen den Schneefeldern gedeihen, vermutlich jene kaum sichtbaren Miniaturpflänzchen, die durch würziges Aroma oder schmackhafte Spurenelemente das Wild so hoch hinauflocken. Es gibt ähnliches beim Gamswild in unseren Alpen.

»Kahl . . . Kahl . . . Kahl . . . Kahl . . . Kahl . . .«, höre ich wieder, wobei die dreifache Wiederholung vermutlich besagen soll, daß sowohl Omar wie Hassan sehr viele Ibex gesehen haben. Als ich selbst die dunklen Punkte auf dem weißgrauen Altschnee erkenne, sind es mehr als hundert Tiere. Sie alle ziehen schräg nach oben. Wir können dem starken Rudel recht gut mit dem Fernglas folgen. Es läßt sich auch einigermaßen sicher schätzen, wo sie bald den Kamm des Gebirges überschreiten.

Omar gibt das Zeichen zum Aufbruch. Hassan will mir das Gewehr abnehmen, doch meine Würde als Waidmann duldet dies nicht. Während Maultiere und Treiber am Treffpunkt bleiben, suchen wir Deckung hinter den Graten. Dorthin streben wir sodann, wo der Übergang des Rudels zu erwarten ist. Leichter gesagt, als getan, denn bei so dünner Luft wird für einen aufwärts laufenden Menschen das Atemholen zur Qual. Die iranischen Alborz-Jäger sind es einigermaßen gewohnt, aber mein Tiroler Revier ist nirgendwo höher als eintausendsiebenhundert Meter. Außerdem bin ich gestern noch in Chalus am Kaspi-Meer nicht nur auf Null Meter gewesen, sondern zwanzig Meter unter Null. So keuchen die Lungen wie Blasebälge, es pochen die Halsadern und das Herz hämmert in wildem Takt.

Dann sind wir dort, liegen hinter einem Steinriegel und starren durchs Glas. Relativ rasch, sicher mit bestimmtem Ziel im Sinn, zieht das braunrote Rudel der Höhe entgegen. Manch starker Bock mit herrlich geschwungenem Gehörn ist dabei. Den einen oder anderen nehme ich probeweise aufs Korn. Aber es ist noch zu weit. Gut dreihundert Meter und darüber schätze ich, weiß aber wohl, wie sehr man sich im Hochgebirge verschätzen kann. Sie steuern einer Senke zu, die den Grat durchschneidet, aber von uns nicht einzusehen ist. Omar sagt mir etwas, und Hassan wiederholt es. Sie greifen an meinen Arm, zeigen aufs Gewehr, berühren das Zielfernrohr und versichern mir aufs neue etwas, was offenbar sehr wichtig ist. Doch keine blasse Ahnung verrät mir, was sie meinen.

Gleich ist das erste, das führende Tier droben angekommen. Binnen wenigen Sekunden wird der hochkapitale Bock in der Mulde meinen Augen entschwinden. Knapp zweihundert Meter sind es bis dorthin, vielleicht nur einhundertfünfzig, das Rudel zieht rasch, alle sind in Bewegung. Dennoch scheint mir ein sicherer Schuß garantiert, wenn nur das Blut nicht so pocht. Vor allem weg mit den Pelzhandschuhen, Daumen und Zeigefinger müssen frei beweglich sein.

So scharf wie ein Scherenschnitt sehe ich durchs Zielglas die edle Beute, gehe mit und weiß, daß es ein erstklassiger Treffer sein muß, sein wird. Gestochen und hochblatt gehalten. Den Finger krumm, das Feuer kracht, mit dem Abkommen bin ich zufrieden.

Mein schlimmster Feind könnte es gleichfalls sein, denn . . . glatt ging die Kugel vorbei!

Omar sah am Felsen drüben den Aufschlag, weil Splitter herumspritzten. Kopfschüttelnd macht er mir klar, daß der Schuß um mindestens einen halben Meter zu tief lag.

Ja, so mußte es wohl sein, sage ich mir hinterher. Für etwa tausend Meter Höhe ist meine Büchse eingeschossen, und hier sind es über viertausend. Jeder, der etwas von der Jagd versteht, hat mich gewarnt, und selbst habe ich es auch gewußt. Dreißig bis vierzig Zentimeter darüberhalten wäre richtig gewesen. Aber in der Aufregung, nach dem mühevollen Steigen habe ich alles vergessen.

Wenig reizvoll wäre es für den Leser, wollte ich von den beiden Mißerfolgen berichten, die ich anschließend hatte und die mein Selbstvertrauen zutiefst erschütterten. Doch wie zum Hohn bescheren mir die guten Geister des Malek Ceshmeh ein noch stärkeres Rudel und nicht lange danach einen Uraltbock mit herrlich geschwungenem Gehörn, der langsam und einsam durchs Gelände zieht. Das eine Mal berechne ich den Höhenunterschied relativ richtig, aber dennoch spritzt die Kugel knapp vor dem Bock ins Gestein. Die Schuld daran gebe ich dem direkten Einfall von Sonnenstrahlen ins Zielfernrohr. Möglich auch, daß meine Hand gezittert hat. Bei dem Einzelgänger, der direkt unter mir auf einem Schneefeld innehält, habe ich vermutlich den Winkel nicht richtig berechnet. Der Schuß geht zu kurz, und weg ist der einmalige Altbock!

Was die Blicke von Omar und Hassan bedeuten, ist auch ohne Kenntnis ihrer Sprache deutlich zu verstehen. Absolut sinnlos war es nach ihrer Meinung, diesen Stümper auf viertausend Meter und mehr hinaufzuschleppen. Ganz unnötig, sich für solch einen Versager noch irgendwie anzustrengen. Zu allem Überfluß zeigt Omar auf die Sonne und Hassan auf seine altmodische Uhr. Schon jetzt ist sicher, daß wir bei Tageslicht den Abstieg nicht mehr schaffen.

Steinschlag hinten von einer Wand, gleich darauf anhaltendes Geriesel. Im Fernglas nichts zu sehen, aber die beiden Männer laufen schon. Steil bergauf, was denn sonst! Sie ducken sich hinter Felstrümmer, kriechen auf allen vieren über Schneeflecken und ziehen sich an ihren starken Händen hinauf. Ich weiß nicht, wie es mir möglich sein soll, ihnen zu folgen. Doch am Ende eines lungenzerreißenden Laufs liege ich mit wild pochendem Herzen neben den beiden. Sie starren in klaffende Risse der gegenüberliegenden Wand. Sie stoßen leichtes Stöhnen aus, dem ich die Bedeutung höchster Achtung gebe, der Achtung vor einer superseltenen Trophäe. Omar packt meine Schulter, zischt in mein Ohr und schiebt die Büchse auf seinen prallen Rucksack. Ich soll schnell machen, gibt er mir zu verstehen, aber . . . ich sehe nichts!

Getuschel, Geflüster und röchelnder Atem der beiden Söhne des Hochgebirges. Da sehe ich den vorhin verpaßten Einzelgänger, und wenn er das nicht ist, dann bestimmt sein Zwillingsbruder. Sehe das fabelhafte Tier sehr deutlich, auf gewiß nicht mehr als hundert Meter. Nicht zu glauben, wie sich dieser König der Capra hircus an der fast senkrechten Wand zu halten vermag. Gerade springt er von einem Standort zum nächsten und steht im Begriff, das gleiche noch mal zu tun. Damit wird er unsere Sicht verlassen . . . es geht um Sekunden, vielleicht um Bruchteile von Sekunden.

Keine Zeit zu überlegen, den Winkel zu berechnen oder ruhigen Atem abzuwarten. Bevor ich zu schießen beschlossen habe, ist die Kugel schon raus.

Das Echo hallt in den Ohren, zweimal, dreimal, viele Male. Steine prasseln tief hinab und der Ibex . . . wo ist der Ibex?

Hassan zeigt auf seine linke Brust und tut, als würde er tot zu Boden fallen. Statt dessen imitiert Omar ein in weiten Sprüngen davoneilendes Geschöpf, das sich offenbar bester Gesundheit erfreut.

Bis in die Tiefe der Schlucht hinabsehen, das können wir nicht. Entweder liegt er da unten oder läuft im wahrsten Sinne des Wortes über alle Berge davon.

Die Sonne hat kaum noch einen Viertelbogen vor sich, dann wird sie untergehen. Omar und Hassan befinden sich in lebhafter, sogar streitbarer Diskussion. Das Ergebnis ist, wie sich zeigt, ihr tapferer Entschluß, auf Leben oder Tod in die dunkle Schlucht abzusteigen. Ich möchte es verhindern, kann es aber nur mit beschwörenden Gesten ausdrücken und habe damit keinen Erfolg.

So bleiben mir zur Gesellschaft auf schätzungsweise viertausendzweihundert Meter Höhe nur die beiden Rucksäcke der Männer und meiner. In keinem befindet sich auch nur trockenes Brot, geschweige denn etwas Besseres. Hier muß ich bleiben, auch wenn die eiskalte, vielleicht stürmische und schneebringende Nacht alles verhüllt. Die Treiber und Maultiere könnte ich allein nicht finden, schon gar nicht im Dunkeln auf schmalen, steinigen Graten.

Es vergeht eine Stunde, dann noch eine. Die Sonne neigt sich zum Horizont, die Schatten werden länger und meine Gedanken düster.

Steine klingeln und Stimmen stöhnen. Zwei total erschöpfte Männer kämpfen sich den Hang hinauf. Sie winken nicht und rufen nicht. Alle drei bis vier Schritte bleiben sie stehen, legen eine schwere Last nieder und nehmen sie bald wieder auf. Omar und Hassan bringen den Uraltbock, jedenfalls seine vordere, weit wichtigere Hälfte, die mit den unglaublich starken Hörnern.

Worte sind nicht nötig, schon weil es keine gibt, alles zu sagen. Wir sinken uns wiederholt an die Männerbrust. Auch ich zögere nicht, in die Anrufe Allahs einzustimmen, der alles so gut gerichtet hat. St. Hubertus möge mir vergeben.

Weithallende Pfiffe rufen Siss und Sissit herbei, aber ihre Mulis haben sie vorsichtshalber bei dem Steinmal gelassen. Freundlicherweise übernehmen die Treiber den Transport des Ibex bis zu den Tragtieren. Auf Sissits kräftigen Muli wird der Prachtbock gebunden. Sodann steigen wie erlöst Hassan und Omar auf ihre Schaffellsättel, ich tue das gleiche, Siss geht vor und Sissit folgt am Ende.

So ungefähr alles aus meinem Leben könnte ich vergessen, aber bis zur letzten Stunde nicht den Abstieg ins ferne, mehr als zweitausend Meter tiefer liegende Tal. Dabei geschieht das Schlimmste gar nicht bei Dunkelheit, sondern noch bei langsam verlöschendem Tageslicht. Wir folgen nämlich nicht dem gleichen, droben gar nicht mehr zu erkennenden Weg am Hang. Vielmehr wählen die Männer eine Abkürzung. Dabei spielen sie nach meinem Ermessen mit unser aller Leben.

Den Zurufen der Treiber gehorchend, betreten die fünf Mulis eine schier endlose Schotterhalde, die sich schon bei der ersten Hufberührung in Bewegung setzt. Der Hang ist steil, furchtbar steil. Selbst die Maultiere scheinen nervös zu werden, denn sie fließen mit dem Schotter nach unten. Willenlos würden die tapferen Tiere mitgerissen, wenn sie nicht, statt vorwärts zu schreiten, jedesmal einen Satz nach oben machten. Dabei hängen sich Siss und Sissit an die Sattelgurte ihrer Rösser. Die Sprünge nach oben gleichen den Rutsch nach unten aus. Aber wer weiß wie lange noch!

Ich klammere mich an den Sattelknopf und schaue angestrengt in den dämmrigen Himmel. Das Schlimmste aber kommt erst, und ich begreife es nur, weil zufällig mein Blick am Muli vorbei in die Tiefe fällt. Da rollt nämlich die Schottermasse über eine Kante in die unergründliche Schlucht. Ein Wasserfall aus losen, strömenden, klirrenden Steinen. Die Mulis können sich nur noch Minuten halten, das scheint mir sicher. Ihre Sprünge nach oben reichen nicht mehr aus, den Strom nach unten zu überwinden. Wir gleiten dem Ende entgegen . . .

Drei gewaltige Sätze macht meine Fathma und steht mit heftig pochenden Flanken auf festem Boden. Wenige Meter hinter uns ergießt sich die graue Masse in freiem Fall zur Tiefe hinab. Die Mulis kennen den weiteren Weg, selbst bei stockdunkler Nacht. Sie erhalten keinen Zuruf mehr, als kluge Leute überlassen Siss und Sissit den Mulis die Führung. Ich sitze im Sattel und tue weiter nichts, als mich festhalten. Nur an Fathmas Bewegung vermag ich zu fühlen, wie steil es nach unten geht oder gelegentlich hinauf. Bisweilen knirscht Schnee unter ihren Hufen, dann klappern sie über Gestein oder bewegen sich auf kurze Entfernung über weichen Boden. Der Wildbach plätschert, und feucht ist die Luft, mein guter Gaul beugt sich nieder, um genußvoll zu trinken.

Ich bin todmüde und sicher die anderen Männer ebenso. Deren Leistung war viel größer als meine. Was Omar und Hassan betrifft, haben sie eine lebensgefährliche Felsenkletterei vollbracht. Nagenden Hunger habe ich auch und entsetzlichen Durst nach heißem Tee. Die strapazierten Muskeln schmerzen und die Lunge scheint völlig ausgepumpt. Der Kopf sehnt sich nach Ruhe, der Körper mitsamt dem Geist haben mehr als genug von dieser Plage. Auf meiner Leuchtuhr ist Mitternacht vorbei.

Endlich, endlich, endlich, endlich sehen wir unten ein Licht. Ein rötlich flakkerndes Licht, vermutlich das Lagerfeuer. Wir halten, steigen ab, und ich feuere im Minutenabstand drei Schüsse in die Luft, warte eine Minute und schwenke die Stablampe. Geraume Weile danach erfreut uns tief drunten das dreifache Blitzen einer Lampe. Nun weiß Beheshti Bescheid und wird bestimmt eine herzhafte Mahlzeit richten. Ganz gewiß gehört dazu nach iranischer Sitte eine Kanne voll heißem Tee.

Wir steigen wieder auf die Rösser und sind bald in der Schlucht mit dem breiteren Bach. Nun ist alles einfach, für die Mulis und ebenso für die Menschen. Wir haben, Gott sei es gedankt, die Ebene erreicht. Das Lagerfeuer lodert hell und heller, daneben steht mit gebeugtem Rücken mein guter Freund und kenntnisreicher Dolmetscher.

»Hier sind wir . . . hier kommen wir«, rufe ich mit der echten Freude des Heimkehrers. Schleppend kommt mein »ständiger« Begleiter herbei.

»Wenn Sie wüßten, was ich für einen schauerlichen Tag durchmachen mußte«, sagt er in klagendem Ton, »wirklich ein scheußlicher Tag für mich. Das verdammte Feldbett ist zusammengebrochen, seit Mittag konnte ich kaum mehr schlafen. Deshalb suchte ich Zuflucht in Ihrem Zelt, doch allmählich wurde es mir zu kalt darin, mußte draußen Feuer machen, um nicht zu erfrieren.«

Ich bat um heißen Tee für mich und die Männer. Hat er nicht gemacht, der Ärmste war viel zu erschöpft. An Essen hat der Leidgeprüfte auch nicht gedacht. Darum bemühen sich nun die erfolgreichen Jäger.

»Sehen Sie, bester Freund, was für einen großartigen Ibex wir bringen«, sage ich zu D. B. und zeige ihm mit berechtigtem Stolz den Uraltbock.

»Na ja, ich verstehe, die fünf Herren haben sich auf der Jagd gut amüsiert, aber für mich hier unten gab's nicht mal ein stabiles Bett.«

Die Weiße Revolution im Iran

»Solange die Ausbeutung von Menschen durch den Menschen besteht, sind Hunger, Armut, Unwissenheit und eine Vielzahl anderer Übel nicht auszurotten.«

»Es sind die Schwachen und Hilflosen, auf deren Rechten man herumtrampelt. Dem müssen wir ein Ende machen . . .«

»Die Geschichte des Mißbrauchs menschlicher Arbeitskraft ist eines der traurigsten Kapitel allgemeiner Entwicklung . . . Die edle und fleißige Arbeitsklasse hat so viele, ganz verschiedene Opfer bringen müssen, daß sich unser Gewissen nicht beruhigen darf, denn es wird davon schwer belastet . . .«

»Ich sah Millionen guter Menschen bei harter Arbeit und habe mit ansehen müssen, wie der Lohn für ihre Mühe in die ausgestreckten Hände von Parasiten fiel.«

»Die Arbeiter müssen ihren gerechten Anteil von der steigenden Produktion erhalten, ebenso vom steigenden Gewinn.«

Man liest sehr häufig, besonders in deutschen Blättern, und hört immer wieder, daß es im Lande Mohammed Reza Schahs nicht gestattet, ja sogar gefährlich sei, soziale und andere Mißstände beim rechten Namen zu nennen. Keine kritische Äußerung, so wurde auch mir versichert, bliebe der Geheimpolizei verborgen, denn überall habe die *Savak* ihre Ohren. So muß man fragen, wie es möglich ist, daß so unverhüllt revolutionäre Sentenzen wie die obigen seit Jahren und Jahrzehnten in der iranischen Öffentlichkeit gesagt werden, sogar im Druck erscheinen, ohne daß die Sicherheitsbehörden eingreifen.

»Leute, die nie selbst einen Finger rühren, scheffeln das Geld, wobei Korruption und Bestechung eine schamlose Rolle spielen. Werte, die sich auf solche Weise ansammeln, dürfen nicht länger kleinen Gruppen von Parasiten zufallen. Sie müssen statt dessen dem öffentlichen Wohl dienen.«

Das wird nicht nur gesagt und gedruckt, man hört es im Radio und sieht den Systemveränderer im Fernsehen. Doch es rührt sich keine Hand, um die Verbreitung solcher Gedanken zu verhindern. Dabei ist es immer der gleiche Sozialreformer, der für eine Umverteilung des Vermögens plädiert, der privates Eigentum an Wasser, Weiden und Wäldern leugnet und keine durch Geburt erworbenen Rechte anerkennt. Ist die *Savak* taub geworden? Hierzulande hört und liest man, daß sie keinem Agitator freies Wirken gewährt.

»Die Massen werden immer lauter und stärker nach ihren elementaren Menschenrechten verlangen«, schallt die Stimme aus dem Lautsprecher.

»Die Agenten der Ausbeutung müssen samt und sonders verschwinden, ganz gleich, ob private oder öffentliche Interessen dahinterstehen.«

Auf der Mattscheibe sieht man ihn selbst, wie er mit Vehemenz die radikalen Reformen verlangt. Das Iranische Fernsehen erreicht über neunzig Prozent aller Siedlungen im Land, und bald werden es alle sein.

Wer ist dieser Revolutionär? Wie kommt es, daß man ihn nicht stört, sondern seinen flammenden Aufrufen alle Massenmedien des Landes zur Verfügung stehen? Wer das heutige Persien kennt, dem wird die Antwort leicht.

Mohammed Reza Pahlevi, Aryamehr, Schahanschah des Iran, ist selber Wegbereiter und täglich treibende Kraft der iranischen Revolution . . . der *Weißen Revolution.*

Gewiß, es ist eine Revolution von oben. Aber dennoch eine echte, das ganze Land bewegende Revolution. Das muß nicht Umsturz bedeuten, auch ist es nicht notwendig, daß die völlige Umwandlung der bisher gewohnten Verhältnisse über Nacht hereinbricht, vielleicht gar mit Blutvergießen und Massenverhaftungen. In diesem Fall hat sich der Systemwechsel mehr als zehn Jahre Zeit genommen. Was nichts daran ändert, daß während dieser Zeit eine wirkliche Revolution stattgefunden hat. Der Monarch und seine Mitarbeiter haben eine Umwälzung gewollt und durchgeführt, die bis weit ins Privatleben jedes einzelnen der ungefähr 33 Millionen Iraner hineinreicht.

»Wenn mein Land und Volk eine Revolution notwendig braucht«, sagte der Schahanschah vor anderthalb Jahrzehnten, »werde ich damit anfangen und an der Spitze stehen.«

»Weiße Revolution« wird die Umgestaltung des Iran genannt, und weise scheint sie zu sein. Mohammed Reza selbst nennt sein Werk »Revolution von Schah und Volk«. Sowohl das Programm wie besonders wichtige Neuerungen wurden von einer Volksabstimmung gebilligt. Bei den tatsächlich völlig freien Wahlen ergab sich jeweils eine Mehrheit von mehr als 95 Prozent.

Es hat lange gedauert, bis die »Revolution von Schah und Volk« beginnen konnte. Bis zum ersten programmatischen Volksentscheid im Januar 1963 war das vom Zweiten Weltkrieg schwer mitgenommene und noch lange von fremden Truppen besetzte, hungerleidende Land mit inneren wie äußeren Schwierigkeiten beschäftigt. Linksradikale Unruhen, rebellierende Stämme, Räuberbanden auf dem Land und organisierte Banden in den großen Städten mußten durch langwierige Kleinkriege und den Einsatz aller Polizeikräfte zur Ruhe gebracht werden. Der Kampf um die Befreiung der Ölquellen aus fremder Hand, der Konflikt zwischen Schah und Mossadegh, Sicherung der Grenzen und noch viele andere Probleme ließen keinen Raum für die soziale Revolution im 2500jährigen Kaiserreich. Erst 22 Jahre alt, mußte Mohammed Reza den Thron besteigen, einen wankenden, von zahlreichen inneren wie äußeren Kräften erschütterten Thron. Das geschah im September 1941 völlig unerwartet, infolge der von Russen und Engländern erzwungenen Abdankung seines Vaters. In jener Zeit allgemeiner Verwirrung. Damals glaubte so gut wie niemand, daß sich der junge unerfahrene, in der Außenwelt völlig unbekannte Herrscher auch nur wenige Monate halten würde. Das Ende der Monarchie, der Zerfall des uralten Reiches schien gekommen.

Ist aber nicht gekommen. Länger als 34 Jahre regiert nun schon der zweite Schah aus dem Hause Pahlevi über Land und Volk. Was Mohammed Reza bereits in den ersten Jahren wollte, aber lange nicht realisieren konnte, hat er in zahlreichen Reden deutlich gemacht. Schon am 25. Oktober 1941, als der Iran auf seinem Tiefpunkt angekommen war, sagte er vor dem Parlament: »Die Nation darf sich nicht mit Zuständen zufriedengeben, wie sie gestern waren und heute sind.«

Sechs Jahre danach erklärte der junge Schah, daß er sich keinesfalls damit zufriedengebe, ein hungerndes, geschwächtes und krankes Volk zu regieren, das keine Gerechtigkeit finde. Ein Jahr später wurde er noch deutlicher: »Wenn wir nicht eine Umwandlung der Verhältnisse von oben in Angriff nehmen, wird sie von unten kommen.«

Wie ein roter Faden ziehen sich Wunsch und Wille zu einer systemverändernden Sozialreform durch Reden, Schriften und Erklärungen des Königs der Könige. Die von ihm geplante Landreform, die Aufteilung des Großgrundbesitzes, wird schon sehr bald verkündet. Aber die Betroffenen nehmen es nicht ernst, als der »Träumer auf dem Thron« vor einer Volksversammlung sagt, der Boden solle denen gehören, die ihn bearbeiten.

Mehr als die Hälfte des brauchbaren Bodens gehörte noch Großgrundbesitzern, Feudalherren, Stammesfürsten, Nachkommen der ehemals herrschenden Kadjaren-Dynastie und dem Schah selbst. Weitere 20 Prozent befanden sich in den Händen der Geistlichkeit. Es gab Landbesitzer, die wie absolute Landesherren über 40 und noch mehr Dörfer geboten. Sie ließen ihren Landarbeitern, die wie Leibeigene lebten, nur das Allernotwendigste, um selber vom Erlös der Ernten eine gesellschaftlich glänzende Rolle zu spielen. Viele der Superreichen lebten ständig im Ausland, vorwiegend in Paris und an der Riviera. Es waren durchweg mächtige Leute, die sich mit Hilfe von Korruption und Wahlschwindel entscheidend starken Einfluß im Parlament gesichert hatten. Solange der Schah mit so vielen anderen Lebensfragen der Nation zu tun hatte, konnte er nicht gegen die ihm feindlich gesonnenen Gruppen vorgehen.

Statt dessen gab er ein persönliches Beispiel und verteilte den gesamten Landbesitz der Krone an landlose Bauern. Binnen fünf Jahren erhielten 25 000 Bauern mehr als 200 000 Hektar Agrarland. Es folgte seit 1958 die Vergabe von Staatsdomänen. Durch diese Maßnahmen wurden 100 000 bisher landloser Bauernfamilien zu Besitzern von jeweils 10 bis 15 Hektar künstlich oder natürlich bewässerten Landes.

»Nach Verteilung der Kaiserlichen Güter und Staatlichen Ländereien hegte ich die Hoffnung«, schreibt der Schah in seinem Buch*, ». . . daß die Großgrundbesitzer mein Handeln zum Vorbild nehmen würden. Mit Ausnahme von sehr wenigen Fällen erfüllten sie meine Erwartungen jedoch nicht.«

Im Gegenteil formierte sich eine Fronde der Grundherren, die mit allen nur möglichen Mitteln, sogar einem Bündnis mit der radikalsten Linken, die Reformpläne des Kaisers bekämpften. Der Gesetzentwurf zu einer sinnvollen Landverteilung wurde von egozentrischen oder korrumpierten Abgeordneten durch so viele Ausnahmen entschärft, daß in der Praxis nichts Vernünftiges damit anzufangen war.

So blieb dem König der Könige nur übrig, dem Volk selbst die Entscheidung zu übertragen. Das klare, einfache und von keinen Sonderklauseln durchlöcherte Gesetz zur Landreform wurde bei der Volksbefragung vom 25. Oktober 1963 mit überwältigender Mehrheit angenommen. So erhielten im Verlaufe der nächsten 12 Jahre fast eine Million besitzloser Landarbeiter – mit ihren Familien etwa fünf Millionen Menschen – anbaufähigen Boden in der Größenordnung von 10 bis 20 Hektar. Zu diesem Zweck wurden rund 10 000 Großfarmen aufgelöst und 18 000 Dörfer enteignet, die bisher einigen wenigen sehr reichen Leuten gehört hatten.

Die früheren Eigentümer erhielten Entschädigung. Dabei wurde der Geldwert des Bodens nach dem durchschnittlichen Jahresertrag berechnet, den seine Besitzer für Steuerzwecke angegeben hatten. Allgemein betrug der Preis beim Kauf oder Verkauf eines Landgutes den zehnfachen Jahresertrag, und der Grundherr hatte zehn Prozent des Einkommens aus Landbesitz an Steuern zu entrichten. So wurde ganz einfach das Hundertfache der zuletzt bezahlten Jahressteuer als Entschädigung bestimmt. Gerecht und ausreichend, wie es auf den ersten Blick erscheint. Aber für fast alle der bisherigen Grundherren war es ein fast vernichtender Schlag. Hatten sie doch nach altem Landesbrauch weit weniger Einkommen gemeldet, um demgemäß möglichst geringe Steuern zu zahlen. Das rächte sich nun, aber keiner konnte sich beschweren. Dagegen wurden die ausnahmsweise ehrlichen Steuerzahler mit der vollen Entschädigung ihrer verlorenen Ländereien belohnt.

* Im Dienste meines Landes«, Deutsche Verlagsanstalt, Stuttgart o. J.

Die Auszahlung erstreckte sich über 15 Jahre, wobei der Restbetrag mit sechs Prozent verzinst wurde. Wer sich mit Aktien der großenteils erst geplanten Industrie begnügte, kam schneller zu seiner Entschädigung, hatte auch sonst gewisse Vorteile. Größter Vorteil war und ist für einstige Feudalherren, vor allem die Mitglieder und Nachkommen der knapp hundert ehemals führenden Familien, daß sie meist hochgebildet sind, fremde Sprachen beherrschen, daß sie im Ausland gelebt haben und den Verkehr mit Ausländern gewohnt sind. Bei genügender Energie und Tüchtigkeit waren sie also bestens vorbereitet, um der rasch expandierenden Wirtschaft wertvolle Dienste zu leisten, nicht zuletzt sich selber. Wie man sagt und ich aus eigener Sicht bestätigen kann, ist die Mehrzahl der enteigneten Großgrundbesitzer heute besser gestellt als vor dem Verlust ihres Bodens. Mir scheint auch, daß sie zufrieden sind.

»Schahanschah hat die Armen von ihrer Armut befreit«, sagte mir ein Gastgeber aus der alten Herrenschicht, »aber er hat die Reichen nicht arm gemacht . . . dafür gibt's kein Beispiel in einem anderen Land.«

Der enteignete Boden kam in erster Linie an jene Leute, die darauf lebten und dort ihre Arbeit taten. Sie erhielten es nicht geschenkt, sondern bezahlen den normalen Kaufpreis in 15 Jahresraten aus den Erträgen ihres Bodens. Im Falle schlechter Ernten, auch wenn aus unverschuldeten Gründen die Raten nicht aufzubringen sind, werden sie bis auf weiteres gestundet.

Ganz allgemein wurde die große Landreform ohne Härte, auch ohne größere Konflikte durchgeführt. Noch ist die letzte Phase nicht abgeschlossen, aber es dürfte binnen drei Jahren geschehen sein.

Auf staatliche Initiative sind die Bauern zu Genossenschaften zusammengeschlossen, die in mehr als 33 000 Dörfern etwa 12 Millionen Mitglieder zählen. Damit die kleinen, weitgehend weltfremden, noch oft analphabetischen Landwirte nicht wie früher schurkischen Geldverleihern, Wucherern und anderen Betrügern in die Hände fallen, wurde eine staatseigene Bank ins Leben gerufen, die Landwirtschaftliche Kreditbank. Sie hat 162 Filialen mit über 3000 Angestellten, um allein die Interessen der Bauern zu vertreten. Alle Jahre verstärkte und mit größeren Geldmitteln ausgestattete Anstrengungen werden gemacht, um die bis vor kurzem noch mittelalterlichen Methoden der Landwirtschaft zu verbessern. Die Erträge der Bauern steigen und steigen. Schon jetzt liegen sie im Durchschnitt fünfmal höher als vor 10 oder 15 Jahren.

»Zur Zeit leben 65 Prozent unserer Bevölkerung von dem Lande und von der Landwirtschaft«, schreibt der Schah in seinem Buch zur Weißen Revolution. »Das sind zu viele Bauern im Vergleich mit der bäuerlichen Bevölkerung hochentwickelter Staaten. Wir müssen danach streben, ein ähnliches Verhältnis herzustellen. Zur Erreichung dieses fernen Zieles brauchen wir ungefähr 30

Jahre. Bis dahin hat sich die iranische Bevölkerungszahl auf 40 bis 45 Millionen vermehrt. Unter ihnen sollte es nur 2 Millionen Bauern geben, mit ihren Familien 10 Millionen. Sie werden genügen, um mit modernen Methoden die bis dahin erschlossenen 35 Millionen Hektar zu bestellen. Nur so wird es möglich sein, daß der iranische Bauer etwa das gleiche Durchschnittseinkommen bezieht wie seine Berufskollegen in den hochentwickelten Ländern der Welt.«

Es ist bezeichnend für Mohammed Reza Pahlevi, daß er sich schon heute – ebenso wie gestern und vorgestern – mit Maßnahmen beschäftigt, deren endgültige Erfolge erst in einem Menschenalter zutage treten.

Nun ist die Landreform nur der erste Punkt im Zwölf-Punkte-Programm der Weißen Revolution. An zweiter Stelle verlangt die »Revolution von Schah und Volk« die Verstaatlichung aller Wälder und Weideflächen. Ähnlich wie bei der Landreform wurden die privaten Besitzer enteignet und entschädigt. Die Wiederaufforstung zerstörter, auch schon vor langer Zeit verschwundener Wälder hat in großem Ausmaß begonnen. Forstexperten aus der Bundesrepublik und Österreich sind als Berater daran beteiligt. In der Antike, auch im Mittelalter noch war Persien ein waldreiches Land. Von diesen einst so reichen, rauschenden Waldbeständen konnten nur sehr geringe Bestände überleben, hauptsächlich an den Nordhängen des Alborz-Gebirges. Es gehört zu den Fernzielen der Regierung, sehr weite, heute verkarstete Gebiete wieder zu bewalden. Schon 1969 waren über 10000 Hektar aufgeforstet, davon 5000 Hektar um Teheran.

Der dritte Punkt betrifft staatseigene und vom Staat begründete Industrien. Sie wurden oder werden an Privatgesellschaften verkauft, auch an einzelne Privatleute. Man glaubt – im Gegensatz zu den Sozialisten und Kommunisten des Abendlandes –, daß die unternehmerische Initiative für alle Beteiligten besser ist als ein Management staatlich angestellter Funktionäre. Ausgenommen sind die gesamte Ölproduktion und deren Vertrieb, die Stahlwerke, die Kraftwerke, natürlich auch Rüstungsindustrie und Münzprägung. Sie stehen unter staatlicher Kontrolle. Den Erlös für verkaufte Betriebe erhält die Landwirtschaftsbank, um damit die Umstellung der Bauern auf moderne Methoden zu fördern.

Im vierten Punkt fordert die Weiße Revolution eine Gewinnbeteiligung der Arbeitnehmer am Profit der Unternehmer. Angestrebt werden 20 Prozent des Nettogewinns und bei guter Entwicklung noch mehr. Zum gleichen Punkt gehören Festsetzung der Mindestlöhne, Sozialversicherung, Altenversorgung und dergleichen. In allen größeren Betrieben ist das Programm durchgeführt. Bei den anderen sind noch psychologische wie praktische Probleme zu lösen.

Nirgendwo sonst im Mittleren Osten und Ostasien wurde bisher etwas Ähnliches erreicht. Selbst das hochindustrialisierte Japan hinkt hinter den sozialen Leistungen des Iran her.

Weitere und erfüllte Forderung des Schahanschah war die Gleichstellung der Frau im öffentlichen Leben und vor dem Gesetz. Durch Volksentscheid am 26. Januar 1963 erhielten mehr als zehn Millionen Frauen das Wahlrecht. Noch in der gleichen Nacht zog eine unabsehbare Menge von Frauen und Mädchen durch die Straßen Teherans, um dem Kaiser zu danken. Auf diese zivile Armee, etwa die Hälfte seines Volkes, kann sich der regierende Schah jederzeit verlassen.

Zuvor waren Irans Frauen und Mädchen so gut wie rechtlos, gleichgestellt mit entmündigten Geisteskranken und Gewohnheitsverbrechern.

»Wie kann ein Mann dulden«, empörte sich Seine Majestät vor den Fernsehkameras, »wie kann er dulden, daß die Mutter, die ihn geboren hat, zur gleichen Kategorie gehören soll wie Kriminelle und Irrsinnige.«

Jeder Mann konnte durch die Worte: »Wir sind geschieden«, seine Frau aus der Wohnung werfen, ohne Gründe anzugeben oder für ihren Unterhalt zu sorgen. Die Buben über zwei Jahre gehörten ihm und ebenso die Töchter über acht Jahre. Ohne Erlaubnis ihres Gatten durfte die Ehefrau keinen Beruf ausüben, kein Geschäft abschließen, nicht die Stadt verlassen, nicht einmal das Haus. Aber ihr Gemahl und Gebieter durfte vier Frauen heiraten und sich außerdem noch alles erlauben, was ihm gefiel.

Die gesamte, durch Jahrtausende überlieferte Mißachtung der Frau wurde im Jahr 1963 auf Verlangen des Schahanschah beseitigt. Heute sind im Parlament, in hohen Regierungsämtern und Hochschulen des Iran mehr Frauen beschäftigt als in der Bundesrepublik.

Ein anderer Punkt des Programms hat die »Armee des Wissens« mobilisiert. Um zu begreifen, was gemeint ist, muß man erfahren, daß im Jahre 1921 nur 40000 Kinder eine Schule besuchten, und das waren ohne Ausnahme Privatschulen oder Koran-Schulen. Man schätzt, daß keine drei Prozent der Perser imstande waren, langsam zu lesen und zu schreiben. Trotz aller Bemühungen Reza Schahs und seines Sohnes gab es noch 1961 ungefähr 80 Prozent Analphabeten im Land. Auch die Verordnung der allgemeinen Schulpflicht konnten auf dem Land nur 24 Prozent, in den Städten immerhin 74 Prozent der Kinder erfassen. Der Grund für dies Mißverhältnis war vor allem der Lehrermangel auf dem »langweiligen Land«. Der Schahanschah, obwohl ihm eine autoritäre, wenn nicht gar diktatorische Staatsführung nachgesagt wird, wollte keine Lehrkraft gegen ihren Willen in ein fernes Dorf verpflanzen. Er fand einen anderen Weg.

Alle jungen Männer des Iran, sofern tauglich, müssen zwei Jahre Wehrdienst leisten. Wer später ins Lehrfach möchte, auch Abiturienten mit entsprechender Eignung, erhalten nur eine sechsmonatige Grundausbildung und werden dann zur »Armee des Wissens« abkommandiert. Sie bleiben für den Rest ihrer Dienstzeit Soldaten, tragen Uniform, auch gilt für sie weiter militärische Disziplin. Man schickt die »Soldaten des Wissens« hinaus in die Dörfer, wo sie den jungen Analphabeten die Kunst des Schreibens und Lesens beibringen. Auch Erwachsene können lernen, indem sie an freiwilligen Abendkursen teilnehmen. Bei vielen dieser Wehrpflichtigen erweckt ihre soziale Aufgabe den Entschluß, auch im Zivilberuf als Lehrer auf dem Land zu bleiben.

Schon während der ersten fünf Jahre hat die »Armee des Wissens« insgesamt 450000 Jungen, 120000 Mädchen, 240000 erwachsene Männer und 11000 erwachsene Frauen von der gröbsten Unwissenheit befreit. Mit freiwilliger Hilfe der Landbevölkerung konnte die Wissensarmee in etwa der gleichen Zeit 12000 neue Volksschulen bauen, dazu 4600 öffentliche Badeanstalten, 1000 neue Moscheen und 55000 Kilometer schmale Nebenstraßen. Es wird also von dieser Armee weit mehr getan, als ihr Name besagt. Dabei geschah das meiste ohne Anweisung von oben. Viele tausend Kilometer Bewässerungsgräben, 8000 Musterfelder, 3000 Briefkästen und fast zwei Millionen neugepflanzte Bäume gehören zu den Leistungen der »Wissensarmee«.

»Namenlose Helden in entlegenen Dörfern« hat der Kaiser die jungen Männer genannt. »Oft müssen sie unter schlechten Bedingungen leben und arbeiten, bis spät in die Nacht, zum Wohle des Volkes. Unsere Soldaten des Wissens haben die ehrenvolle Achtung der Allgemeinheit wohlverdient.«

Heute besuchen rund 85 Prozent aller iranischen Kinder eine Schule und bis zum Jahre 1980 soll keines mehr fehlen. Nur läßt sich leider das Analphabetentum bei den Erwachsenen nicht ausrotten. Niemand kann die Väter und Mütter, Großväter und Großmütter zum regelmäßigen Schulbesuch zwingen.

Danach folgt, als weiterer Punkt im Programm der Revolution von oben die »Armee der Gesundheit«, die zu etwa 90 Prozent ebenfalls aus Wehrpflichtigen besteht. Deren Soldaten sind Medizinstudenten und Abiturienten, die später Mediziner werden wollen, ebenso Heilgehilfen, künftige Zahnmediziner, Apotheker und sonstige Praktiker des Gesundheitswesens. Angeleitet werden sie von Stabsärzten der aktiven Armee. Ähnlich wie an Lehrern fehlt es an Ärzten auf dem Land. Oftmals gab oder gibt es noch für mehr als 10000 Menschen nur einen Arzt. Dagegen sind die Städte, vor allem Teheran, mit Ärzten gut versorgt. Denn leider sind nur ganz wenige der von ausländischen Universitäten heimkehrenden Mediziner bereit, ihrem Volk dort zu dienen, wo man sie am nötigsten braucht. Dabei wird ihnen für die Praxis auf dem Lande vom Staat ein unverhältnismäßig hohes Einkommen garantiert.

Weit besser als diese zur Arbeit auf dem Lande unwilligen Heimkehrer hat sich im sozialen Sinne die »Armee der Gesundheit« bewährt. Auch hier läßt wachsender Idealismus der jungen Leute hoffen, daß sie nach Wehrdienst und Abschluß der medizinischen Ausbildung ihre Praxis in Dörfern aufnehmen.

Jede von den mehr als tausend stationären und ambulanten Gruppen von Ärzten, Zahnärzten, Apothekern und Assistenten der Gesundheitsarmee können rund 50 Dörfer mit etwa 15000 Einwohnern medizinisch versorgen. Einheiten von zwei bis drei Mann bleiben für längere Zeit in einem Dorf, werden vielleicht auch zur ständigen Einrichtung. Leichte Fälle behandelt man an Ort und Stelle, schwere Fälle werden ins Hospital geflogen. Selbstverständlich sind alle Stationen und ist jede Gruppe mit Funksprechgeräten ausgestattet. Schon zwei Jahre nach ihrer Entstehung hatte die segensreiche Armee fünf Millionen Menschen behandelt und dabei einer nicht bekannten Zahl das Leben gerettet.

Durch Schutzimpfungen wurde Epidemien vorgebeugt und Ansteckung verhindert. Als einmal die Ausbreitung der Cholera zu befürchten war, wurden binnen weniger Wochen drei Millionen Menschen schutzgeimpft. Damit nicht genug, hat die Gesundheitsarmee auch Wasserleitungen gebaut, Tiefbrunnen angelegt und betreibt großangelegte, leicht verständliche Aufklärung über medizinische, hygienische und gynäkologische Probleme. Der allzu rasch wachsenden Bevölkerung wird Empfängnisverhütung erläutert sowie eine gewünschte Abtreibung leichtgemacht. Außerdem hat die Armee der Gesundheit etwa 400 kleine Kliniken geschaffen, wobei teilweise die Arbeit von der Bevölkerung getragen wurde. Alle medizinischen Leistungen der Gesundheitsarmee sind vollkommen kostenlos.

Doch dies kann der Weißen Revolution noch längst nicht genügen. Es ist nun einmal so, daß jeder Fortschritt bald den nächsten Schritt dringend notwendig macht. So war es mit der Großen Landreform, denn binnen kurzem zeigte sich – nicht unerwartet –, daß trotz des Genossenschaftswesens und der Landwirtschaftsbank die früher besitzlosen Bauern nicht imstande waren, nach modernen Methoden zu wirtschaften. Jahrtausende der Ausbeutung sowie des Arbeitens in altgewohnter Weise waren nicht binnen Jahresfrist vergessen. Es fehlte dafür eigene Initiative sowie entsprechende Anleitung. Aus dieser Einsicht hat Mohammed Reza Schah im September 1964 als dritte Hilfsarmee die »Armee der Entwicklung« * aufgestellt. Wie schon bei den anderen Corps besteht sie aus Wehrpflichtigen, vorwiegend aus Studenten landwirtschaftlicher Fakultäten, aus zukünftigen und fertig ausgebildeten Ingenieuren, aus Veterinären, Architekten sowie Fachleuten für Straßenbau, Wasserbau und Brunnenbau. Techniker, Buchhalter und Vorarbeiter gehören ebenfalls dazu. Geleitet wird alles von älteren Experten mit Erfahrung. Wie bei den Armeen der Wissenschaft und Gesundheit gilt auch die 18-monatige Dienstzeit in der Entwicklungsarmee als »Praktikum« für den späteren Beruf. Vorher muß natürlich die halbjährige Grundausbildung bei der Truppe erfolgt sein.

* Englisch: The Reconstruction and Development Corps

Die Aufgaben der »Entwicklungsarmee« sind vielseitig, greifen auch ins Arbeitsgebiet der anderen Armeen hinüber. Die landwirtschaftlichen Helfer sollen bei jedem Dorf, soweit dies beim jetzigen Personalbestand möglich ist, eine Mini-Musterfarm von etwa 1000 Quadratmetern anlegen. Hierbei verwenden sie besonderes Saatgut, das vom Landwirtschaftsministerium geliefert wird. Entspricht es dem Klima, der Höhenlage und den Bodenverhältnissen, kann doppelte und vielleicht dreifache Ernte die Mühe belohnen. Immer vorausgesetzt, daß die »Bauernsoldaten« ihrerseits gelernt haben, den Boden richtig vorzubereiten, zu bewässern, zu düngen und Schädlinge wirkungsvoll zu bekämpfen. Die damit beschäftigte Gruppe zieht von Dorf zu Dorf, um allenthalben eine Mini-Farm in der Praxis vorzuführen. Sie muß außerdem Gemüsebeete und Obstgärten anlegen, auch Obstbäume anpflanzen, soweit es an gegebener Stelle vielversprechend erscheint. Zu ihren Pflichten gehört es auch, Esel, Rinder, Kamele und gelegentlich Schafe gegen dort grassierende Krankheiten zu impfen, nicht zu vergessen die Hirtenhunde.

Außerdem werden Lehrkurse zur Verbesserung der Hygiene und der Kanalisation abgehalten, Hilfe wird geleistet, um die Beleuchtung wie Belüftung in den Häusern, Hütten und Zeltlagern zu verbessern. Man will auch die Haltung von Haustieren den neuesten Erkenntnissen anpassen und die Verwendung von getrocknetem Mist als Brennmaterial durch billiges Heizöl ersetzen. Wo es möglich erscheint, soll die Bienenhaltung empfohlen werden. Die Iraner sind sehr auf Süßigkeiten versessen. Der Honig kommt diesem Bedürfnis entgegen und erzielt beim Verkauf recht gute Preise. Jeder Soldat der Entwicklungsarmee muß einen »Dorfklub« gründen, dem nicht weniger als 25 und nicht mehr als 30 Jungbauern angehören. Das sind, so hofft man, die intelligentesten Burschen im Dorf. Sie erhalten eine intensive Ausbildung, um sodann als Art von Elite die restliche Dorfgemeinschaft auf dem Wege des Fortschritts in Trab zu bringen.

Die Entwicklungsarmee soll, wenn es sich irgendwie ermöglichen läßt, jede größere Dorfgemeinschaft durch den Bau einer wenn auch nur schmalen Schotterstraße mit der Außenwelt verbinden. Weiter gehören zu den Fernzielen ein E-Werk im Dorf oder Zuführung von elektrischem Strom und zumindest beim Dorfältesten ein Telefon oder Funksprechgerät.

Gewiß ein äußerst vielseitiges Programm, dessen Erfüllung viele Jahre benötigt, vielleicht Jahrzehnte. Aber der Plan läuft auf vollen Touren.

»Wenn von Reaktion in meinem Land gesprochen wird«, sagte mir der Schah, »ich meine von Reaktionären im Sinne des allzu schwierigen Loskommens von

Studentinnen der Teheraner Universität. Allein ihre äußere Erscheinung, die noch vor etwa zwanzig Jahren undenkbar gewesen wäre, beweist die Emanzipierung der jungen Frauen und Mädchen im Iran. Dennoch werden, wie man sieht, kurze Kleider nicht getragen.

alten Überlieferungen . . . so sind das unsere Bauern. Eine Generation müssen wir ihnen zubilligen. Aber zehn Jahre sind seit Aufstellung der Entwicklungsarmee vergangen. Sie hat mehr geleistet, als man anfangs erwarten konnte.«

Auf einer der vielen Fahrten über Land, als ich gerade mit Beheshti über die drei Hilfsarmeen der Weißen Revolution geredet hatte, kam mir der Gedanke, eine der kleinen Schulen der Wissenschaftsarmee zu besuchen. Mein Dolmetscher war gleich damit einverstanden.

»Wir werden in Teheran über INTO einen Antrag beim Ministerium stellen und schon recht bald die Antwort bekommen. An dem bestimmten Tag fahren wir dann hin und können alles sehen . . .«

Immer das gleiche, immer wieder der beharrliche Versuch, jede Eigeninitiative des Gastes im Keim zu ersticken. Ich weiß nicht, wer diesen Unfug zu verantworten hat. Doch ich hatte inzwischen gelernt, daß man ohne Antrag und gestempelte Papiere bedeutend weiter kommt und keine wertvolle Zeit verliert. Also ließ ich bei der offenbar neuen Volksschule des nächsten Dorfes halten, stieg aus und ging zur offenen Tür des Schulhauses.

Erschrecktes Schweigen von Lehrern und Schülern. Regloses Starren mit weitgeöffneten Augen, wie da plötzlich ein wildfremder Mann, sichtbar von weit hergekommen, den Klassenraum betritt und lächelnd den Salam wünscht. Mein Djahangir Beheshti, der seine Fassung wiedergewinnt, sagt dem Lehrer ganz kurz, wer ich bin und auch, daß mich der Schahanschah empfangen hat. Somit ist eindeutig klargestellt, daß der helläugige, mittelblonde Fremdling ein schlechter Mann nicht sein kann.

Nach zehn bis zwölf Schrecksekunden geht der Unterricht weiter. Auffallend ist die Sauberkeit der Schulräume und auch der Kinder selbst. Die Wände weiß getüncht, der Lehmfußboden frisch gefegt. Außer Bildern der kaiserlichen Familie keine Spur von Dekoration im Haus, abgesehen von der Fahne auf dem Dach. Meist wohnt der Lehrer in einem Anbau zum Schulhaus, das in kleinen Dörfern nur einen Unterrichtsraum enthält. Draußen der Schulhof mit Turngeräten, meist auch einer Rutschbahn und die Toiletten am anderen Ende. Der Schulhof ist während der Freizeit allgemeiner Spielplatz der dörflichen Jugend. Der Lehrer trägt Felduniform und hat, wie deutlich zu bemerken ist, seine 21 Kinder von etwa 7 bis 12 Jahren fest in der Hand.

Oben: Blick von meinem Balkon des Park-Hotels über Teheran auf die erste, schon über 3000 Meter hohe Kette des Alborz-Gebirges.
Unten: Blick von der Freitagsmoschee in Yazd auf die »Badghire«. Das sind hohe, quadratische Türme mit langen Schlitzen, die man je nach Windrichtung öffnen und schließen kann. Auf diese Weise erhalten die Wohnräume und Schlafzimmer einen ständig kühlenden Luftzug.

Gelegentlich – so zeigen es Fotografien – landet Seine Kaiserliche Majestät mit dem Hubschrauber neben einem Dorf und erscheint wortwörtlich aus heiterem Himmel im Schulraum, wo er für 10 bis 20 Minuten den Unterricht übernimmt. Das ist für die Menschen in fernen Dörfern wie ein Märchen aus 1001 Nacht. In hundert Varianten wird noch bis zur nächsten Generation vom Kaiserbesuch erzählt. Im übrigen kann auch im entlegensten Winkel des Landes ohne Voranmeldung die Schahbanu erscheinen.

Ich habe Schulbesuche öfters wiederholt und ohne Ausnahme einen positiven Eindruck gewonnen. Einmal wurde die Weltkarte entrollt und die Kinder sollten mir zeigen, wo Deutschland liegt. Drei von vieren konnten es, das vierte zeigte auf Alaska. Zum Schluß sollte ich etwas sagen, und mein Dolmetscher übersetzte, wie schön es doch sei, in die Schule zu gehen, um viel zu lernen. Das werde man später für sich und sein Land gut gebrauchen. Der Schahanschah werde sich über fleißige Kinder freuen. Daraufhin großer Jubel, und von der ganzen Klasse nebst Lehrer begleitet gingen wir zurück an den Wagen.

Überraschende Besuche auch in kleinen Hospitälern, Ambulanzen und Kindergärten. Wir halten bei Beratungsstellen der Entwicklungsarmee, betrachten Mini-Farmen, Musterfarmen und neugebaute Tiefbrunnen. Beachtenswert scheint vor allem, daß die Uniformierten der Landwirtschafts- und der Entwicklungsarmee durch freiwillige Mitarbeit der Dörfler unterstützt werden. Bisweilen kann ich auch mit Soldaten, die bereits ihr Abitur hinter sich haben, Englisch sprechen. Die meisten sagen, daß sie Freude an dieser Art des Wehrdienstes haben und die Landmenschen sehr dankbar seien.

In jeder Ortschaft, wenn sie zumindest den Rang einer Kleinstadt hat, sind die zwölf Punkte der »Revolution von Schah und Volk« auf der Eisenplatte einer vierkantigen Gedenksäule verewigt. Es gehört zu den Schulpflichten, daß man den Text auswendig lernt sowie unter Anleitung der Lehrkräfte auch begreift.

Cyrus der Große hat es vor mehr als 2500 Jahren mit seinem Programm, das heißt mit den moralischen Grundsätzen seiner Regierung, ähnlich gemacht. Der Text wurde in damaliger Keilschrift auf gebrannten Lehmrollen in die Provinzen geschickt, in Tempelwände geritzt und Fels geschlagen. Was Cyrus als erster König der Könige für sich und seine Regierung entwarf, hat mit den zwölf Punkten des heutigen Herrschers mehr als nur äußere Ähnlichkeit. In beiden Fällen, bei Cyrus zum allerersten Mal in der menschlichen Geschichte, handelt es sich um Gesetze der Humanität sowie um soziale Belange. Die drei Grundgedanken, Sicherheit für jeden Bürger, Hebung des Wohlstandes und Gerechtigkeit für alle, sind bei Cyrus und Mohammed Reza ungefähr die gleichen. Verschieden sind nur die Wege zum selben Ziel. Sind doch 25 Jahrhunderte zwischen der Aufstellung der beiden Programme vergangen.

»Gerechtigkeit für alle«, zu diesem Zweck wurden zwei Neuerungen geschaffen, die besonders durch ihre Einfachheit bestechen.

Da sind zunächst die »Dorfgerichte«, bestehend aus fünf Dorfbewohnern, die von den Bürgern der Ortschaft für drei Jahre gewählt werden. Als Protokollführer amtiert ein Mitglied der drei Hilfsarmeen. Alle sind ehrenamtlich tätig, keiner hat materiellen Vorteil. Der Gerichtshof tagt in der Schule, im Gemeindehaus oder bei gutem Wetter auch im Freien.

Das Dorfgericht behandelt nur lokale Streitigkeiten, also keine Vergehen, und Zivilklagen, die sich im Rahmen der dörflichen Gemeinschaft halten. Das sind jedoch, wie die Praxis ergeben hat, etwa 90 Prozent aller auf dem Lande vorkommenden Fälle. An Wert überschreitet der einzelne Fall nicht den Kaufpreis für Kuh oder Kamel. Die Schwere einer strafbaren Handlung geht nur selten über eine Prügelei hinaus. Weil der Weg zum Amtsgericht der nächsten Stadt weit ist, außerdem zeitraubend und für einfache Menschen relativ kostpielig, haben früher die streitenden Parteien entweder Selbstjustiz geübt, was oft zu einer Kette von Blutrache führte, oder es galt das Recht des Stärkeren. Nur selten fand der Bauer gegenüber dem Grundherrn auch nur den Anschein von Recht.

Demgegenüber besitzen die Dorfgerichte mehrfachen Vorteil: die ortsansässigen Richter sind in lokalen Angelegenheiten so sachkundig, wie niemals ein Fremder sein kann. Sie wissen um die Glaubwürdigkeit von Kläger, Beklagtem und Zeugen, sprechen die gleiche volkstümliche Sprache und sind mit den Eigenarten ihrer Mitbürger aufs beste vertraut. Zweitens werden die Amtsgerichte und Landgerichte im größten Ausmaß von Bagatellklagen befreit, können also wichtige Prozesse viel rascher durchführen. Drittens kosten Verhandlungen vor dem Dorfgericht keinen Rial. Auch der Staat braucht dafür nichts auszugeben. Weigert sich der zu irgendeiner Strafe Verurteilte – nur Geldstrafen oder Arbeitsstrafen werden verhängt –, das Urteil anzunehmen, geht allerdings der Prozeß in die Revision vor das Amtsgericht. Dies sind aber, wie man versichert, nur äußerst seltene Fälle.

Das Prinzip kostenloser Justiz wurde noch weiter ausgebaut, und zwar durch die Schaffung von Schiedsgerichten in jeder Stadt oder jedem Stadtviertel einer Metropole. Auch hierbei werden ehrenhafte und gut bekannte Bürger von der Bevölkerung zu »Rechtsbeiräten« gewählt. Den Vorsitz aber führt ein noch amtierender oder pensionierter Richter, auch ein Anwalt oder Notar. Sie leiten die Verhandlung in juristisch einwandfreier Form, sind aber nicht an den Beschlüssen der Beiräte beteiligt. Honorare werden ihnen nicht bezahlt. Ebenso entstehen den Beteiligten keine Kosten, zumal Räume ordentlicher Gerichte frei benutzt werden. Der Streitfall muß relativ gering sein, und der Streitwert soll vergleichsweise 500,– DM nicht überschreiten.

Es geht bei den Schiedsgerichten nicht um Schuldsprüche und Sühne, sondern um die Herbeiführung eines Vergleichs. Alle Kunst der Überredung wird zu diesem Zweck angewandt. Man hält den Beteiligten auch vor, welche Kosten und Zeitverluste entstehen, wenn sie den Fall vors Amtsgericht oder Landgericht bringen. So ist das Ende fast immer ein Vergleich, und wieder sind damit die ordentlichen Gerichte entlastet.

Ausreichende Wohnung für alle fordert die »Weiße Revolution«. Die Slums in den Großstädten sind bis auf geringe Reste verschwunden. Bis etwa zum Jahre 1960 bestand für abendländische Augen zumindest Dreiviertel der Städte aus wirklichen oder scheinbaren Elendsquartieren. Selbst in Teheran, der rasend schnell gewachsenen, von weit über drei Millionen Menschen überfüllten Hauptstadt, sind anstelle ehemaliger Slums öffentliche Parks und Blumengärten entstanden. Die letzten paar hundert Palmblatthütten bei Minab und Bandar Abbas am Persischen Golf sind Sehenswürdigkeiten, die man bald besuchen sollte, denn in zwei bis drei Jahren gibt es sie nicht mehr. Ich habe die neuen kastenförmigen Wohnhäuser der umgesiedelten Familien gesehen, jedes mit winzigem Garten davor und kleinem Hof dahinter. Gewiß sind es zehnmal bessere Unterkünfte als bisher, aber schön gebaut ist doch etwas anderes. Der Geldregen aus dem Öl wird auch das Wohnungsbauprogramm der Regierung auf ungeahnte Weise beschleunigen. Hoffentlich bleibt dennoch die praktische, so gut in die Landschaft passende Lehmbauweise der dörflichen Gemeinschaften erhalten. Was auf fremde und betont kritische Besucher primitiv oder gar ärmlich wirkt, ist für die Bewohner selbst recht angenehm, bequem und gemütlich.

Die Revolution von Schah und Volk hat bereits alles Gewässer, die Seen und Seeufer, die Küstenstreifen, Wasserkräfte und Wasserläufe, verstaatlicht. Alle Bodenschätze, in erster Linie Erdöl und Erdgas, gehören der Nation.

Natürlich, es gibt Schwierigkeiten bei der Durchführung aller zwölf Punkte. Einige sind längst erfüllt, sogar weit über das gesteckte Ziel hinaus. Andere werden im Laufe der vorgesehenen Zeit ihr Plansoll erreichen, hinken jedoch hinterher, worüber noch zu sprechen sein wird.

»Ich bin noch lange nicht zufrieden«, sagte der Schahanschah mir gegenüber, »viel . . . sehr viel müssen wir noch tun.«

Beide Häuser des Parlaments haben den König der Könige einstimmig gebeten, den Ehrentitel »Aryamehr« zu führen. Es ist ein Begriff, der sich nicht einfach ins Deutsche übertragen läßt. Wörtlich hieße es »Licht der Arier«, womit in diesem Fall die gesamte Nation gemeint ist, das heißt alle iranischen Bürger, gleich, von welcher weit zurückliegenden Herkunft der einzelne sein mag. Sinn der Silbe »mehr«, aus uralten Vorstellungen stammend, ist »Wegbereiter . . . großer Lehrer . . . voranleuchtende Fackel«.

Das ist der Schahanschah, daran besteht kein Zweifel. Er will so vieles, wofür noch soviel Geld nicht genügt. Zeit, sehr viel kostbare Zeit ist dafür notwendig und viele fähige, möglichst gut ausgebildete Menschen. Aber die sind bis auf weiteres nicht in genügender Zahl vorhanden.

»Wenn ich unsere hübschen Schulmädchen sehe, die lachend und lustig zum Unterricht eilen, denke ich an künftige Jahre, wenn es möglich sein wird, jedem iranischen Mädchen am Hochzeitstag auf Kosten der Regierung eine Mitgift zu überreichen.«

Auch das sind Worte Mohammed Reza Schahs. Mit 16 Milliarden Dollar Öleinkünften im Jahr, die noch steigen werden, kann es in absehbarer Zeit möglich sein, auch dieses Vorhaben zu realisieren.

»Ich denke immer daran, für betagte Leute schöne, geräumige, von blühenden Gärten umgebene Altersheime zu schaffen. Der Abend ihres Lebens sollte eine Zeit des Glücks und des Friedens sein . . . und ich hoffe, wir können das erreichen.«

Acht Jahre sind vergangen, nachdem der Kaiser diesen Wunsch geäußert hat. Schon werden in der Umgebung Teherans die ersten Heime dieser Art gebaut.

Die Weiße Revolution expandiert nach allen Seiten, der Fortschritt hat ein stürmisches, fast allzu stürmisches Tempo angenommen.

»Sichtbare Zeichen positiver Entwicklung grüßen mich, wohin ich komme in meinem Land . . . und sie sagen mir, daß wir auf dem richtigen Weg sind.«

Von Kum nach Kerman

Wir sind auf der Straße nach Kum, 100 Kilometerstunden sind der Schnitt, denn es fehlen zeitfressende Stadtdurchfahrten. Überhaupt kann von Städten keine Rede sein, nicht einmal von stattlichen Ortschaften. Wer hier unversehens vom Himmel fällt, muß glauben, in einem menschenleeren Land zu sein. Nach Osten hin, so weit das Auge reicht, die sandige, großenteils auch steinige Dornbuschsteppe, tischflach und anscheinend ohne Ende. Auf der anderen Seite rotbraune Berge, die mit sanfter Steigung beginnen, sich aber weiter westlich zu scharf gezahnten Graten emporschwingen. Links vor uns der weiß glänzende Schimmer der Daryatsche-ye-Namak. Er ist der am weitesten ausgedehnte, meist trocken liegende Salzsee im Dasht-i-Kavir, der Großen Salzwüste. Deren glühendheißes Herz kennt keine Spur von Leben.

Wir fahren auf einer schmalen, schnurgeraden, grau glänzenden Asphaltbahn mit erstaunlich lebhaftem Verkehr. Meist sind es übervoll besetzte Fernbusse, die wir überholen, und riesige, hochbepackte, gefährlich schwankende Lkws, die versuchen, uns zu überholen. Nur gut, daß hier kein Staub weht.

An Bord befinden sich außer Mahmud, dem unermüdlichen Fahrer, und Djahangir Beheshti, meinem kummergewohnten Dolmetscher, sowie meiner Person noch Volker Hahn, trotz seiner relativ jungen Jahre ein hochbedeutender Mann. »Ölhahn« nennt man ihn mit Respekt, weil er als Beamter unserer Botschaft die Ölinteressen der Bundesrepublik vertritt. Während wir gewohnt sind, die Ölmengen nach Litern für den Tank in unserem Wagen zu bemessen, bestenfalls nach tausend Litern für den Heizöltank im Haus, geht es bei den Amtsgeschäften unseres Ölattachés um Millionen von Tonnen des eminent wichtigen Saftes. Im Urlaub und an Wochenenden hat unser »Ölhahn« ganz andere Interessen. Es ist die Geschichte des Iran, vor allem Kulturgeschichte, und zwar insbesonders Tontöpfe, wenn sie älter als dreitausend Jahre sind, und Teppiche, falls von guter, gerade noch erschwinglicher Qualität. Nun haben es glückliche Umstände mit sich gebracht, daß wir gemeinsam zwei Wochen großer Fahrt entgegensehen. Nicht weniger als eine Strecke von gut und gern fünftausend Kilometern sind dafür eingeplant. Die guten Straßen des Irans machen so weite Fahrten in nur zwei Wochen möglich.

Erst gegen Mittag haben wir Teheran verlassen, früher war es dem pflichtbewußten Hahn nicht möglich gewesen, seinen schwerbeladenen Schreibtisch zu verlassen. Ein paar Schnittchen in seinem Haus bei Shemiran, mehr im Stehen als Sitzen genossen, Abschied von der zurückbleibenden Gattin und den beiden kaum kniehohen Kindern, dann so rasch wie möglich fort aus Teheran. Mahmud, der Mann am Steuer, vertrat die Meinung, daß wir bei totalem Verzicht auf Zwischenstopps noch vor dem Abend vierhundertfünfzig Kilometer bis Isfahan hinter uns hätten. Ich aber wollte und konnte es nicht glauben. Es verging auch schon gut eine Stunde, bis die letzten Ausläufer der riesigen, gegen Mittag vom Verkehr verstopften Stadt Teheran hinter uns lagen. Dann ist weit und breit nirgendwo mehr eine menschliche Siedlung zu sehen. Der Wind läßt abgestorbene, ausgerissene Dornbüsche über die Straße rollen. Es sieht aus, als könnten sie für rasche Wagen gefährlich sein. Aber die benzinfaßgroßen Rollen sind so dünn und so dürr, daß man weder hört noch spürt, wenn die Reifen das Ding im Sekundenbruchteil zerstören.

Da ist schon die Kuppel von Kum (auch Qum, Gum, Ghum, Quom, Kuhm und noch anders geschrieben), die altberühmte, allbekannte Goldene Kuppel der Heiligen Stadt, wo Fatima, die Schwester des Iman Reza, seit mehr als tausendeinhundert Jahren begraben liegt. Ihretwegen und weil sich gläubige Frauen durch eine Pilgerfahrt nach Kum eheliches Glück, Gesundheit und Kindersegen versprechen, ist die Stadt einer der beiden wichtigsten Wallfahrtsorte des Iran. So ekstatisch können gelegentlich die gläubigen Pilger sein, daß kein Fremder die Freitagsmoschee betreten, sich auch nicht in die Nähe der Heiligtümer wagen darf. Eigens zu diesem Zweck sind Polizisten aufgestellt, die ungläubige Besucher auf betont höfliche Weise von der Gefahrenzone fernhalten. Dennoch gelingt es mir, dank der Findigkeit meines ständigen Begleiters Beheshti, die Goldene Kuppel aus denkbar bestem Blickwinkel in Farbe zu fotografieren.

Kaum zu glauben, daß wir eben eine Stadt mit zweihunderttausend Menschen hinter uns ließen. Gleich danach ist beiderseits der Straße wieder alles leer und wüst. Ab und zu die Reste einer längst verlassenen Gendarmeriestation. Seinerzeit hatte Reza Schah nach und nach das ganze Land mit solchen Stützpunkten der Ordnungsmacht überzogen, um erst einmal die Hauptstraße vor Räubern und Rebellen zu schützen. Als ich 1941 über die gleiche Strecke nach Süden fuhr, auf sehr viel schlechterer Fahrbahn natürlich, waren diese Stationen noch in Betrieb, und bei jeder wurden die Papiere der Durchreisenden kontrolliert. Sprechfunk und Hubschrauber haben die damals dichte Folge der befestigten Stationen entbehrlich gemacht, außerdem herrscht seit Jahrzehnten schon Ruhe in allen Teilen des großen Landes. Heute liegen die Gendarmerieposten etwa dreißig Kilometer auseinander und sind eigentlich nur mit Verkehrskontrollen beschäftigt. Bei schweren Unfällen oder auch Untaten, so sagt man, kann binnen spätestens einer halben Stunde an jeder Stelle des Iran ein Helikopter erscheinen. Das soll unter anderem dazu geführt haben, daß im vorigen Jahr nicht weniger als zweihundert Rauschgiftschmuggler gefaßt wurden. Sechsundfünfzig von ihnen wurden zum Tode verurteilt und erschossen.

Kashan kann uns nicht aufhalten, obwohl die Hunderttausend-Einwohner-Stadt wegen ihrer Teppiche, den Kashans, sogar bei uns berühmt ist. Ganz in der Nähe befindet sich die Erhebung von Tepe Siyalk, wo man auf Baureste aus dem 4. Jahrtausend vor der Zeitenwende stieß. Später, wenn Marianne mit von der Partie ist, werden wir uns auch die nie versiegenden Quellen von Fini ansehen, wo ein schöner, schattiger, altpersischer Garten zu bewundern ist, ebenso Bahgi-Schah, ein Palast der Kadjaren-Zeit. Er ist zu trauriger Berühmtheit gelangt, weil 1852 in seinen Gemächern der weitschauende und reformfreudige Ministerpräsident Mirza Tagui Khan von Henkershand erwürgt wurde.

Vorbei am Kuh-i-Karkas, dem »Gebirge der Geier«, dessen höchste Gipfel über dreitausend Meter erreichen. Ein passender Name, das Geiergebirge, denn Beheshti zählt durchs Fernglas – wenn er keinen übersehen hat – 32 Aasgeier neben dem Kadaver eines Esels. Weiter rollt der Wagen, immer weiter nach Süden auf glatter Straße. Nach hundert Kilometern schon sind wir in Natanz. Zeit müßte man haben, unbeschränkte Zeit für alle persischen Provinzen. Auch das eben so eilig durchfahrene Natanz hätte ein paar Stunden Aufenthalt oder mehr wohl verdient.

Die Straße wird breiter und bleibt ebenso gerade wie bisher. Wir sausen im Durchschnitt von hundertfünfzehn Stundenkilometern dahin und erreichen Isfahan, das »Wunder des Iran«, noch knapp vor Anbruch der Dunkelheit. Mahmud hat es noch besser als gut gemacht. Die jüngste oder älteste seiner Schwestern wohnt in dieser Stadt (später sind es dann immer Brüder), und er kann sich gleich nach der Ankunft im Hotel entfernen.

Diesmal haben wir keinen Tag für Isfahan, und einer wäre viel zuwenig. Später, mit Marianne, werden wir mindestens drei Tage bleiben. Jetzt nur übernachten, dann weiter, rasch weiter dem Persischen Golf entgegen.

Anderentags, kaum daß der Morgen anbricht, biegen wir ab von der Fernstraße nach Schiraz. Geradeaus nach Osten führt jetzt unser immer noch asphaltierter Weg. Gerade als man hoffen darf, schon ein Frühstück zu bekommen, sind wir in Nain, bei Teppichkennern berühmt wegen der dort üblichen, besonders feinen Technik des Knüpfens. Doch erst mal ein ausgiebiges Frühstück im kleinen INTO-Hotel.

Von diesen staatseigenen, durchweg mit Zuschuß arbeitenden Hotels und Hotelchen gibt es bis jetzt ungefähr siebzig im ganzen Land, aber jedes Jahr kommen mehr dazu. In kleineren Orten sind es nur Etappenstationen mit acht, sogar nur mit sechs Gästezimmern, von denen eines sehr oft vom Manager mit

Familie bewohnt wird. In Nain ist das INTO Inn sehenswert. Es ist nämlich originalgetreu im Stil eines alten Baktiaren-Hauses gebaut und ebenso stilecht eingerichtet. Der Gedanke hierfür kam von der Kaiserin, die auch den Plan entwarf und, wie man sagt, die Mittel aufbrachte. Statt des flachen Daches trägt das Hotelchen über jedem Gastraum eine Kuppel. Wegen der an Sommertagen herrschenden Hitze und Sonnenglut haben Kuppeln im Vergleich zu Flachdächern den Vorteil, daß so gut wie immer ein Teil davon im Schatten liegt und somit der Raum darunter relativ kühl bleibt. Dem Gast steht ein Wohnzimmer im Erdgeschoß zur Verfügung, und er steigt auf einer schmalen Innentreppe hinauf zu seinem Schlafzimmer, das wie eine Balustrade über dem kleinen Wohnraum schwebt. Bad mit Dusche und WC ist natürlich vorhanden, aber nur selten funktioniert deren Technik. Hübsch ist der Garten und noch hübscher der Innenhof mit plätscherndem Brunnen. Interessant die in Stein gehauenen, in die Hauswände eingelassenen Futterkrippen für Pferde. Auch die polierten Holzgriffe fehlen nicht, woran die Edlen der Baktiaren ihre nicht minder edlen Pferde anzubinden pflegten.

Wir genießen in dem blitzblanken, abgedunkelten Speiseraum, wo ein schweigender junger Mann lautlos bedient, ein gutes Frühstück, bestehend aus Spiegeleiern, noch backwarmem Fladenbrot, aus salzigem Schafskäse, frischer Butter, Trauben- und Feigengelee.

Das Städtchen ist ruhig, und manche Wohnbezirke sind menschenleer. Eine halbverfallene, riesenhafte Moschee aus dem zehnten Jahrhundert, die für Fremde farblos wirkt, ist für Iranologen ein hochbedeutendes Kulturwerk. Wir stehen staunend vor alten gewaltigen Mauern und Minaretten aus graugelben Lehmziegeln.

Freund Beheshti kennt den ersten und größten Teppichhändler am Ort, zu dem sich der Ölattaché und auch ich gerne begeben. Der grauhaarige Herr empfängt nicht jeden, nur einführende Empfehlung öffnet sein Haus. Wirklich ein schönes Haus, hinter weißen Mauern mit schattenspendender Terrasse vor einem grünlich schimmernden Teich, auf dem Enten schwimmen. Der Hausherr ist nicht nur Händler, sondern auch Hersteller und insofern Künstler, weil er uralte Muster wiederfindet und für neue Nain-Teppiche verwendet. Frauen und Mädchen von mehr als dreißig Familien arbeiten für ihn, meist auf Bestellung kunstverständiger Kunden.

Flinke Hände breiten Teppiche vor uns aus, neue Teppiche natürlich, denn die Perser selbst halten nicht viel von älteren Stücken. Es sei denn, sie wären »antik«, das heißt über hundert Jahre alt und bestens erhalten.

Nach den Preisen gefragt, nennt unser Mann einige Zahlen, die zehn- bis zwölftausend DM unserer Währung entsprechen. Hohe, aber nicht allzu hohe

Summen für die heutigen Teppichverhältnisse. Der Wert hängt von ganz verschiedenen Faktoren ab. Da sind die Zahl der Knoten pro Quadratzentimeter, der kunstvolle Entwurf und die Feinheit des Musters, außerdem die Echtheit und Haltbarkeit der Pflanzenfarben (Ausnahmen von dieser Regel sind gestattet, sofern die Kunstfarben von bester Qualität sind und niemals verblassen). Beheshti sowie Volker Hahn kennen sich damit aus. Sie schätzen ziemlich genau die Endpreise, ohne Knoten zu zählen. Tatsächlich ist der ungefähre Teppichpreis für Kenner kein Geheimnis. Wie sich später noch oft erweist, halten sich die Preisvermutungen der beiden Freunde innerhalb einer Bandbreite von zehn bis zwölf Prozent der schließlich mit dem Verkäufer ausgehandelten Summe. Wobei man erwähnen muß, daß Teppiche am Ort ihrer Herstellung, womöglich bei der herstellenden Familie selbst, bei Fortfall der Transportkosten und des Zwischenhandels, bis zu dreißig Prozent billiger sind als in Teheran.

Der Hausherr, obwohl wir nichts bei ihm kaufen, bringt uns durch schmale Gassen zu jenen Familien, die für seinen Handel die vorbestellten Teppiche knüpfen. Diese fleißigen Frauen und Mädchen haben keinen Acht-Stunden-Tag, überhaupt keine festgelegte Arbeitszeit, sondern sitzen vor den Webstühlen, wenn sie gerade nichts mit dem Haushalt, den Kindern, dem Gemüsegarten und so weiter zu tun haben. Ihre Entlohnung richtet sich nach der Leistung, sie wird für den fertigen Teppich bezahlt, und man hat die Summe selber vorher vereinbart. Wenn ein Mann wie unser Händler die gesamte Organisation in der Hand hat, bestimmt er das Muster und die Größe, liefert die Wolle, die Farbstoffe, meist auch die Webstühle und zahlt für gewisse Zeit im voraus. Das hat neben manchen Nachteilen immerhin den Vorteil, daß die Knüpfer im vorhinein wissen, was sie mit ihrer Arbeit verdienen und daß sie es wirklich bekommen.

»Hier sehen Sie noch etwas Besonderes . . .«, meint der renommierte Teppichmann, indem er das Holztor zu einem Innenhof öffnete. Drei Frauen mittleren Alters hocken auf halber Höhe vor einem ungewöhnlich breiten Webstuhl. Gefärbte Wollfadenbündel hängen von oben herab, ein sehr fein gezeichnetes Teppichmuster liegt auf den Knien jeder Knüpferin.

»Die besten Frauen von allen«, sagt der Unternehmer, wobei er die sorgfältige, dennoch rasche Arbeit ihrer Finger meint. »Sie knüpfen schon sieben Jahre lang an diesem Teppich, etwa vier Stunden am Tag. Binnen zwei Jahren werden sie fertig sein . . . für den dritten Feinheitsgrad ist so viel Zeit unbedingt notwendig.« Dritter Grad . . . sicher ist das die absolute Spitze? Nein, durchaus nicht, es liegen noch zwei Grade darüber!

Dieser Teppich vor uns, etwa sieben Quadratmeter groß, wurde für einen ganz bestimmten Zweck bestellt. Nach dem gegenwärtigen Stand des Geldwertes kostet er am Ende an die hunderttausend DM. Das bedeutet für die Knüpferinnen einen Tageslohn von etwa 4,50 DM. Gemessen an iranischen Preisverhältnissen, die in einer Kleinstadt besonders niedrig liegen, ist das ein guter Verdienst. Es geht ja nur um einen halben Arbeitstag. Die Frauen können sich die Zeit nach eigenem Belieben einteilen und brauchen ihr Haus nicht zu verlassen.

Dennoch sollte man bedenken, wieviel fingerfertige Arbeit, meistens Frauenarbeit, in jedem, auch dem bescheidensten Teppich steckt, über den wir so oft achtlos hinweggehen.

Beim Verlassen von Nain wendet sich die Straße wieder nach Süden. Eine knappe Stunde später sehen wir bei Agda die erste Gruppe Dattelpalmen. Die Wanderer alter Zeit, die Antreiber der Kamele und stolzen Scheichs im Sattel wußten beim Anblick der Palmen von Agda, daß sie die heiße Zone erreicht hatten und bei Menschen angelangt waren, die sich in der Hauptsache von Datteln ernährten. Datteln waren der ideale Reiseproviant für Karawanen, lange haltbar und sehr nahrhaft bei geringem Gewicht, außerdem leicht zu verpacken. In der Steppe sieht man jetzt weniger Dornbüsche und Sand, statt dessen Steine. Die Luft ist strohtrocken, und Staub klebt am Gaumen. Hin und wieder eine blaßgrüne Oase und mitten darin ein Lehmhüttendorf. Kreisrunde, mit rötlichem Muster bemalte Taubentürme in den Feldern. Ihr Zweck ist nicht die Haltung von Tauben, um sie früher oder später im gebratenen Zustand zu verzehren, sondern der Gewinn von Taubenmist. Er ist ein notwendiges und wirkungsvolles Düngemittel. Die Obstgärten und Gemüsebeete der Oasen könnten ohne Taubendung nicht gedeihen.

Die Oasen und alles, was ihre Bewohner auf dem Sandboden anbauen, verdanken ihre Entstehung den Kanaten. Das Wasser, das kostbare und köstliche Wasser, macht die Wüste fruchtbar, wenn man es nur finden und hinleiten kann. So weit wir nach Osten und Nordosten schauen, sehen wir jene bis etwa drei Meter hohen Erdhügel, die den unterirdischen Weg der Wasserläufe begleiten. Wirklich ein Wunderwerk längst vergessener Baumeister, die vielen hundert, nein, weit mehr als tausend Kanate im persischen Boden. Vor undenklicher Zeit, möglicherweise schon in prähistorischer Zeit, haben die Vorfahren der heutigen Iraner die Wirkungsweise der Kanate erfunden. Vom alten Persien wurde diese Art des Wassersammelns und seiner Weiterleitung durch die Araber über den gesamten Nahen Osten, durch ganz Nordafrika und die Sahara bis nach Spanien verbreitet. Man glaubt es kaum, aber sogar Madrid erhielt noch bis zur Mitte des vorigen Jahrhunderts sein Trinkwasser durch unterirdische Kanäle, deren Bauweise haargenau dem uralten persischen System entsprach.

Hochbegabte, vielleicht mit dem sechsten Sinn begabte Menschen vermochten am Landschaftsbild zu erkennen, wo es möglich war, im Untergrund eine

Vielzahl von Wasserfäden zu sammeln. Bis zehn und zwölf Meter tief gruben sie senkrecht in den Boden, stießen irgendwo auf die feuchte Schicht und legten Tunnel an mit einer ganz geringen, für gewöhnliche Menschen gar nicht bemerkbaren Neigung zu einem oft sehr weit entfernten Ziel. Gerade so hoch sind die Tunnel, daß ein gebückter Mensch hindurchgehen kann. Mindestens einmal im Jahr müssen die Kanate von nachgerutschtem Sand und Steinen, auch von mitgebrachten Schwemmstoffen gereinigt und aufs neue vertieft werden. Der Aushub wird in Strohkörben, die eine Seilwinde hochzieht, durch stets offengehaltene Löcher ins Freie befördert. So entstehen mit der Zeit jene weithin sichtbaren Wälle, die oben den Verlauf eines jeden Kanats begleiten.

Wenn man hineinschaut, mit der Stablampe hinunterleuchtet, ist die Fülle des strömenden Wassers unter dem Wüstenboden eine kaum zu glaubende Überraschung. Dabei ist alles nur Sickerwasser, das in winzigen Fädchen aus Rissen im Gestein rieselt, aus den Wänden tropft oder sich sonstwie in den Kanaten sammelt . . . feuchter Atem des Inneren der Erde.

Die so genial erdachten, meisterhaft erbauten und ständig gepflegten Kanate erreichen in manchen Gegenden, so bei Kerman, eine unterirdische Länge von vierzig Kilometern und gelegentlich noch mehr. Wie reißende Gebirgsbäche erscheinen sie schließlich im Tageslicht, falls sie nicht eine Vielzahl von Brunnen oder schmalen Gräben in Feldern und Äckern versorgen. Die gleiche Art von Kanaten haben wir, Marianne und ich, bei unserer Durchquerung der Sahara gesehen, als wir in einer der Oasen geblieben sind.

Beim Hinunterschauen pralle ich einige Male zurück, da eine Wolke von Sandhühnern daraus hervorschießt. Der Schatten, die Kühle und das frische Wasser locken durstige Vögel, seltener auch Füchse, Schakale und anderes Getier in die Kanate hinein. Mancher Vierfüßler, so erzählte man uns, komme nicht mehr hinaus und bleibe lebenslänglich drunten. Wo sie dort Futter finden, hat niemand erklärt.

Vor uns erhebt sich aus der bisher flachen Landschaft eine Bergkette, die nur langsam näher kommt. Volker Hahn glaubt auf den buckligen Hügeln kreisrunde, weißgekalkte Mauern zu erkennen. Es sind *Türme des Schweigens*, sagt Beheshti, die nach oben freiliegenden Grabstätten der Zartushti, der sogenannten Feueranbeter, der Anhänger der Lehre Zarathustras. Die alte Stadt Yazd, der wir uns nähern, ist ein Zentrum der etwa fünfzigtausend in Persien lebenden Zartushti. Es scheint viel, und sie haben auch einen Abgeordneten im Parlament. Aber Millionen ihrer Glaubensgenossen – von etwas unterschiedlichem Glauben allerdings –, die Parsen, sind in Pakistan, Bangla Desh und Indien zu Hause. Der Ursprung ihrer Religion, auch Zarathustra selbst, stammt aus dem uralten Persien. Wir wollen sie heute noch nicht besuchen, werden jedoch bei der Rückfahrt zwei Tage in Yazd bleiben, haben auch schon eine Einladung zur Teilnahme am religiösen Kult im Feuertempel vom obersten Priester, dem Mobed-e-Mobedan, erhalten. Die Spannung ist groß auf ein Erlebnis, das nur höchst selten Andersgläubigen gestattet wird. Auf gewundenen Straßen überqueren wir eine, zwei oder auch drei Gebirgsketten. Rosenrotes Gestein unter blaugrauem Himmel. Am Straßenrand ein umgestürzter Lkw, den ein weißer Wall von aufgeplatzten Mehlsäcken umgibt. Auch sonst viele Wracks auf dieser gefahrvollen Bergstrecke. Ein ausgebrannter Bus liegt auf dem Dach, ein Lastwagen mit Anhänger drunten im Bachbett, daneben zwei PKW, die offenbar frontal zusammenstießen. Alles todernste Warnzeichen an unsere Adresse, auf keinen Fall in der Nacht zu fahren. Siebenhundertdreißig Kilometer liegen an diesem Tag hinter uns, als wir gegen 18 Uhr in Kerman eintreffen.

»Alles neu, alles nagelneu«, sagt Beheshti mehrfach, »noch vor einem Jahr hat's hier ganz anders ausgesehen.«

Schon früh am Morgen sehen wir, daß sich ein Baufieber sondergleichen der Stadt bemächtigt. Breite Boulevards, große Parks und moderne Stadtviertel in den Außenbezirken sind erst vor kurzem entstanden. Zunächst hat man den Eindruck, daß ganz Kerman eine Neugründung darstellt. Doch kann in Wahrheit die Stadt auf eine mehrtausendjährige Geschichte zurückblicken. Weil unser Wagen Kundendienst braucht, stellt uns der INTO-Chef von Kerman seinen Dienstwagen zur Verfügung und sich selbst als Fahrer. Kalantari ist sein Name, und zwar ein Name, den jedes Kind in Kerman kennt. Fast fünfhundert Jahre lang waren die Kalantaris die regierenden Herren der Stadt samt ihrer weiten Umgebung.

Als erstes fahren wir eine halbe Stunde weit und zweitausendvierhundert Meter hoch nach Mahan hinauf. Dort liegt in einer ganz und gar mit glasierten Kacheln bedeckten Moschee der 1431 verstorbene Schah Nematollah Vali, Gründer eines Derwisch-Ordens, in einem Marmorsarg begraben. In den Räumen rings um das Grabmal große Pracht, kostbare Teppiche und seltene Sammlungen. Der Heilige wird von gelehrten Iranologen der »Persische Nostradamus« genannt, weil er wie jener kommende Ereignisse prophezeit hat, und zwar in so geheimnisvoller Art, daß man alles und nichts wie auch das Gegenteil herauslesen kann. Mit betonter Ehrfurcht wird Kalantari vom diensthabenden Mullah begrüßt, hat doch sein Urgroßvater der Grabmoschee einen gewölbten Saal mit kostbaren Kunstwerken gestiftet.

Alles schön und gut, wenn wir nur nicht barfuß über eiskalte Steinplatten gehen müßten. Sogar Strümpfe sind aus angeblich religiösen Gründen hier verboten. Der späte Oktober ist bitterkalt in dem hochgelegenen Mahan. Das aus einem Springbrunnen sprudelnde Wasser hat die Steinfliesen mit Eis bedeckt.

»Mahan ist einer der kältesten Orte in unserem Land«, erklärt Kalantari, »wir hatten schon Tage mit zwanzig Grad Celsius unter Null, während man gleichzeitig am Golf vierzig Grad plus gemessen hat.«

Gerade weil wir in Kerman nichts Besonderes erwarten, ich selbst auch so gut wie gar nichts darüber gehört oder gelesen habe, werden wir grenzenlos überrascht. Die gesamte Innenstadt hat man wieder in den Zustand wie vor hundert Jahren, vielleicht auch zweihundert, verwandelt. Alle Baulichkeiten neueren Datums wurden abgerissen, um wieder erscheinen zu lassen, was von ihnen eingeschlossen war oder überdeckt wurde. So bewegt sich der heutige Mensch im gestrigen Bazar, besucht die alten, wieder voll funktionierenden Dampfbäder und genießt seinen Tschai im unterirdischen Teehaus. Dort erzählen bärtige Männer dem hingerissenen Publikum mit Leidenschaft und lebendiger Mienensprache Märchen aus Tausendundeiner Nacht sowie Heldentaten ferner Vergangenheit. Im unterirdischen Volkstheater erlebt man Passionsspiele auf samtroter Bühne. Ein jugendliches Orchester mit originalgetreuen Instrumenten des persischen Mittelalters belebt ein Museum aller in dieser Provinz jemals üblichen Trachten. Nur Kamele fehlen in der großen, riesengroßen Karawanserei, die wieder ganz das gleiche Bild zeigt wie früher.

Wir kommen aus dem Staunen nicht heraus, als wir durch Gänge und Galerien wandern und über Treppen nach unten wie oben gehen, auch in Werkstätten eintreten, die zu Beginn des vorigen Jahrhunderts nicht viel anders waren als heute nach ihrer Wiederherstellung. Kalantari bringt uns zu einem Architekten, der in Deutschland studiert hat. Er löst sich aus einer Gruppe iranischer Kollegen, um die deutschen Besucher durch eine Reihe von Werkstätten zu führen, wo Fachleute mit dem Kopieren oder Restaurieren von geschnitzten Türen, bunten Glasfenstern, kupfernem Geschirr und glasierten Kacheln beschäftigt sind. Unter den Vergoldern, auch den Mosaikspezialisten sind Italiener. Ich spreche mit ihnen, und sie scheinen mit ihrer Aufgabe recht zufrieden.

»Unsere größte Schwierigkeit«, sagt uns der Architekt in perfektem Deutsch, »ist der Mangel an iranischen Facharbeitern für bestimmte Zwecke. Viele Kenntnisse vom alten Kunsthandwerk sind verschwunden. Zur Wiederbelebung müssen wir besondere Schulen errichten, gern werden die Schüler kommen, da jeder weiß, daß sie eine gutbezahlte Arbeit fürs ganze Leben und noch für die kommende Generation erwartet.« Geld allein, die Millionen und Milliarden aus dem Öl, genügt nicht bei so weitgespannten, umfangreichen Vorhaben. Man braucht dafür auch Zeit und Menschen.

Was längst zur Vergangenheit gehört, was seit Jahrhunderten gleichgültiges Vergessen erfuhr, wird den Menschen des Iran wiedergegeben und für Touristen sichtbar gemacht.

»Ich staune selbst über die Geschwindigkeit und den Schwung, der dahintersteckt«, versichert uns der Bauleiter. Er fügt hinzu, Tempo und Mittel seien der Kaiserin zu verdanken, die jedes Projekt dieser und ähnlicher Art mit all ihrem Einfluß fördere.

Sie selbst sagte uns ein halbes Jahr später: »Die Ausgrabung, die Rettung und Wiederherstellung der Zeugnisse unserer Vergangenheit geschieht nicht in erster Linie für die Wissenschaft . . . weit wichtiger ist, daß wir auf solche Weise die hohen Leistungen unserer Vorfahren erkennen. Daraus schöpfen wir Kraft für heutige und künftige Aufgaben.«

Der Alte Schah

Unwissende Zeitgenossen berichten dem lesenden, auch dem fernsehenden Publikum, der Vater und die Vorväter des Alten Schah seien Kameltreiber und Ziegenhirten gewesen, dazu im Nebenberuf noch Hammeldiebe, Wegelagerer und Straßenräuber. In Wahrheit hatte kein Ahnherr des Königs-der-Könige ähnliche Gewohnheiten wie unsere Raubritter.

So weit die von Generation zu Generation überlieferte Geschichte der Schah-Familie im Bergland der Provinz Mazandaran reicht, stellte sie die Erbherren auf Burg Alascht und außerdem den Khan, das heißt Häuptling, der Bayand-Sippe. Allerdings waren sie nur kleine Khane mit relativ geringem Anhang und Einkommen. Eine sparsame, sogar spartanische Lebensweise mußten sie vermutlich führen. Wenn es auch Gerüchte gab und noch gibt, wonach die Herren von Alascht auf eine ferne Abstammung von den Achaemeniden (624–323 vor der Zeitenwende) zurückblicken können, daß heißt auf die persischen Großkönige von Cyrus bis Artaxerxes, so hat das keiner von sich behauptet, und kein Historiker war imstande, es nachzuweisen.

Bekannt und bewiesen ist lediglich, daß die Vorfahren Reza Schahs zur Kaste der Krieger gehörten und in geschichtlich beglaubigter Zeit mit ihrer berittenen Gefolgschaft an mancherlei Kämpfen teilnahmen. Es gab dafür reichlich Gelegenheit, denn ihre engere Heimat, die Region zwischen dem Kaspi-Meer und den Nordhängen des Alborz, war zu allen Zeiten ein unruhiges Gebiet, heimgesucht von räuberischen Nomaden, und andererseits die Basis für persische Feldzüge gegen Turkmenen, Afghanen und die Völker im Kaukasus. Als zu Beginn des vorigen Jahrhunderts eine mehr oder weniger reguläre Streitmacht entstand, vererbte sich bei den Herren von Alascht die Kommandogewalt über das 7. Schützen-Regiment. Oberst Murad Ali Khan fiel 1856 an der Spitze seines

Oben: Manche Turkmenen wissen auch im hohen Alter noch die Freuden des Lebens zu genießen. Dieser kerngesunde Greis von über 80 Jahren hat sich erst vor kurzem wieder eine junge Frau zugelegt, was die erste Frau (rechts) gestatten muß. Wie man sieht, soll kein Zweifel daran bestehen, daß es sich bei seinem jüngsten Kind um einen Sohn handelt.

Unten: Alter Märchenerzähler im Tschaikané (Teehaus) des wiederhergestellten Bazar von Kerman. Der moderne Iran ist allenthalben bestrebt, das alte Brauchtum zu beleben. Was der Mann vorträgt, sind meist Heldensagen und historische Tatsachen aus der dreitausendjährigen Geschichte des Landes.

Regiments beim Sturm auf die afghanische Stadt Herat. Sein Sohn Abbas Ali Khan übernahm das Regiment und den Rang seines Vaters. Am 16. März 1878 wurde auf Alascht sein Sohn Reza geboren, dem das Schicksal bestimmt hatte, die Kaiserkrone des Iran zu tragen.

Zunächst war nicht anzunehmen, daß dem Neugeborenen eine glänzende Zukunft bevorstand, ganz im Gegenteil sah es für ihn recht düster aus. Der Vater starb, vierzig Tage nach der Geburt seines Sohnes, entweder an Malaria oder an den Folgen einer Verwundung.

Wer damals weder Macht noch Einfluß besaß, wie die allein gebliebene Frau eines Obersten, war bestenfalls auf die Verwandten angewiesen. In Alascht konnten Mutter und Kind nicht bleiben, da schon bald eine Bande die wehrlose Familie überfallen hätte. Daher suchte die junge Witwe mit dem kleinen Sohn Zuflucht in Teheran, beim Vetter oder beim Schwager ihres verstorbenen Mannes. Aber der Weg dorthin war mühsam und voller Gefahren, besonders während des Winters. Dem Säugling wurden heiße Steine in die Tragtasche gelegt, denn er wäre sonst wahrscheinlich erfroren. Teheran, heute von Alascht binnen drei, höchstens vier Stunden über gute Straßen zu erreichen, lag zu jener Zeit so fern wie der Mond für uns. Ein wagemutiges Unternehmen, eine kostspielige Expedition von zwei bis drei Wochen war damals die Reise zur Hauptstadt.

Welche Wunderdinge erzählte man sich von Teheran, auch welche Schauermärchen. Seit 1848 regierte Nasereddin Schah, vierter König der Könige aus der Kadjaren-Dynastie. Ein gebildeter, künstlerisch begabter, zuweilen auch geistvoller Mann, andererseits launisch, despotisch, egozentrisch und gelegentlich grausam. Er unternahm drei große Auslandsreisen, die ihn kreuz und quer durch ganz Europa führten. Das erste Mal im Jahre 1874, wobei er unter anderem füh-

Oben links: Nasreddin Schah, einer der Kadjaren-Herrscher von 1848–1876. Ein gebildeter, energischer, bisweilen brutaler Autokrat, der trotz einiger Reformversuche den Verfall des Reiches nicht aufhalten konnte. Er reiste mehrmals nach Europa, besuchte Deutschland schon 1873 und hinterließ ein sehr amüsantes Reisetagebuch mit eigenen Zeichnungen. Er starb durch Mörderhand.
Oben rechts: Ahmad Schah – vorn mit Stock – letzter der Kadjaren. Als Kind gelangte er 1909 auf den Pfauenthron, war aber auch später nicht zum wirklichen Regieren fähig. Der Verfall des Staates und seiner Regierung ging weiter bis Reza Khan, Vater des heutigen Schah, die Führung des Reiches übernahm. Ahmad Schah, der sein Privatvermögen behalten durfte, ging nach Frankreich ins Exil, wo er in noch relativ jungen Jahren kinderlos gestorben ist.
Unten links: Oberst Reza Khan, Kommandeur der Persischen Kosakenbrigade, die bis zum Ende des 1. Weltkrieges von russischen, zaristischen Offizieren geführt wurde. Bald danach übernahm Reza Khan selbst die Führung, war wenig später Oberbefehlshaber aller persischen Truppen, dann Kriegsminister, dann Ministerpräsident und krönte sich 1920 zum Schahanschah des Iran.
Unten rechts: Kronprinz Mohammed Reza, der heutige Schah im Alter von sechs Jahren.

renden Staatsmännern, auch Otto von Bismarck, begegnete. Nasereddin unternahm infolge seiner Erfahrungen im Ausland einige zaghafte Versuche zur Modernisierung seines Landes. Dazu gehörte die Aufstellung einer wenn auch kleinen, so doch tüchtigen und tapferen Elitetruppe, der später so berühmten Kosaken-Brigade. Der Anlaß dafür ergab sich während der ersten Reise Nasereddins durch Rußland. Zar Alexander II. hatte seinem kaiserlichen Gast als Ehreneskorte eine Schwadron Kosaken-Kavallerie zugeteilt. Dem immer scharf beobachtenden Schahanschah gefiel die straffe Haltung, das vorbildliche Auftreten und der soldatische Schliff der Truppe. Gern wollte er ähnliches haben und bat den Zaren um Überlassung russischer Offiziere zur Ausbildung »persischer Kosaken«.

So geschah es, und aus kleinen Anfängen mit nur wenigen Offizieren entstand binnen zwölf Jahren eine erstklassig geschulte und bewaffnete Brigade von viertausend ausgezeichneten Mannschaften, deren Kompaniechefs und Stabsoffiziere ohne Ausnahme russische Offiziere waren. Allerdings schien fraglich, daß sie Befehle des Schahs und seines Kriegsministers befolgen würden, wenn sie meinten, das verstieße gegen russische Interessen. Im Zweifelsfall wurde der russische Gesandte befragt, der seine Anweisung auf telegrafischem Wege von der Regierung des Zaren erbat. Wenn es »nur« um Kämpfe gegen Räuber und Rebellen in Persien ging, konnten sich Nasereddin und seine Nachfolger auf die Elitetruppe verlassen.

Als Reza, der Sohn des Obersten Abbas Ali Khan, sechzehn Jahre alt war, brachten Meldereiter mit schwarzen Fahnen die Nachricht von der Ermordung Nasereddin Schahs. Man sagte, ein Revolutionär habe ihn erschossen, ein wilder, böser fanatischer Mensch, der zusammen mit anderen Staatsfeinden die Verhältnisse in Persien ändern wolle. Mozaffareddin wurde der neue Schah, ein zwar gutmütiger, aber schwacher, kranker, wenig gebildeter und zudem äußerst verschwenderischer Mann. Nichts änderte sich, im Gegenteil, Verfall und Ausverkauf des einst so mächtigen, blühenden und hochkultivierten Reiches gingen in beschleunigtem Tempo weiter. Für Anleihen im Wert von vielen Millionen Goldfranken verpfändete Mozaffareddin so gut wie alle ohnehin nur spärlich fließenden Einnahmen des Staates. Was sich zu Geld machen ließ, geriet in fremde Hände, das heißt mittelbar oder unmittelbar in die Hände der damaligen Großmächte, unter anderem die Zölle, Steuern und das Tabakmonopol, die Notenpresse, die neugegründete Staatsbank und vor allem das Recht auf Ausbeutung der noch gar nicht entdeckten, nur vermuteten Bodenschätze.

England und Rußland teilten Persien miteinander in sogenannte Interessensphären auf. Nur der mittlere, meist wüstenartige Teil des Landes war davon ausgenommen. Die Russen im Norden und Nordwesten und die Briten am Persischen Golf, beide Mächte betrugen sich, als wären sie de facto die Beherrscher von Protektoraten. Es mußte für jeden persischen Patrioten tiefe Schande bedeuten, daß in seinem Land fremde Truppen standen, daß fremde, wenn teilweise auch tüchtige Berater in allen Ministerien saßen und selbst die persische Gendarmerie kommandierten. Während die Staatsbank nicht imstande war, Gehälter, Löhne und den Sold für die jämmerlich ausgerüstete Truppe zu bezahlen, verschwendete Mozaffareddin mehrere Millionen von Goldfranken auf wiederholten Reisen und Kuraufenthalten in Europa. So groß und allgemein war die Unsicherheit im Lande, daß man nur mit gut bewaffneter Eskorte reisen konnte. Im übrigen reichte die Regierungsgewalt des Königs der Könige nicht weit über Teheran hinaus. Sogar in der Hauptstadt war nach Anbruch der Dunkelheit niemand seines Lebens und Eigentums sicher. Die Stammesfürsten taten, was sie wollten. Die Feudalherren auf ihren riesigen Grundbesitzen und ebenso Provinzgouverneure, die schon lange nicht mehr auf Teheran hörten, hielten sich private Truppen. Praktisch war das Land in eine unbestimmte Zahl von Fürstentümern, Khan-Staaten, sonstige Herrschaften und dazu noch fremde Interessengebiete zerfallen. Als Einheit »Persisches Reich« existierte der untergehende Staat nur noch auf Landkarten.

Die einzige Macht von militärischem Wert war die Kosaken-Brigade, sofern die russischen Offiziere nichts dagegen hatten. Es war schwer, in die Brigade hineinzukommen. Selbst der einfache Kosak galt bei der Bevölkerung mehr als ein hoher Offizier der altertümlich bewaffneten, schlecht oder gar nicht besoldeten, oft nur mit Fetzen bekleideten Truppenverbände des Kaiserreichs. Bei der »Brigade« gab es regelmäßigen Sold, gutes Essen und anständige Unterkunft. Die Uniformen, sehr ähnlich der russischen Kosaken-Uniform, waren kleidsam und machten Eindruck.

Der Sohn des schon lange verstorbenen Obersten Abbas Ali Khan konnte weder lesen noch schreiben, als er sich mit siebzehn Jahren (nach anderen Quellen schon mit vierzehn Jahren) um Einstellung in die »Brigade« bewarb. Analphabet zu sein war auch für Offizierskinder keine Ausnahme, sondern die Regel. Um die Jahrhundertwende beherrschten nur ein bis zwei Prozent der persischen Bevölkerung die Kunst des Lesens und Schreibens. Nur weil sich ein Bruder seines Vaters, General Nasrollah Khan, für die besonderen Qualitäten des jungen Mannes verbürgte, wurde Reza in die Brigade aufgenommen. Dieser Rekrut mußte jedem auffallen, der ihm auch nur flüchtig begegnete. Er war zwei Meter groß, hatte breite, kräftige Schultern, schmale Hüften und lange muskulöse Beine. Dazu ein markantes Gesicht, starkes Kinn, eine Adlernase und – was in jeder Beschreibung von ihm berichtet wird – stechende, scharf beobachtende Augen, die äußerste Energie verrieten und denen niemand ausweichen konnte.

Es ist nur bekannt, daß Reza bei der Kosaken-Brigade langsam, aber sicher eine Rangstufe nach der anderen hinaufstieg, daß er als einer der ersten Perser Offizier in der russisch geführten Truppe wurde, sogar den Rang eines Majors, dann eines Oberstleutnants erreichte und mehr als zwanzig Jahre nach seinem Eintritt sogar zum Oberst befördert wurde. Ferner weiß man, daß Reza mit der ihm eigenen, überaus starken Energie Selbstunterricht betrieb. Dazu gehörte anfangs vor allem der Erwerb von Kenntnis und Gewandtheit im Lesen wie Schreiben. Weil er in späteren Jahren als Kommandant aller Streitkräfte, als Kriegsminister und Ministerpräsident und schließlich als Kaiser gewiß keine Zeit mehr für solche Studien hatte, muß Reza Khan schon bei der Brigade seine gründlichen Kenntnisse der Technik, Wirtschaft, Geschichte und Politik, der Literatur und der Auslandskunde erworben haben. Alles in der Kaserne, neben dem monotonen Truppendienst, abends und spätabends bei Lampenlicht in kahler Stube.

Die Verhältnisse im Lande mußten Reza wohl bewußt sein. Die Auflösung des alten Reiches war in vollem Gang. Ungefähr fünfzehn Millionen geplagte Menschen wurden von einer parasitären Oberschicht schamlos ausgebeutet. Raffgierige Höflinge umgaben den schwachen, verschwenderischen König der Könige. Wie es um dessen Macht bestellt war, zeigte der Unterschied zwischen Soll- und Ist-Stärke seiner »gewöhnlichen« Truppen. Wo auf der Liste achthundert Mann standen, waren bestenfalls hundert vorhanden, die keinen Sold erhielten und nur selten ihre Verpflegung. Um sich am Leben zu erhalten, übten sie noch andere Berufe aus, Bazarhändler waren sie beispielsweise, auch Lastenträger, Straßenfeger und vielleicht Straßenräuber. Der Gouverneur von Kasvin sollte über eine Streitmacht von sechshundert Soldaten gebieten, hatte jedoch nur dreißig zu seiner Verfügung. (Den Sold für die anderen steckte er vermutlich in seine Tasche.) Diese armen Kerle litten solchen Hunger, daß sie gelegentlich eines Festmahles ihres hohen Herren über die Mauern stiegen und alles ergriffen, was eßbar war.

Der Soldat, der Unteroffizier, der Feldwebel Reza sieht den fortschreitenden Verfall seines Vaterlandes an sich vorbeiziehen. Er sieht den müden, schwerkranken Mozaffareddin Schah auf dem Kanonenplatz in Teheran die Front der Kosaken-Brigade abreiten. Vor diesem Wrack eines Menschen salutierte auch Reza in strammer Haltung. Wenige Tage vor seinem Tode im Oktober 1906 bewilligt Mozaffareddin noch eine Verfassung und verzichtete auf die Alleinherrschaft. Die »Majlis« ist damit konstituiert, übrigens das erste Parlament und die erste Verfassung in einem Land des asiatischen Kontinents. Weil die Wahlberechtigten zum allergrößten Teil aus Analphabeten bestehen, können sie durch alle möglichen Machenschaften der »tausend Familien« (sicher eine Übertreibung, es waren wohl nur einige hundert) manipuliert werden. Trotz allem ist mit Eröffnung der Majlis ein erster Schritt zur Systemwandlung getan.

Aber nicht für lange. Mahammad Ali Schah, Nachfolger Mozaffareddins, ein finsterer Reaktionär, wendet das Steuer zurück und läßt das Parlament durch die Kosaken-Brigade beschießen. Reza ist dabei, zutiefst empört, aber zu soldatischem Gehorsam gezwungen. Die Folgen der kaiserlichen Barbarei sind ein Bürgerkrieg, den Mahammad Ali verliert. Er muß abdanken und begibt sich zu seinen bisherigen Beschützern nach Rußland. Sein Sohn Ahmad Schah, der letzte Kadjar auf dem Pfauenthron, ist ein Kind von zwölf Jahren, freundlich, aber machtlos in den Händen seiner Onkel, die sich als Regenten ablösen. Der Junge ist ungewöhnlich dick und träge. Mit ihm hat die körperliche und geistige Degeneration des Herrscherhauses ihren Tiefpunkt erreicht. Für einen glühenden Patrioten wie Reza war es schrecklich, die Auflösung des Staates und der Staatsordnung aus unmittelbarer Nähe zu erleben. Meist steht die Brigade zum Schutze des hilflosen Königs-der-Könige in Teheran. Das ist auch nötig, denn Mahammad Ali, der gestürzte Schah, kehrte mit viertausend Mann russischer Truppen zurück, sammelte in Mazandaran noch zweitausend Anhänger und marschierte auf Teheran.

Aber der ehemalige Schah wird geschlagen. Die russischen Kontingente haben nicht eingegriffen, sondern sind hin und her marschiert, haben bei passender Gelegenheit auch das Heiligtum des Iman Reza in Mashhad mit Artillerie beschossen. Mahammad Ali wendet sich wieder nach Rußland, geht später nach Frankreich und stirbt 1925. Der bedauernswerte, stets um sein Leben bangende Ahmad bleibt Schah und wird hinter den hohen Mauern des Gulestan-Palastes mit allem Luxus, den verblaßten Ehren und dem überlieferten Protokoll seiner himmelhohen Stellung umgeben. Zwar ist er selbst nur noch eine Puppe, aber im Verlauf von fünfundzwanzig Jahrhunderten hat die persische Kaiserkrone eine Symbolkraft gewonnen, die nicht so bald unter den Schwächen ihres Trägers erlischt. Die Magie der Krone, nicht die Macht des unfähigen Monarchen hält noch immer das Staatsgebilde zusammen.

Im August 1914 beginnt der Erste Weltkrieg, und sogleich erklärt Persien seine Neutralität. Das aber hilft dem ohnehin geplagten Lande nicht. Russische Truppen marschieren von Nordwesten ein, besetzen die Häfen am Kaspi-Meer und sind bald in der Nähe von Teheran. Britische Truppen erscheinen aus Indien und Mesopotamien, dem heutigen Irak. Sie besetzen Südpersien und die Küsten des Persischen Golfes. Beide, die Briten wie die Russen, verhalten sich wie eine feindliche Besatzungsmacht.

Die Türken, mit dem Deutschen Reich verbündet, dringen ihrerseits nach Persien ein, um vor allem die Russen wieder hinauszuwerfen. Dem deutschen

Konsul in Buschir am Persischen Golf, Wilhelm Wassmuss, gelingt es, die Stämme der Tangistani und zeitweise auch andere gegen die eingefallenen Briten aufzuwiegeln. So kommt es zu verheerenden Feldzügen der Briten, Türken, Russen und Deutschen auf persischem Boden. Die einen wie die anderen werden von persischen Verbündeten unterstützt, verraten, ausgebeutet und überfallen. Von einer persischen Regierung kann kaum noch die Rede sein, abgesehen von der Symbolfigur des ratlosen Ahmad Schah. Ein Teil der amtierenden Minister und anderer Staatsmänner, die an einen deutschen Endsieg glauben, begeben sich nach Kum. Aber sie verlieren den anfangs bedeutenden Einfluß, weil es im letzten Augenblick britischen und russischen Diplomaten gelingt, den von vielen Ängsten geschüttelten Ahmad Schah am Besteigen der Kutsche zu hindern, die auch ihn nach Kum bringen sollte. Bis zum Ende des Krieges bleibt er als Faustpfand in Händen der Alliierten. Bald danach bildet sich in Kermanschah eine »Provisorische Regierung«, die mit den Türken und Deutschen paktiert.

Damit nicht genug, befehden sich im allgemeinen Chaos noch die Selbstregierungen der Stämme, der Feudalherren und so mancher Provinzgouverneure. Wie immer bei solchen Zuständen hat das einfache Volk, haben die armen Bauern in erster Linie am schlimmsten zu leiden.

Die Kosaken-Brigade wird hin und her geworfen, soll Räuberbanden vernichten, Revolten niederschlagen und Ruhe wiederherstellen, wo keine möglich ist. Reza Khan ist Oberstleutnant geworden, hat aber noch immer einen oder mehrere russische Kommandeure über sich.

Als in Europa der große Krieg zu Ende geht, werden die Zustände in Persien nicht besser, sondern schlimmer als je zuvor. Infolge der russischen Revolution bekämpfen sich Weiße und Rote aus dem bisherigen Zarenreich auf persischem Boden. Die Briten mischen sich ein, und bald weiß niemand mehr, wo wer die Herrschaft ausübt. An der Küste des Kaspi-Meeres hat sich um Mitte 1919 eine »Sowjetrepublik Gilan« gebildet, die vom bolschewistischen Rußland mit Waffen, Munition und Truppen gestützt wird. Gegen diese Übermacht soll die Kosaken-Brigade vorgehen. Sie ist nach langen Kämpfen und vielen Ausfällen nur noch schlecht bewaffnet, wird nicht mehr besoldet und bedarf dringend der Erholung. Die Uniformen sind zerfetzt, die Stiefel durchgelaufen. Oberst Reza Khan kommandiert ein arg zusammengeschrumpftes Regiment, das sich nach Verbrauch der letzten Patronen zurückziehen muß. Für ihn eine nicht zu ertragende Demütigung. Dieselbe verzweifelte Stimmung erleben auch die anderen persischen Offiziere der Brigade. Im übrigen ist den russischen Vorgesetzten nicht mehr zu trauen. Zwar bekennt sich die Mehrheit zu den »Weißen«, aber es gibt vermutlich solche, die ihr Herz für die Sowjets entdeckt haben. Einige sind schon zum Gegner übergelaufen. Gerade in diesen Wochen wird bekannt, daß die von allen Seiten bedrängte Regierung in Teheran bereit ist, mit Großbritannien ein Abkommen zu schließen, das letzten Endes Persien zu einem Protektorat der Briten macht.

Ein Zwischenfall mag Reza Khan den Entschluß zum Handeln erleichtert haben. Es ist der Selbstmord des persischen Oberstleutnants Fazlollah Khan, ebenfalls Offizier der Brigade, der in einem zurückgelassenen Schreiben erklärt, daß er nicht mehr unter russischem Kommando, erst recht nicht unter britischer Herrschaft leben könne. Ein Augenzeuge beschreibt die persische Machtübernahme in der Kosaken-Brigade:

»Der russische Kommandeur, Oberst Clergé, war gerade dabei, seinen Morgentee einzunehmen, wobei er nicht bemerkte, daß währenddessen sein Holzhaus von persischen Kosaken umstellt wurde. Reza Khan trat ein, grüßte korrekt und forderte Oberst Clergé höflich auf, in einen draußen bereitstehenden Wagen zu steigen. Weil auch der Russe ein alter Soldat war, konnte er die veränderte Situation sofort erkennen. Rasch ließ er seine Koffer packen und schritt sodann zum angebotenen Wagen. Die Wachen präsentierten, wie es sich schon immer gehörte.«

Insgesamt wurden auf diese konziliante Art siebzig russische Offiziere »entlassen«. Ihnen blieb freigestellt, wohin sie gehen oder was sie tun wollten. Denen, die sich entschlossen, in Persien zu bleiben, ließ Reza Khan später ausreichende Pensionen zahlen. Nicht der hilflose Schah, die machtlose Zentralregierung, auch nicht das verlotterte Kriegsministerium in Teheran ernannten Reza zum Kommandeur der Brigade, sondern der einstimmige Beschluß seiner Offizierskameraden.

Was danach folgte, war eigentlich vorauszusehen. Oberst Reza Khan bewies sogleich sein Talent zur Organisation, ebenso kluge List und rücksichtslose Energie. So wurde, was niemand mehr für möglich hielt, aus der erschöpften, abgerissenen und zusammengeschrumpften Brigade abermals eine kampfkräftige Truppe. Dieser Wiederaufbau geschah in Kasvin, etwa einhundertvierzig Kilometer westlich von Teheran. Die geheimen Vorbereitungen für weitere Schritte blieben nach außen hin verborgen. So auch Rezas Einvernehmen mit dem in Europa ausgebildeten Journalisten Tabatabai, dem Herausgeber der Zeitung »RAD« (Donner), einem noch relativ jungen Mann mit viel Erfahrung im Labyrinth der persischen Politik. Während dieser Wochen in Kasvin erhält Reza Khan die Nachricht, daß seine (noch heute lebende) Frau ein Zwillingspaar geboren hat, ein Mädchen, das Ashraf genannt wurde, und einen Jungen, den jetzt regierenden Kaiser des Iran.

Als die Bewohner Teherans in der Nacht vom 20. zum 21. Februar 1921 gegen drei Uhr früh das Geknatter von Schüssen hören, meinen sie, es handele sich um einen gewöhnlichen, blutig ausgetragenen Streit zwischen Räuberbanden. Wie aber die Menschen am Morgen auf die Straße gehen, erfahren sie, daß eine neue Macht in der Hauptstadt regiert. Ein Oberst namens Reza Khan, seit kurzem Kommandeur der Kosaken-Brigade, hält das Heft in der Hand. Die bisherige Regierung tritt sofort zusammen. Auf Verlangen Reza Khans wird Tabatabai Ministerpräsident, er selbst Kriegsminister und Sepahsalar, das heißt »Chef aller persischen Streitkräfte«. Die persischen Kosaken ziehen in Paradeformation an dem unsicher dreinblickenden König-der-Könige vorbei. Anschließend erhält der neue Kriegsminister von Ahmad Schah einen mit Gold und Diamanten geschmückten Ehrensäbel. Etwa tausend Menschen, darunter hohe und höchste Würdenträger, werden verhaftet, doch fast alle nach wenigen Tagen wieder freigelassen. Der Schock hat seine Wirkung getan, und bis auf weiteres bleibt es ruhig in der Hauptstadt.

Es würde eine stattliche Reihe von Bänden füllen, wollte man von Monat zu Monat, von Jahr zu Jahr berichten wie der Sepahsalar und Kriegsminister Reza Khan mit oft sehr drastischen Maßnahmen zu Werke ging, um die Basis für einen völligen Strukturwandel im Land zu schaffen. Dabei mußte sein Endziel noch in weiter Ferne liegen. Viel wichtiger und dringend notwendig war, im Persischen Reich für Ruhe und Ordnung, besonders auch für die Sicherheit der Verkehrswege zu sorgen. Reza überließ Politik und Verwaltung den häufig wechselnden Regierungen, um als erstes seine Tatkraft auf die Schaffung einer schlagkräftigen Truppe zu konzentrieren. Mit den zweitausendfünfhundert Mann seiner Brigade hatte er den »Marsch auf Teheran« angetreten und die Macht an sich gerissen. Nur zwei Jahre später verfügte Reza Khan über eine gut ausgebildete Armee von vierzigtausend Mann.

»Wie er das gemacht hat«, sagte mir in Teheran ein heute fünfundachtzigjähriger Schweizer Kaufmann, »wie er das zu damaliger Zeit erreichte, kann ich heute noch nicht begreifen, obwohl ich während der ganzen damaligen Zeit im Land gelebt habe.«

Noch während des Aufbaus dieser Truppe, oft mit nur wenigen Tausend Mann der Brigade, zog der Kriegsminister gegen ganze Heerscharen von Räubern, Wegelagerern und Banditen. Er vertrieb die rotrussischen Truppen aus Azerbaidjan, entwaffnete weißrussische Verbände, warf den großen Aufstand in Kurdistan nieder und sorgte für das rasche Ende der »Sowjetrepublik Gilan« wie auch anderer kommunistischer Gründungen. Alsdann ging es gegen die Nomadenstämme im Süden und Südwesten des Reiches, gegen die Kaschgai, die Bakthiaren und viele andere Stämme, deren Namen bei uns so gut wie keiner kennt. Aber sie beherrschten weite Gebiete und hörten schon lange nicht mehr auf die kaiserliche Regierung in Teheran. Was man im fernen Ausland für den

Freiheitsdrang edler Stammesfürsten halten mochte, war oft eine Schreckensherrschaft über die eigenen Untertanen und öfter noch eine brutale Ausbeutung arbeitsamer Menschen. Der Fürst von Ardebil zum Beispiel hatte seine Bauern so furchtbar geplagt, daß ihm nicht weniger als fünfundachtzig Prozent davonliefen. Die Ernte fiel aus, und die Felder verdarben. Das verbliebene Volk litt entsetzlichen Hunger. Ein anderer Potentat forderte von allen heiratsfähigen Töchtern das »Recht der ersten Nacht« und verbreitete damit die Syphilis. Die entsetzten Väter sandten Botschaften an den Kriegsminister mit der flehentlichen Bitte, ihre Töchter zu retten. Mit Strenge strafte der Reza Khan solche Menschenschinder, wenn er sie nach wechselvollen Kämpfen überwunden hatte. Sie wurden erschossen, gehängt oder in Kerker geworfen, die sie nicht immer lebend verließen.

Wo der Sepahsalar solche Räuber in seine Gewalt bekam, wurden sie reihenweise erschossen. Großmütig konnte er sein, wenn es ihm gelungen war, mit seiner List die feindliche List zu schlagen. Da geschah es oft, daß der gefangene Gegner überraschend begnadigt und freigelassen wurde. Sein Ehrgefühl gebot ihm, nie mehr als Gegner des großmütigen Siegers aufzutreten. In keinem dieser Fälle hat sich Reza verrechnet.

Mehr als drei Jahre lang führte der Sepahsalar nach allen Seiten hin Feldzüge im eigenen Land. Es wurden Marschleistungen vollbracht, die heute kaum zu glauben sind. So der Marsch von Teheran bis Bandar Schahpur am Persischen Golf in nur zwanzig Tagen. An motorisierte Truppenbeförderung war im damaligen Persien noch nicht zu denken. Wer davon überzeugt gewesen war, daß Persien angesichts des so weit und tief gehenden Zerfalls nicht mehr zu retten sei, mußte nun mit größtem Staunen erkennen, daß wieder ein zentralgeführter Staat bestand.

Ein derart überraschendes Ergebnis war ohne Opfer, ohne brutales Vorgehen und mancherlei Grausamkeit nicht möglich gewesen. Auch Reza Khans Soldaten hatten geplündert, gebrannt und geschändet. Mitunter war der Falsche erschossen worden, während der Schuldige davonkam, vielleicht sogar mit seiner Beute. Aber die persische Bevölkerung sah am Ende vor allem den Erfolg. Als Reza Khan, von wilder Begeisterung der Volksmassen begrüßt, mit seinen Truppen wieder in Teheran einzog, war nicht nur nach innen wie nach außen der Bestand des Vaterlandes gerettet, es war ein neues Nationalgefühl entstanden. Alle Stämme, Rassen und Religionen, die Sprach- und Volksgruppen gehörten wieder im gleichen Staat zusammen. Reza Khan prägte dafür den Begriff: »Persien ist vergangen, es lebe der Iran.«

Während seiner Zeit – heute nicht mehr – war amtlich vorgeschrieben, von *Persien* nur dann zu reden oder zu schreiben, wenn die Vergangenheit gemeint war. *Iran* (Land der Arier) bezog sich auf die neue Zeit, die Wiedergeburt des einst militärisch kraftvollen und kulturell führenden Reiches der Achaemeniden, der Sassaniden und Saffaviden. Dessen glänzende Größe wiederherzustellen war Traum und Wille des starken Mannes. Aber dafür hatte Reza Khan nicht genügend Jahre vor sich.

Wieder muß man sagen, daß Bände nicht ausreichen würden, um die wechselvollen Verhältnisse in den Jahren von 1923 bis 1926 zu schildern. Reza besaß die militärische Macht und Sympathie des einfachen Volkes. Aber die meisten Mullahs wie auch die führende Geistlichkeit waren besorgt um die Erhaltung ihrer Vorrechte. Mehr noch bedeutete für Reza Khans weiteres Wirken die Abneigung und der Widerstand von seiten der Feudalherren, der fürstlichen Familien, auch der alten, am jungen Schah klebenden Hofgesellschaft. Der energische Kriegsminister hatte ihnen viel Macht und Einfluß genommen, auch zahlreiche Standesgenossen beseitigt. Auf die Dauer würde er wohl keinen der bisherigen Machthaber verschonen, es sei denn, man ginge mit fliegenden Fahnen zu ihm über. Manche taten es und einige aus ehrlicher Überzeugung. Ein Netz der Intrige zog sich um ihn zusammen, auch Verschwörungen wurden geplant.

Die Schicht der Ausbeuter war gleichfalls die Schicht der Hochgebildeten und Hochkultivierten. Meist hatten sie im Ausland studiert und beherrschten zumindest eine Fremdsprache. Sie besaßen deshalb weitreichende Verbindungen und waren in der Staatsführung nicht ohne weiteres zu entbehren. Reza Khan wollte einen totalen Wandel, konnte ihn aber nur erreichen, wenn das Alte fiel. Doch es hingen daran weit mehr Menschen, als er selbst geglaubt hatte. Nach wie vor residierte der machtlose Ahmad Schah im Gulestan-Palast und ließ seine Krone strahlen. Keine Ernennung zum Minister oder hohen Beamten, keine Ordensverleihung und erst recht kein Gesetz galt ohne seinen Namenszug. Um diesen schwachen Menschen sammelte sich die Opposition, um Ahmad Schah rankten sich die Hoffnungen, früher oder später den starken Mann zu stürzen.

Häufiger Wechsel der Kabinette und Minister, stürmische Sitzungen in der Majlis, Demonstrationen und Proteste in vielen Teilen des Landes. Darauf Repressalien . . . Entlassungen, Verhaftungen, Drohungen.

Im Oktober 1923 nahm Reza Khan eine neuerdings entdeckte, gar nicht sehr bedeutende Intrige zum Anlaß, vom Schah die Ministerpräsidentenschaft nebst außergewöhnlichen Vollmachten zu verlangen. Der letzte Kadjar auf dem Pfauenthron bewilligte diese Forderung und noch andere dazu, alles in Gesprächen, die auch vom wirklichen Herrscher des Iran in höflichster Form geführt wurden. Bald darauf äußerte Ahmad Schah den Wunsch, nach Europa zu reisen, natürlich seiner Gesundheit wegen. Es konnte wirklich sein, daß er nicht zum Verlassen seines Landes gezwungen wurde. War doch Ahmad nur noch ein Schatten in seinem Land, durfte jedoch im Ausland ein freies und sorgenfreies Leben erwarten. Gut mit Geldmitteln versorgt und mit allen militärischen Ehren verabschiedet, begab sich der Fünfundzwanzigjährige außer Landes. Zwar blieb er noch für eine Weile der nominelle Herrscher, doch es mußte ihm klar sein, daß er seine Heimat nicht mehr betreten würde.

Als Reza Khan, Ministerpräsident, Kriegsminister und Oberbefehlshaber in einer Person, mit seinen energischen Reformen auf fast allen Gebieten des öffentlichen Lebens fortfuhr, verstärkte sich in den Bazaren, den Medressen und Moscheen das Geflüster vom »gottlosen Mann«, und mancher Mullah sagte die kommende Herrschaft des Teufels voraus. Ein Beispiel für die Rede eines Abgeordneten, der sich gegen die Einrichtung von Mädchenschulen aussprach: »Wie soll man wissen, ob unsere Töchter wirklich zur Schule gehen, wenn sie am Morgen das Elternhaus verlassen . . . womöglich werden sie ganz andere Wege gehen.«

Der Sturz des türkischen Sultans durch General Kemal Pascha in der Türkei und die Ausrufung der Republik erregte auch im Iran alle politisch denkenden Menschen. Man hoffte oder fürchtete dieselbe Entwicklung, natürlich mit Reza Khan in der Rolle Kemals.

Tatsächlich dachte Reza, wie man sehr wohl weiß, nicht daran, den Pfauenthron zu besteigen. Er wollte die Macht und meinte, alle Macht zur Durchführung seiner Reformen zu haben. Aber es war nicht so, ihm fehlte im persischen Volksbewußtsein die magische, mythische Kraft der Krone. Für uns schwer zu verstehen, aber begreifbar für jeden Iraner. Die Republik und Reza als lebenslanger Präsident mit allen Vollmachten, das war kein Ausweg. Die leere Krone verlangte nach einem Kopf, der sie trug. Mitunter sah es so aus, als wünschte eine Mehrheit in der Majlis die Rückkehr Ahmads Schah, und sei es nur als symbolische Figur. Der aber hatte dazu nicht die geringste Lust und ließ alle solche Petitionen ohne Antwort. Um so höflicher betrug sich Reza Khan gegenüber dem noch immer bestehenden kaiserlichen Hof und dem dort residierenden, praktisch bedeutungslosen Regenten Nasir-al-Molk, einem Onkel des abwesenden, nicht mehr wiederkehrenden Schahs.

Auf die Dauer konnte es so nicht weitergehen. Zögernd und widerstrebend, von den Umständen gezwungen, traf Reza Khan die Vorbereitungen für den Griff zur Krone. Im Verlauf der unendlich langen Geschichte Persiens war es natürlich, daß eine schwache Dynastie von einer starken abgelöst wurde.

Die Abstimmung in der Majlis am 31. Oktober 1925 ergab achtzig Stimmen fürs Ende der Kadjaren bei dreißig Enthaltungen und nur drei Stimmen dagegen. Der Regent verließ das Land, und eine Reihe von Prinzen folgte seinem Beispiel.

Wohlgemerkt war aber die Monarchie nicht abgeschafft, nur hing jetzt die Krone über einem leeren Thron.

Aber nicht für lange. Schon am 12. Dezember des gleichen Jahres stimmten 217 von 220 Abgeordneten dafür, dem Ministerpräsidenten Reza Khan die Kaiserkrone anzubieten. Kaum war das Ergebnis verkündet, betrat Reza Khan die Tribüne, rief den allmächtigen Gott zum Zeugen an und beschwor die persische Verfassung.

»Als er die Eidesformel beendet hatte«, schreibt ein Zeuge des Vorgangs, »ließ sich die Krone auf seinem Haupte nieder.«

Die feierliche Krönung geschah am 23. April 1926. Für seine Dynastie hatte Reza den Namen »Pahlevi« gewählt, ein Name, der symbolhaft in die vorislamische Zeit, ja bis in die Zeit der Sassaniden und Achaemeniden zurückreicht.

Wenn man weiß, mit welchen Schreckenstaten und Massenmorden die Regierungswechsel in orientalischen Ländern verbunden sind . . . auch noch beim Sturz der irakischen Monarchie im Juli 1958, so hat Reza Schah den Wechsel auf die schonungsvollste Weise durchgeführt. Nur dem ehemaligen Schah und dem Thronfolger waren der Aufenthalt im Land nicht gestattet. Sonst konnte jeder Kadjar mit Familie leben, wo es ihm behagte. Heute haben sie die gleichen Rechte und Pflichten wie alle Iraner. Jede Stellung in Staat und Armee steht ihnen offen. Tatsächlich bekleiden viele der Kadjaren öffentliche Ämter. Andere sind Mitglieder des Parlaments, maßgebende Männer der Wirtschaft oder spielen eine Rolle im Kulturleben. Selten oder nie zuvor hat eine aus Schwäche verschwundene Dynastie ihren Sturz so gut überstanden.

Reza Schah krönte sich selbst. Kanonenschüsse machten den großen Augenblick bekannt. Es war der Anfang einer neuen starken Dynastie, der Beginn eines anderen Zeitalters. Die Menge vor dem Palast, in den Straßen und auf den Plätzen rief: »Zendabad . . . zendabad Schahanschah ed Iran.«

Alles war von Reza Schah zu erwarten, nur nicht, daß er sechzehn Jahre später von fremden Mächten gezwungen wurde, den Thron zu verlassen, um bald danach als gebrochener Mann in der Verbannung zu sterben.

Seit langem schon ist der »Alte Schah« zur Legende geworden. Selbst Iraner, die sonst gut informiert sind, wissen nicht, welche der zahlreichen Geschichten über ihn einen wahren Kern enthalten, frei erfunden sind oder möglicherweise den Tatsachen entsprechen. Vergessen, so scheint es, sind die Schattenseiten »Reza Schahs des Großen«. Im Ausland sind seinerzeit auch Schriften gegen ihn erschienen, und gleich nach seinem Sturz überschwemmten die Gegner des Alten Schah auch Persien damit. Weil aber so viel stark übertrieben und manches glatt erlogen war, hat das Interesse bald nachgelassen. Liest man die Erinnerungen des deutschen Gesandten von Blücher aus jenen Jahren, hat der Alte

Schah neben hohen Verdiensten auch mancherlei Schuld auf sich geladen. Für relativ geringfügige Vergehen soll er schwerste Strafen gefordert haben. Angeblich sind auch Unschuldige seinem steten Mißtrauen zum Opfer gefallen.

Unbestreitbar ist, daß er viele und selbst gefährliche Gegner äußerst schonend behandelt hat. Zweifellos hat Reza Schah große Reichtümer angesammelt, auf nicht immer vertretbare Weise. Andererseits führte er persönlich ein bescheidenes, sogar spartanisch einfaches Leben. Das eine und das andere, wie auch manches sonst, paßt nicht zusammen. Von Freund und Feind hin und her gerissen, könnte man gerade in diesem Fall zitieren, »schwankt sein Charakterbild in der Geschichte«.

Heute wäre ein Herrscher von solcher Härte kaum mehr zu ertragen. Doch für seine Zeit und die damaligen Zustände war Reza Schah ganz offenbar der rechte Mann und Retter seines Vaterlandes. Soweit ihm dafür Zeit vergönnt war, hat er mit sozialen Reformen begonnen und die Lebensverhältnisse im Lande verbessert.

Woran ihm besonders lag, waren billige Brotpreise fürs Volk. So erzählt man sich, der Alte Schah habe oft seinen Wagen halten lassen, um persönlich die Brotpreise der Bäcker zu kontrollieren. Die waren nämlich vorgeschrieben, zumal das Mehl zu festen Preisen von Regierungsstellen an die Backstuben geliefert wurde. Glaubte der Kaiser, daß ein Bäcker die Kunden betrog, so warf er mit seiner gewaltigen Kraft diesen Mann in den mit frischem Teig gefüllten Bottich. Andere verdrosch er ganz einfach mit dem Stock. »Ja, so ein Schah war das!« sagen noch heute viele der älteren Iraner. »Bei dem hatten geldgierige Betrüger nichts zu lachen. Dem Volk zuliebe hat er viele Schurken mit eigener Hand verhauen.«

Eine der schönsten von den unzähligen Geschichten über den strengen Schah wird aus Hamadan berichtet. Wirklich und wahrhaftig soll sich die Sache zugetragen haben. Der Alte Schah wollte im tiefsten Winter ein öffentliches Gebäude einweihen, das gerade eben fertig geworden war. Schon gleich bemerkte der immer aufmerksame Herrscher, daß das oberste Stockwerk fehlte. Beim Abschreiten der Hausfront stellte er ferner fest, daß sie um einige Meter kürzer war als geplant. Sofort rief der grimmige König-der-Könige alle Leute zusammen, die an der Planung, Berechnung und Bezahlung des Bauwerks beteiligt waren. In einer Reihe mußten sich die vor Angst schlotternden Männer aufstellen. Sodann formte der Schah mit eigener Hand einen kindskopfgroßen Schneeball.

»Hier, nimm den Schneeball!« soll er zum ersten Würdenträger am linken Flügel gesagt haben, »nimm den weißen Ball in die Hand, bete eine Sure des Koran und reich ihn dann weiter an den Mann neben dir. Der tut das gleiche und so fort, bis der letzte von euch den Schneeklumpen bekommen hat.«

Von schlimmen Ahnungen geplagt, taten sie, wie Reza Schah befohlen hatte. Dieser stand reglos und sah sehr düster aus. Als es soweit war, verlangte der Kaiser vom letzten Mann den Schneeball zurück. Es war nur noch ein kleiner Ball, war er doch in den warmen Händen so vieler Menschen arg zusammengeschmolzen.

Nun donnerte der Schah mit kilometerweit hörbarer Stimme: »Ja, so ist es ... ebenso wie der Schnee verschwindet das Geld in euren gierigen Händen!«

Danach, so will man wissen, hat Reza Schah die korrupten Herren der Reihe nach mit schallenden Ohrfeigen bedacht.

»Ja, so hat er's gemacht, der Alte Schah ... für Ordnung und Ehrlichkeit gesorgt ... nur konnte er leider nicht überall sein.«

Es würde keineswegs zur Gegenwart passen, wenn sein Sohn die gleichen Methoden zur Anwendung brächte. Der Zeit entsprechend ist sein Regierungsstil völlig anders.

Viele, sehr viele Geschichten hatte ich über den deutschen Koch des Alten Schah gehört, einen hochbegabten Elsässer namens Inninger. Als ich erfuhr, daß er trotz ehrwürdigen Alters noch bei bestem Befinden sei und zusammen mit seiner Frau in einem schönen Haus an der Kaspi-Küste lebe, benützte ich die nächste Gelegenheit, ihn zu besuchen. Weil ich ebenfalls geborener Elsässer bin, konnte ich das liebenswürdige Ehepaar in heimischer Mundart begrüßen. Damit war gleich eine gute Verbindung hergestellt.

Inninger war vor bald fünfzig Jahren als Chefkoch des heute nicht mehr bestehenden, damals jedoch führenden »Hotels Ferdowsi« nach Teheran gekommen. Weil er außer der guten Küche noch manches vom Management verstand, auch von Protokoll und feinen Sitten, wurde ihm gelegentlich das Arrangement von Staatsbanketten anvertraut. Danach mußte er schleunigst verschwinden, damit ihn der Schah nicht bemerkte. Die Hofbeamten wollten nämlich das gute Gelingen der Veranstaltung als ihr eigenes Verdienst darstellen. Aber Reza dem Großen entging so gut wie nichts. Nach einem glatt und glänzend verlaufenen Festessen zu Ehren eines Staatsgastes (in diesem Fall des Königs Faruk von Ägypten) im Abali-Hotel des neu erschlossenen Kurortes Abali rief der Kaiser so laut, daß es alle Anwesenden hören mußten: »Jetzt will ich endlich den Deutschen sehen, der in Wirklichkeit alles gemacht hat ... zu meiner vollsten Zufriedenheit.«

Inninger kam, wurde mit einem Orden dekoriert und von nun an im kaiserlichen Dienst beschäftigt. Weil der Chefkoch im Maxime zu Paris und in den feinsten Schlemmerlokalen Europas gelernt hatte, war wohl anzunehmen, daß sich nun der Schahanschah an erlesensten Speisen erfreuen konnte. Danach fragte ich meinen elsässischen Landsmann.

»Leider nicht . . . vielmehr im Gegenteil. Gutes Essen gab's nur für Gäste. Seine kaiserliche Majestät, der Alte Schah, aß nichts lieber als Chelo kebab . . . morgens, mittags und abends Hammel mit Reis. Nie habe ich für ihn persönlich etwas anderes zubereitet . . .«

Aber warum hatte dann Reza Schah einen so erstklassigen und sicher vielseitigen Koch überhaupt beschäftigt?

Der nun Achtzigjährige zuckt mit den Schultern, wiegt den Kopf und bittet mit freundlichem Lächeln um Verständnis.

»Wissen Sie . . . heute kann man es sich wohl nicht mehr vorstellen, aber damals waren unsichere Zeiten . . . Seine Majestät hatte viele heimtückische Feinde. Nun ja . . . bei mir konnte er sicher sein, daß . . . daß die Zutaten im Chelo kebab nichts enthielten, das seiner Gesundheit schaden konnte.«

»Der Alte Schah war das Ideal aller Ausländer in Persien«, meint Frau Inninger. »Ganz gleich, was andere Leute behaupten, ist das noch heute meine feste Überzeugung. Durch ihn war das Leben im Land einigermaßen sicher geworden, das konnte nicht ohne Härte und Strenge geschehen . . . Es heißt immer, Reza Schah habe keine Spur von Humor gehabt. Stimmt nicht, stimmt überhaupt nicht. Ich selber hab' oft genug gehört oder gesehen, wie laut er lachen und sich amüsieren konnte. Mit seinen Soldaten hat er auch gesungen.«

Wir haben guten Kaffee getrunken, von der Hausfrau selbst gebackenen Kuchen gegessen und gehen durch den schönen schattigen Garten, der bis zum Ufer des Kaspischen Meers reicht.

»Nie vergesse ich«, erzählt Frau Inninger, »seine scharfen, durchdringenden Augen. Sie waren wie schwarze Kirschen und stets in Bewegung. Einmal, in Abali, sah der Kaiser, daß ein Kettenfahrzeug die neue Asphaltstraße, als sie vermutlich noch nicht getrocknet war, überquert und leicht beschädigt hatte. Sofort ließ der Schah nach dem Schuldigen suchen, und der Mann mußte zu ihm kommen. Als der Ärmste vor dem furchterregenden Kaiser stand, brach er ohnmächtig zusammen. Wenig später kam er wieder zu sich, es geschah ihm jedoch nichts mehr. Reza Schah soll gesagt haben, es sei wohl Strafe genug, ihn zornig zu sehen.«

Wir sprachen davon, daß die Engländer den alten Schah bei der Fahrt ins Exil, die erst zur Insel Mauritius führte, irgendwo das Schiff wechseln ließen. Sein Gepäck wurde in einem zweiten Boote befördert. Und bei dieser Gelegenheit verschwand ein Handkoffer des gestürzten Kaisers mit allem Geld und Gold für seinen Unterhalt in der Verbannung.

Wahr ist allem Anschein nach auch eine andere Story, weil sie der damalige deutsche Gesandte als Augenzeuge berichtet hat. Beim Pferderennen in der Nähe Teherans bemerkten die scharfen Augen des Alten Schah, daß ein turkmenischer Reiter das Pferd eines rasch aufholenden Konkurrenten mit der Peitsche mehrmals kreuz und quer über den Kopf schlug, dabei auch dessen eines Auge verletzte. Der Kaiser ließ diesen Mann sofort zu sich kommen, befahl ihm kehrtzumachen und beförderte den Kerl mit gewaltigem Tritt von der Tribüne in den Staub. Jeder Tierfreund, so glaube ich, wird ihn dafür noch heute loben.

Aber die Zeiten sind anders geworden, Fußtritte gehören nicht mehr zu den gehobenen Umgangsformen in Teheran. Aber gerüchtweise hört man gelegentlich, daß Mohammed Reza Schahanschah Aryamehr, wenn er Grund hat, sich über Versäumnisse zu ärgern, die Bermerkung fallen läßt: »Wenn sich das wiederholt . . . ziehe ich mir die Stiefel meines Vaters an . . .«

Er wird es nicht tun, aber schon die Worte, sollten sie wahr sein, klingen bedrohlich.

Der Thron Salomons

Der Wagen rollt durchs Portal des Parkhotels. Es ist morgens 7 Uhr 30, schon eine halbe Stunde zuvor hat der verwirrende Verkehr in Teheran mit gewohnter Hektik und Heftigkeit begonnen. Weiß Gott, ich möchte nicht selbst fahren in dem Strudel und Gewusel aus Blech und Stoßstangen auf nur fingerbreitem Abstand. Bremsen knirschen, Fahrer hupen, Rotlicht bedeutet nur wenig. Fußgänger eilen gewandt durchs Gewühl. Unglaublich, daß so gut wie alle mit dem Leben davonkommen. Man hört auch kein Scheppern und Krachen.

Eigentlich wollten wir, das heißt, ich wollte die Stadt schon um halb sieben hinter mir haben. Jedoch war an dem Wagen noch etwas zu richten oder bei Freund Beheshti hatte sich der Wecker verspätet. Ich sollte endlich gelernt haben, daß man die Zeitbegriffe fremder Völker nicht so einfach ändern kann. Mahmud fährt ruhig und vollkommen sicher. Seinen Nerven, falls er welche hat, kann der turbulente Stadtverkehr gar nichts anhaben. Er gehört zur Fahrbereitschaft des Ministerpräsidenten, hatte auch schon öfter die Ehre, hohe und höchste Staatsgäste zu fahren, so den inzwischen gestürzten Kaiser von Äthiopien, König Faisal von Saudi-Arabien und Fürst Rainier von Monaco. Sein Chef, Exzellenz Hovaida, hat mir freundlicherweise Fahrer und Wagen für die Zeit meines Aufenthaltes überlassen. Es handelte sich um einen langen, grauen, breiten Ford Wagoneer, dessen Vierradantrieb und Geländegang auch Wüstenfahrten möglich machen. Er soll auch, wurde mir gesagt, steile Bergstrecken und die Durchquerung von Wasserläufen bewältigen, wenn sie nicht zu tief oder zu schlammig sind. Im Lande selbst werden solche Wagen zusammengebaut, die Karosserie sogar in eigener Produktion hergestellt.

Wir sind mit allem ausgerüstet, was man nach meinem Ermessen für ein Picknick braucht. Davon stammt nur der große Wasserbehälter aus Teheran. Beiden Begleitern habe ich gestern nochmals gesagt, sie sollten ihn füllen. Aber geschehen ist es nicht, ebensowenig Erfolg hatte mein guter Rat, einen Zwanzig-Liter-Benzinkanister mitzunehmen.

»Wir finden immer eine Tankstelle, noch bevor wir sie dringend brauchen«, versichert mir Beheshti. »Da bekommen wir auch Wasser, brauchen also nichts mitzunehmen.«

Doch wir sind auf dem Weg nach Samiran, danach zum Thron Salomons, und diese beiden Stellen liegen weitab von vielbefahrenen Straßen.

Wir haben's geschafft, wir sind ohne Beulen und Kratzer dem morgendlichen Stoßverkehr von Teheran entkommen und brausen mit beschleunigtem Tempo über die nagelneue Autobahn nach Karadj ... durch Karadj hindurch ... auf guter Asphaltstraße weiter in Richtung Kasvin. Rechts wird unsere Reise vom Südhang des Alborz flankiert, zur Linken dehnt sich die Wüstensteppe.

Lebhafter Verkehr, vor allem Fernbusse, denn wir sind auf der Straße, die über Täbriz zur türkischen Grenze und weiter nach Europa führt. Neuerdings werden die Personenbusse auf iranischen Landstraßen relativ streng kontrolliert. Eine besondere Verkehrspolizei verhindert die vor kurzem noch allgemein übliche Vollstopferei. Jetzt muß jeder Passagier einen Sitzplatz haben.

Solange sich motorisierte Ausländer auf die Hauptstraßen des Iran beschränken, können sie nicht vom rechten Wege abkommen. Die Wegweiser sind außer in Farsi auch lateinisch beschriftet. Aber problematisch wird es, wenn sich der Reisende auf Straßen zweiter Ordnung begibt. Recht mühsam wäre es, für diesen Zweck die arabische Schrift zu erlernen. Weniger Mühe dagegen macht es, die Ziffern zu lernen. Im Unterschied zur arabischen Schrift werden die Zahlen wie bei uns von links nach rechts gelesen. Gelangt der Fremde auf eine Straße dritter Ordnung und vielleicht noch tiefer, kann ihm nur der ortskundige Einheimische helfen.

Wissen muß man außerdem, daß die für unsere Begriffe sehr weit auseinanderliegenden Tankstellen nicht die kleinste Reparatur übernehmen, auch keinen Reifen flicken, keinen Ölwechsel machen und daß sehr oft die automatische Pumpe fehlt. Alle Tankstellen gehören der NIOC, der »Nationalen Iranischen Ölgesellschaft«, die sich nur aufs Tanken beschränkt und Motoröl abgibt. Alles übrige soll dem privaten Handel und Handwerk überlassen bleiben. Wo man am Rand der Straße einen Reifen aufgestellt hat, nachts von roten Lämpchen beleuchtet, wird dem Fahrer geholfen. Wer sucht, der findet in jeder besseren Ortschaft eine gute, meist überraschend billige Werkstatt. Falls aber der Fachmann nicht selber sieht, wo der Fehler steckt, wird die Verständigung zum Problem.

Wir sind nach flotter, pausenloser Fahrt schon gegen halb elf in Kasvin. Die Einfahrten und Ausfahrten aller mittelgroßen iranischen Städte sind heutzutage einander so ähnlich, daß man sie auf Fotos nicht unterscheiden kann, erst recht nicht in der Erinnerung. Kasvin macht keine Ausnahme. Als erstes teilt sich die Fernstraße in zwei sehr breite Fahrbahnen, die von einem grünen, frisch bepflanzten Mittelstreifen getrennt sind. Hohe Bogenlampen beiderseits und gepflegte Promenadenwege zur Rechten wie Linken, anfangs ohne Fußgänger. Auch von der Stadt ist vorläufig so gut wie nichts zu sehen. Neben der Doppelstraße breitet sich nach wie vor die Landschaft aus. Trotzdem hat man schon Strom und Wasser verlegt und bestimmte Flächen für Bürgerparks ausgespart.

Alsdann erscheint eine größere Grünanlage mit Kreisverkehr. In der Mitte ein Wasserbecken und mitten darin ein etwa sieben Meter hoher Steinsockel, der auf Bronzetafeln das Zwölf-Punkte-Programm der Weißen Revolution verewigt. Nach diesem Rondell geht die Doppelstraße weiter, nun aber mit bescheidenen Alleebäumen. Es stehen auch in weiten Abständen moderne Gebäude auf beiden Seiten der zweifachen Straße, meist öffentliche Gebäude wie Kliniken, Schulen, Behörden, Staatsbank, Altersheime und dergleichen.

Damit sind wir beim nächsten Rondell. Wieder eine gärtnerische Anlage, aber in der Mitte ein Schah-Monument. Für die Provinzstädte gibt es davon vier bis fünf Modelle, nämlich Seine Majestät zu Pferde, der Kaiser mit Militärmütze und Mantel, der Schahanschah ohne Mantel und bisweilen sogar in Zivil. Wir Fremde bemerken und bemängeln die allzu häufige Wiederholung eines Standbildes der gleichen Person. Aber es geschieht ja nicht für den Fremden, sondern für Landesbewohner. Für sie ist die Statue ein Symbol des Staates und der Zusammengehörigkeit des großen, weitverstreuten Volkes unter einem alle betreuenden Herrscher. Andere Völker haben dafür an passenden Stellen die Fahne oder ein Wappen.

Die eigentliche Stadt beginnt erst nach dem zweiten Rondell. Fast immer werden die Hauptstraßen von Alleebäumen beschattet, und lebhaft ist der Fußgängerverkehr auf den Bürgersteigen. An den Kreuzungen regeln blaugekleidete Stadtpolizisten den nicht sehr starken Strom der Fahrzeuge. Es sind höfliche und nachsichtige Beamte, die bei den Teilnehmern am Verkehr vieles durchgehen lassen. Die Gehsteige sind mit Löchern durchsetzt, werden aber relativ sauber gehalten. Ebenso wie in Teheran ist wegen der Djubs höchste Vorsicht geboten.

Kasvin ist eine alte Stadt, der Sage nach schon um 250 n. Chr. von König Shapur gegründet, und war im 16. Jahrhundert, als Schah Tahmasp regierte, für rund fünfzig Jahre die Hauptstadt des Reiches. Doch blieben nur wenige historische Bauten erhalten. Ein sehr hübscher, alter Pavillon, Ali Quapu genannt, ist auch von Durchreisenden nicht zu übersehen, weil die Hauptstraße daran vorbeiführt. Er steht im Stadtpark an der Sabz-in-Meidan (»Grüner Platz«). Der untere Teil des Schlößchens stammt noch von den Saffaviden, das Obergeschoß ließ einer der Kadjaren daraufsetzen. Drinnen ein stimmungsvolles Museum, für dessen Besuch man erst den schläfrigen Bewacher finden und wecken muß.

Nicht gefunden hätte ich ohne Beheshtis ortskundige Führung die Medresse Haidarye, ein uraltes theologisches Seminar im verwirrenden Labyrinth der engen Gassen. Aus allen Regionen des Morgenlandes und Asiens wurden Stilelemente zur Dekoration der Arkaden, Treppenflure und Gebetsnischen entnommen. Alsdann erreichen wir auf schwer zu findendem Weg die verschlossene Grabmoschee eines im 15. Jahrhundert hochberühmten Mannes namens

Mostowfi. Er galt und gilt noch heute als der größte Reisende jenes Jahrhunderts. Man sagt, daß er einerseits bis nach Japan und andererseits bis an den Rand des nördlichen Eismeeres gekommen ist. Weil Mostowfi über seine Reisen ausführliche Berichte schrieb, also Reiseschriftsteller war, könnte ich versucht sein zu sagen, daß wir Kollegen sind. Allerdings riskierte man damals bei diesem Beruf fast alle Tage sein Leben und blieb jahrelang in weiter Ferne verschollen.

Bald nach Kasvin verlassen wir die schnurgerade Fernstraße, um nach Norden abzubiegen, in die Berge hinein. Zunächst rollen wir noch über Asphalt, dann auf breiter, noch immer recht guter Schotterstraße. Rostrot ist die Landschaft und ziemlich steil sind die Berghänge. Entlang den Wasserläufen im Tal gedeihen Oliven, Bambus und Reisfelder. Es geht hinauf und hinunter, bei lebhaftem Gegenverkehr riesiger Lastwagen. In der Ortschaft Manji, benachbart einem nach der Schabanu benannten Stausee und Staudamm, wollen wir essen. Denn hier hat Mahmud, wie er schon bei der Abfahrt wissen ließ, einen Bruder beim Militär. Selbstverständlich will er ihn besuchen. Er ist nicht der erste Bruder an seinem Weg und soll noch lange nicht der letzte sein. Unser Speiselokal ist ein Tschaikahné, wie es deren an iranischen Straßen viele gibt. Wörtlich übersetzt bedeutet das »Teehaus«, aber tatsächlich ist es ein regelrechtes Restaurant, bescheiden zwar, aber blitzsauber und spottbillig. Außer in den Großstädten gibt es für hungrige Reisende im ganzen, großen Iran nichts anderes als diese Tschaikahnés. Blanker Fußboden, blanke Blechstühle und blanke Tischplatten aus Plastik. Die Eßbestecke befinden sich entweder in Plastiktüten oder stehen in einem Wasserglas, das man zuvor mit kochendem Wasser gefüllt hat. Ebenso sauber sind die Tassen, Teller und sonstiges Geschirr. All das sind gesundheitspolizeiliche Vorschriften, die sich nach geraumer Zeit nun bis ins entlegenste Tschaikahné durchgesetzt haben.

Aber bis hinein in die Toiletten reicht perfekte Sauberkeit noch nicht. Ganz im Gegenteil sieht es dort in den meisten Fällen recht übel aus. Wohlgemerkt, es handelt sich um Plumpsklos, die während der Hocke einen festen Stand verlangen. Touristen ist das Mitbringen von Papier zu empfehlen, die Einheimischen behelfen sich mit der linken Hand und bereitstehender Wasserkanne.

Die Speisekarte, falls vorhanden, ist nur in Farsi abgefaßt und enthält kaum mehr als vier bis sechs Gerichte. Weil sie in allen Tschaikahnés des Iranischen Reichs ungefähr dieselben sind, habe ich es am Ende fertiggebracht, sie auf Speisekarte oder Wandtafel zu erraten. Die Qualität ist vorzüglich, die Menge kaum zu vertilgen und die Bedienung fast ebenso rasch wie höflich. Wer Hammel nicht mag, ist zu häufigem Hunger verdammt. Chelokebab, also Hammel mit Reis, ist das übliche Hauptgericht im Nahen wie Mittleren Osten. Joghurt, frische Eier oder Spiegeleier können dazukommen, auch grünes, oft sehr gutes Gemüse, vor allem aromatische Wasserkresse. Selbst wenn man anderes wählt, sofern vorhanden, wird es mit Hammelfett gebraten. Selbst bei Fisch, Huhn, Bratkartoffeln, geröstetem Brot und sonstigen Backwaren ist es kaum möglich, dem Hammelfett zu entgehen. Tee ist zu jeder Mahlzeit das übliche Getränk, und bekömmliches Joghurt kann die Vorspeise sein. Mineralwasser, gutes iranisches Bier und milder iranischer Wodka sind in den meisten Fällen auch zu bekommen. Dagegen ist iranischer Wein in einfachen Tschaikahnés nicht zu haben, weil unbekannt.

Wenn es ans Zahlen geht, wird keine Rechnung aufgestellt (weil auf dem Land die älteren Leute nicht schreiben können), sondern nur eine Zahl genannt. Weil ich gerade so viel Farsi verstehe, um die Zahlen zu erkennen, glaubte ich während der ersten Wochen, daß sich die Leute verrechnet hätten. So billig konnte es unmöglich sein! Aber es stimmte auch hier in Manji. Für Mahmud, Beheshti und mich, jeder Hammel mit Reis, dazu Joghurt, Abali-Mineralwasser und für jeden zwei Glas Tee, auch noch Eier und Butter, für all das zusammen waren nach unserem Geld nur 4,80 DM zu entrichten. Gar nicht berechnet werden Brot, Schafskäse und Zwiebeln, was zu jeder Mahlzeit unbestellt dem Gast serviert wird. Möglich sind derart spottbillige Preise nur, weil die Regierung dank ihres Ölreichtums alle Grundnahrungsmittel subventioniert.

Nie wurde ich angestarrt, im übrigen auch niemals in einem Tschaikahné betrogen, obwohl ich bei vier Aufenthalten im Lande rund fünfundzwanzigtausend Kilometer zurückgelegt habe.

Weiter auf schlechteren und schmaleren Wegen um den Stausee herum, noch höher in die Berge hinauf. Strahlend blauer Himmel, aber wenn der Wagen steht, hören wir gleich den scharfen, heftig blasenden Wind. Er heißt Mangil, dieser Wind, sagt mir Beheshti, beginnt an jedem Tag fast minutengenau um 13 Uhr und hört gegen 15 Uhr allmählich auf.

Eine gute halbe Stunde steigt der Wagen in einsame Bergwelt hinauf. Nur zwei kleine Bauerndörfer und in der nächsten Kurve das allerbescheidenste Tschaikahné liegen am Wege. Gerade kommen aus einem der Hochtäler sieben in Schafspelze gekleidete Bergmenschen mit ebensovielen mageren Maultieren herbei. Knistertrockenes, kaum fingerdickes Dornengestrüpp haben sie geholt. Es ist der Brennstoff für ihre Feuerstellen in den Lehmhütten. Arme Leute gewiß, doch keine, die im Elend leben. Sie bleiben sitzen vor dem Teehaus, und der Wirt bringt ihnen auf Blechtellern riesige Portionen von Chelokebab. Die Mulis erhalten gelbes Stroh, selbst die struppigen Hunde bekommen irgend etwas zu fressen. Beheshti sagt mir, daß die Mahlzeit pro Kopf weniger als eine Mark kostet, während das Futter für die Tiere Dienst am Kunden ist.

Wieder weiter, um zahlreiche Kurven durch menschenleeres Hochland.

Plötzlich soll der Fahrer scharf nach links wenden, wo ein schlechter, ausgewaschener Feldweg beginnt, schräg nach unten führend.

»Warum das«, frage ich meinen Dolmetscher, »wohin soll's gehen?«

»Nach Samiran . . . da wollen Sie doch hin!«

Ein wichtiges Ziel, für mich eines der wichtigsten überhaupt. Samiran, der geheimnisvolle Schauplatz von Mysterien, Mordplänen und Verschwörungen, die siebenhundert Jahre und länger zurückliegen. Samiran, das Tal der verlassenen Burgen, Schlösser, Schlupfwinkel und Spionageschulen einer der seltsamsten Sekten, die es je gegeben hat, der *Assassinen*. Wenn Sie französisch sprechen, verehrter Leser, kann Ihnen das Wort »assassin« nicht unbekannt sein. Es bedeutet »Meuchelmörder« und stammt aus diesen, heute verlassenen Tälern. Hier nämlich lebte, herrschte und plante die Sekte der Assassinen, ein straff und streng geführter religiöser Orden, die gewaltsame Veränderung der Welt. Niemand kann mit nur annähernder Gewißheit sagen, wie diese »Neue Welt« der Assassinen gedacht war und welche Vorteile – wenn überhaupt – sie für die Menschen haben würden. Jedoch war einer der verschlungenen Wege, die jenem »heiligen« Zweck dienen sollte, der Meuchelmord an Mächtigen.

Der Weg ins Tal der Assassinen ist nur im Geländegang zu befahren. Jedoch für uns kann es nicht schwierig sein, denn wir haben sowohl Vierradantrieb wie Geländegang. Doch stellt sich heraus, daß unser guter Mahmud nicht versteht, damit umzugehen. Ich will helfen, bin es ja von meinem Rangerover gewöhnt, aber Mahmud steht unter strenger Anweisung, keinen anderen Menschen an sein Steuer und die Griffe zu lassen. Man muß es respektieren, also bleibt für Beheshti und mich nur der Fußmarsch.

Marco Polo war schon hier gewesen, und von ihm stammt die später in ganz Europa verbreitete Geschichte des »Alten Mannes vom Berge«.

Doch hat dieser »Alte« beim Besuch des weitgereisten Venezianers längst nicht mehr gelebt. Hassan-al-Sabbah, so hieß der Geheimnisvolle, war geboren in Rei, nur einen Tagesritt weit vom heutigen Teheran, um das Jahr 1040. Gestorben ist er hier im Tal 1124. Er und seine Anhänger haben die Anlagen von Samiran nicht selbst geschaffen, sondern nach langer Belagerung den ursprünglichen Talbewohnern abgenommen, danach für ihre Zwecke verändert. So entstanden Festungen, Wachtürme, Kasernen, Kasematten und Kornspeicher, dazu noch Schulen, Werkstätten, Waffenlager und Wohnhäuser, alle über ein Dutzend Hügel verteilt. Am Talboden gab es dank genial ausgedachter Bewässerungsanlagen eine blühende Landwirtschaft, bewundernswerte Viehzucht und hinter hohen Mauern herrliche Gärten. Schon im Jahre 1256 haben die Mongolen unter ihrem Herrscher Hulagu Khan die Festungen gestürmt, die Assassinen verjagt und alles im Tal zerstört.

Als wir um die nächste Kurve laufen, sehe ich den Rest der Burgen und anderer Bauten unter mir ausgebreitet. Die ehemaligen Adlerneste der Assassinen sind von brüchig gewordenen Mauern umgeben, ein jedes mit freiem Blick auf die geborstenen Wachttürme ringsherum. Eine Zitadelle konnte beim Nahen des Feindes sofort alle übrigen verständigen, sei es durch Rauch, Feuer oder Posaunenschall. Manche der achteckigen Türme, mit zwei bis drei Meter dicken Mauern, sind noch gut erhalten, dagegen sind die leichter gebauten Anlagen von Wind und Wasser bis auf die Grundmauern abgetragen. Die eindrucksvollste der Burgen steht auf viel zu steilem Felsen, als daß man sie ohne alpine Ausrüstung erreichen kann. Nirgendwo eine bewohnte Hütte oder ein Haus mit rauchendem Kamin, auch kein Feld, kein Garten und kein Schaf auf der Weide. Es fällt schwer zu glauben, daß hier vor Zeiten ein Zentrum des Rauschgifthandels existiert hat, eine Schule für Meuchelmörder, eine Art von Ritterorden islamischer Prägung und . . . das Paradies der Betrogenen.

Hassan-al-Sabbah gilt als Erfinder des raffinierten Schwindels. Jene jungen, durch fanatische Reden und verfälschte Religion verführten Männer, die man zum Zwecke der Ermordung Mächtiger in die Ferne schicken wollte, mußten fest daran glauben, als Lohn für ihre blutige Taten das ewig schöne Leben im Paradies zu gewinnen. Hierher wurden sie gebracht, auf eine der Burgen von Samiran, von Alamut, Maymun-biz oder Lamassar. Man ließ die ahnungslosen Burschen immer größere Mengen von Haschisch rauchen oder mischte den Traumstoff in süße Speisen. Waren sie völlig berauscht, trug man sie mit verbundenen Augen in einen wundervoll angelegten Blumengarten, wo schönster Duft die Luft erfüllte, parfümiertes Wasser in Marmorbecken plätscherte und die besten Speisen mit erlesenen Weinen zur Verfügung standen. Hauptsache aber waren die Huris, engelhaft schöne, lächelnde und liebeswillige Mädchen, die gerne jungen Männern jeden Wunsch erfüllten.

Ein paar Tage im Paradies, im falschen Paradies der Assassinen, sodann in neuem Haschisch-Rausch wieder zurück in die harte Welt der Gegenwart. Groß war die Sehnsucht nach dem vermeintlichen Paradies, und zu jeder Tat bereit waren die Betrogenen, um wieder und zwar für alle Zeiten die Freuden solcher Glückseligkeit zu genießen. Meist jedoch starben sie bei der Ausführung des befohlenen Mordes und wurden, wenn lebend ergriffen, unter entsetzlichen Qualen hingerichtet. Immer aber endeten sie im festen Glauben, gleich nach ihrem Tode das Paradies zu betreten.

Wo war das gewesen? Hier im Tal von Samiran? Hinter welcher der zerbrökkelten Mauern wurden die künftigen Mörder von lieblichen Mädchen verwöhnt? Ich kann es mir nicht denken, und Beheshti weiß es auch nicht. Alles ist nur noch Staub und Steine, gelbes Gras und dürres Dorngestrüpp.

In Syrien, im heutigen Israel und Jordanien hielten sich die Assassinen länger als in dem Land, wo sie entstanden waren. Wegen ihrer straffen, militärischen Disziplin und ihres fanatischen Glaubens wurden sie zum Vorbild der christlichen Orden. Die zurückkehrenden Kreuzfahrer brachten die Kunde von den Assassinen ins Abendland, stark entstellt natürlich und romantisiert. Einerseits übernahmen die Ritterorden manch positive Züge der Assassinen, während andererseits die Unterwelt der europäischen Städte deren mörderische Praxis übernahm, vor allem in Paris, wo sogar der Name »assassin« mit seiner schlimmen Bedeutung in die französische Sprache überging.

Kaum zu glauben, aber die Assassinen gibt es noch heute. Allerdings sind der Fanatismus, der Betrug mit den falschen Paradiesen und natürlich die Mordbefehle schon vor Jahrhunderten fortgefallen. Sogar ihren alten Namen wollen die Assassinen der Gegenwart nicht mehr hören. Es sind die über viele Gebiete der Welt verbreiteten Ismaeliten. Sollte jemand diesen Begriff nicht kennen, weiß man doch bestimmt, wer Aga Khan gewesen und wer Karim Khan in heutigen Tagen ist, nämlich das geistliche Oberhaupt dieser Ismaeliten.

Auf Kurven, die kein Ende nehmen, erreichen wir in der absolut menschenleeren Bergwelt auf etwa zweitausendfünfhundert Meter die Paßhöhe. Kein Name auf meiner Karte, keine Tafel mit Höhenangabe auf dem Scheitelpunkt. Auf mindestens ebensovielen Kurven hinab in flaches Gelände. Als meine Uhr die siebente Abendstunde zeigt, rollt der Wagen durch die Straßen von Zandjan. Dort im einfachen, sauberen, unglaublich billigen Bimeh-Hotel essen wir zu Abend und verbringen die Nacht.

Wir sind sehr früh am Morgen wieder auf der Fernstraße von Teheran nach Täbriz, aber nur für wenige Kilometer. Wir besuchen und bestaunen die riesenhafte Grabmoschee des Sultans Oljeitu bei Soltenieh, einem der mongolischen Herrscher und Nachkommen des furchtbaren Dschingis-Khan. Aber schon sein Vorgänger Ghazan-Khan war vom Buddhismus zum Islam übergetreten, und auch am Beispiel Oljeitus hat sich wieder die fast wunderbare Integrationskraft der persischen Kultur erwiesen. Aus den wilden Barbaren, die während der »Mongolenstürme« etwa die Hälfte der einheimischen Bevölkerung ausgerottet und nahezu alle Städte total verwüstet hatten, wurden binnen einem halben Jahrhundert zivilisierte, kunstverständige und – soweit es die Zeitverhältnisse erlaubten – sogar friedfertige Landesherren. Sie sprachen und schrieben das damalige Farsi, bauten Moscheen, Medressen und Paläste, sorgten für gute Bewässerung, erweiterten und sicherten das Persische Reich. Oljeitu Khodda Bandeh war einer von den besten der sogenannten Ilkhane. Er regierte nach unserer Zeitrechnung von 1304 bis 1316. Seine riesenhafte Grabmoschee war ursprünglich nicht für ihn bestimmt, sondern zu Ehren des ersten schiitischen Imam des

Islam. Als das beispiellose Bauwerk 1307 beendet war, befand der Sultan, es sei würdig genug, ihm selbst als Mausoleum zu dienen.

Hinter Bidjar – bei Freunden der Perserteppiche wegen der »Bidjaris« in aller Welt bekannt – wird die Gegend grüner und auch fruchtbarer. Lupinen stehen auf den Feldern, zur Freude von Milchkühen und Zuchtrindern. Bulldozer und Traktoren sind dabei, bisheriges Ödland in Ackerland zu verwandeln. Weil ich einen Offizier und Soldaten der Landwirtschaftsarmee bemerke, scheint die Gelegenheit günstig, durch meinen Dolmetscher mit diesem Lehrer in Uniform zu sprechen. Ja, es ist wirklich so, die Dorfbewohner machen freiwillig mit, ohne jede Bezahlung. Aber nicht jeder von den Bauern hat bisher begriffen, wie bald sich auch für ihn Ernte und Einkommen verbessern werden. Dem Leutnant wurde als besondere Aufgabe die Ausbildung junger Männer zu Traktorführern zugeteilt. Ein anderes Mitglied der Landwirtschaftsarmee soll Reparaturwerkstätten einrichten und einheimische Handwerker anlernen. Die Maschinen müssen von der Dorfgemeinschaft bezahlt werden, aber die Fristen dafür sind so lang und reichlich bemessen, daß man die Zahlung aus dem Ertrag kommender Ernten leisten kann.

»Würde die Regierung alles verschenken«, meinte der Leutnant ohne die Spur eines Lächelns, »dann hätten die Maschinen in den Augen der Leute keinen wirklichen Wert. Man würde sie nicht pflegen und bei Schäden nicht reparieren, sondern gleich neue verlangen. Es braucht eben alles seine Zeit.«

Am Tonfall seiner Stimme ist zu hören, daß er freundlich und ruhig mit den erst wenig zivilisierten Menschen redet. Für sie scheint der Offizier ein Wesen von einem anderen Stern, wie überhaupt die Landwirtschaftsarmee einer Schar von Engeln gleichkommt. Hat doch seit Jahrtausenden niemand irgend etwas für die ohne eigene Schuld zurückgebliebene Landbevölkerung getan. Sie war stets und ständig der Raffgier von Mächtigen ausgeliefert.

Wir kommen in Gebiete, die überwiegend von Kurden bewohnt sind. Eine Frau in farbenfroher Kurdentracht, die frohgemut einen Traktor fährt, ist wahrlich ein Symbol für die neue Zeit.

Wie sehr aber Fortschritt oder Stagnation vom Verständnis des Bürgermeisters oder dem Eifer lokaler Behörden abhängt, beweist der Rückstand in Takab. Es ist eine langweilige Stadt von schätzungsweise zehntausend Bewohnern, wo für uns ein Weg, ein äußerst schlechter, zum »Thron König Salomons« abzweigt. Die auf Befehl von oben angepflanzten Alleebäume sind verdorrt oder von Ziegen abgefressen. Kinder haben die Grünanlagen um das Schah-Monument zertrampelt. Miserabel ist der Zustand von Straßen und Gehsteigen. Müde Menschen schlafen im Staub, viele Läden sind geschlossen und Drähte hängen tief herunter. Ein Trauerspiel!

»Wenn der Schahanschah das sehen würde«, meint unser Fahrer, »möchte er sich gleich die Stiefel seines Vaters anziehen!«

Den Weg hinauf nach Takht-i-Suleiman hat mir Professor Kleiss vom Deutschen Archäologischen Institut als schwierig, steil und holprig geschildert. Die zeitliche Entfernung beträgt zwei bis drei Stunden, die Höhenlage am Ende zweitausendsechshundert Meter. Unser Jeep Wagoneer würde es schon schaffen, aber nur im Geländegang, und dafür ist der sonst vortreffliche Mahmud nicht zu haben. Statt dessen konnte ich bereits in Teheran erfahren, wo ein Jeep mit fähigem Fahrer zu finden ist. Er und sein Bruder betreuen eine private Tankstelle, deren Zapfsäule sich in einem Wohnzimmer des Hauses befindet. Soll ein Kunde bedient werden, muß man erst Fensterladen und Fenster öffnen. Sodann wird der Schlauch von einem Familienmitglied hinausgereicht. Für die Fahrt zum Salomon-Thron verlangt der Hausvater für sich und den Jeep die Unsumme von tausend Rial, das sind umgerechnet vierzig Deutsche Mark. Sehr viel für dortige Begriffe, aber durchaus vertretbar für unsere Vorstellungen. So haben wir bald umgepackt, rollen in dem kurzen, hart stoßenden Geländewagen durchs Garagentor und verlassen das Städtchen.

Eine wilde, romantisch schöne und oft überraschende Landschaft nimmt uns auf. Tiefe Schluchten mit rieselndem Wasser am Grund, goldgelb leuchtendes Strohgras an den Hängen, knorrige Olivenstämme mit verrenkten Ästen, rosarote Steinblöcke am Wege. Wir schwanken über tief ausgefahrene Rillen und werden von wütenden Schafhirtenhunden angeheult. Eine bucklige, nur schmale, aber sicher uralte Steinbrücke wölbt sich vor uns über den Fluß. Der Fahrer läßt den Wagen mit großer Vorsicht hinüberholpern. Unser Mann am Steuer sieht aus wie ein Wildschütz aus dem alten Bayern. Rotblonder Bart, ebensolches Haar, tiefblaue Augen, kühn geschwungene Nase, gespannte, sonnenverbrannte Haut über scharfkantigen Backenknochen. Nicht zu Unrecht ist *Iraner* gleichbedeutend mit *Arier*. So echt wie hier hätte Hitler seine Herrenrasse im eigenen Lande kaum finden können. Er selbst sah nicht danach aus.

Brücken gibt es nun keine mehr. Der Jeep rumpelt bis über die Reifen durch rasch strömendes Wasser. Im ersten Gang keucht das Vehikel einen Hohlweg zur nächsten Anhöhe hinauf. Da liegt ein Dorf der Kurden, ganz aus Lehm gebaut und der Landschaft angepaßt. Jedes Haus mit Turm und Mauer, jedes Haus eine Burg im Kleinformat. Hunde, Hühner, Enten, Gänse und Schafe bewegen sich in den Gassen. Dazwischen natürlich viele Kinder. Als wir halten, sammeln sich die Dorfbewohner um den Wagen. Aber nicht abweisend, sondern um das seltene Auftauchen von Fremden zu genießen.

»Beachten Sie die Veränderung im Gesicht«, meint D. B., »wenn ich den Leuten auf ihre erste Frage antworte, daß Sie Deutscher sind.«

Nie habe ich herausgefunden, weshalb man uns Deutsche in Persien so sehr überschätzt. Aber es ist so, daß auch im entlegensten Winkel des Landes, bei jeder Volksgruppe und jedem Nomadenstamm die Menschen auf freundlichste Weise lächeln, sobald sie erfahren, daß einer aus Deutschland vor ihnen steht. Wir haben auf meinen Wunsch die Gegenprobe gemacht, mit Amerikanern, Engländern, Russen, Spaniern, Franzosen, aber nie das gleiche Lächeln des Willkommens gesehen. Die Franzosen, so scheint mir, sind nach den Deutschen relativ gerne gesehen. Bei Russen und Briten verziehen die Leute das Gesicht, während sie bei Amerikanern ausdruckslos bleiben. Andere Völker sind den einfachen Menschen nicht bekannt.

Im kurdischen Dorf tragen die Frauen selbst bei der Arbeit bunte Kleider, Männer wie Frauen sind oft mit Silberschmuck und Münzen behängt. Als Beheshti höflich um Erlaubnis zum Fotografieren bittet, sind alle Männer, sogar die Frauen und Mädchen, gleich damit einverstanden. Kinder werden geholt, um Gruppenbilder möglich zu machen. Auch die Frauen tragen dunkle, fransengeschmückte Turbane, was sehr malerisch wirkt. Bemerkenswert sind neben jedem Gehöft die schwarzbraunen, mit der Hand glattgeklopften, konisch geformten Hügel. Sie bestehen aus dem Mist von Schafen, Eseln und Maultieren, verstärkt mit luftgetrocknetem Häckselstroh. Es ist Brennstoff und Heizmaterial der Kurdendörfer, auch noch vieler anderer Dörfer im Iran. Frauen sammeln den Mist, geben Wasser dazu und mischen Stroh hinein. Dann wird der feuchte Fladen an die Hauswand geklatscht, bis ihn Sonne und Luft getrocknet haben. Sodann entsteht der Brennstoffturm als Vorrat für den langen kalten Winter. Soweit es die Verhältnisse erlauben, versucht die Regierung, den Mist durch Heizöl zu ersetzen. Wäre es doch für die Landwirtschaft sehr viel besser, daß der natürliche Dung auf den Weiden, Wiesen und Feldern bleibt. Auch die Verwendung von Dornbuschgestrüpp, Grasballen und dergleichen soll abgeschafft werden. Deswegen erhalten Bauern das Heizöl zu unglaublich niedrigem Preis und bezahlen gar nichts für den Transport.

Noch ein Dorf und noch ein Dorf, alle von Kurden bewohnt. Völlige Ruhe herrscht heute in dem früher von Kleinkämpfen so arg zerrissenen Land. Noch vor etwa vierzig Jahren haben Regierungstruppen regelrechte Feldzüge gegen revoltierende Kurdenstämme unternommen, mit hohen Verlusten auf beiden Seiten. Drüben im Irak gehören Kurdenaufstände zum gewöhnlichen Ablauf der Jahre. Hier in Persien hat die zahlenmäßig recht starke Volksgruppe keinen Grund zur Klage. Sie haben Schulen in eigener Sprache, können nach alter Tradition leben, wie es ihnen behagt, und werden bestimmt nicht ihrer Rasse wegen diskriminiert. Sie gelten als Iraner unter Iranern, haben auch die gleichen Rechte und Pflichten wie jedermann.

Die Bergmenschen leben allem Anschein nach in bescheidenem, das Leben sichernden Wohlstand. So gut wie alles, was sie brauchen, wird von der eigenen Wirtschaft geliefert: Milch, Fleisch, Fett, Käse, Wolle, Leder, Olivenöl, Häute und Felle, das Baumaterial und bisher auch das Heizmaterial.

Aber einfach ist es nicht, durch die äußerst engen, winkligen, von Kinderscharen wie von Haustieren wimmelnden Gassen zu kommen. Unser tüchtiger Fahrer windet sich hindurch, ohne Schaden anzurichten oder Schaden zu nehmen. Schon im nächsten Jahr, so wird allenthalben gesagt, beginnt der Bau einer Bergstraße zum Thron des Königs Salomon. Er wird die Kurden-Dörfer umgehen, die Fahrzeit wird damit halbiert. Schon sehe ich einen Vermessungstrupp bei der Arbeit. Alles eine Folge des Besuchs Ihrer Majestät droben in Takht-i-Suleiman. Was sie dort gesehen hat, erschien der gekrönten Architektin so faszinierend und großartig, daß sie sogleich den Straßenbau anregte. Gewiß werden bald iranische wie fremde Touristen in Scharen erscheinen.

Wir sind beim letzten Dorf vor dem Salomon-Thron auf ungefähr zweitausendzweihundert Metern. Seinen Namen habe ich vergessen und den Kurden-Ort auf keiner Karte gefunden. Vor den Lehmziegelmauern, auf einem freien, staubigen Platz, hat sich die Bevölkerung versammelt, um der Darstellung einiger kostümierter Gestalten mit buntgeschmückten Pferden zu folgen. Beheshti ist ganz aufgeregt und läßt halten.

»Da sehen Sie was Besonderes, hab ich selbst seit meiner Jugend nicht mehr gesehen. Ausländer haben davon keine Ahnung. So ein Zufall!«

Mir kommt es nicht so bedeutend vor. Da stehen und gehen mit gemessenen Schritten fünf oder sechs hochgewachsene Männer in theatralischer Aufmachung. Sie tragen Silberhelme, Kettenhemden und geschwungene Säbel. Sie rufen mit lauter, gutturaler Stimme dieses oder jenes, schwingen sich gewandt auf edle Rösser und reiten ein paar Runden in kurzem Galopp. Dazu vollführen Musikanten mit Kesselpauke, Trompeten und Schalmeien weithin schallendes Geräusch. Das Publikum, so scheint es, ist an jedem Wort und jeder Bewegung lebhaft beteiligt.

»Sie wissen doch«, sagt Beheshti, »heute ist einer unserer höchsten Feiertage.«

Ich weiß nur, daß heute der Todestag des Kalifen Ali begangen wird, und der gilt bei den Schiiten, also auch bei den Iranern, als der erste Kalif (Nachfolger des Propheten). Bei den Sunniten dagegen gilt Ali erst als vierter Kalif. Den meisten von uns wird diese Rangfolge, werden überhaupt die Unterschiede zwischen Sunniten und Schiiten nicht viel besagen. Für den Moslem aber ist das mindestens so bedeutend wie bei den Christen der Unterschied zwischen Katholiken und Protestanten.

»Auf schändliche Weise«, sagt Beheshti, »wurde der heldenhafte Ali verraten und ermordet. Daran denken wir heute mit tiefem Kummer, und hier wird die Geschichte seines tragischen Endes dargestellt.«

Ein Passionsspiel nach unserer Vorstellung, wie man es alle zehn Jahre in Oberammergau sehen kann. Aber was man hier zeigt, ist nur eine von vielleicht hundert Szenenfolgen, die jedem Iraner durch mündlich vererbte Tradition wohlbekannt sind. Wir sehen an diesem Nachmittag weiter nichts als den Aufbruch und Abschied Alis von seiner Familie. Das allein dauert stundenlang, weil jedes Detail, auch scheinbar geringfügige Nebensachen, in umständlicher Breite behandelt werden.

»Sie wissen«, flüstert mein Freund begeistert, »daß Musik und Theater, sofern man strenge Maßstäbe anlegt, nach den Gesetzen des Islam verboten sind. Trotzdem hat sich seit mehr als tausend Jahren dieses Schauspiel erhalten, bei uns Schiiten, die Ali über alles verehren.«

Das Publikum ist hingerissen, oft sind die Leute den Tränen nahe und Kinder fürchten sich. Würde ich hier fotografieren, wäre es bestimmt ein grober Verstoß gegen die guten Sitten.

Wir verlassen die Szene, lange bevor das Ende der heutigen Vorstellung erreicht ist. Ein paar Kilometer weiter oben stoßen wir auf drei vulkanisch warme und tiefe Tümpel, worin mehrere Dutzend Männer planschen, sich waschen, rasieren und von oben bis unten abschrubben. Lachend gestatten sie, daß wir die Kamera auf sie richten. Der überraschende Besuch scheint sie sogar zu freuen. Wahrlich ein Gottesgeschenk für alle Bewohner dieser während des Winters eiskalten, von gewaltigen Schneemassen bedeckten Gegend.

Die Sonne sinkt, wir dürfen keine Zeit mehr verlieren und rumpeln weiter. Ein Rotfuchs läuft mehrere Minuten neben uns her. Hinausgeworfene Wurstreste schnappt er mit Vergnügen. Grausam werden wir durchgeschüttelt auf dieser Holperstrecke. Dann senkt sich die Nacht übers Gebirge.

Es geht nicht mehr weiter, vor uns der Schatten einer mächtigen Mauer. Alles still, verlassen und geheimnisvoll. Nur murmelndes Wasser ist zu hören. Wir steigen mit steifen Beinen aus dem Vehikel und atmen kühle, windige Luft. Die Höhe, auf der wir stehen, ein Plateau zwischen finsteren Bergrücken, soll zweitausendfünfhundert Meter und vielleicht noch mehr betragen. Die Augen gewöhnen sich ein wenig ans Dunkel. So ist der Umriß eines hochgewölbten Tores zu erkennen, ebenso der Silberschimmer eines etwa meterbreiten Baches, der, von dem Tor herabkommend, an uns vorbei zur Ebene führt. Es schweben Dunstschleier darüber, denn warm ist das Wasser und riecht nach Schwefel.

Unser Fahrer hat seiner Hupe ein paar krächzende Laute entlockt, was die schöne Stille scheußlich stört. Doch erscheint darauf ein schwankendes Licht unter dem Tor. Es ist der Wächter mit zwei zottigen Hunden, der sich zögernd den Fremden nähert. Wer das sein kann zu so später Stunde, muß für den Mann wahrlich ein Rätsel sein. Das empfehlende Schreiben vom Deutschen Archäologischen Institut kann er nicht lesen, aber der Stempel darauf wirkt beruhigend. Er wird freundlich, hält die Lampe so hoch wie möglich und bittet in die Burg. Beladen mit unserem gesamten Gepäck, folgen wir dem Wächter durchs zweitausendjährige Tor in einen dunklen Hof. Dort wird im Schein von mehreren Lampen die Lage geklärt.

Für dieses Jahr sind alle archäologischen Arbeiten eingestellt. Für gewöhnlich liegt jetzt im Oktober schon meterhoher Schnee. Der Herr Professor, auch seine Assistenten haben ihre Quartiere verschlossen. Deshalb ist für Gäste keine Unterkunft vorhanden, es sei denn, wir sind mit der Backstube zufrieden.

Weil das ein wohlig warmer Raum ist, dessen immer gleiche Verwendung bis auf die Zeiten von Zarathustra zurückgeht, sind Beheshti, Mahmud und der Jeep-Fahrer mit der Unterbringung darin einverstanden. Ein gutes Dutzend Hühner hat seit langem das durch Gewohnheit erworbene Recht, gleichfalls in dem Gelaß zu übernachten, wo noch heute morgen Frau und Tochter des Palastwächters ihr Brot aus dem Backofen holten. Während mir alle drei Männer mit ungläubigem Staunen zusehen, stelle ich Klapptisch mit Klappstühlen auf, setze zwei Gaskocher in Betrieb, öffne die Büchsen, bewege die Pfanne und versorge meine Gäste mit Rindsrouladen, Bratkartoffeln und Spinat. Nur D. B., der lange genug in Deutschland lebte und mit einer deutschen Frau verheiratet ist, macht Gebrauch vom kulinarischen Angebot. Mahmud und sein Kollege aus Takab können ihren Abscheu vor den unbekannten Nahrungsmitteln nicht überwinden. Sie essen eigenes Brot und trinken iranischen, vom Wächter angebotenen Tee.

Meinerseits kann ich für eine lange Nacht die stickige Luft, den Hühnermist und herumkrabbelnde Spinnen nicht vertragen. Mag die Backstube auch noch so antik sein und vielleicht Schapur Schah gesehen haben, ich eile hinaus ins Freie und dort in mein oft schon bewährtes Minizelt. Ein wunderbarer, geradezu traumhafter Platz bietet sich an, gleich neben dem rieselnden Bach auf weichem Gras unter Sternen, die so nahe erscheinen, als könnte man sie pflücken. Im Mondschein sodann, bei offener Zeltklappe, sehe ich im Umkreis die Mauern und Reste runder Türme, die Ruinen der Feuertempel, der Paläste, Arkaden, Treppen und hohen Hallen. In der Mitte schimmert, von winzigen Wolken bedeckt, der Heilige See.

Schlaf bei dieser wunderbaren Stimmung scheint nicht mehr möglich, dafür kommen und gehen die Gedanken. Alle kreisen um König Salomons Thron. Erst war die Natur am Werk, wohl länger als hunderttausend Jahre. Sie ließ eine stark kalkhaltige Quelle entstehen, die um ihren Rand herum bei Tage wie bei Nacht hauchdünne Schichten von Sinter abgelagert hat, bis auf solch beharrliche Weise ein Felsenkegel von etwa sechzig Meter Höhe aufgebaut war. Dabei ergab sich ein lauwarmer See von ungefähr gleicher Tiefe in einem vollkommen runden, von ihm selbst geschaffenen Becken. Es wird von einem natürlichen, etwa meterhohen Kalk-Sinter-Wall eingefaßt.

Soweit die Schöpfung der Natur. Alsdann haben schon in vorgeschichtlicher Zeit Menschenhände das Quellwasser des hochgelegenen Sees zur Berieselung ihrer Felder abgeleitet und dafür Kanäle in den Boden gegraben oder geschlagen. Auch darin hat pausenlos fließendes Kalkwasser seine Sinterstoffe abgelagert und allmählich die Grabenränder erhöht. Nun liegen sie kniehoch über dem gewachsenen Grund, noch immer dem gleichen Zwecke dienend wie ehedem. (Das Bild auf dem Schutzumschlag zeigt deutlich einen dieser Kanäle, unmittelbar neben den Mauern von Takht-i-Suleiman.)

So alt sind auf Salomons Thron die frühesten Siedlungen, daß ihre Schicht unter Sinter begraben liegt. Die Epoche jener noch primitiven Bauten wird nach entdeckten Tonscherben aufs zweite Jahrtausend vor der Zeitenwende geschätzt. Jedenfalls war es noch vor der Überflutung Irans durch indogermanische Völkerstämme. Wie es scheint, wurde danach das Hochtal und der Quellsee von Menschen für lange Zeit wieder verlassen.

Zur Parthischen Zeit, 223 v. Chr. bis 226 n. Chr., war der heilige Hügel wieder bewohnt. Nach fast totaler Zerstörung oder Abriß der parthischen Bauten hat man zur Blütezeit der Sassaniden im fünften Jahrhundert n. Chr. eine völlig neue Anlage geschaffen. Doch blieb auch sie nicht lange bestehen, zumal Lehmziegelbauten sowohl der zerstörenden Menschenhand wie den Unbilden des Wetters relativ rasch zum Opfer fallen. Aber die Experten sind der Meinung, daß die folgenden Steinbauten ziemlich genau den Grundrissen der parthischen Bauten entsprechen. Indessen besaß der Thron König Salomons schon seit längerer, nicht eindeutig festzustellenden Zeit eine zwölf Meter starke Ringmauer mit achtunddreißig, auf Steinfundamenten errichteten halbrunden Türmen. Diese noch immer guterhaltene Mauer umschließt ein Oval von dreihundertneunzig Meter Länge und dreihundertzehn Meter Breite.

Hauptheiligtum der gesamten Anlage war der Atur-Gushnap-Tempel, dessen Name »Feuer des Hengstes« bedeutet. Neben dem großen Kuppelsaal befinden sich noch ansehnliche Reste des ganz aus gebrannten Ziegeln erbauten Sanktuariums, des gewiß streng behüteten Raumes fürs »Heilige Feuer«.

Die Vielfalt der teils freigelegten, wieder aufeinandergetürmten und erhaltenen Reste von Tempeln, Toren, Tunneln und Türmen zu schildern, dieses Labyrinth von Kammern, Gewölben, Hallen und Terrassen, ist auf wenigen Seiten nicht möglich. Selbst mit Film und Farbfotos lassen sich echte Eindrücke nicht wiedergeben.

Als der östliche Himmelsrand allmählich grau wird, erlebe ich einen unvergeßlichen Frühmorgen. Mit Lampe, Kamera und Fernglas wandere ich zum Heiligen See. Weil die Luft noch so kalt ist, nahe dem Gefrierpunkt, steigen von der erwärmten Fläche helle, im Morgenwind wehende Wolken auf. Etwa zur gleichen Zeit heben sich die blassen Konturen des sassanidischen Königspalastes aus der vergehenden Nacht. Bald tauchen erste Sonnenstrahlen die Steinblöcke des Feuertempels in Rosenlicht. Die Ringmauer taucht aus dem Frühnebel hervor, die gewaltigen Türme stehen auf und die hohen Tore öffnen sich. Es ist wie ein Bühnenbild in der großen Oper, wo der Beleuchter nach und nach die Lampen einschaltet. Das Ganze wächst, als sei es vorher nie gewesen. Ein Hauch von Ewigkeit, eine stille Botschaft längst vergangener Epochen und vergessener Baumeister. Zögernd nur, als sei das möglicherweise nicht gestattet, steige ich über den rauhen Rand aus Kalkstein in den Heiligen See. Angenehm warm ist das ruhige Wasser. Unheimlich der Geruch nach Schwefel und das Bewußtsein, über einer Tiefe von mindestens sechzig Metern zu schweben. Einige Forscher vermuten, daß in vorgeschichtlicher Zeit auch Menschen geopfert wurden, die, mit Gewichten beschwert, zum schwarzen Grund hinabsanken.

Goldenrot schimmert die ganze westliche Hälfte der Anlage. Ich schwimme durchs Blau des Heiligen Sees hinüber in den rot leuchtenden Teil des warmen Gewässers. Ich bin allein, vollkommen allein. Nichts rührt sich bei dem Wächter und seiner Familie, nichts rührt sich in der Backstube bei den Freunden. Die Welt hier oben wird heller und heller.

Was hat nicht alles dieser Felsenberg erlebt? Die Mächtigen und Herrschenden von mehreren Jahrtausenden haben auf seiner Höhe ihre Tempel, ihre Paläste und Türme errichtet. Takht-i-Suleiman, der Thron Salomons, war in seiner Blütezeit ein Heiligtum des Zarathustra, vermutlich sogar das Reichsheiligtum überhaupt. Nach der Krönung in Ktesiphon zog der Herrscher mit seinem Hofstaat zum hochgelegenen Heiligen See, um hier die religiösen Weihen zu empfangen. So stellt man es sich vor, so wird es wohl gewesen sein.

Die Sache mit Salomon ist eine Legende aus späterer, aus islamischer Zeit. Da hat man seinen Wohnsitz aus dem Gelobten Land, dem heutigen Israel, weit fort ins Hochland des Iran verlegt. König Salomon ist auch für den Islam ein

Etwa eine Million gläubiger Moslem pilgern alljährlich zur heiligen Stadt Qum, deren religiöser Mittelpunkt hier unter der goldenen Kuppel das Grab der Fatima ist. Sie war die wundertätige Schwester des Iman Reza, für die Schiiten der achte Nachfolger des Propheten Mohammed. Das Betreten der Moschee ist Ungläubigen nicht gestattet' überhaupt ist Qum eine fremdenfeindliche Stadt.

Prophet und Heiliger. Trotz der seitdem vergangenen drei Jahrtausende wird es auch heutigen Menschen noch ein Lächeln entlocken, wenn er hört, wie der Name »Thron des Salomon« entstanden sein soll. Als der wegen seiner Weisheit in der ganzen damals bekannten Welt berühmte König Salomon in Jerusalem den Besuch der Königin von Saba erhielt, gelang es ihm nicht, die Gefühlskälte der schönen Frau zu überwinden. Da entführte er sie bei Nacht und mit Hilfe eines Zaubermittels eingeschläfert durch die Luft zum Heiligen See im persischen Bergland. Schon gleich am Morgen, nach ausgiebigem Bad in dem wohlig warmen Schwefelwasser, trat die von König Salomon erhoffte Wirkung ein. Nach der üblichen Zeit brachte die Dame aus Saba ein Knäblein zur Welt. Dessen direkter Nachkomme, glaubte man bisher in Äthiopien, sei der Negus Negesti, der jeweils regierende Kaiser im Land. Nun ist es auch damit zu Ende. Der tiefe Sturz Haile Selassis hat der schönen Sage ihren Sinn genommen.

Als König Khosroe II., letzter Sassaniden-Herrscher, das Persische Großreich regierte, erschien der byzantinische Kaiser Heraklios im Land und zerstörte neben vielen anderen Herrlichkeiten auch den Takht-i-Suleiman. Jedoch nicht ganz und gar, denn bis ins zehnte Jahrhundert noch brannte das Heilige Feuer im Tempel. Sodann war für einige Zeit der Thron Salomons nichts weiter als ein Handelsplatz. Ums Jahr 1270 begann eine neue Blütezeit, als sich die iranisierten Mongolenherrscher, die sogenannten Ilkhane, auf dem Heiligen Berg ein Jagdschloß erbauten. Die Gegend war angenehm kühl, und kühl sind noch heute die Monate im Hochsommer. Was die Bauwerke der Ilkhane betrifft, waren ihre Palasträume, ihre Moscheen, Pavillons und Frauengemächer in die Reste aus älterer Zeit hineingebaut, teilweise auch an die riesigen Ringmauern angelehnt. Noch viel ist davon erhalten, farbige Wandkacheln, starke Säulen, Fresken und Reste von Malereien an Türmen, Toren und Wänden. Aber sehr solide hatte man nicht gearbeitet. Manches ist bald zerfallen, doch sind dafür verschwundene Bauteile älterer Epochen wiederaufgetaucht. Schließlich ging auch die Epoche der Ilkhane zu Ende. Bauern kamen und Schafhirten und auch Jäger, die sich zeitweise in den Ruinen niederließen.

Die Möglichkeit und Vermutung besteht, daß der Heilige Berg mit Feuertempel, der warme See und seine ungewöhnlich hohe Lage den Anstoß zur Sage vom Heiligen Gral gegeben hat. Die Kunde von Takht-i-Suleiman gelangte infolge der Feldzüge des Kaisers Heraklios von Byzanz (ums Jahr 624) nach Europa. Eine Bronzevase, angeblich vom Thron Salomons stammend, nun in einem Berliner Museum, entspricht in der Form dem »Heiligen Gral«, wie Wolfram von

Bei der Jagd auf Steinböcke im Alborz-Gebirge haben wir mit unseren Maultieren den Rücken der etwa 4000 m hohen Malek-Cesmeh-Kette erreicht.

Eschenbach das Gefäß beschreibt. Auch die legendäre Gralsburg hat überraschende Ähnlichkeit mit Takht-i-Suleiman. Der Name »Parzival« erinnert an die Parsen und Persien, deren besonderes Heiligtum Takht-i-Suleiman war. In Wolfram von Eschenbachs (1170–1220) Parzival-Epos tragen der Vater Parzivals, nämlich Gahmuret und dessen erste, dunkelhäutige Frau Belakane altpersische Namen, und es wird gesagt, daß Gahmuret »ein Freund und Gefolgsmann des Kalifen von Bagdad« sei, dem er kurz vor Parzivals Geburt zu Hilfe eilt, und zwar ohne Wiederkehr. Also viele, auffallend viele Verbindungen zum alten Orient.

Als in neuerer Zeit die ersten Abendländer den Thron Salomons bestiegen, der Engländer Sir Robert Porter zuerst, waren die Ruinen menschenleer. Relativ spät (1937) erst begann der amerikanische Archäologe Alexander Popp mit einigermaßen gründlichen Untersuchungen. Bis dahin hatte die Wissenschaft von diesem Wunderwerk kaum Notiz genommen. Mit dem Ausgraben und Freilegen des Ruinenfeldes hat man bis 1959 gewartet, als zunächst Prof. H. H. von der Osten und mit ihm Prof. R. Nauman vom Deutschen Archäologischen Institut wirklich hervorragende Kulturarbeit geleistet haben. Sie wird auf unbestimmte Zeit fortgesetzt, denn vieles, sehr vieles ist noch zu tun.

Im Frühjahr 1973 hat die Schahbanu, begleitet vom deutschen Botschafter Georg von Lilienfeld und geführt von den deutschen Archäologen, Takht-i-Suleiman besucht. Ihr großes Interesse, fast möchte man sagen berufliches Interesse, war sogleich geweckt. Die Kaiserin des Iran, bergmäßig gekleidet, lief stundenlang durch niedere, enge Gänge, stieg auf Mauern und verschwand in feuchten, tausendjährigen Tunneln.

»Ein zweites Persepolis kann es werden«, meinte sie nach ausführlicher Besichtigung, »möglichst viele Menschen müssen das sehen.«

Deswegen die neue Straße, deswegen bald Touristenströme hinauf zum Thron des Königs Salomon.

Im übrigen ist der Bau eines Hotels geplant, mit allem Komfort und hoffentlich auch guter Küche. Der geheizte Swimmingpool ist schon fertig . . . seit mindestens hunderttausend Jahren.

Kaviar, das graue Gold im Kaspi-Meer

»Die armen Kinder von Astrachan bekommen monatelang nichts Rechtes zu essen . . . nur Kaviar am Morgen, am Mittag und am Abend«, so berichtet ein englischer Reisender aus der Mitte des vorigen Jahrhunderts. Sein Bedauern war ebenso ernst wie ehrlich gemeint. Francis Gilmore sprach von den Kindern am nördlichen Küstenstreifen des Kaspi-Meeres wie überhaupt von den Familien jener Stör-Fischer, die so weit abseits der Verkehrswege lebten, daß sie die leicht verderblichen Teile ihres Tagesfanges selbst verbrauchen mußten. Dazu gehörte auch der Fischrogen im weiblichen Tier, also der Kaviar.

Gewiß gab es damals schon, auch ohne Tiefkühltruhen und Kühlschiffe, bestimmte Methoden, um Kaviar für wochenlange Transporte zu konservieren, wie etwa durch Pressen und starkes Salzen. Aber man konnte oder tat es nicht in den abgelegenen Fischerdörfern beiderseits von Astrachan. Den Stör selbst konnte man räuchern oder an der Luft trocknen. Den Kaviar aber, wenn er nicht verkommen sollte, mußten Vater, Mutter und Kinder selber essen, damit ihre Hunde füttern oder das Zeug ganz einfach wegwerfen.

Ähnlich war es drüben in den USA und Kanada, wo seinerzeit sehr viel Störe gefangen wurden. Noch kein Jahrhundert ist es her, da erhielt in den ostamerikanischen Hafenstädten jeder Gast, der ein Glas Bier bestellte, ein kostenfreies, fingerdick mit Kaviar bestrichenes Brot dazu. Sehr viele der Hafenarbeiter und Matrosen wollten aber von der »Schmierseife« nichts wissen, verabscheuten den etwas tranigen Geruch und schoben das Brot mit dem graukörnigen Belag weit von sich. Heute wird man auch im reichsten Hause bestenfalls einen Teelöffel des kostbaren Genusses auf dünngestrichenem Toast servieren.

Es ändern sich nicht nur die Zeiten, sondern auch der Geschmack. Was damals den Feinschmeckern gar nichts galt, aber in unseren Tagen die höchste Gunst der Gourmets genießt, war schon in weit zurückliegender, sogar antiker Zeit das Feinste an fürstlicher Tafel. Einem besonders gut informierten Buch über den »Königlichen Kaviar« * entnehme ich, daß bereits so bedeutende altrömische Herren wie Plinius, Ovid und Cicero den »Stör« nebst Rogen als edlen Fisch hoch geschätzt haben. Ein gewisser Ausonius, römischer Konsul zur Zeit des Kaisers

* »Königlicher Kaviar« von Horst Gödecken, Geschäftsführer der über hundertjährigen, Kaviar importierenden Firma Diekmann und Hansen in Hamburg. Heinrich Siepmann Verlag, Hamburg 1969.

Gratian im 4. Jahrhundert, bereichert den Bericht seiner Reisen durch Germanien mit der Aufzählung aller möglichen Fischsorten in den Flüssen. Besonders lobt er beim Aufenthalt in Trier die »Fischeier des friedlichen Walfisches der Mosel«. Gemeint ist damit der Kaviar vom Stör, denn tatsächlich haben zur Römerzeit drei Sorten von Stören in der Mosel gelebt. König Edward II. beanspruchte alle in England gefangenen Störe für seine Tafel. Sofern er davon einige verkaufte, mußte man pro Fisch den Gegenwert eines Pferdes bezahlen. Speziell den Kaviar, und zwar den Preßkaviar, bezeichnet sowohl der französische Dichter Rabelais wie auch der spanische Dichter Cervantes als köstliche Rarität, und dies bereits im 16. Jahrhundert. Der große Skakespeare gar benützt im »Hamlet« den Kaviar als Sinnbild der Seltenheit, indem er einen großen Herren hochfahrend sagen läßt: »Das war Kaviar fürs gemeine Volk.« Mit anderen Worten, das Graue Gold war viel zu gut für einfache Menschen.

Der Wunsch aller Wohlhabenden nach edlem Störfisch und den köstlichen Körnern in ihrem Leib hatte schon um 1675 zu den ersten Warnungen vor allmählicher Ausrottung geführt. Umsonst waren diese Rufe, die Liebhaber von Stör und Kaviar kannten keine Grenzen. In Europa ein begehrtes Genußmittel, besonders bei den italienischen Fürsten, war Ikra – das russische Wort für Kaviar – im Zarenreich nicht besonders teuer. Jedes einigermaßen wohlhabende Haus konnte sich Kaviar relativ häufig leisten.

Störe gab es in vielen Flüssen und an sehr vielen Küsten der weiten Welt, wenn auch in unterschiedlicher Art. Die Verbreitung reichte vom nordöstlichen Sibirien durch ganz Rußland bis zur Donau, zur Elbe und Weser. Auch im Rhein und seinen Nebenflüssen sah man eine Menge Störe zur Laichzeit. Sie bevölkerten die Gironde in Frankreich, ebenso die Seine und auch die Elbe.

Aber dann verringerte sich sehr rasch die Zahl der begehrten Fische. So ging beispielsweise der Störfang in der Elbe vom Jahre 1887 auf 1888 um die Hälfte zurück. Am Ende des Jahrhunderts wurde kaum der zehnte Teil der früheren Beute eingebracht, so daß die Preise für Stör und Kaviar um das Zehnfache stiegen. Heute ist der Fang eines Störs in deutschen Gewässern, wie unlängst bei Büsum, ein seltener Zufall. Abgesehen von der Gironde, wo noch immer bis zweitausend Kilo Kaviar (gegenüber hunderttausend Kilo um die Mitte des vorigen Jahrhunderts) gewonnen werden, leben geringe Mengen von Stören noch im Mündungsgebiet der Donau am Schwarzen Meer. An der nordamerikanischen Ostküste sind Störe nur an wenigen Stellen in geringer Zahl vorhanden. So hat sich der einstige Kaviarexport der USA in sündhaft teure Importe verwandelt. Es gibt noch Restbestände an Stören im östlichen Sibirien und in einigen großen Strömen der UdSSR jenseits des Ural. Sonst aber verfügt in nennenswerten Mengen eigentlich nur noch das Kaspische Meer über die schwimmenden Produzenten des Grauen Goldes. Es sind die Arten: Beluga, Ossietra, Sevruga und in kleinsten Mengen auch der sogenannte Schippowa. Dank ebenso kluger wie energischer Maßnahmen der Iraner und der Sowjetrussen hält sich der wertvolle Fischbestand seit Jahrzehnten auf etwa gleicher Höhe. Eine Gefahr für die Zukunft des Kaviars scheint nicht zu bestehen. Nur die Gefahr, daß selbst Millionäre nicht mehr imstande sind, die weiter und weiter steigenden Preise zu bezahlen.

Schon lange ist es her, genau gesagt, war es im April des Jahres 1941, als ich ungefähr ein Kilo Kaviar für mich allein verzehrte. Die Völlerei war einem Mißverständnis zu verdanken, bei dem in verschiedenen Sprachen die Währungen, Zahlen und Gewichte durcheinandergerieten. Das geschah während meiner Reise als Kurier des Auswärtigen Amtes von Moskau über Kiew, Baku und das Kaspische Meer nach Teheran und noch weiter bis an den Persischen Golf.

Gerade war ich mit dem behäbigen, noch aus der Zarenzeit stammenden Dampfschiff in der kleinen Hafenstadt Enzeli (heute Bandar Pahlawi) auf der iranischen Seite des Kaspischen Meeres eingetroffen, hatte alle Kontrollen hinter mir und war in den bescheidenen, aber urgemütlichen Gasthof eines Griechen eingezogen. Das im altrussischen Stil gebaute, von Balkonen umgebene Haus lag nahe dem Hafen und besaß einen schattigen Garten.

Der alte Grieche und Hausherr, ein unglaublich beleibter Mann, saß auf der Terrasse in dem wohl eigens für ihn angefertigten Polstersessel. Von dieser erhöhten, alles überschauenden Position hielt er das Geschäft in Gang.

Mich ließ er gleich zu sich bitten, sagte, wie hoch er die Ehre zu schätzen wisse, gerade in dieser Zeit einen deutschen Gast bei sich zu sehen, und fragte, welchen meiner Wünsche er zuerst erfüllen solle. Nur ungefähr, dem Sinne nach, konnte ich ihn verstehen, weil der Fünfzentnermann alle möglichen Sprachen mischte.

»Ikra ... Kaviar von Iran ... Erste Qualität hier ... feinste Kaviar bei mir ... gar nicht teuer ... sehr billig.«

Natürlich hatte man mir schon in Moskau, wo ich jüngster Attaché an der Botschaft war, eingehend erklärt, daß gerade der besonders gute »Russische Kaviar« aus den iranischen Gewässern kam, wenn er auch als Erzeugnis der UdSSR in den Welthandel gelangte.

So sagte ich dem Superdicken, daß mir der iranische Kaviar recht sei, aber mehr als diesen Geldschein dürften etwa hundert Gramm nicht kosten. Worauf er amüsiert lächelte und seinen Bauch wackeln ließ.

»Guten Appetit, junge Herr ... friedliches Nachtruhe ... bester Gesundheit.«

Erst bekam ich eine halbrunde, ziemlich große Flasche des vielgerühmten, in anderen Ländern noch kaum bekannten iranischen Wodkas, der sich in einem riesigen Eiskübel befand. Danach brachte ein Kellner geröstetes Graubrot, gelbweiße Butter und fein gemahlenen Pfeffer herbei. Alsdann erschien der Kaviar in einer Kilobüchse aus blauem Blech, die sich auf Eisbrocken in einer gesprungenen Kristallschale befand. Es war nicht zu glauben, mußte aber wirklich sein, daß diese Masse graukörniger Kostbarkeit nach unserem Geldbegriff nicht mehr als zwanzig der damaligen Reichsmark kostete, inklusive Wodka, Toast und Zutaten.

Auf diese Weise wurde mir möglich, dem Kaviar so richtig auf den Geschmack zu kommen, mit vollem Löffel und ohne Rücksicht auf Tischgenossen. Das erregte keines Menschen Neid, zumal die Dämmerung hereinbrach und der Hausgarten nur dürftig beleuchtet war.

Noch heute, nach bald fünfunddreißig Jahren, will mir scheinen, daß eiskalter Wodka das beste und überhaupt das einzig richtige Getränk für Kaviar ist und als Gewürz nur fein gemahlener, weißer Pfeffer nebst wenigen Tropfen aus einer Zitrone. Sonst ganz und gar nichts, auf keinen Fall Sekt, was auch immer angebliche Kaviarkenner behaupten.

Als ich kurz vor Beginn des Ostfeldzuges, der auch für den unschuldigen Iran die Zeit schwerster Erschütterung bedeuten sollte, als ich im April 1941 dieses unvergleichliche Kilo Kaviar am Ufer des Kaspischen Meeres langsam, aber genußvoll zu mir nahm, war iranischer Kaviar in Europa und Amerika nur sehr wenigen Feinschmeckern bekannt. Zwar wurde das Graue Gold von der persischen Kaspiküste gerne gekauft (wenn man konnte) und mit Hochgenuß verzehrt, aber auch dieser Kaviar erschien in blauen Dosen mit russischer Aufschrift. Das hatte insofern triftige und zutreffende Gründe, denn russische Experten hatten damals – weil es nirgendwo Experten von gleichem Können gab – auch die Kaviar-Gewinnung aus iranischen Gewässern in die Hand genommen. Vor dieser Zeit, vor 1890, wußte man dort mit dem Kaviar nichts anzufangen. Das aber verstand die russische Firma Lianosow. Ihr gleichnamiger Chef hatte genügend Erfahrung mit der raschen Entnahme des Kaviars aus dem Mutterleib und mit der kunstgerechten Salzung gesammelt, ebenso mit der Lagerung in Kühlhallen und dem Transport so leicht verderblicher Ware in Spezialwaggons, letzten Endes bis zu den Aufkäufern in Paris, London, Berlin, Rom, New York und so weiter.

Ähnlich wie der Stör-Fang im alten Rußland ein Privileg des Zaren war, gehörte das Vergeben solcher Rechte im damaligen Persien dem König-der-Könige. Zwar dachten einheimische Fischer nicht daran, dem fernen Schah in Teheran eine Gebühr zu entrichten, aber ein Firmenchef wie Lianosow konnte ihn nicht umgehen. Für einige tausend Goldrubel pro Jahr pachtete der reiche Russe das gesamte Fischereirecht an der persischen Küste des Kaspi-Meeres. Alle

Ausrüstung kam aus Rußland, ebenso die Experten, ihre Gehilfen und die verfeinerten Methoden. Weil die Perser jener Zeit den Genuß von Kaviar nicht kannten, ging fast ohne Ausnahme die Ausbeute der Firma Lianosow nach Astrachan und von dort als russischer Kaviar in die weite Welt. Im Garten der Fangstation von Babolsar, wozu auch ein Kaviar-Museum gehört, steht noch heute ein weißgetünchter flacher Backsteinbau typisch russischen Stils, ein mit allem möglichen Zierat versehenes Haus der Zarenzeit. Darin hat M. S. Lianosow bis zu seinem Tode 1896 gelebt und danach fast drei Jahrzehnte sein Sohn.

Danach entstand eine gemischte iranisch-sowjetische Gesellschaft, die bei Teilung des Gewinns die Geschäfte fortführte, bis schließlich der Iran die Fischerei in eigener Regie übernahm. Diese Firma, ein dem iranischen Finanzministerium unterstehendes Staatsmonopol, nennt sich »Shilat«. Ihr Emblem, ein blauer Störfisch, ziert nun alle Kaviar-Dosen wie überhaupt alles, was mittelbar oder unmittelbar zu »Shilat« gehört. Aber noch immer wird ein Viertel bis ein Drittel des Iran-Kaviars aufgrund jeweils erneuter Verträge an die Sowjetunion geliefert. Doch entzieht sich meiner Kenntnis, ob er von dort als russischer Kaviar exportiert oder von den Russen verzehrt wird. Erstaunlicherweise sind nämlich die Sowjetrussen mit schätzungsweise zweihunderttausend Kilo im Jahr die größten Kaviar-Verbraucher dieser Welt!

Als ich vor dem Juni 1941 für ein knappes Jahr zur deutschen Botschaft in Moskau gehörte, war Kaviar für Regierung, Diplomaten und andere priviligierte Klassen in beliebiger Menge zu haben. Da wir Ausländer einen besonders günstigen Wechselkurs erhielten, gehörte Kaviar zwar nicht zu den leicht erschwinglichen Delikatessen, aber doch zu den üblichen Vorgerichten.

Nun ist es wieder so weit, abermals bin ich an der Kaviar-Küste. Sie erstreckt sich auf iranischer Seite von Astara im Westen unmittelbar an der sowjetischen Grenze bis nach Bandar Schah im Osten. An diesem etwa siebenhundert Kilometer langen Küstenstreifen liegen vier »Regionalstationen« der Fischerei, nämlich Bandar Pahlevi, Hassan Kiadeh, Babolsar und Bandar Schah. Zu jeder Region gehören zehn bis vierzehn Fangstationen in etwa gleichem Abstand voneinander. Es ist jedoch nicht alles Stör, was gefangen wird. Es gibt noch sieben andere Fischarten, vor allem Weißfische, die man dem größten Binnenmeer der Welt entnimmt. Aber alle diese Fänge werden im eigenen Land verbraucht. Es herrscht nicht das ganze Jahr hindurch reger Betrieb bei sämtlichen Stationen, weil ja die Fische bestimmte Schonzeiten haben. Auf saisonbedingte Ortsveränderung der Schwärme ist Rücksicht zu nehmen, ebenso auf bekannt schlechte Wetterbedingungen in diesem oder jenem Monat. Weil das aber in den Küstenabschnitten ganz verschieden ist, auch bei den einzelnen Stör-Arten, hat jede Region ihre eigene Fangzeit.

Beim ersten Versuch, und zwar in Bandar Pahlevi, hatte ich deshalb kein Glück mit meinem Begehren, am Stör-Fang teilzunehmen, womöglich auch die Kaviar-Gewinnung mit anzusehen. Der dortige Vertreter der »Shilat« verhielt sich so abweisend, als würde er nicht harmlose Fische fangen, sondern hinter dem Stacheldraht atomare Waffen produzieren. Selbst mein von hoher Ministerhand gezeichnetes Dokument nützte nichts. Erst ließ mich der strenge Mann zwanzig Minuten im Wagen vor dem Haupteingang warten, dann fotokopierte er das besagte Papier, verlangte die Ausfüllung eines detaillierten Fragebogens und verhörte mich mündlich. Danach durfte ich einen riesigen Stapel Stör-Fische im Kühlhaus bestaunen und in einem sonst kahlen Raum sechs Kaviar-Dosen in verschiedener Größe betrachten. Fotos waren nicht gestattet. Worauf ich verärgert meinem Dolmetscher sagte, in dem Feinkostladen von Käfer in München könne ich bedeutend mehr Kaviar sehen und viel mehr verschiedene Sorten als hier bei dem »sturen Kerl mit seiner dämlichen Geheimnistuerei«!

»Ich bin nicht dämlich«, erwiderte der Stationschef in perfektem Deutsch, »und bin nicht geheimnisvoll. Aber Sie haben keine Empfehlung von Shilat in Teheran. Ich muß schon sagen, daß mich Ihre Bemerkung nicht erfreut hat, ganz im Gegenteil bin ich bitterböse.«

Der Chef von Babolsar war sehr viel freundlicher. Er führte uns persönlich durch die ganze Anlage, ebenso durchs Kaviar-Museum und zu dem großen Bassin, worin als lebendige Schausammlung große wie kleine Störe der verschiedenen Arten herumschwammen. Er zeigte uns alles und jedes, denn offenbar hatte er volles Vertrauen zu den empfehlenden Worten meines Dokumentes. Nur die Teilnahme am Fischfang konnte er mir nicht ermöglichen. Es hatte gerade die hiesige Schonzeit begonnen, so war vor dem nächsten Frühjahr wirklich nichts zu machen.

Jetzt aber, bei meinem dritten Besuch in Persien, hatte ich von seiten der Shilat nicht nur die Erlaubnis zur Besichtigung der vierten Regionalstation, sondern auch zur Teilnahme am Stör-Fang. Es handelte sich um Bandar Schah, die sehenswerteste der vier Stationen, von der ich vorher nicht gewußt hatte, daß sie bei weitem mehr Beluga einbringt als jede andere Region und dementsprechend auch die größte Menge Kaviar. Dort sollte es drei Fangstationen auf Pfählen geben, künstliche Inseln mit fischender Besatzung weit draußen im flachen Meer.

Diesmal kommen wir von Osten, auf der erstklassigen Asphaltstraße von Mashhad ans Kaspi-Meer und weiter. Marianne ist dabei und, wie auch sonst üblich, mein Dolmetscher und Begleiter Beheshti.

Hinter Kord Kuy verlassen wir die Hauptstraße und gelangen bei trübem, Regen verheißendem Wetter auf gar nicht mehr guter Straße in die Turkmenen-Steppe. Viele Schlaglöcher und tiefe Pfützen, scharfer Wind biegt das Gras zu Boden. Kein Baum, kein Gestrüpp, nur vollkommen flache Steppe, so weit das Auge bei der dunstigen Athmosphäre sehen kann.

Pferde tauchen auf, schlanke Pferde ohne Reiter, meist von dunkelbrauner bis schwarzer Farbe. Sie weiden in kleinen Gruppen, stehen im Gelände oder haben sich ins nasse Gras gelegt. Anscheinend gibt es keine Aufsicht, aber irgendwo müssen Betreuer sein. Die Pferde tragen Wolldecken, und bei manchen ist der Hals von den Schultern bis zu den Kinnbacken mit einer Schafpelzmanschette umhüllt. Nirgendwo sonst auf der Welt habe ich so etwas gesehen. Turkmenen-Pferde, edles Vollblut in der Mehrzahl. Hier auf dem weiten Grasland lebt dieser Schlag seit vielen hundert Jahren, gezüchtet vom Reitervolk der Turkmenen. Rennpferde, Turnierpferde, Pferde für den Reitsport und ganz einfache Gebrauchspferde für die Turkmenen.

Da sind nun die Turkmenen selbst. Alle sitzen im Turkmenen-Sattel und sehen wirklich so aus, wie man sie von vielen Darstellungen kennt. Die Astrachan-Mütze, der eng anliegende, taillierte und bis zu den Knien reichende Rock, doch statt wie früher ein Messer nur ein Peitschenstiel am Gürtel. Männer im mittleren Alter besitzen noch den markanten Schnurrbart, einige sogar mit herabhängenden Spitzen. Sie grüßen nicht, sondern traben mit ihren Pferden weiter weg von der Straße. Eine Begegnung zwischen Roß und Motorwagen wollen sie tunlichst vermeiden. Selbst auf relativ weite Entfernung können wir die Mongolen-Falte in den Augenwinkeln der Turkmenen erkennen.

Nur ein vergleichsweise geringer Teil der turkmenischen Völker lebt innerhalb der iranischen Grenzen, die meisten in der Sowjetunion und der südwestlichen Türkei. Sie stammen, wie man sagt, aus fernöstlichen Steppen oder sibirischen Weiten. Niemand kann von diesem teilweise noch heute nomadisierenden Volk mit Gewißheit sagen, wo es wirklich entstanden ist und wie seine Geschichte verlief. Ihre Sprache ist der türkischen Sprache verwandt, aber von modernen Türken kaum zu verstehen. In vergangenen Jahrhunderten als ruhelose Räuber von der seßhaften Bevölkerung verflucht und gefürchtet, leben heute die meisten der iranischen Turkmenen in Dörfern und Siedlungen. Sie züchten Pferde und Vieh, ihre Frauen knüpfen hochbezahlte Teppiche. Aber die ältere Generation kann sich noch recht lebhaft an Strafexpeditionen erinnern, die Reza Schah an der heißen Grenze gegen die Steppenhorden geführt hat.

Bandar Schah, auf deutsch »Hafen des Schah«, erweist seinem noblen Namen nicht die richtige Ehre. Noch vom Alten Schah als erster moderner Hafen am Kaspi-Meer gegründet, sogar mit Bahnanschluß versehen, wurde aber Bandar Schah vom raschen Ausbau der anderen Kaspi-Häfen wie Babolsar, Bandar Pahlevi, Chalus und Rescht überrollt. So macht heute die Stadt einen halbverlassenen, stark vernachlässigten Eindruck, und sie ist nach den Regenfällen der letzten Tage auch schlammig und schmuddelig. Nur wenige Menschen auf der Straße, statt dessen viele Hunde und Hühner. Wir fragen uns durch zur Regionalstation der Shilat und erfahren, daß sie gar nicht in Bandar Schah liegt, sondern am Kopfende der ungefähr siebzig Kilometer langen Halbinsel Khalidji Gurgan. Bis zum Versorgungsplatz gegenüber der Station müssen wir auf enger Schotterstraße durch ein Sumpfgebiet fahren und hoffen, daß wir abgeholt werden. Ein paar verfallene Gebäude beweisen, daß sich bis vor annähernd vierzig Jahren die Kaviarstation noch hier befunden hat, aber die zunehmende Versandung des Kaspi hat ihre Verlegung auf die Halbinsel notwendig gemacht.

Zwar sind wir angemeldet und empfohlen, aber wer weiß, ob man den Tag, die Namen sowie unser Vorhaben richtig durchgegeben hat. Im übrigen wird uns klar, daß die Fischfangzentrale dort drüben schon längst nicht mehr Bandar Schah heißt, sondern Sia Shuradeh. Wenn das nicht zu Mißverständnissen führt!

Ein altertümliches Kabinenboot mit zwei Mann Besatzung tuckert heran. Weil die beiden betagte Turkmenen sind, also ohne Schulbesuch, wo jeder Schüler Farsi lernt, kann sich unser Dolmetscher nicht mit ihnen verständigen. Ebenso eifrig wie wortlos verladen sie unser Reisegepäck aus dem Wagen ins Motorboot. Es erwarten uns nach einer Fahrt von knapp zwanzig Minuten etwa sieben Personen, ein regelrechtes Empfangskomitee. Einer spricht fließend deutsch, einer ausgezeichnet französisch und ein weiterer gutes Englisch. Von dieser Gruppe eingerahmt, marschieren wir zur peinlich sauberen, ganz modernen Siedlung, bestehend aus Lagerschuppen, Kühlhallen, Arbeitsräumen, Villen und Wohnhäusern. Auch die Schule, Moschee und kleiner Park gehören dazu. Ein schmuckes Turkmenen-Dorf schließt sich an.

Ein Gästehaus gibt es auch, eingerichtet wie bei uns ein bürgerliches Landhaus um die Jahrhundertwende. Ringsherum ein gut gepflegter Garten in voller Blüte. Später hören wir, daß er sein üppiges Wachstum mehreren hundert Tonnen fruchtbaren Bodens verdankt, die man vom Festland gebracht hat.

Die Gesellschaft, in die wir so plötzlich eingetaucht sind, ist ebenso angenehm wie belehrend. Leiter der vierten Regionalstation mit ihren zwölf Fangstationen ist ein für diesen Zweck beurlaubter Offizier aus der fürstlichen Familie Esfandiari, Sohn eines pensionierten iranischen Botschafters und entfernt mit der ehemaligen Kaiserin Soraya verwandt. Ein weitgereister, gründlich gebildeter Mann, der mehrere Jahre lang weltgewandter Adjutant eines Bruders des regierenden Kaisers gewesen ist. Von seiner hiesigen Aufgabe ist er offensichtlich fasziniert. Die neue Siedlung, die ausgezeichnete Versorgung des Personals und auch die schönen Blumengärten sind seine Leistung. Der Bau einer schon lange geplanten Brücke zum Festland soll demnächst folgen.

Ein gelernter Ichthyologe, wie man die Fischexperten nennt, ist Oberst Esfandiari nicht. Dafür steht an seiner Seite der gutgenährte Mittvierziger Abbas Nasari. Nicht dank akademischer Ausbildung, sondern aufgrund jahrzehntelanger Praxis wie Lehrzeit in einer sowjetischen Fangstation gilt Abbas Nasari als zur Zeit bester Kenner von Kaviar und Kaspi-Fischerei. Man merkt schon bald, wie gut sich die beiden Herren ergänzen.

Morgen früh um vier soll ich im Jeep mit Herrn Abbas und meinem Dolmetscher losfahren zur Fangstation. Denn noch vor Tagesanbruch beginnen die Fischer mit dem Stör-Fang. Unbefugten, die wir eigentlich sind, ist sonst das Betreten der streng bewachten und durch einen hohen Zaun gesperrten Halbinsel verboten. Nur wenige Ausländer konnten bisher die Besuchserlaubnis erhalten, noch weniger durften am Stör-Fang teilnehmen und danach alle Vorgänge der Bearbeitung mit ansehen. Ich weiß es zu schätzen und darf mich an dieser Stelle nochmals bedanken.

Der *Beluga*, für den auch eine deutsche, kaum mehr bekannte Bezeichnung, nämlich *Hausen*, existiert, ist die bei weitem größte Stör-Art des Kaspi-Meeres. Er kann eine Länge bis vier Meter und ein Gewicht bis tausend Kilogramm erreichen! Der absolute Rekord sind über eintausendzweihundert Kilo gewesen. Der *Ossietra* kann es auf immerhin zwei Meter Länge bringen und bis zu zweihundert Kilogramm. Aber normalerweise sind es kaum die Hälfte. Noch kleiner und leichter ist der *Sevruga*, maximal anderthalb Meter lang und fünfundzwanzig Kilo schwer. Der *Schipp* oder *Waxdick*, am Kaspi-Meer *Schippowa* genannt, ist so selten geworden, daß er für die Kaviar-Gewinnung kaum noch eine Rolle spielt. Er hat ungefähr die gleiche Länge wie der Sevruga, aber etwas mehr Gewicht. Der Beluga ist ein Raubfisch, Ossietra und Sevruga wie auch Schippowa sind sogenannte Friedfische. Wenn der Stör Kaviar im Leibe hat, beträgt dessen Gewicht sieben bis zehn Prozent des Körpergewichts.

Kenner sehen am Kaviar-Korn, von welcher Art des Störs der Fischrogen stammt. Beim *Beluga* ist das Korn am größten, von hellgrauer bis stahlgrauer Farbe. Die Schale ist zart und demgemäß die Haltbarkeit nicht so lang wie beim Kaviar anderer Arten. Der Kaviar des *Ossietra* ist hartschaliger, er kann zwischen schwarz, grau und braun und gelblich alle Farbschattierungen aufweisen. Sogar helles, fast durchsichtiges Goldgelb ist möglich, wenn auch selten. Doch hat die Körnerfarbe keinen Einfluß auf den Geschmack. Alle Ossietras schmekken ein wenig wie Walnuß. Der eben erwähnte goldgelbe, in Ausnahmefällen nahezu weiße Kaviar des Ossietra mußte im alten Rußland an den Zarenhof geliefert werden. Auch die iranische Produktion von ungefähr fünfzig Kilogramm pro Jahr soll angeblich für den Schahanschah reserviert sein. Weil aber auch diese Farbe in den legalen Handel kommt, keineswegs zu überhöhtem Preis, scheint das nur ein Gerücht zu sein. Im übrigen wird berichtet, der Kaiser möge keinen Kaviar, nur für besondere Gäste werde bei passender Gelegenheit das Graue Gold serviert.

Der vielgenannte »Malossol« ist keine Stör-Art, das russische Wort bedeutet ganz einfach »wenig Salz« und damit eine bestimmte Art der Kaviar-Zubereitung. Das sind nicht mehr als vier Prozent Salz in der Mischung. Man befolgt dabei die alte, heute noch vielfach übliche, vergleichsweise primitive Methode, den Kaviar für begrenzte Zeit haltbar zu machen.

Es sind während der letzten Jahre sowohl in der Sowjetunion wie auch im Iran vierundzwanzig Fischzuchtstationen entstanden, weitere werden wahrscheinlich hinzukommen. Was dort geschieht, zeigt auch für Laien gut begreiflich das Kaviar-Museum in Babolsar. Der von Menschenhand ausgedrückte Rogen lebender Stör-Weibchen wird, ebenfalls unter menschlicher Mithilfe, durch den Samen eines männlichen Störs befruchtet. Sind die Jungfische etwa zwei Monate alt und zu dieser Zeit bis drei Gramm schwer, nimmt man sie aus dem »Baby-Becken« und entläßt sie in die Freiheit der nordiranischen Bergflüsse, vor allem in den Sefid Rud, den Babol Rud und den Gorgan Rud. Nach etwa einem halben Jahr begeben sich die Jungfische, veranlaßt durch ihr angeborenes Triebverhalten, aus eigener Kraft in das Salzwasser des Kaspi-Meeres. Dort leben sie, bis ihre eigene Laichzeit gekommen ist. Dann begeben sich alle Störe, soweit sie den Stör-Fischern entgangen sind, wieder die Flüsse hinauf, um ihre Pflicht der Fortpflanzung zu erfüllen. Weil aber in heutiger Zeit die natürlich herangewachsene Nachkommenschaft nicht mehr ausreicht, um Jahr für Jahr die gleichen Fangergebnisse zu erzielen, muß eben Aufzucht unter menschlicher Mithilfe die Lücken schließen. Etwa achtzig Millionen winzige Jungfische werden zur Zeit jedes Jahr ausgesetzt, doch es sollen einhundertzwanzig Millionen, vielleicht sogar einhundertfünfzig Millionen werden. Da man andererseits, besonders im persischen Teil des Kaspischen Sees, die Umweltverschmutzung energisch bekämpft, ist sowohl die Zahl der jährlich gefangenen Fische wie auch des dabei gewonnenen Kaviars mehr oder minder gleichgeblieben, und das – grob gerechnet – seit ungefähr einem halben Jahrhundert. Was den Umweltschutz betrifft, haben es die Iraner insofern leichter, da ihre Flüsse, wo die Störe laichen oder jedenfalls ihre frühe Jugend verbringen, sehr viel kürzer sind, auch sehr viel sauberer als die langen russischen Ströme. Dort befinden sich Fabriken und Großstädte an den Ufern. Dagegen kommen die iranischen Flüsse aus fast menschenleerem Hochgebirge, und keine ölverarbeitende Industrie verschmutzt mit ihren Abwässern die iranische Kaspi-Küste.

Falls die Störe nicht Menschen oder Raubfischen zum Opfer fallen, können sie ein Alter bis hundert, vielleicht noch darüber erreichen. Doch früher oder später gerät fast jeder Fisch in eines der Fangnetze. Die Geschlechtsreife und damit das Alter für die erste Kaviar-Produktion beginnt beim Sevruga zwischen fünf bis neun Jahren, beim Ossietra, Beluga und Schippowa aber erst mit acht bis vierzehn Jahren. Im übrigen wird angenommen, ist aber noch nicht bewiesen, daß drei bis vier Jahre vergehen, bis das Weibchen wieder Rogen trägt. Um so erstaunlicher ist, daß sich weit mehr mit Kaviar gesegnete Stör-Weibchen in den Netzen verfangen als sonstige Fische. Es dürfte daran liegen, daß rogentragende Weibchen vorwiegend bestimmte Gegenden und bestimmte Tiefen aufsuchen, die seit alters her den Fischern bekannt sind. Das aber gehört zu jenen Geheimnissen, die man Fremden nicht verrät.

Zum Abendessen werden uns nicht weniger als sieben Fischsorten aus dem Kaspi-Meer vorgesetzt, aber nicht das kleinste Körnchen Kaviar. Wecken um halb drei, Abfahrt um vier Uhr früh. Marianne muß brav im Bettchen bleiben, denn niemals, so hören wir später, darf ein weibliches Wesen ins Fangboot der Stör-Fischer steigen. Das verlangt keine behördliche Vorschrift, sondern entspricht uraltem Aberglauben des Fischervolkes. Merkwürdigerweise hat das ungeschriebene Gesetz auch bei allen fischfangenden Völkern in Europa gegolten.

Es klettern in den offenen Jeep ein Fahrer, der Fischexperte Abbas Nasari, mein Dolmetscher und ich. Leichter Regen, tiefes Schweigen und dunkle Nacht. Wir hätten wohl alle gerne noch länger geschlafen. Eine Tasse zuckersüßen Tee und ein paar trockene Kekse, rasch im Stehen eingenommen, können kein ehrliches Frühstück ersetzen.

Der Weg ist feucht, weich und sandig. Schlangengleich windet sich die Fahrspur durchs Gelände. In der Lichtschlucht unserer Scheinwerfer ist beiderseits mannshohes Gestrüpp, Strandhafer und stellenweise Schilf zu erkennen. Dann jedoch ergibt sich, daß die nur halbkilometer breite Landzunge belebter ist, als ich dachte. Hasen laufen ins Licht, Fasane werden aufgescheucht, Eulen schwingen am Kühler des Wagens vorbei. Zweimal sehen wir erschreckt davonstürmende Wildschweine, dreimal flüchtet ein Fuchs. Es sollen auch, wie Abbas Nasari versichert, gar nicht wenige Wölfe auf der Halbinsel Sia-ab-Achour ein relativ gesichertes Leben fristen. Denn hier ist alles, bis zum Maschenzaun in der Mitte, ein naturgeschütztes Gebiet. Zuweilen sieht man noch Seehunde draußen auf den Sandbänken.

Wir planschen mit allen vier Rädern in eine tiefe, sehr breite Pfütze. Nur im Geländegang kommt der Jeep wieder heraus. Vor uns drei, vier zottige Ungetüme . . . groß wie kanadische Bisons. Sie tragen Hörner wie tibetische Jaks und einen lang herabhängenden Pelz wie Polarbüffel. Nasari meint kurz und schlicht, das sei Vieh der Turkmenen, und schon lange hätten bestimmte Besitzer das Weiderecht auf der sonst gesperrten Halbinsel.

Der Wagen rollt auf festem Sand, dicht neben dem Wasser des Binnenmeeres. Am Horizont erscheinen Silberstreifen, ein neuer Tag kündet sich an. Eine Unzahl kleiner Muscheln knirscht und zerbricht unter den Reifen. Plötzlich ein Mann mit Gewehr, in militärischer Montur, der eine Lampe schwenkt. Unser Fahrer rollt langsamer, der Strandwächter erkennt den Wagen und läßt ihn passieren. Tag und Nacht, bei jedem Wind und Wetter, während aller Jahreszeiten, laufen Patrouillen von der Grenze im Westen bis nach Osten an der Küste entlang. Die Kontrolle soll den Schmuggel verhindern sowie das heimliche Auslegen von Netzen. Die Raubfischerei hat damit endlich viel von ihrer einstigen Bedeutung verloren.

Noch andere Kontrolleure sind unterwegs, jeder zuständig für einen bestimmten Abschnitt, stets auf der Suche nach freßbaren Fundsachen. Das sind wolfähnliche Hunde, die vorwiegend, wenn nicht ganz und gar von angetriebenen Fischen leben. Jeder Hund hat sich gegen wütende Konkurrenz seinen Strandabschnitt erkämpft. Er wird ihn so lange gegen jeden anderen Küstenhund grimmig verteidigen, bis ihn das Alter oder ein stärkerer Angreifer besiegt. Keiner hat einen Herrn oder eine Hütte. Sie leben alle in wilder Freiheit.

Es ist hell geworden, und ein Blick aufs Armaturenbrett verrät, daß wir zweiundvierzig Kilometer gefahren sind, etwas länger als zwei Stunden. Da sehe ich vor uns am Wasser, besser gesagt, im Wasser die Fangstation Nummer 6. Ein großes, grüngestrichenes Holzgebäude auf ein paar Dutzend Pfählen. Vom flachen Sandstrand führt ein etwa einhundert Meter langer geländerloser Steg dorthin. Schmalspurige Schienen erlauben das Schieben von leichtgebauten Lastkarren auf dem schnurgeraden Holzweg. Gleich hier am Strand ein farbloser, verfallener Schuppen ähnlicher Art und dahinter, im Grün von Schilf, Busch und wenigen Bäumen, eine bescheidene Siedlung, aus drei bis vier Holzhütten bestehend. Ein paar flache Fangboote, mit Segel und ohne Segel, schwimmen vor dem Ufer im flachen Wasser. Eines davon ist für uns bestimmt.

Hier könne ich sehen, läßt mir Abbas Nasari sagen, wie relativ rasch das sandige Ufer in den Riesensee vordringt. Um ein bis zwei, stellenweise sogar vier Meter pro Jahr rückt das Land weiter hinaus. Die Halbinsel, auf der wir stehen, dehnt sich in der Länge noch viel schneller aus. Seit ihrer ersten zuverlässigen Vermessung hat sie um annähernd zwanzig Kilometer zugenommen. Noch kein Menschenalter ist vergangen, da schwebte der jetzt im Sand liegende Schuppen als Fangstation auf Pfählen über dem Wasser. Zu Zeiten des alten Lianosow lagen die Blockhäuser der Fischer, von denen nur Reste übrig sind, unmittelbar am Wasser, sind aber heute einen halben Kilometer davon entfernt.

Das große Binnenmeer, der salzige Kaspi-See, etwa zwanzig Meter unter Meereshöhe gelegen, ist für seine weite Ausdehnung ungewöhnlich flach. Wer bei Ramsar, Chalus oder Babolsar schwimmen möchte, muß eine gute halbe Stunde hinauswaten, bis er schließlich den Boden unter seinen Füßen verliert. Draußen, wo kein Land mehr zu sehen ist, beträgt die Durchschnittstiefe fünfhundert Meter und die maximale Tiefe knapp tausend Meter. Die fortschreitende Versandung und Verlandung ist seit undenklichen Zeiten im Gange. Das allseits von Land umgebene Meer hat keinen Abfluß, erhält aber von den Strömen und Flüssen pausenlos Zufuhr an festen Stoffen, die sich an den Rändern und am Boden ablagern. Bei Behschahr habe ich die Behausungen jener indogermanischen Höhlenbewohner gesehen, die vor etwa zehntausend Jahren die angeblich ersten Tontöpfe der Menschheit geformt haben. Sie lebten vom Fischfang und von den Seehunden des Kaspi-Meeres, wie ihre aufgegrabenen Abfallhügel beweisen. Deshalb waren sie aufs Ufer unmittelbar neben den Wohnhöhlen angewiesen. Heute liegen diese Höhlen am Fuß des Alborz-Gebirges, gut dreißig Kilometer vom Kaspi-Strand entfernt.

Die Vorstellung bei den drei Fischern im Boot, die Erklärungen über meine Person sind erledigt. Wir steigen ins Fahrzeug der Turkmenen, die freundlich lächeln, obwohl unser Gewicht viel mehr Arbeit als sonst für sie bedeutet. Mit etwa sieben Metern Länge und anderthalb Metern Breite gehört unser Boot zum kleineren Typ, nur zum Fischfang im flachen Wasser bestimmt. Zwar hat auch unser Boot eine Beseglung, aber Mast und Segel sind am Boden festgezurrt. Die Muskelkraft von zwei Männern bewegt das Boot und genügt für die Art des Fischfangs, den sie betreiben.

Dem Boot, wie überhaupt allen Stör-Fangbooten des Kaspi-Meeres, fehlt der Kiel. Flach wie eine Tischplatte liegt es auf dem Wasser. Also wird das Boot niemals kentern, sich auch nicht zur Seite neigen, wenn es auf eine Sandbank läuft oder an flachen Strand gesteuert wird. Hohen Wellengang und starken Wind kann es allerdings nicht vertragen. Deshalb sind die Fischer selten so glücklich, die Fangsaison voll zu nützen. Im Wochendurchschnitt sind die Männer nur zwei bis drei Tage draußen. Weil der Fischfang ein Staatsmonopol ist und gerade die Kaviar-Gewinnung streng kontrolliert wird, gehören alle Fischer zu einer Genossenschaft, die sich eng an die Shilat anschließt. Jeder ist einer bestimmten Station zugeteilt. Nur von dort aus darf er fischen, nur dorthin liefert er seinen Fang. Je nach Gewicht der Beute erhält der Fischer seine amtlich festgesetzte Bezahlung. Kaviar wird natürlich getrennt gewogen, und dabei schaut der Fischer zu. Das Boot, die Netze und alle sonstige Ausrüstung sind Privateigentum der Fischer. Es kann allen beteiligten Männern gemeinsam gehören oder nur einem von ihnen. Natürlich beteiligt er seine Mitarbeiter am Gewinn. Seit alters her bilden zwei Boote eine Risikogemeinschaft, das heißt, sie teilen sich je zur Hälfte den einkassierten Erlös für beide Boote. Kommt es doch gelegentlich vor, daß aus irgendwelchen Gründen ein Boot ohne Beute heimkehrt. Es kann dann auf diese Weise vom Partner einen Ausgleich bekommen.

Weil die Shilat an möglichst guten Fangergebnissen interessiert ist, veranstaltet sie kostenfreie Lehrgänge für junge Fischer und Fortbildungskurse für die älteren. Im Notfall werden Kredite gewährt, außerdem gibt es Altersversorgung und natürlich Krankenhilfe. Dennoch bleiben und sind die Fischer selbständige Unternehmer. Doch ihre Zulassung hängt davon ab, daß Plätze frei werden, ähnlich dem Numerus clausus an bundesdeutschen wie anderen Universitäten.

Der Stör-Fang, den ich miterlebe, ist ein »Wartefang«, worunter das Absuchen von zwei mal zwei Kilometer Stellnetzen zu verstehen ist.

Wir erreichen den Anfang der ersten ins Meer hinausführenden Netzreihe schon nach fünfzehn Minuten. Durch eine Glasboje ist die Stelle gekennzeichnet. Jedes einzelne Netz, so erklärt Nasari, ist zwölf Meter lang und hängt drei bis sechs Meter tief hinab. Dem Fisch bleibt stets eine Chance des Entkommens. Er kann zwischen und teilweise unter den Netzen hindurchschwimmen. Die vorgeschriebene Maschengröße ist so bemessen, daß Jungfische und kleinere Fischarten ohne weiteres passieren. Beluga, Ossietra und Sevruga, sofern ausgewachsen, bleiben hängen. An ihren Kiemen werden sie festgehalten.

Einhundertfünfzig Netze gehören zu einer Reihe, die rechtwinklig zur Küste ausgelegt sind. An jedem Morgen, bei einigermaßen gutem Fischwetter, rudern die Fischer hinaus, um alle ihre Netze sorgsam zu prüfen. So geschieht es auch heute. Ein Mann hängt über den Bug hinaus und zieht mit beiden Händen das Netz weit genug hoch, um zu sehen, ob sich ein Fisch darin gefangen hat. Auch das Gewicht gibt ihm Bescheid, so daß es nicht nötig ist, das ganze Netz bis an die Oberfläche zu ziehen.

Da haben wir einen! Der Mann am Bug hebt den heftig um sich schlagenden, etwa dreiviertel Meter langen Fisch hoch, daß wir ihn gut sehen und fotografieren können. Das Morgenlicht und die Nässe auf dem glatten Leib machen aus dem Fang einen Silberfisch.

»Ossietra«, sagt Nasari und nickt mit dem Kopf. Da fliegt, von des Fischers Hand geworfen, der Stör wieder ins Kaspi-Meer zurück.

»Zu jung«, übersetzt Beheshti die Erklärung des Fischexperten. Der Ossietra muß mindestens 95 Zentimeter lang sein. Dagegen genügen beim Sevruga schon 71 Zentimeter. Den Beluga behält man nur, wenn er zumindest 1,32 m lang ist.

Schachsavan-Nomaden bei Ardebil im nordwestlichen Iran. Sie gehören zu einem turkmenischen Wandervolk, das noch seine eigene Sprache bewahrt. Ihre zerlegbaren Behausungen, Jurten genannt, bestehen aus Filz und leichten, gebogenen Stangen. In alten Zeiten gefürchtete Räuber, sind die Schachsavan heute friedliche, freundliche Menschen. Die Frau im Vordergrund trägt ein Kind auf dem Rücken.

Ich frage daraufhin, ob sich auch alle Fischer daran halten, wenn kein Chef der Shilat mitfährt?

»Aber natürlich«, meint Herr Nasari in unerschütterlichem Optimismus, »ein guter Fischbestand liegt auch im Interesse eines jeden Stör-Fischers. Außerdem müssen sie ja den Fang bei ihrer Station abliefern, wo jeder Stör gewogen und bewertet wird.«

Die Wasserfläche liegt vollkommen ruhig, aber noch kann die Morgensonne den Dunstschleier nicht ganz vertreiben. Etwa einen Kilometer links von uns, ebenso zur rechten Seite, operieren andere Boote. Weit vor uns segeln zwei, drei und sogar vier Fahrzeuge weit hinaus. Wir werden diese »Hochseefischer« kaum noch sehen, wenn sie endlich ihre ausgelegten Netze erreichen.

Der junge Mann am Bug, pausenlos mit dem Hochziehen und Absuchen der Netze beschäftigt, holt zwei Weißfische aus dem nassen Element und wirft sie ins Boot. Sie gelten beim Stör-Fang nur als Nebensache. Gleich danach wird der Mann am Bug vom Bootsbesitzer abgelöst.

Gerade das stille Wetter und das völlig unbewegte Meer seien schlechte Vorzeichen für einen baldigen Wetterwechsel, meint Nasari mit dem Blick auf heranziehende Wolken. Flache Seen, erst recht weite Meere mit geringer Tiefe sind unberechenbar, wie auch bei uns jeder Sportsegler weiß. Vor vierzehn Tagen sind durch überraschende Windstöße drei Fangboote gekentert. Mit knapper Not wurden die Leute gerettet, aber eintausendzweihundert Kilo Stör mit etwa einhundertzwanzig Kilo Kaviar gingen verloren. Die letzten Todesopfer, zwei Stör-Fischer der vierten Fangstation, gab es im September.

Jetzt haben wir einen Sevruga, ungefähr anderthalb Meter lang. Mit einem Keulenschlag wird er betäubt und ins Boot geworfen. Nasari schätzt, daß er zweieinhalb Kilo Kaviar enthält, was sich später als richtig erweist.

Wenn irgend möglich, soll der gefangene Stör noch lebend bei der Fangstation eintreffen. Deshalb wird er, falls die Sonne ins Boot strahlt, mit den Kiemen angehängt durchs Wasser gezogen.

Heute morgen können unsere Leute zufrieden sein, denn gleich holt der Chef noch einen Beluga von etwa 1,60 Meter, und – wenige Minuten später – noch

Oben: Störfischer bei der Ashura-Halbinsel am Kaspischen Meer. Er hat heute am frühen Morgen einen Sevruga-Stör gefangen, der etwa 5 kg Kaviar enthält. So schnell wie möglich muß der Fisch zu einer staatlichen Fangstation befördert werden. Schon binnen weniger Stunden könnte der kostbare Kaviar verderben.
Unten: Hochbezahlte Spezialisten öffnen mit geschickten Fingern in Sekundenschnelle den frisch gefangenen Stör, wobei kein Tropfen Blut den Kaviar – die Eier des Fisches – berühren darf. Der eben entnommene Kaviar, zwischen den Händen des Mannes links, wird sofort weiterbehandelt und muß in maximal 15 Minuten fertig zur luftdichten Verpackung sein.

einen von ungefähr gleicher Größe aus dem Netz. Bei derzeit 13,– DM fürs Kilo Kaviar sowie 1,30 DM für Störfleisch ein wirklich guter Verdienst. Allerdings muß man die Schonzeiten bedenken, ebenso die verdienstlosen Schlechtwettertage und Tage mit geringem Fang.

Nur morgens wird gefischt, nicht länger als vier Stunden. Bei gutem Wetter dient der Rest des Arbeitstages zum Säubern und Reparieren der Netze. Wenn notwendig, werden sie eingeholt, an Land gebracht, gründlich durchgesehen und dann wieder »ausgestellt«. Die heute allein noch üblichen Nylon-Netze sind teuer. Man braucht verschiedene Netze mit ganz verschiedener Maschengröße, je nachdem welche Fischart man zu gegebener Zeit fangen möchte. Immer hat man das Bestreben, junge Fische zu schonen, sie also durch die Maschen schlüpfen zu lassen.

Bei Stören ist vor allem wichtig, daß sie so bald wie möglich dem Netz entnommen werden. Haben die Opfer mehr als vier Stunden darin gehangen, wo sie mit äußerster Kraft und bis zur totalen Erschöpfung versuchen, sich zu befreien, gilt der Kaviar nicht mehr als erste Qualität, sondern als zweite. Kann der Stör nicht mehr lebend geborgen werden oder hat er länger als zwölf Stunden im Netz gezappelt, wird er nur noch als Preßkaviar verarbeitet, und entsprechend weniger kassiert der Fischer. Gar nichts bekommt er für den nicht mehr verwendbaren Kaviar, wenn der Stör einen ganzen Tag und eine ganze Nacht im Netz geblieben ist. Denn sicher wird er beim Herausholen schon tot gewesen sein. Die Qualität des Fleisches dagegen hat auch nach zwanzig Stunden noch nicht gelitten. Experten können sehen, wie »alt« der Stör im Netz geworden ist. Als Folge vergeblicher Befreiungsversuche zeigen sich an bestimmten Körperstellen rote Flecken und Streifen.

Unsere Leute haben wirklich Glück. Jene sechs Störe, die schließlich gefangen werden, gehören zweifellos zur ersten Qualität. Der letzte wird herausgeholt, kurz bevor wir das Ende der langen Netzlinie erreichen. Das Boot wendet, und so rasch wie möglich rudern alle drei Mann zur Fangstation Nummer 6.

Warum sie keinen Motor benützen? Darauf erhalte ich drei Antworten, von denen keine überzeugt. Das Motorengeräusch vertreibe die Fische, der hohe Preis für gute Motoren mit langer Lebensdauer lohne sich nicht, außerdem seien die Boote dafür zu leicht. Den hart und schnell rudernden Männern rinnt der Schweiß von der Stirn und naß sind ihre Gesichter. Aber seit Generationen war es nicht anders.

Dabei erzählt Nasari recht interessante Geschichten von Raubfischern, die bei tiefer Nacht oder dichtem Nebel hinausfahren, um ebenso rasch wie geschickt mit Schleppangel und Wurfnetzen reiche Beute zu machen. Andere begeben sich im Schutz völliger Finsternis zu den Stellnetzen der legalen Fischer, um sich deren schon festsitzende Störe anzueignen. Weil der auf verbotene Weise gewonnene Kaviar nicht zur Shilat wandert, sondern über gut organisierte Schleichwege auf den illegalen Markt, erzielen die Fischräuber hohen Gewinn. Jedenfalls hoch genug, um das Risiko strenger Strafen zu rechtfertigen.

Bei der Station angekommen, rudern die drei Fischer ihr Boot nahe an eine schräge, nasse und glitschige Rampe. Sie dient fürs schnelle Heraufziehen der noch lebenden Störe. Wir selbst müssen die nicht minder rutschigen Sprossen einer schmalen, etwa vier Meter hohen Leiter nach oben steigen.

Kaum vermag ich, droben angekommen, meine Verblüffung zu beschreiben. Da ist kein nach Fisch duftender Schuppen, kein mit aufgestapelten Fässern, Salztonnen und Fischkörben gefüllter Verpackungsraum, vielmehr glaube ich ganz plötzlich im OP eines Klinikums zu stehen. Ganz wie Mediziner im Begriff zu operieren, sehen die Störschneider aus, ähnlich auch die Kaviarmixer. Schneeweißer Dreß von den Knien bis zum Hals, dazu die weiße Kappe auf dem Kopf sowie Gummihandschuhe an den Händen. Alles blitzblank, alle Geräte steril und die Arbeitstische gleißend hell beleuchtet. Im Hintergrund ein Labor mit geschäftig hantierenden Leuten. Fast lautlos geht alles vonstatten.

Ein halbes Dutzend frisch eingebrachte Störe auf dem glatten, mit Plastik bespannten Fußboden. Mit scharfem Wasserstrahl werden sie von Sand und Seewasser gereinigt. Gleich danach schaffen die flinken Hände die Störe auf einen spiegelglatten Marmortisch, der vorne eine halbrunde Öffnung hat. Der »Chirurg« läßt spielend leicht das haarscharfe Skalpell an der Bauchwand des Störs entlang gleiten. Meist lebt der Fisch noch bis zu diesem, seinem letzten Augenblick. Er ist aber betäubt oder wird aufs neue mit einem Kopfschlag betäubt, so daß er keinen Schmerz empfindet.

Es ist eine hohe Kunst, die nur wenige, sehr gut bezahlte Fischoperateure beherrschen, den Leib so millimetergenau aufzuschlitzen, daß nur die Bauchdecke auseinanderklafft, aber keinesfalls jenes hauchdünne Gewebe verletzt wird, das die Kaviar-Füllung umschließt. Es geschieht und gelingt in Sekundenschnelle. Genau im gleichen Augenblick greift der andere Experte zu und holt mit zartfühlenden Händen die wurstförmige Kaviar-Masse aus dem geöffneten Fisch.

Dabei darf ihm nichts aus den Händen gleiten und kein Korn darf zerdrückt werden. Eine Schüssel, unter die halbrunde Öffnung des Marmortisches geschoben, empfängt den Kaviar, bis zu acht, vielleicht auch zehn Kilo auf einmal. Nicht der Bruchteil einer Sekunde darf verlorengehen.

Schon ist die Kaviar-Schüssel auf dem nächsten Tisch, wo ein Spezialist mit allerfeinstem Fingerspitzengefühl das Graue Gold behutsam durch ein weiches Maschennetz drückt, um es von den Resten der äußeren Haut, von Fettklümpchen oder ähnlichem zu befreien. Bei äußerster Konzentration muß das schnell getan sein, denn gleich danach geschieht das Wichtigste, der entscheidende Vorgang. Es ist die Mischung.

Dabei kommt es sehr darauf an, für welche Art von Feinschmeckern dieser Kaviar bestimmt ist, für Franzosen, Russen, Deutsche, Amerikaner oder für die Iraner selbst. Die großen Importeure haben die Mischung, je nach dem vorherrschenden Geschmack ihrer Kunden, bestellt. Soll es Malossol sein, sind bis dreizehn Arbeitsgänge in kürzester Frist zu erledigen. Das beste Salz für die Mischung stammt aus den Salzseen der weiteren Umgebung von Astrachan und wurde sieben Jahre in einem trockenen Raum gelagert. Borsäure und Borax werden der Mischung hinzugefügt, wenn es die Besteller so gewünscht haben. Ganz gleich, aus welchen Bestandteilen die Mischung besteht, sie muß aufs Milligramm genau sein. Dieses Verhältnis nun, das ist und bleibt Geheimnis der zum Schweigen verpflichteten Mixer des königlichen Kaviars.

Bei allen Vorgängen, vom Öffnen des Fisches bis zur vorsichtigen Verpackung in Dosen, soll nicht mehr als eine Viertelstunde vergehen. Die Festigkeit der Kaviar-Körner, also des Rogenhäutchens darum, kann sich binnen weniger Minuten verändern und dabei die Haltbarkeit des Grauen Goldes gefährden.

Alles dürfen wir aus nächster Nähe betrachten und fotografieren, auch immer neue Fragen stellen.

»Hier, probieren Sie mal«, unterbricht Nasari und reicht mir ein Schälchen mit fertiggemixtem Genuß. »Sie werden nicht oft Kaviar bekommen, der kaum zehn Minuten alt ist.«

Die Herstellung des Preß-Kaviars, der über Jahre hinweg haltbar bleibt, jedoch ein wenig tranig schmeckt und allzu salzig, erfordert nicht die gleiche Geschwindigkeit. Auch die Zubereitung von Faß-Kaviar, meist für die Ausfuhr in die Sowjetunion bestellt, kann etwas bedachtsamer vor sich gehen. Das wird heute in der Fangstation 6 nicht gemacht, so daß mir eigene Anschauung fehlt.

Wieder in Sia Shuradeh angekommen, übernimmt erneut Oberst Esfandiari die Rolle des Hausherrn. Das Abendessen im Gästehaus der Shilat erhält besonderen Reiz durch sieben kleine Schälchen, die es Marianne und mir erlauben, die verschiedenen Arten des Kaviars zu kosten. Dabei erleben wir den Geschmack von verschiedenen Arten der Zubereitung. Malossol, Preß-Kaviar und den noch stärker gesalzenen Faß-Kaviar, weiter den »gout americaine«, Kaviar mit geringer Beimischung von Borsäure, dafür aber weniger gesalzen, wie es die Franzosen mögen. Außerdem pasteurisierter Kaviar in Glasdosen. Er ist länger haltbar als der Dosen-Kaviar, hat jedoch für Leute mit sehr feiner Zunge nicht den exquisiten Geschmack.

Es gehört, wie man sich denken kann, zu den Aufgaben der führenden Angestellten von Shilat, daß sie jeden Kaviar-Freund bei passender Gelegenheit gebührend vor dem Genuß des »schwarzen Kaviars« warnen, also des illegal verkauften Kaviars. Er soll scheußlich schlecht sein, die Gesundheit gefährden, ja in besonders krassen Fällen sogar zu tödlicher Vergiftung führen. Auch die Herren Nasari und Esfandiari weisen mit ernsten Gesichtern darauf hin. Wäre es wirklich so schlimm mit der schwarzen Ware, müßte ein wesentlicher Teil der fremden Firmenvertreter, der ausländischen Presse und des Diplomatischen Korps schon längst an Kaviar-Vergiftung verstorben sein. Auch ich wäre kaum noch bei besten Kräften des Geistes und Körpers. Jeder sprachkundige Taxifahrer, jeder Hotelportier und Oberkellner verrät gegen solide Belohnung eine oder mehrere Quellen, bietet sich meist sogar selber an, den schwarzen Kaviar in blauen Dosen ohne Aufschrift zu besorgen. Nur scheint mir, daß sich die Verbilligung des Kaufpreises um fünfzehn bis dreißig Prozent gar nicht lohnt, um Kaviar zu kaufen, der von außen nicht zu definieren ist.

Eine Frage, die mich schon lange bewegt, stelle ich unserem Gastgeber erst kurz vor dem Schlafengehen.

»Stimmt es, daß man neuerdings eine Methode gefunden hat, um lebende Stör-Weibchen, die gefangen wurden und sich in einem großen Tank befinden, unter Wasser den Leib zu öffnen und daraus den Kaviar zu entnehmen. Danach wird der Leib blitzschnell wieder zugenäht, und der buchstäblich ausgeraubte Fisch erhält seine Freiheit wieder. Das läßt sich angeblich bei jeder Laichzeit wiederholen, sofern man einen der operierten Fische aufs neue fängt. Wird das wirklich gemacht?«

Warum auch nicht, kommt es doch auf ungefähr dasselbe heraus wie der Kaiserschnitt bei Menschenfrauen. Aber schallendes Gelächter ist zunächst die Antwort. Den Herren ist jene Story wohlbekannt, die fast alle Zeitungen der Welt in sensationeller Aufmachung brachten. Daraufhin ist ein Fischforscher von Tokyo ans Kaspi-Meer geflogen, um sich dort die Kunstgeburt des Kaviars anzusehen.

»Presseschwindel . . . weiter nichts«, erklärt Esfandiari, »vielleicht auch ein gutgelungener Scherz. Solch Kaiserschnitt bei Fischen kann im gedachten Sinn unmöglich gelingen, weil dabei das Ovarium zerstört wird. Daher ist die Neubildung von Kaviar ausgeschlossen. Aus wissenschaftlichen Gründen wurden derartige Versuche unternommen, aber keines der Stör-Weibchen hat länger als drei Tage überlebt.«

Kaviar in geschlossener Dose überlebt drei bis sechs Monate, wenn er so lange bei gleichbleibender Temperatur im untersten Fach des Kühlschranks aufgehoben wird, also bei nur wenigen Graden über Null. In die Tiefkühltruhe gehört der Kaviar keinesfalls. Zwei bis drei Stunden des ungekühlten Transports hält er aus, mehr aber nicht gut. Also gebe man die Dose bei Flugreisen einer der

Stewardessen für den mitfliegenden Kühlschrank. Die Damen kennen das und wissen Bescheid. Der Inhalt einer geöffneten Kaviardose sollte spätestens binnen sieben Tagen verzehrt werden. In der Zwischenzeit muß die Dose im Kühlschrank gelagert werden.

Am besten, Sie essen alles auf einmal nur mit ihrer Gattin oder ausgesucht guten Freunden, wobei ich wünschte dabeizusein.

Am Persischen Golf

Feuchte Wärme und verhüllter Himmel, salziger Duft, diffuses Licht und Geruch nach verdorbenem Fisch, so ist die Atmosphäre am Persischen Golf, als wir an einem Donnerstag im Oktober Bandar Abbas erreichen. Die Küste ist flach, von hellgrau gelber Farbe mit kiesigem Strand. Angetriebene Algen liegen darauf und Papierfetzen, fortgeworfenes Plastikzeug und weitere Abfälle. Keine Augenweide diese Gegend, bestimmt kein Platz für längeres Verweilen. Ziemlich verschlafen alles, wie mir scheint. Reizlose Straße, relativ wenig Verkehr und schadhafte Gehsteige. Viel Unrat in den Anlagen, ein International Club, zu dem sich müde Abendländer schleppen. Sehenswürdigkeiten nicht vorhanden, sagt sogar der Reiseführer.

Er muß erschienen sein, bevor das Gameroon Hotel seine Pforte geöffnet hat. Dies allein ist sehenswert genug, man könnte darin länger als nur drei Tage aushalten. Das klimagekühlte, mit gutem Geschmack ausgestattete Hotel liegt circa zehn Autominuten abseits der trostlosen Stadt. Davor ein ziemlich großer, noch unterentwickelter Park mit nierenförmigem Schwimmbad, das alle Tage aufs neue mit Süßwasser gefüllt wird. Wer lieber im natürlichen Salzwasser schwimmt, muß kilometerweit hinauswaten, bevor er den weichen Boden unter seinen Füßen verliert.

Wenn man sich fragt, wo denn im Juni, Juli und August bei vierzig bis fünfundfünfzig Grad Celsius im Schatten die Gäste fürs Gameroon Hotel herkommen sollen, verweist man auf die Ölscheichs und deren Verwandtschaft sowie auf den Andrang aus den gegenüberliegenden Ländern Arabiens. Bei ihnen zu Hause ist die sommerliche Temperatur noch viel heißer, dazu trockener und drückender. Bandar Abbas gilt dagegen als Sommerfrische und bietet immerhin gewisse Abwechslung. Außerdem wird Bandar Abbas bald auf dem Schienenweg zu erreichen sein, über Teheran und Istanbul sogar von Europa aus, möglicherweise ohne umzusteigen. Die ohnehin gute Straße will man zur Autobahn ausbauen und noch vieles, sehr vieles anderes tun, was aus militärischen Gründen nicht zur Bekanntgabe taugt.

Schon ein kurzer Blick auf die Landkarte zeigt, daß sich die nach Sultan Abbas dem Großen genannte Hafenstadt an der schmalsten Stelle des Persischen Golfs befindet. Bei klarem Wetter ist vom Dach des Hotels eine Landspitze des gegenüberliegenden Sultanats von Oman zu erkennen. Kein Geheimnis ist mehr, daß dort iranische Fallschirmjäger die Truppen des Sultans im Kampf gegen rote Rebellen unterstützen. Die Straße von Ormuz kann im doppelten Sinn als »heißes Gewässer« gelten, denn diesen engen Eingang zum Persischen Golf müssen alle Öltanker, alle Handelsschiffe und Kriegsschiffe passieren. Die Lebenslinie des Iran, des Irak und der ölreichen Scheichtümer windet sich durch diesen Flaschenhals. Nicht auszudenken, wenn ihn eine andere Macht kontrolliert. Selbst einzelne Akte von Sabotage können schlimmstes Unheil bedeuten. Wenn hier ein Fünfhunderttausend-Tonnen-Öltanker aufgerissen wird, kann herumschwimmendes Öl fast den ganzen Persischen Golf vergiften. Bei Entzündung wäre denkbar, daß sich die Oberfläche des Meeres zwischen der iranischen und omanischen Küste mit roten Flammen bedeckt.

Gegen solche Gefahren geschieht, was menschenmöglich ist, unter anderem eine Modernisierung sowie zumindest Verdreifachung der Kaiserlich Iranischen Flotte. Aber soweit es sich machen läßt, geschieht es im verborgenen. Sehenswert vor allem für geschichtskundige und besuchsfreudige Touristen ist die Insel Ormuz. Jedoch hängt der Besuch vom Wetter ab. Als wir ankamen, war das Meer ruhig, der Himmel klar und der Wind still. Doch hat sich bis zum Morgen all das zu unserem Nachteil verändert. Pech, weil der Käpten des schnittigen Motorbootes mit dem Auslaufen zögert. Aus zweierlei Gründen, von denen das miserable Wetter nur einer ist. Dem pflichtbewußten Mann fehlt die schriftliche Anweisung seines Chefs, um uns mit dem nagelneuen Kabinenboot der NIOC (Nationale Iranische Ölgesellschaft) nach Ormuz zu bringen. Zwar hat es ihm der hohe Herr gestern persönlich gesagt, aber ein gestempeltes Papier muß dennoch sein. Man telefoniert, sendet Boten und schickt unseren Mahmud hinterher. Zwei, fast drei Stunden vergehen. Die See wogt derweil höher, und der Himmel verfinstert sich. Aber gerade auf Ormuz lege ich besonderen Wert, hat doch die Insel einst den gesamten Indischen Ozean beherrscht, und davon zeugen noch gewaltige Ruinen aus dem 16. Jahrhundert.

Es sind Bauten der Portugiesen, Forts und Festungen, Kirche, Schloß und Lagerhallen, Kasematten, Hafenmolen, Mauern, Wälle und Türme, all das in einem riesigen Block aus rosaroten Felsquadern zusammengefaßt.

Endlich wird der Schrieb vom Chef angeliefert. Eine ausnehmend freundliche, für uns kostenfreie Geste der NIOC, zumal heute Freitag und damit Feiertag ist. Der Kapitän bespricht mit den beiden Männern seiner Besatzung das Wetter. Der Wind weht stürmisch, die Wogen wölben sich hoch.

»Wir fahren«, sagt schließlich der Kommandant des Schiffes, »aber landen können wir nicht.«

Das wird man sehen, denke ich bei mir, und auch Volker Hahn ist optimistisch.

Das Boot hat eine halbe Million Dollar gekostet, verrät uns der Käptn. Er sei verantwortlich, falls das sündhaft teure Fahrzeug irgendwelchen Schaden erleidet. Schon bald wird die Fahrt zum Abenteuer. Das starke Boot mit Doppelschraubenmotor steigt über hohe Wellen hinauf, um gleich danach in tiefe Wellentäler zu fallen. Gott sei gedankt, daß ich nie seekrank werde. Aber den armen Mahmud und auch Beheshti hat's erwischt. Einer von den Seeleuten hängt, vom schwer revoltierenden Magen geplagt, über der Reling. In der Straße von Ormuz heult ein toller Sturm, tiefdunkelblau das Wasser und gelblichweiß der umhergeschleuderte Gischt.

Dreiviertelstunden dauert die Fahrt für gewöhnlich, schon zwei Stunden sind vorüber, als aus grauem Nebel die vierkantigen Türme der Portugiesen auftauchen. Es fällt schwer, sich vorzustellen, zumal bei so heftig schaukelnder Bewegung des Schiffes, daß Alfonso de Albuquerque, zweiter Vizekönig von Portugiesisch-Indien, schon im September 1508 diese Insel erobert und mit dem Bau der Festung begonnen hat. Es sollte daraus der stärkste Stützpunkt und wichtigste Handelsplatz der Portugiesen auf dem Seeweg nach Indien werden, den Vasco da Gama vor kaum zwanzig Jahren gefunden hatte. Mit Hilfe zahlreicher Sklaven brachten es die portugiesischen Baumeister fertig, den ganzen, noch immer gewaltigen Komplex bis 1515 zu errichten. So konnte das in jener Zeit seebeherrschende Portugal in Ormuz länger als ein Jahrhundert alle feindlichen Angriffe überstehen. Aber noch länger haben sich Großmächte nur selten gehalten, schon gar nicht, wenn ihr Mutterland nur klein und dürftig bevölkert war. Im Jahre 1622 kam eine englische Kriegsflotte dem Beherrscher von Persien, Schah Abbas dem Großen, mit schwerer Schiffsartillerie zur Hilfe. So gelang es den Bemühungen beider Mächte, die Insel und Festung zu erstürmen. Es lebten damals vierzigtausend Menschen auf Ormuz, von denen nur knapp zweitausend Portugiesen waren. Heute zählt man auf Ormuz nur dreitausend Bewohner während des Winters und während der glühenden Sommerhitze kaum fünfhundert. Ein Beweis, daß die Menschen damals härter im Nehmen waren als ihre Nachkommen.

»Sie sehen selbst«, sagt der besorgte Schiffsführer, »daß die Brandung für einen Landeversuch viel zu stark ist.«

Für unser Halbmillionen-Dollar-Boot ganz bestimmt. Nicht einmal das Beiboot würde ich angesichts des Wellenschlags riskieren. Statt dessen nähert sich vom Land her eine auf und nieder tanzende Nußschale. Der Mann darin gibt durch Zeichen zu verstehen, daß er uns an den Strand befördern will. Volker Hahn, Beheshti und ich springen todesmutig in den kleinen Kahn, lassen uns mit ihm herumwirbeln, werden völlig durchnäßt und waten schließlich durch rollende grasgrüne Brandung auf den festen Boden der Insel Ormuz.

Der Strand ist nur ein schmaler Streifen, dicht am Fuß mächtiger Mauern. Zwischen den rötlichen Steinblöcken auf der einen und dem bewegten Meer auf der anderen Seite erreichen wir schließlich das zerfallene Tor zum Innenhof der menschenleeren Festung. Wirklich, es hat sich gelohnt, schon der erste Eindruck ist überwältigend. Kaum zu glauben, daß schwache Menschen in nur sieben Jahren ein derart vielseitiges, ausgedehntes und hochgetürmtes Bollwerk zu errichten imstande waren. Selbst heute, mit allen modernen Möglichkeiten, wäre es eine bewundernswerte Leistung. Zu Anfang des 16. Jahrhunderts dürfte es einmalig gewesen sein, inmitten des glutheißen Persischen Golfes. Die hart geplagten Sklaven sind vergessen, ebenso die portugiesischen Organisatoren, Antreiber, Vorarbeiter und Soldaten. Der Bau aber steht noch heute und erregt das Staunen der nur seltenen Besucher.

Wir steigen auf Wendeltreppen hinauf und steile Stiegen hinunter. Riesige Gewölbe, dunkle Gänge, breite Terrassen und von den Türmen ein weiter Blick nach allen Richtungen hin. Tonnenschwere Kanonen mit portugiesischem Königswappen, katholische Kapellen und ein von Säulen getragenes Kirchenschiff. Am eindrucksvollsten die bis zur Hälfte mit Sand gefüllte Zisterne, ehemaliger Wasserbehälter der Inselfestung. Um Verdunstung zu vermeiden, hat man diesen großen, weiten Raum so tief wie nur möglich in den gewachsenen Fels gelegt. Das Deckengewölbe ist noch heute mit fein behauenen Bögen versehen und ruht auf runden Säulen, die mit Wappen und Rosetten, auch mit Steinfiguren von Mensch und Tier ausgestaltet sind. Alles noch in gutem Zustand, weil der hineingewehte Sand bis zur Decke reichte. Erst vor kurzem wurde etwa die Hälfte davon hinausgeschafft.

»Wenn man die Festung reinigt und restauriert«, sage ich zu Beheshti, »wenn man auf geschmackvolle Art ins alte Bauwerk ein moderne Hotel hineinbaut und aus der Zisterne einen Speisesaal macht, bestimmt wäre es ein verlockendes Ziel für iranische und fremde Touristen.«

Fast strafend schaut er mich an und schüttelt den Kopf.

»Erst mal wär's viel zu teuer, und glauben Sie denn, wir wollen ausgerechnet ein Symbol der Fremdherrschaft, eine Zwingburg der portugiesischen Kolonialmacht restaurieren?«

Doch eben erfahre ich aus Teheran, daß man die Wiederherstellung der portugiesischen Festung in den neuen Fünfjahresplan aufgenommen hat. Schon sind Vorarbeiten im Gange, und die ehemalige Zisterne wird der Speisesaal.

Wir essen mit Herrn Maejubi, dem INTO-Chef von Bandar Abbas, in unserem Hotel. Jeder nur halbwegs gebildete Iraner kennt seinen Namen, denn M. Maejubi gehört zu den erfolgreichsten Schriftstellern seines Landes. Als mir der Berufskollege sagt, daß iranische Schriftsteller im Höchstfall knapp fünf Prozent ihres erschriebenen Einkommens an die Steuer abgeben, vermag ich den Großmut des iranischen Finanzministeriums kaum zu fassen.

Wie aber Herr Maejubi weiter sagt, daß die Auflagen iranischer Schriftsteller, die allerbesten eingeschlossen, nur selten dreitausend Stück erreichen, bin ich wieder mit meinem literarischen Schicksal zufrieden. Sind es doch bei mir gut fünfzigmal soviel.

Auf dem Flugplatz, morgens um sieben, hat man dem Piloten vom Aufstieg abgeraten. Ein Sandsturm ist angesagt, und schon wirbelt feiner Staub durch die Luft. Die Sonne versucht erfolglos den rotbraunen Nebel aufzulösen. Wir trinken ein halbes Dutzend Gläser zuckersüßen Tee, bis sich die Flugleitung entschließt, den Start zu gestatten. Landen könnte man in dem Dunstschleier nicht, doch soll er nach neuesten Meldungen binnen ein oder zwei Stunden verschwinden. So steigen wir auf und haben schon nach wenigen Minuten die Staubschicht durchstoßen.

Der Pilot möchte gern wissen, was ich eigentlich will, welche Ziele anzusteuern sind. So seltsam es klingt, haben wir auch während der Wartezeit auf dem Flugplatz nicht darüber geredet. Deshalb wahrscheinlich nicht, weil ich der Meinung war, daß der Pilot bestimmte Weisung von gebietender Stelle habe. Schließlich ist doch die Gegend von Bandar Abbas, auch die weitere Umgebung, politisch wie militärisch betrachtet eine heiße Zone, geradezu ein Brennpunkt der Interessen.

Nun ja, wenn ich wählen darf, ist ein Rundflug über die südöstliche Ecke des Iran besonders interessant und aufschlußreich. Das beweist ein kurzer Blick auf die Landkarte. Abgesehen von der Wüste Lut und der Großen Salzwüste ist das Südostland, von den Iranern Belutschistan genannt, der am dünnsten besiedelte, der am wenigsten entwickelte und auch der straßenärmste Teil des iranischen Reiches. Deshalb konnten sich dort alte, sogar uralte Lebensformen bis heute erhalten. Nur, leider, die Straßen sind nicht so. Keine ist durchgehend asphaltiert, und nur zwei bis drei sind geschottert. Alle sonstigen Verkehrsadern haben noch vor wenigen Jahren hauptsächlich Kamel-Karawanen gedient. Aber auch zwischen diesen sandigen und steinigen Wegen liegen unzugängliche Gebirge, Steppen und Wüsteneien von dreihundert Kilometer Breite und vermutlich noch mehr. Zeit müßte man haben, monatelang Zeit, um in dieser Wildnis zu reisen. Schon bald müßte es geschehen, schon in den allernächsten Jahren. Die Pläne, das Südostland, also Iranisch-Belutschistan, zu erschließen, sind ausgearbeitet. Nicht weniger als anderthalb Milliarden Dollar (natürlich aus den Öleinnahmen) wurden dafür bereitgestellt.

Die lohfarbene Wolkendecke öffnet sich über dem geheimnisvollen Land, schon erlaubt sie Durchblicke nach unten. Sie löst sich auf, je weiter wir nach

Osten fliegen. Keine trostlose Wüste, wie erwartet, sondern Waldstreifen entlang den Flußbetten. Im Tal von Deh Bakri glitzert Wasser, wir sehen Dörfer inmitten lichtgrüner Felder. Über die Hochfläche des Djebal Baret ziehen Schafherden, die tausend, vielleicht auch zweitausend Köpfe zählen. Das breite Bett des Halil Rud durchzieht in vielen Windungen die rauhe Landschaft bis hin zu dem riesengroßen Salzsee Jazmurian. Am Oberlauf des Flusses die alte weit auseinandergezogene Stadt Sabzevarah, noch fast vollständig aus Lehmziegelbauten bestehend. Der Pilot läßt unsere Cessna über die grauen Ruinen von Jiroft gleiten, die gut zwei Quadratkilometer des ausgetrockneten Landes bedecken. Früher war Jiroft ein Mittelpunkt des Handels und Verkehrs, von Obstgärten, Feldern und Viehweiden umgeben. Wie es vor sieben Jahrhunderten gewesen ist, hat Marco Polo berichtet. Aber Handelsmetropolen gehen zugrunde, wenn feindliche Überfälle oder Räuberbanden allzuoft die Karawanen überfallen. Mongolische Horden haben es hier so lange getan, bis alle Warentransporte aufhörten. Die Stadt wurde von ihren Bewohnern verlassen. Die Kanate verfielen, der Wassermangel ließ Felder, Gärten und Weiden verdorren. Ein Schicksal, wie es sehr viele iranische Städte zur Zeit des Mongolensturms erlebten. Hier, im Südosten Irans, gingen damals fast alle großen Siedlungen zugrunde.

Eine halbe, dreiviertel und am Ende eine volle Stunde schweben wir über menschenleeren Gebieten, über staubtrockenen Flußbetten, schneeweißen Salzseen und braungelben Dornensteppen, dann sind drunten zwei und drei Straßen, die gradewegs nach Süden streben. Ihr Ziel ist die Ortschaft Iranschar, für hiesige Begriffe eine bedeutsame Stadt. Sie erscheint und verschwindet wieder. Nicht lange danach der Oberlauf eines sich nach Süden schlängelnden Flusses, dessen Weg wir in der Luft begleiten. In seinem Mündungsgebiet bei Dashtiari nahe der pakistanischen Westgrenze leben die letzten, streng geschützten Krokodile des Iran. Angeblich erreichen ihre größten Exemplare eine Länge bis sieben Meter. Da sie niemand mehr verfolgt und die Futterverhältnisse in dem Labyrinth aus Sumpf und Schilf recht gut sind, ist mit relativ rascher Vermehrung der großen und supergroßen Echsen zu rechnen.

Die iranische Hafenstadt Chabahar ist wegen einer westwärts ziehenden Wolkendecke kaum zu sehen. Von dort bis zum winzigen Hafen Jask liegt an der fast dreihundertfünfzig Kilometer langen Küstenstrecke keine erkennbare Ortschaft. Keine Art von Straße oder Weg begleitet die nördliche Kante der Oman-See. Es sieht hier wirklich aus wie am Ende der Welt. Klar und staubfrei ist die Luft über Bandar Abbas, als wir auf dem dortigen Flugplatz landen.

Weil sich der Reisende heutiger Zeit nicht allein aufs Fotografieren alter Bauwerke und antiker Ruinen beschränken soll, richte ich das Auge meiner Kamera soweit wie möglich auf moderne Bauten, sofern sie der Beachtung wert sind. Das ist nahe bei Bandar Abbas vor allem die Fernsehstation. Hat man sie doch auf äußerst geschickte Weise und in geschmackvoller Art in zehn bis zwölf kreisrunde Pavillons gegliedert, die äußerlich dem uralten Baustil an der hiesigen Küste entsprechen. Der Direktor persönlich führt und versichert, daß die traditionelle Bauweise doppelt soviel gekostet hat wie ein quadratischer, ebenso zweckdienlicher Betonblock. Aber die uraltmodische Belüftung durch »Windfänge« auf dem Dach funktioniere vorzüglich, und jeder fühle sich wohl in seinem kreisrunden Arbeitsraum.

Auf dem Strand, nicht weit von unserem Hotel, liegt ein vor längerer Zeit aufgelaufener Frachter. Er ist ganz mit Muscheln bedeckt, die ihm ein gespenstisches Aussehen verleihen. In seinem Bauch krabbeln Krebse, und aus den geborstenen Bullaugen flattern in bewegtem Wasser lange Fäden von Seetang, daß man glauben könnte, es sind Haare von ertrunkenen Frauen.

Was uns noch fehlt in der weiteren Umgebung von Bandar Abbas, sind die berühmten Palmenwälder bei Minab. Rund drei Millionen Dattelpalmen sollen es sein. Die notwendige Wassermenge erhält die tropisch anmutende Landschaft vom Minab-Fluß, der aus dem Gebirge hinabströmt und sich beim Palmenwald zu einem Delta aus vielen Armen verbreitert. Vom Salzwasser des Persischen Golfs ist Minab etwa zwanzig Kilometer entfernt.

Im Delta angelangt, glaube ich, wieder in Afrika zu sein, wieder im feuchten, heißen, tiefgrünen Afrika der Regenwälder. Wir halten am Straßenrand und schauen in die grünen, von Palmen abgeschirmten Gewölbe. Da sind Lagunen, Teiche, schilfumsäumte Seen, langsam ziehende Bäche und stehendes Gewässer. An ihren Ufern mit Palmblatt gedeckte Hütten primitivster Art. Es sind Rundhütten, ovale Hütten und wandlose Behausungen, ganz nach bekannter Art afrikanischer Neger.

Wirklich sind die Bewohner waschechte Neger, so gebaut und dürftig bekleidet wie ihre Artverwandten im Herzen des dunklen Erdteils. Doch ist die Erklärung für das Phänomen relativ einfach. Bandar Abbas war früher ein Zentrum des Sklavenhandels, woran sich vom Beginn des 16. bis zum Ende des 18. Jahrhunderts auch portugiesische, französische und britische Menschenhändler rege beteiligt haben. Die Perser selbst sind von dem scheußlichen Geschäft freizusprechen, denn nur in Ausnahmefällen haben einige wenige von ihnen dabei mitgemacht. Von Bandar Abbas wurde die lebende Ware weiterverschickt nach Indien, Arabien, ins Osmanische Reich und nach Amerika, gelegentlich auch ins damalige Europa. Aber ein Rest blieb für alle möglichen Arbeiten zurück wie beispielsweise zur Pflege der Dattelpalmen bei Minab. Deren Nachkommen sind noch heute hier. Ich konnte nicht feststellen, wann sie freie Menschen wurden, vermutlich geschah es durch allmähliche Lockerung der Besitzverhältnisse. Sie blieben bei Minab und mußten bleiben, weil sie gar nichts anderes mehr kannten. Das Klima ist gut für Afrikaner, sie finden an Ort und Stelle das altgewohnte Baumaterial, und Dattelpalmen sichern die Ernährung. Also ganz und gar afrikanisches Leben, aber auf iranischem Boden am Persischen Golf.

Gerade noch zur rechten Zeit sei ich gekommen, es mir anzusehen, meint der INTO-Chef von Bandar Abbas.

»Binnen spätestens drei Jahren ist keines dieser Dörfer mehr vorhanden. Die Leute werden allesamt in neuen Ortschaften mit hygienisch einwandfreien Ziegelsteinhäusern untergebracht. Etwa siebzig Prozent sind schon fort, die anderen folgen im nächsten oder übernächsten Jahr.«

Die eigentlichen Palmplantagen sehen viel gepflegter aus, wenn auch weniger romantisch. Alle Palmbäume sind in gerader Linie ausgerichtet, mit Wassergräben und Versorgungswegen dazwischen. Die Minab-Datteln stehen wegen ihres delikaten Geschmacks hoch im Kurs. Der größte Teil wird nach Indien, Pakistan und Malaya exportiert, auch nach Europa und Südamerika. Zu den Produkten Minabs gehören auch Dattelwein, Dattelschnaps und Dattellikör. Doch werden damit fast nur ausländische Besteller versorgt. In keinem iranischen Laden konnte ich eine Flasche Dattelschnaps bekommen.

Die Stadt mit knapp siebentausend Einwohnern ist dabei, alle Eigenart zu verlieren, und zwar infolge totalen Neubaus. Sie liegt vor einem mit alter Festung gekrönten Hügel. Riesige Baumaschinen durchbrechen das Gewirr der gewundenen Gassen, und allenthalben wachsen moderne Bauten empor. Nur die Altstadt von Minab soll erhalten bleiben, gewissermaßen als ein von vielen Leuten bewohntes Freilichtmuseum. Gerade heut ist Wochenmarkt mit lebhaftem Gewimmel von Tieren, Menschen und Waren. Dabei wird jeder Fremde allerhand Überraschungen erleben. Die Frauen sind maskiert. Sie tragen, wohlgemerkt, keine Schleier, wie es früher allgemein Sitte war und noch heute vielfach üblich ist. Noch weniger ist mit »maskiert« gemeint, daß sich Frauen und Mädchen den Chaddor vors Gesicht halten, wenn ein männliches Wesen vorübergeht. Die Frauen von Minab tragen regelrechte Masken vor Mund, Nase und Augen bis zum Kinn hinunter. Ihre Masken sind ungefähr mit jenen dunklen Samtmasken zu vergleichen, wie sie bei den sogenannten oberen Zehntausend auf Maskenbällen noch bis zu Anfang des Ersten Weltkrieges üblich waren. Die Minab-Masken sind mit Atemlöchern vor der Nase und Sehschlitzen vor den Augen versehen. Stirne, Ohren und die äußeren Wangen bleiben frei, ebenso natürlich Kehle und Hals. Es wird also nur eine teilweise Verhüllung des weiblichen Gesichts erreicht.

Die Masken bestehen aus nicht sehr weich gegerbtem Leder. Sie schmiegen sich deshalb nicht wie Seide an die Haut, sondern stehen an manchen Stellen seitlich ab. Meist sind es schwarze Masken, doch sieht man auch blaugefärbte und blutrote Ledermasken. Hier und da sind neben der Nase schmale, vertikale Schlitze eingeschnitten. Es ist für Betrachter einer solchen Frau unheimlich, wenn er durch die Sehschlitze mit funkelnden Augen angestarrt wird.

Auf diesem malerischen Markt, der sich über zwei Plätze und vier Gassen verteilt, zwischen weißgetünchten Mauern und hochgetürmten Waren, sitzen, liegen oder bewegen sich mehr als hundert ledermaskierte Mädchen und Frauen. Was sie anbieten, scheint uns ohne Interesse, meist spottbillige Handarbeiten aus Stroh, Palmblatt, Ziegenhaar und Schafwolle. Aber der Gesamteindruck der halbverdeckten Gesichter mit ihren wohlgezielten Blicken auf die Besucher, das ist ungemein aufregend.

Weshalb und woher diese Masken? Keiner, den ich gefragt habe, konnte eine glaubhafte Erklärung geben. Warum die seltsamen Masken nur in Minab und nirgendwo anders? Der zuständige Landrat sagt mir, die portugiesischen Damen auf der Insel Ormuz hätten des heißen Windes wegen lederne Schutzmasken angelegt. Aber warum ließen sie Stirn, Hals und Ohren frei? Das ergibt keinen Sinn und ebensowenig andere Versuche, das Rätsel zu lösen. Die Masken von Minab sind einmalig, und dabei muß es wohl bleiben.

Der Alte Schah hatte sie als rückständig und entstellend verboten. Die Polizei war angewiesen, den Frauen die Maske vom Gesicht zu reißen. Offiziell wurde diese Verordnung nicht aufgehoben, sondern unter dem regierenden Schah wohl absichtlich vergessen. Sehr freundlich sind die Frauen, ein Lächeln des Fremden genügt, und schon läßt sich jede Maskendame fotografieren.

Aus der Menge löst sich ein rundlicher Mann, der uns beide Hände entgegenstreckt. Der Präfekt von Minab, für unsere Begriffe Landrat des Kreises, dem Gouverneur von Bandar Abbas unterstellt. Er will unbedingt, daß wir bei ihm zu Mittag essen. Dem gastfreien Anerbieten ist trotz damit verbundenen Zeitverlustes nicht zu widersprechen. Auf dem Wege zur Beamtensiedlung sehe ich über eine Mauer hinweg die schwankenden Häupter von mindestens hundert Kamelen.

»Ja, heute ist Kamel-Markt in Minab«, sagt der Herr Landrat. Auf unser Drängen hin ist er bereit, die Führung auf dem Kamelmarkt zu übernehmen. Menschen und Tiere stehen unter glühender Sonne auf heißem Sand. Auch Pferde, Maultiere und Esel werden dem Vorübergehenden angepriesen. Meist sind die Verkäufer mit Turban, Burnus und weichen Schaftstiefeln bekleidete Nomaden. Hochfahrend blicken die großen, dunklen Augen der Wüstenschiffe auf uns herab. Einige sind mit scharlachrotem Halfter und kunstvoll gearbeiteten Quasten geschmückt. Jedes der Tiere befindet sich gut im Futter, wie der prallgefüllte Höcker beweist. Da gibt es helle, fast weiße, sicher sehr schnelle

Reitkamele und dunkelbraune, breithufige Tiere mit knochigem Körper für den Transport gewichtiger Lasten. Alles in allem ein Bild aus fast vergangener Zeit. Nur hier am Rande von Iranisch-Belutschistan ist es noch heute zu sehen. Nur im menschenarmen, straßenleeren Südosten ziehen noch Kamel-Karawanen über die alten Pfade. Auch das wird bald zu Ende sein.

Ein Reitkamel beugt sich zu mir herab, so als wolle es feststellen, ob ich gut genug sei, von ihm getragen zu werden. Des Spaßes wegen frage ich nach dem Preis. Das noch junge sympathische Kamel ist billiger als ein gut erhaltenes Fahrrad, es kostet nur 150 DM . . .

Nach dem Essen beim Gouverneur folgt alles, was man als bevorzugter Gast besichtigen muß, will man den Gastgeber nicht kränken. Also das neue Hospital, die Kunstgewerbeschule, der Sportplatz, ein Schwimmbecken und das Freilichtkino. Alles soziale Fortschritte, die der Iran heute in der kleinen, etwa eintausendsechshundert Kilometer von Teheran entfernten Stadt vorweisen kann.

Zum Schluß ein landwirtschaftliches Institut, wo wir die Ehre haben, den »Vater der Banane« zu begrüßen. So genannt, weil er nach zwölfjährigen Versuchen, darunter in Israel, eine Bananen-Sorte entdeckt hat aus dem Stamm der Cavendish von den Kanarischen Inseln, die ideal für den Anbau im Iran geeignet ist. Fürs ganze Land und seine dreiunddreißig Millionen Bewohner wurde damit ein neues und schmackhaftes, bald auch billiges Nahrungsmittel entdeckt, das man soweit wie möglich planmäßig anbauen wird.

Wieder in Bandar Abbas, sehe ich die Neustadt für ehemalige Palmblatthüttenbewohner und andere, bisherige Stiefkinder der Nation. Die Straßen und Querstraßen liegen als Schachbrettmuster in der Wüstensteppe, durch eine Buslinie auf Asphalt mit dem schon länger bestehenden Teil von Bandar Abbas verbunden. Es ist alles da, Trinkwasser und Abfluß, Strom, Fernsehantennen und Straßenbeleuchtung, auch Schulen, Krankenhaus, Kaufläden, Moscheen und Volkspark. Für jede Familie das übliche Zweizimmerhaus mit winzigem Vorgarten und Hinterhöfchen. Aber was kaum fertig ist, scheint schon der Auflösung zu verfallen. Zertrampelter Rasen, heruntergerissene Zäune, umgebrochene Bäumchen. Abfall gleichgültig auf die Straße geworfen. Die meisten Lampen sind eingeschlagen, und Kinderkot verbreitet sich auf den Gehsteigen. Bei uns würde man sagen, hier hätten sich die Asozialen zusammengefunden. Doch es sind nur »Ungewohnte«, die man mehr oder weniger freiwillig in die phantasielos entworfene Trabantenstadt umgesiedelt hat. Ohne Übergang wurden sie aus altgewohnten Lebensformen herausgerissen. Ein mißglückter Versuch, aber immerhin ein Versuch, soziale Mißstände zu verbessern. Ein Beispiel dafür, wie problematisch und schwierig es ist, mehrere Jahrhunderte in wenigen Jahren zu überspringen.

Ich sehe auf der Karte, daß von unserer Straße zurück nach Kerman ein nur gepunkteter Fahrweg nach Geno abzweigt. Bei diesem Ort sind Palmen und eine heiße Quelle angedeutet. Dort will ich hin und kann in Volker Hahn den gleichen Wunsch erwecken. Mahmud, der besorgte Fahrer, und Beheshti, der Extratouren gar nicht gerne sieht, alle beide protestieren. Da sei nichts zu sehen, der Weg wäre miserabel und der Wagen fürs Gerumpel viel zu schade. Es sind aber nur zwölf Kilometer, und die werden wir schon schaffen. Wir erleben dann wirklich ein schlimmes Gerappel über rollendes Gestein und arges Schwanken im weichen Sand. Dennoch erreicht der Wagen ohne Schramme und Panne die Oase Geno. Nur drei bis vier Dutzend Dattelpalmen, mehr sind wohl kaum vorhanden. Aber in seiner Art ist der Platz romantisch, das muß man sagen. Auf allen Seiten rötliche, absolut kahle Felswände. Ein Quellbach von grüngelbbläulicher und weiß schimmernder Farbe, je nach Vegetation, hat sich zu einem breiten Bach und metertiefen Kleinsee ausgeweitet. Es riecht nach Schwefel und anderen chemischen Substanzen. Das Wasser ist warm, heiß oder kochend, was davon abhängt, an welcher Stelle man die Hand hineinhält. Sehr lange, tiefgrüne und fadendünne Wasserpflanzen gedeihen selbst bei diesen Temperaturen.

Geno ist Heilbad gegen Rheuma, Muskelschmerz und Wadenkrampf, vermutlich noch gegen viele andere Leiden. Die Kuranlage besteht aus sechs badewannenartigen Vertiefungen im Gestein, die man so billig wie möglich auszementiert hat. Jedes Becken ist vom anderen durch eine wacklige Bretterwand getrennt, und man hat über das Ganze ein windzerzaustes Palmdach gezogen. Das extrem bescheidene Kurhotel verfügt lediglich über zwei große Schlafräume, einen für Männer und einen für Frauen. Wer will, kann sich durch mitgebrachte Decken den separaten Raum für die eigene Familie abtrennen. Ein Restaurant gibt es auch. Es besteht aus sechs Bänken und drei Tischen unter einem Strohdach auf vier Pfosten. Ein Kühlschrank ist nicht vorhanden, aber warmes Bier und heißer Tee sind zu haben. Sogar Hammel mit Reis können wir erhalten, zum Tee auch Schafskäse und Pistazien. Wir beiden Fremden im Land, der Ölhahn und ich, lassen uns das Heilbad im naturwarmen Heilwasser nicht entgehen. Billig ist der Preis für den gesundheitsfördernden Genuß, nämlich 12 Pfennig pro Person und keinen mehr.

Nur ein Dutzend Personen, so schätze ich, sind zur Zeit die Bewohner von Geno. Nur halb so viele Kurgäste haben sich heute eingefunden.

»Sollte man nicht«, sage ich zu Djahangir Beheshti, seinen Widerstand erwartend, »könnte man nicht diese hübsche Oase, dieses heilkräftige Wasser für einen wirklichen Kurort ausnützen, mit Kurbetrieb, mit schönem Kurpark, natürlich auch mit Schwimmbecken, Spazierwegen, Badearzt und all dem anderen Klimbim eines modernen Badeortes? Es sollte ungefähr sein wie in Europa, bestimmt würde es den Iranern gefallen. Die rasante Entwicklung von Bandar Abbas und überhaupt an der Golfküste würde zweifellos einen Strom von Besuchern nach Geno lenken.«

Er scheint mich für bodenlos blödsinnig zu halten.

»Hier in diesem Drecknest, weit weg von allem? Kommen Sie, wir haben 'ne Menge Zeit verloren und wollen fahren!«

Keine sechs Monate sind seit jenem Tag vergangen, als mir der Vizechef von INTO erklärt, die Pläne für den Ausbau von Geno zu einem modernen Heilbad seien nunmehr fertig. Voraussichtlich im Herbst 1977 kann hier der Kurbetrieb beginnen.

Iranische Reise . . . 1941

»36 Grad unter Null zeigte das Thermometer, als ich von Moskau abreiste, um die eben vom Auswärtigen Amt in Berlin bei der Botschaft in Moskau eingetroffene Kurierpost an unsere Gesandtschaft in Teheran zu bringen. Faustdick war der Eisbelag am Schlafwagenfenster, während ich nach Kiew brauste. Aber laue Frühlingsluft wehte mir entgegen, als ich nach drei Tagen und zwei Nächten in Baku den Kaspi-Expreß verließ. Begeistert dort die Kinder von den Eiszapfen, die wir am Gestänge der Wagen mitbrachten. Vierundzwanzig Stunden dauerte sodann die Fahrt über das Binnenmeer in dem alten, schwer schnaufenden Dampfer, der mich zu guter Letzt in Bandar Pahlevi ablieferte, der einzigen Hafenstadt von Bedeutung am persischen Ufer.«

So beginnt die verfaßte Schilderung meiner ersten Reise in den Iran, immerhin eine Reise von rund fünftausend Kilometer, bei der ich sowohl hin wie zurück die staubige, steinige, nicht absolut sichere Strecke vom Kaspi-Meer über Kasvin, Teheran, Isfahan und Schiraz nach Buschir am Persischen Golf hinter mich brachte. Im Rückblick scheinen vor allem bemerkenswert die Daten jener Reise. Als Sonderkurier mit zwei versiegelten Koffern verließ ich Moskau am 28. März und kehrte am 20. April dorthin zurück, wohlgemerkt im Jahre 1941. Genau zwei Monate später entbrannte der große, der schreckliche, für unser Volk so vernichtende Krieg zwischen dem Dritten Reich und der Sowjetunion.

Nichts von allem Unglück, das binnen so kurzer Zeit über den Osten Europas, auch über den Iran, hereinbrechen sollte, war vorauszusehen, als ich am 1. April 1941 persischen Boden betrat.

Ein Dienstwagen unserer Gesandtschaft – eine deutsche Botschaft gab es damals nur an zwölf Plätzen der Welt – holte mich und mein umfangreiches Gepäck am folgenden Morgen ab. Für heutige Begriffe waren die Straßen schlecht, doch stellten sie für damalige Zeit bewundernswerte Fortschritte dar, vor allem die Strecke von Bandar Pahlevi über Rescht, Rudbar und Kasvin nach Teheran. War es doch eine der großen Leistungen Reza Schahs und der von ihm berufenen deutschen Ingenieure, daß die Reisedauer zwischen dem Kaspi-Meer und der Hauptstadt nur noch einen wenn auch sehr langen Tag betrug statt einer ganzen Woche, wie man es früher gewohnt war.

Die geschotterte Straße führte nach unzähligen Kurven über schmale Brücken und durch enge Hohlwege bis auf zweitausendsiebenhundert Meter hinauf, passierte alsdann einen langen, engen und rieselnd feuchten Tunnel, bei dessen Verlassen die schneeweiße Kuppel des 5654 Meter hohen Demavend sichtbar wurde. So viel Schnee lag auf der Südseite des Gebirges, daß wir häufig schwer schuftenden Arbeitskolonnen begegneten, die nur mit Schaufeln beschäftigt waren, die Straße von den weißen Massen zu befreien. Allenthalben sorgten Gendarme für die Sicherheit an und auf den Straßen. Mehrfach hörte ich, daß sie von Kaufleuten und wohlhabenden Reisenden illegalen Wegezoll erpreßten, ohne von dem sonst gestrengen Reza Schah eine Strafe zu befürchten. Beruhte doch seine Macht auf der bewaffneten Macht, darunter der Gendarmerie.

Der nur zur Aushilfe eingestellte Fahrer des Gesandtschaftswagens, Friedrich Morowski mit Namen, war ein vierzigjähriger Wolga-Deutscher, dem es nach der Russischen Revolution gelungen war, über den Kaukasus nach Persien zu entkommen. Die Erzählung seiner abenteuerlichen Flucht sowie des grausamen Endes seiner Eltern und älteren Geschwister ließ die Stunden rasch, wenn auch in gedrückter Stimmung verstreichen. (Knapp drei Monate später wurde Morowski von den in Persien eingefallenen Sowjets aufgespürt, verhaftet und wahrscheinlich erschossen. Seine Familie hat nichts mehr von ihm gehört.)

In Teheran, wo damals nur ein Siebentel der heutigen Bevölkerungszahl lebte, war relativ ruhiger Verkehr, vorwiegend mit Fahrrädern, Schubkarren und Pferdedroschken. Parkplätze brauchte man nicht erst zu suchen, denn alle Straßenränder standen zur freien Verfügung. Die Menschen waren sehr einfach, auch abgetragen gekleidet, liefen aber nicht in Fetzen herum, wie es nach Angabe der in Teheran lebenden Ausländer noch fünf bis sechs Jahre früher allgemein üblich gewesen war. Viele trugen nur Strohschuhe mit dicken Schafwollstrümpfen, und im Sommer blieben die meisten Kinder barfuß. Geradezu elegant wirkten in graublauen, maßgeschneiderten Uniformen die Offiziere. Sie betrachteten sich, wie mir gesagt wurde, als Herren und Gebieter der übrigen Iraner. Reges Geschäftsleben für gehobene Ansprüche, vor allem in der damals berühmten Lalezar. Sie ist heute vergleichsweise nur noch eine enge Straße mit nicht mehr so eleganten Geschäften.

Unsere nagelneue Gesandtschaft im typischen Stil des Dritten Reiches galt als weiträumig, geradezu als protzig. Dasselbe nun viel zu kleine Gebäude ist heute die Botschaft der Bundesrepublik in der Firdowsi Avenue, schräg gegenüber der Staatsbank mit dem Kronschatz. Von den großen Hotels mit bekanntem Namen war 1941 noch keines vorhanden.

Ausladen des Kuriergepäcks und Meldung beim Gesandten Ettel, einem Mann der Partei. Nur zehn Wochen später geriet er in den schlimmen Ruf, an der Verhaftung einiger hundert Deutscher durch Engländer und Sowjetrussen schuldig zu sein. Er hatte sich nach dem deutsch-russischen Kriegsausbruch, als noch Zeit für eine rasche Abreise in die Heimat gewesen wäre, zu optimistisch gezeigt und dringend zum Verbleib im Lande aufgefordert. Nach dem Einmarsch der Sowjets und Briten in den neutralen Iran saßen diese Deutschen mit ihren Familien in der Falle. Wer von den Engländern für mindestens fünf Jahre nach Britisch-Indien gebracht und dort in heißen Lagern interniert wurde, hatte relativ großes Glück. Denn es sind von jenen, die nach Sowjetrußland deportiert wurden, nur wenige wieder aufgetaucht.

Am folgenden Tag, als man das Kuriergepäck durchgesehen hatte, eröffnete mir der Gesandte Ettel, daß meine Dienstreise noch weiter gesteckte Ziele habe als nur bis Teheran. Die Weisung aus der Wilhelmstraße 75, der Zentrale des Auswärtigen Amtes, verlangte noch die Beförderung verschiedener, ebenfalls versiegelter Pakete nach Isfahan, Schiraz und Buschir. Was sich darin befand, ahnte auch der Gesandte nicht, sondern schien verwundert über die Empfänger. Das waren ein Gewerbelehrer, ein Kunsthistoriker und ein Diplomingenieur für Brückenbau, zwar alle drei deutsche Staatsangehörige, aber ohne amtliche Eigenschaft.

»Wenn die zur Abwehr gehören«, flüsterte der Gesandte, »hab ich nie was davon gewußt. Auf jeden Fall seien Sie vorsichtig, mein Lieber, äußerst vorsichtig. Hier schläft der Feind mit offenen Augen!«

Kein Dienstwagen mehr, dessen CC-Schild und Spezialnummer mich als Sendboten des Deutschen Reiches verraten hätte. Statt dessen ein starker Mietwagen amerikanischer Produktion, jedoch mit dem mir schon bekannten und sympathischen Friedrich Morowski am Steuer.

Eine miserable, knochenbrechende Straße hatte ich erwartet, um so angenehmer die Überraschung. Die gerade, rasche und freie Fahrbahn verdankte ihre gute Qualität weniger einer Meisterleistung des Straßenbaus, vielmehr der Gunst des Geländes. Harter, wie glattgewalzter Boden bis nach Schiraz, so gut wie kein Verkehr und nur selten eine das Tempo herabdrückende Stadtdurchfahrt. Ungefähr siebzig, zeitweise auch achtzig Stundenkilometer waren während der ersten drei Tage unser durchschnittliches Tempo.

Allenthalben trockene Landschaft, knisterdürre Dornbüsche, viel Sand und Staub und Steine. Eigentlich hätte schon die kurze Zeit des teilweise feuchten Frühjahrs beginnen müssen, aber diesmal kam es mit erheblicher Verspätung. Kahle Bergrücken am Horizont, aus Lehm gebaute Dörfer am Straßenrand, alle umgeben von Lehmziegelmauern. Bis vor fünf, sechs oder sieben Jahren noch zogen die sengenden und mordenden Räuberbanden durchs Land. Wir halten für einen heißen Tee bei recht primitiven Tschaikanéhs, die Lastwagenfahrern auch als Nachtquartier dienen. Dann wieder hundert Kilometer weit nichts, gar nichts. Hin und wieder eine Gendarmeriestation am Wege. Sie waren wie kleine

Burgen gebaut, mit Schießscharten und sogar mit leichten Geschützen. Kamel-Karawanen, langsamen Schritts und schwer mit Frachtgut beladen, überquerten die Fahrbahn. In gewaltige Staubwolken gehüllt, kam uns ein laut klappernder Wagen entgegen. Unsererseits überholten wir mit riskantem Manöver einen ebenso Staubwolken hochwirbelnden LKW.

Wie anders ist das heute! Das staubfreie Band aus Asphalt, der lebhafte Verkehr schneller Wagen und gepflegte Tankstellen nach höchstens dreißig Kilometern. Saubere Teehäuser, wo es auch gutes Essen gibt, und annehmbare bis gute Hotels in der nächsten Stadt.

Zwei- oder dreimal standen eindrucksvoll uniformierte Offiziere mit mehr oder minder umfangreichem Gepäck bei Ortsausfahrten, die uns durch herrische Stopzeichen anhielten. Wir sollten sie dahin und dorthin bringen, auch wenn das weit von unserer Strecke entfernt lag. Mein Diplomatenpaß und ein streng formulierter Schutzbrief des Vizechefs der Polizei bewahrten mich vor solchen und ähnlichen Forderungen.

Es war bei Nacht auch jetzt nicht ratsam, weite Strecken über Land zu rollen. Rasch war mit wenigen Steinblöcken die Straße gesperrt. Wer dagegen prallte oder anhielt, den hatten die wilden Burschen binnen weniger Minuten ausgeplündert.

Da waren wir schon in Isfahan, der schönsten, der wunderbarsten und kunstreichsten Stadt des alten Persien und neuen Iran. Nur einen Nachmittag hatte ich dafür und bedauerte den scheinbar unaufhaltbaren Verfall. Nur eine sandige Müllhalde war der weite Platz zwischen den großen Moscheen, Palästen, Basaren und Karawansereien. Wie anders dagegen heute! Wasserbecken, Parkanlagen, Blumenbeete und überall die Wiederherstellung der beschädigten Bauten in vollem Gange.

Der deutsche Kunsthistoriker empfing das versiegelte Paket in sichtlicher Verlegenheit. Was sollte das sein, warum gerade an ihn? Hoffentlich war nichts darin, was Geld kosten würde!

Nein, das nicht, viel Schlimmeres. Der dreifach verschnürte Packen enthielt ein paar hundert dünne Hefte, politisches Propagandamaterial in fehlerfreies Farsi übersetzt. Jedes der knallbunten, mit Hakenkreuzen geschmückten Hefte war mit zwanzig bis dreißig Fotos versehen, die unseren Sieg im Westen so deutlich wie möglich machten. Im Text, so erklärte mir der sprachkundige Gelehrte, wurden die Iraner gebeten, sich nicht durch verlogene Propaganda unserer Feinde verwirren zu lassen. Der Endsieg gehöre zweifellos dem »Großdeutschen Reich«, und so sei es für bisher neutrale Nationen, wie beispielsweise den Iran, wirklich das beste und klügste, beizeiten den rechten Weg zu wählen, natürlich vereint mit den Deutschen.

Wer diesen hirnverbrannten Blödsinn verbrochen hatte, wollte der Kunsthistoriker wissen. Ich beteuerte meine Unschuld, schüttelte den Kopf und verschwieg, daß allem Anschein nach unser Reichsaußenminister von Ribbentrop die Aktion ausgeheckt hatte. Es sah ihm ähnlich.

Was der überraschte Empfänger damit anfangen sollte, wurde in dem beigefügten Schreiben deutlich gemacht. Von dem völlig unpolitischen Mann wurde verlangt, die Propagandaschriften an zuverlässige, einflußreiche und vor allem vertrauenswürdige Iraner seines Freundeskreises zu verteilen.

»Nehmen Sie das Zeug wieder mit«, bat er mit bebender Stimme, »schaffen Sie mir diesen Blödsinn aus dem Hause!«

Das aber war nicht möglich, hatte ich doch eindeutig den Befehl, das Paket bei ihm abzuliefern. Wir sprachen ganz offen darüber, und schließlich meinte er, im Ruinengelände von Persepolis ein tiefes, sehr tiefes Loch zu kennen, das man dieser Tage wieder zuschütten werde.

Wir tranken einen Whisky feindlicher Produktion, noch einen zweiten und vielleicht dritten. Schon am frühen Morgen fuhren Morowski und ich weiter in Richtung Schiraz, wo ich einem Gewerbelehrer (dessen Namen ich wie alle übrigen aus gutem Grund vergessen habe) die Berliner Geschenksendung übergeben sollte. Doch durfte mich diese amtliche Pflicht nicht von einem Abstecher nach Pasargardae und zum Grabmal des Großen Cyrus abhalten. Pasargadae enttäuschte mich sehr, weil so gut wie nichts von den dortigen Palästen und Tempeln übrig war. Cyrus hatte die verschwundene Stadt als Hauptquartier eines Reiches schon 550 v. Chr. gegründet. Damit war sie noch wesentlich älter als Persepolis. Gründliche Ausgrabungen erfolgten nach dem Zweiten Weltkrieg, und heute lohnt sich der Besuch auf jeden Fall. Zutiefst eindrucksvoll war statt dessen das einfache, äußerst edel wirkende, aus goldgelben Steinquadern errichtete, leider schon lange leere Grabmal des Großen Cyrus. Weil sein Grab von Gestrüpp und Trockengras umgeben war, außerdem erst nach halbstündigem Fußmarsch zu erreichen, schien es Teil der wilden Landschaft zu sein. Das gab dem Monument Würde, ja die Aura der Ewigkeit.

Sonst ein Freund der Renovierung und Konservierung, bin ich in diesem Fall mit der Neugestaltung von heute nicht einverstanden. Zwar hat man das Grabmal von dem darauf wuchernden Gestrüpp befreit, aber leider auch die ganze Umgebung in naturwidriger Weise gereinigt. Nun steht das Monument inmitten eines tischflachen, mit Kies bestreuten Rondells, das seinerseits von einer weiten Asphaltfläche umgeben ist. An Feiertagen stehen Tausende von Fahrzeugen auf dem Parkplatz, dazu Kassenschalter und Barrieren, Erfrischungsbuden, Eisverkäufer und Toiletten. So unruhig hat sich Cyrus der Große seine letzte Ruhestätte bestimmt nicht gedacht.

Als Marianne und ich am Ende meines vierten (1941 mitgezählten) iranischen Aufenthaltes bei der Kaiserin, die so viel für die Erhaltung und Wiederherstellung iranischer Bauwerke und Kultur getan hat, zum Tee sind, erwähne ich ganz offen meine Ansicht über den Mißerfolg dieser Renovierung. Die Entwürfe könnten eigentlich nicht durch die Hände der Schahbanu gegangen sein.

»Da haben Sie recht, ich bin für den heutigen Anblick des Cyrus-Grabes nicht verantwortlich!«

Aber zurück ins Jahr 1941 und zum Abstecher nach Persepolis! Nur eine Sandstraße führte damals durchs Steppenland zur Ansammlung von gestürzten Säulen und halbversunkenen Fabeltieren, zu den breiten Treppen, zu den Fresken, Friesen und Skulpturen, die Kunst und Kultur auf höchster Stufe beweisen. Gewiß war Persepolis schon in jenem Jahr berühmt, sogar weltberühmt bei den gebildeten Schichten. Aber nicht so allgemein bekannt wie heute war Persepolis, und nur wenige Besucher begaben sich zur zweitausendfünfhundertjährigen Residenz der Achaemeniden. Die Iraner selbst hatten daran so gut wie gar kein Interesse. Heute bringen die Busse viel mehr Einheimische zu der historischen Stätte als fremde Reisegruppen.

Nur elf Säulen hatte man bis 1941 wieder aufgerichtet. Kaum bis zur Hälfte waren die herrlichen Skulpturen ausgegraben und manche der Terrassen noch nicht vom Sand befreit. Weil der Islam – wenn man sich streng nach seinen Geboten richtet – die Darstellung von Menschen, sogar von Tieren, verbietet, konnten Skulpturen, Fresken und Friesen von Persepolis nur überleben, weil sie beim Einfall und Vordringen mohammedanischer Heere vom Flugsand bedeckt waren. Fanatische Bilderstürmer und Zerstörer gab es noch lange, ja, es gibt sie vereinzelt bis zum heutigen Tag. Deshalb mußten die schon freigelegten Bauwerke von Gendarmen, auch von berittenen Patrouillen geschützt werden.

So war es bei meinem Besuch im April 1941, und außer diesen Wächtern habe ich dort keinen Menschen gesehen. Es gab damals kein Hotel und kein Restaurant in Persepolis, nur ein bescheidenes Tschaikahné. Dort nahmen wir Platz unter einem weit vorgebauten Strohdach. Zwar schützte es vor der allzu stark strahlenden Sonne, aber nicht vor dem staubfeinen, vom Steppenwind herangewehten Sand. Die kaum sichtbaren Körnchen trübten den Tee, knirschten im Reis und würzten den Hammel. Draußen hielt ein anderer Wagen, ein großer, grauer und, wie mir schien, geländegängiger Wagen. Drei Männer, offensichtlich Ausländer mit breiten Schultern, elastischem Gang und prüfendem Blick kamen herein. Alle ungefähr zwischen Mitte Dreißig und Mitte Vierzig.

»British Intelligence Service«, sagte möglichst leise mein Fahrer, »sind schon lang hinter uns her. Aber erst seit Isfahan bin ich sicher, daß sie uns folgen. Auf keinen Fall wollten sie uns überholen.«

Warum mir Morowski erst jetzt diese Mitteilung machte, schien etwas sonderbar, doch er zerstreute meine Zweifel.

»Mein Gott, wer sich hierzulande darüber aufregen wollte, hätte viel zu tun. Wer einen Diplomatenpaß in der Tasche hat und mit dicker Aktentasche reist, so einer wird immer beschattet, vom Tommy, vom Ami, vom schrecklichen Iwan und auch von iranischen Falkenaugen. Man muß sich daran gewöhnen. Übrigens, der mit dem blonden Schnauzbart hat 'nen schweren Revolver unterm linken Arm. Sie sehen die Ausbuchtung in der Jacke. Der neben ihm sitzt, begnügt sich mit 'nem Pistölchen. Er trägt's in der rechten Hosentasche.«

Auf den Gedanken, ständig unter Bewachung zu stehen, sogar planmäßig verfolgt zu werden, war ich bisher nicht gekommen. In unserer Teheraner Gesandtschaft hatte mir niemand ein warnendes Wort gesagt. Mit versiegeltem Kuriergepäck im Wagen war das für mich insofern eine unangenehme Sache, weil ich für sichere Beförderung verantwortlich war. Wenn der Kuriertransport abhanden kam, so konnte das im damaligen Dritten Reich ziemlich üble Folgen haben.

Als wir zahlten und in den Wagen stiegen, machten die Beschatter kein Hehl mehr daraus, daß sie die Absicht hatten, mir auf all meinen Wegen zu folgen. Nur so zum Spaß kurvte Morowski ein paar Kilometer kreuz und quer durchs flache, nur durch wenige Bodenwellen bereicherte Gelände. Getreu ihrem Auftrag rollten die Briten auf der deutlich sichtbaren Spur hinterher.

»Besser, wir fahren wieder zur Straße«, meinte ich, »da gibt's immerhin die Gendarmerie mit ihren Patrouillen. Hier aber können uns die Schurken ganz ohne Zeugen erledigen.«

Morowski aber meinte, die täten das nicht. Denen wäre es wichtiger, herauszubekommen, wer die Empfänger meiner Pakete seien.

Was für ein verdammter Unfug war doch diese Aktion! Ganz offenbar hatte sich niemand überlegt, daß weder eine Kurierfahrt durch die ganze Breite des Iran geheimzuhalten war noch die bei dieser Tour angesteuerten Adressen. Dennoch, meine Pflicht mußte ich tun. Bald brausten wir, eine riesenhafte Staubwolke hinter uns lassend, wieder auf der Hauptstraße nach Süden!

Weit voraus das quadratische Gebäude einer befestigten Gendarmeriestation mit Tankstelle davor. Wie Morowski sagte, war es die letzte der drei Tankstellen zwischen Isfahan und Schiraz. Zwar hatten wir noch Benzin für gut dreihundert Kilometer, aber wo man im damaligen Iran Tank und Kanister füllen konnte, machte jeder motorisierte Reisende davon Gebrauch. Während Morowski mit Schlauch und klappernden Kannen hantierte, verschwand ich aus hygienischen Gründen hinter einem Gemäuer. Wieder zum Vorschein kommend, sah ich vor der Tankstelle noch einen Wagen, und natürlich war es der Wagen der Briten.

Sie hatte ich, was kaum zu begreifen ist, seit Erreichen der Hauptstraße ganz vergessen. Nun waren sie da und starrten durch ihre Ferngläser ganz ungeniert in meine Richtung. Ich tat sowenig betroffen wie nur möglich. Wie so vielen jungen Leuten sollte mir das Pfeifenrauchen zur äußeren Wirkung eines gereiften Mannes verhelfen. Aber gerade hier gelang es nicht, weil mir zur gestopften Pfeife das Feuerzeug fehlte. Indessen hatten die Briten jede meiner Fingerbewegungen ganz genau beobachtet.

Einer kam geradewegs auf mich zu, und zwar jener muskelstrotzende Bursche, der einen versteckten Colt unter seiner linken Achsel trug.

»You probably need a flame«, meinte er grinsend, ließ sein Feuerzeug schnappen und hielt es über den Kopf meiner Pfeife. Ich konnte gar nichts sagen, sondern mußte mich dem Entfachen der Pfeifenglut widmen.

»Danke fürs freundliche Feuer«, nickte ich danach und versuchte zu lächeln, »aber bei passender Gelegenheit würden Sie mich ganz gern mit Ihrem Knalldings durchlöchern . . .«

Er grinste noch breiter als zuvor.

»So brutal werden wir nur im Notfall. Außerdem sind wir hier auf neutralem Boden.«

Zwar hörte sich das beruhigend an, konnte aber auch todernst gedacht sein.

»Immerhin folgen Sie beharrlich meinen Spuren, und gleich drei Mann zusammen. Lohnt sich so viel Mühe bei mir?«

Er lachte ziemlich laut.

»Bestimmt lohnt sich das, zumindest vorbeugend. Wir haben Wassmuss nicht vergessen!«

»Wen haben Sie nicht vergessen?«

»Wilhelm Wassmuss mein ich, wenn ich Wassmuss sage.«

Den Namen hatte ich nie gehört.

»Wer soll das sein? Ich kenn keinen Menschen, der so heißt.«

Da drehte sich der breitschultrige Mensch nach seinen Kollegen um und rief ihnen schallend zu: »Der bekloppte Jerry hier sagt, er kennt keinen Mann namens Wassmuss!«

Der Kleinste von den dreien klatschte sich auf die Schenkel, der andere tat einen Hopser in die Luft und der junge, der bei mir stand, lief mit prustendem Gelächter zum Wagen. Als wir dann, Morowski und ich, am stehenden Wagen der Briten vorbeifuhren, riefen alle drei hohnlachend hinter mir her: »Kennt keinen Mann namens Wassmuss!«

Es war schon dunkel, als wir Schiraz erreichten, doch zum Glück kannte mein ortskundiger Fahrer den winkligen Weg zum Haus des deutschen Gewerbelehrers. Erst nach langem Palaver zwischen Morowski und dem Torhüter wurde uns die Einfahrt gestattet. Der Hausherr, vermutlich im Dampfbad gewesen, eilte uns im luftigen Pyjama entgegen.

Aber so richtig gastfrei und freundlich wurde der Gewerbelehrer erst, als er meinen Paß gesehen und den Brief unserer Gesandtschaft in Teheran gelesen hatte. Er taute zusehends auf und war als guter Deutscher gerne bereit, dem Vaterland durch Verteilung der Propagandaheftchen zu dienen.

Ich war sein Gast im Hause und mehr noch im Garten. Ebenso wurde Morowski aufs beste bewirtet. Ein duftendes, romantisches, ja traumhaftes Paradies lag hinter den etwa drei Meter hohen Lehmziegelmauern. Hier war einer der mit Recht so berühmten Rosengärten von Schiraz. Schimmernde Wasserbecken, gurrende Tauben, silbernes Mondlicht auf glasierten Kacheln. Ein rosenumrankter Pavillon, darin ein runder Tisch mit Korbstühlen. Von zwei lautlosen Bedienten wurden wir mit delikaten Speisen und köstlichen Getränken versorgt. Wie spottbillig war doch dies Land, besonders das Leben in Schiraz, wenn sich ein schlichter Gewerbelehrer solchen Luxus leisten konnte.

»Nun ja, die Khans und Scheichs und Emire und einstigen Herren so schöner Häuser und Gärten, die wußten zu leben«, erklärte der Gastgeber. »Ebenso die Potentaten der mehr oder minder mächtigen Nomadenstämme hier in der Gegend, von der Provinz Fars bis hinunter nach Buschir und Bandar Abbas. Nun ja, Reza Schah hat den ewig revoltierenden Raubrittern das altgewohnte Handwerk gelegt. Hoffentlich hält die Ruhe bis auf weiteres.«

Aber wie sich herausstellte, hatte der Hausherr in dieser Hinsicht gewisse Zweifel. Reza Schah wäre an dem Punkt angelangt, wo er den Bogen überspannte. Sicher eine tapfere Tat, jene Machtprobe wegen des Öls mit England. Aber die Briten würden es ihm bei passender Gelegenheit heimzahlen. Gewiß eine großartige Leistung, die transiranische Bahn vom Persischen Golf über Teheran zum Kaspi-Meer, alles ohne einen Toman fremden Geldes, nur aus der höchst unbeliebten Steuer auf Tee und Zucker finanziert. Deutsche Ingenieure und italienische Vorarbeiter waren von den Iranern und niemandem sonst bezahlt worden. Ähnliches hatte es hierzulande noch nie gegeben.

»Aber gerade weil die sogenannte Tee-Zucker-Bahn so fehlerfrei funktioniert, ist das 'ne gefährliche Sache für die Freiheit des neutralen Landes. Bedenken Sie doch, wenn's mal wieder Krieg geben sollte zwischen Deutschland und Rußland.«

»Sieht nicht danach aus«, widersprach ich guten Glaubens, »ich komm doch gerade aus Moskau!«

»Wenn sich der seit bald zwei Jahren tobende Krieg nach Osten ausweiten sollte«, fuhr der Gewerbelehrer beharrlich fort, »also wenn's zum Krieg zwischen Hitler und Stalin kommt, entsteht hierzulande fast die gleiche Lage wie im Ersten Weltkrieg. Ich meine den englischen Versuch, die russische Front mit Truppen, Waffen und Hilfsgütern aus Britisch-Indien zu versorgen, und zwar auf dem nächsten Wege, mitten durch Persien. Im Gegensatz zu damals gibt's jetzt eine erstklassig ausgebaute Eisenbahn. Wie geschaffen, geschaffen durch iranische Selbstfinanzierung von iranischen Arbeitern, italienischen Vorarbeitern und deutschen Technikern, ja, wie geschaffen für die schönen Geschenke der Engländer an ihre russischen Freunde. Genau wie im Ersten Weltkrieg wird's dann sein, als diese beiden Mächte ins neutrale Persien einfielen, um sich Durchmarsch und Durchfahrt zu sichern.«

»Aber es trotz allem nicht geschafft haben«, meinte ich mit Nachdruck.

»Ganz recht, geschafft haben sie's nicht«, bestätigte der Hausherr, »die Briten haben's deshalb nicht geschafft, weil ihnen ein Deutscher, ich wiederhole, ein Deutscher, ganz allein mit seinen persischen Freunden den Weg gesperrt hat, vom ersten bis zum letzten Tage, und darauf, verehrter Gast, auf diesen Mann können wir heute noch stolz sein. Wassmussi«, rief er, »Wassmussi, bring uns noch einen Roten von der besten Sorte.«

Der Name seines Dieners erinnerte mich an meine drei Beschatter, die mit Gelächter meine Bemerkung quittiert hatten, daß ich einen Mann namens Wassmuss nicht kenne. Davon erzählte ich unserem Gastgeber, der dabei zunehmend blasser wurde.

»Wann hat, wer hat, was hat man über Wassmuss zu Ihnen gesagt?«

Wahrheitsgetreu schilderte ich dem Hausherr die Verfolgung und Begegnung mit den drei Gentlemen vom British Intelligence Service. Er war am Ende noch bleicher geworden als der Halbmond am Himmel.

»Das ist . . . das ist aber sehr unangenehm für mich, äußerst unangenehm, muß ich schon sagen!«

Es war ihm klar geworden, daß nun die Briten wußten, ohne Zweifel wissen mußten, wer hier in Schiraz der Empfänger des Berliner Propagandamaterials war. Bestimmt würde man sagen, es handle sich um hitlerische Hetzschriften, um nationalsozialistische Kriegstreiberei im neutralen Iran, und er selbst war am heutigen Tage auf die schwarze Liste der Briten geraten.

»Morgen, gleich wenn Sie weg sind«, versicherte er mir aufgeregt, »gibt's hier im Garten ein loderndes Feuer! Sie müssen verstehen, ich kann mich nicht belasten mit dem Zeug, es ist sozusagen selbstmörderisches Gift in meinen Händen.«

Seine vorhin stark betonte Vaterlandsliebe hatte ihn völlig verlassen. Trübsinnig saß der Hausherr vor seinem frisch gefüllten Glas, ohne auch nur daran zu rühren.

Um so mehr lag mir daran, von Anfang bis Ende zu erfahren, was es denn mit dem hier so berühmten, mir nicht bekannten Wassmuss auf sich hatte.

Verwehte Spuren

»Wassmussi« nennt man im südlichen Persien jene schon gut neunzig Jahre alten Mauser-Gewehre, die noch immer bei der Jagd auf Bergschafe und Steinböcke verwendet werden. Als echter »Wassmussi« gilt ein Mann, der mindestens zwei Tage und Nächte lang über Berge steigt, durch die Wüste läuft oder im Sattel (auf gewechselten Pferden) bleibt, ohne Schlaf und ohne Mahlzeit. »Wassmussi« hört man häufig als männlichen Vornamen in Dörfern, Städten und Nomadenlagern zwischen Schiraz, Buschir, Firuzabad und Kazerun, sogar bis hin nach Abadan.

Wilhelm Wassmuss war der Mann, den seine Feinde vier Jahre lang gejagt, verfolgt und bekämpft hatten, ohne ihn zu erledigen. Bis auf hunderttausend Goldmark hatte man schließlich den Kopfpreis für Wassmuss heraufgesetzt, tot oder lebendig. Dreimal wurde er in eine Falle gelockt und gefangen, dreimal entkam er dem Feind auf listige Weise. Am Ende hatten die Briten gegen diesen einen Deutschen und dessen einheimische Verbündete fast zwanzigtausend Mann aufgeboten mit Feldgeschützen, Maschinengewehren und zwei Bombenflugzeugen. Dennoch gelang es nicht, Wilhelm Wassmuss aus dem Wege zu räumen. Dabei hinkte er infolge einer Verwundung, hatte längst die letzte Verbindung mit der Heimat verloren und besaß schon am Ende des zweiten Jahres keinen Toman mehr in seiner Tasche. Es fehlte ihm an Waffen, Munition und Medikamenten. Dennoch sperrte dieser ungewöhnliche Mann für die Briten und ihre Transporte den so wichtigen Weg von Buschir am Persischen Golf nach Schiraz und weiter nach Teheran. Sie kamen nicht durch, und so blieb es während des ganzen Ersten Weltkrieges, sogar noch drei Monate darüber.

»Wassmuss«, so sagen seine Gegner*, »war als Einzelperson der erstaunlichste, gefährlichste und erfolgreichste Gegner des Britischen Weltreichs. Er zwang die Feinde seines Vaterlandes zu Ausgaben in Milliardenhöhe, zur Abstellung von vier Kriegsschiffen und zwölf Transportern.« Seinetwegen mußte man indische Hilfstruppen, die anderswo dringend gebraucht wurden, an die flimmernd heiße Küste von Südpersien schicken. Als die Engländer darangingen, Bagdad zu besetzen, die Hauptstadt des damals türkischen Mesopotamien (heute Irak genannt), reichte ihre Truppenstärke wegen der gegen Wassmuss entsandten Verbände nicht aus. Am 28. April 1916 wurde das Britische Expeditionskorps

* Christopher Sykes, »Wassmuss, the German Lawrence«, Tauchnitz-Edition, Leipzig 1937.

bei Kut-el-Amara von den Türken und deutschen Verbänden vernichtend geschlagen. Das gesamte Korps von rund zweihunderttausend Mann mit seinem Kommandanten General Lord Townsend geriet in Gefangenschaft. Auch das ein mittelbarer Erfolg der von Wassmuss in Südpersien entfesselten antibritischen Aufstände. Als viele Monate später der Feind versuchte, und zwar mit Erfolg versuchte, diese Scharte wieder auszuwetzen, mußte er zwei kampferprobte Divisionen von der Westfront in Europa abziehen, worauf den Deutschen tiefe Einbrüche gelangen. Erst nach dem Krieg konnte Wassmuss erfahren, welch weitreichende Folgen er mit seinem Partisanenkrieg in Südpersien bewirkt hatte.

Im heutigen Iran, besonders im Raum Schiraz–Buschir, ist dieser Mann eine sagenhafte Gestalt. Geschichten werden über ihn erzählt wie Märchen aus Tausendundeiner Nacht. Doch immer steckt ein Körnchen Wahrheit darin. Es gibt noch Leute, die ihn kannten und mit Wilhelm Wassmuss gegen die ins neutrale Persien eingefallenen Engländer kämpften. Einige habe ich aufgesucht und ausgefragt. Es gelang mir, sein halbverfallenes Haus, das einstige deutsche Konsulat (bis 1915) in Buschir, wiederzufinden. Selbst bei unserer Botschaft in Teheran wußte man nicht, daß es nach so langer Zeit noch existierte.

Im gastlichen Haus Hassan Nemazis in Schiraz bin ich drei Männern im Alter von fünfzig bis sechzig Jahren begegnet, deren Väter als Stammesführer zu den treusten Mitkämpfern des Konsuls Wassmuss gehört hatten. Sie waren Farajollah Khan Kamaradji, Goli Khan Kamaradji und Mohammed Amir Azodi. Etwas mehr als dreihundert Krieger hatten ihre Sippen an die Seite von Wassmuss geführt. Mehr aber, nämlich siebenhundert kampfgewohnte Männer, konnte Nasir Diwan aufstellen, Khan der Kazeruni. Bei dieser oder jener Gelegenheit kamen noch andere hinzu, Tangistani und vor allem Pashtestani, zeitweise auch bis zu eintausendfünfhundert Kaschgai unter Führung ihres nicht immer zuverlässigen Ilkhans Saulat-ud-Dauluth. Selbst zu seiner besten Zeit hatte Wassmuss niemals mehr als dreitausend Kämpfer unter seinem Einfluß. Sie besaßen keine Feldkanonen, keine Maschinengewehre, auch kein motorisiertes Fahrzeug. Weniger als die Hälfte war mit den unter größten Mühen aus Deutschland herbeigeschafften Mauser-Gewehren bewaffnet, mit den noch heute berühmten »Wassmussi«. Die übrigen mußten sich mit Schießeisen primitiver Art, manche sogar mit Vorderladern, bescheiden. Aber unterzukriegen waren sie nicht, obwohl ihnen letzten Endes eine aufs beste ausgerüstete, stets mit Nachschub versorgte Streitmacht von rund zwanzigtausend Mann gegenüberstand.

»Als in Europa der große Krieg zu Ende war«, rief Farajollah Khan mit stolzer Freude, »haben wir noch ein ganzes Jahr weitergemacht und vieles getan, wozu Wassmussi schon im ersten Jahr geraten hatte.«

Weil die beiden Khane und der Emir kein Wort einer fremden Sprache beherrschten, leistete uns Oberst B. den Dienst eines Dolmetschers.

»In der Schlacht von Dschurun verloren die Briten dreihundert Gefangene, darunter einen Vetter ihres Königs.«

Die Zahl sei stark übertrieben, meinte der Oberst auf Englisch. Sie bedeute lediglich, daß der Feind relativ starke Verluste hatte. Beim Vetter des Königs von Großbritannien handelte es sich vermutlich um einen Major. Das Abzeichen dieses Rangs besteht bekanntlich aus einer goldgestickten Krone. Daher wohl das Mißverständnis.

Mohammed Amir Azodi, dessen Stammbaum der Legende nach zweitausend Jahre zurückreicht, war kritischer in bezug auf die Taten seines Stammes.

»Sprachen wir von einem ruhmreichen Sieg, so taten es auch die feigen Engländer. Wir fielen aus guter Deckung über sie her, erledigten blitzschnell ein paar Dutzend ihrer Krieger und nahmen von ihrer Versorgung alles mit, was wir rasch genug erreichen konnten. Aber ziemlich bald erholten sich die Briten von ihrer Überraschung, und wir . . .«, er lachte über die Schlauheit der Stammesführung, »wir zogen uns in die Bergschluchten zurück, wohin der Feind nicht folgen konnte.«

Goli Khan wies auf den häufigen Wechsel von guten und schlechten Wochen hin, die sie vier, sogar fünf Jahre lang erlebten. Tagesmärsche, oft auch Märsche im Schutze der Dunkelheit, von fünfzig und sechzig Kilometer, durch tiefe Schluchten, über schneebedeckte Berge und allzuoft in glühender Hitze. Nur jeder zweite Mann besaß ein Pferd, ein Kamel oder einen Esel. Die anderen liefen zu Fuß und schleppten ihre ganze Ausrüstung mit. Als Nahrung hatten sie nur getrocknete Datteln, Feigen, Gerstenbrot und kleine Mengen Schafskäse. Ihre zu schwer belasteten, ausgemergelten Tiere mußten sich meist mit der nur armseligen Vegetation begnügen. Kein Feuer gab es, weil bei Tage sein Rauch und bei Nacht sein rötliches Gefunkel den Standort der Krieger verraten hätte.

»Aber dann«, rief der Khan mit Begeisterung, »wenn unser Späher eine Transportkolonne der Briten entdeckt hatte, schlichen wir lautlos und lagen reglos im Hinterhalt, stießen plötzlich wie Falken von Bergeshöhen auf den Feind und errangen einen blitzschnellen Sieg. Vor allem hatten wir's auf die köstlichen Konserven abgesehen. Die schafften wir gleich in sichere, hochgelegene Höhlen und ließen es unseren Bäuchen wohlergehen.«

Auf die Frage, ob man bei solchen Überfällen viele Gefangene gemacht hätte, kratzten sich zwei der Scheiche am Kopf, während der dritte meinte, das sei nicht möglich gewesen.

»Entweder waren wir auf der Flucht oder verfolgten den Feind. Dabei wäre die Mitnahme von Gefangenen sehr störend und lästig gewesen.«

Farajollah Khan hatte von der soldatischen Tüchtigkeit der britischen Offiziere keine hohe Meinung.

»Sie schickten ihre indischen und nepalesischen Soldaten vor. Damit meine ich die kleinen, flink herankriechenden, schlitzäugigen Ghurka mit dem krummgebogenen Messer zum Leibaufschlitzen. Die weißen Offiziere blieben hinter ihren Hilfstruppen, fuchtelten mit Pistolen durch die Luft und gaben Befehle mit lautem Geschrei.«

Wie sich die Rolle von Wassmuss ausgewirkt habe, fragte ich gezielt, um zu erfahren, wie er von seiten der Stammesführer gesehen wurde. Bei den Antworten ging es arg durcheinander. Oberst B. hatte Mühe, davon nur einen Teil zu übersetzen, und das läßt sich – wenn überhaupt – nur auf Umwegen in abendländischen Begriffen wiedergeben.

Wilhelm Wassmuss, der deutsche Konsul in Buschir, aber seit Ausbruch des Krieges im August 1914 ohne Konsulat und ohne festen Wohnsitz, war die Seele und symbolische Gestalt des Widerstandes. Ohne ihn, der als Klammer fungierte, hätten sich die vielen ganz verschiedenen, untereinander zerstrittenen Stämme, Sippen und Gruppen niemals für gemeinsame Aktionen zusammengeschlossen. Der Deutsche war die Spinne im tausend Kilometer weit gespannten Netz, der Einsammler aller Nachrichten und Organisator der Verbindungen. Er sorgte – soweit möglich – für den Nachschub und dessen Verteilung, plante vor allem die Strategie und Taktik, ebenso die Vorstöße, die Fluchten und Straßensperren. Während der fünfundfünfzig Monate seines Widerstandes gegen die umfassenden Aktionen des Britischen Weltreichs war Wilhelm Wassmuss ohne Ruhe und Rast unterwegs. Er versöhnte bisher unversöhnliche Feinde, entfachte die Leidenschaft von Stämmen und Stammesfürsten, unterhielt heimliche Kontakte zu Vertretern der Teheraner Zentralregierung, streute verwirrende Gerüchte aus, ließ prodeutsche Propaganda verteilen und bekämpfte mit einzigartigem Erfolg die Versuche des Feindes, sich für Gold und Geld die Gunst der Khane, Scheiche und Emire zu erkaufen.

»Zwei Satteltaschen voller Goldstücke«, sagte Goli Kamaradji mit der Stimme tiefer Empörung, »hat uns Sir Percy Cox, der britische Konsul, und noch mehr hat uns Sir Percy Sykes, der britische General, für die Auslieferung von Wassmussi geboten. Aber natürlich hat niemand von uns an so schändlichen Verrat gedacht.«

Wochenmarkt in Minab unweit Bandar Abbas am Persischen Golf. Nur hier und an wenigen anderen Orten tragen die Frauen solch ungewöhnliche Gesichtsmasken aus farbig besticktem Ziegenleder. Angeblich haben sie die seltsame Sitte vor fast vierhundert Jahren von den portugiesischen Frauen übernommen, als die Portugiesen einige Inseln und Hafenplätze am Persischen Golf besetzt hielten.

Bei allem, was ich hörte, so schien mir, hatten die iranischen Verbündeten des aus Buschir vertriebenen Konsuls dessen eigentliche Kriegsziele nie so recht begriffen. In so weiten Räumen und weltweiten Zusammenhängen konnten sie begreiflicherweise nicht denken. Den überraschend in ihre Stammesgebiete eingedrungenen Feind wollten sie hinauswerfen oder soweit wie nur möglich schädigen. In Wassmuss hatten sie dafür den klügsten Kopf gefunden. Ihm aber lag an der permanenten Sperre der Straßen und Karawanenwege vom Persischen Golf ins Hinterland. Den Briten durfte nicht gelingen, die schon schwankende russische Front in Europa durch kriegswichtige Lieferungen aus Britisch-Indien zu verstärken. Ebenso wichtig mußte es für Wassmuss sein, möglichst viele feindliche Truppen, Kriegsmaterial, Transportmittel und Gelder in Südpersien zu binden. Weil es ihm gelang, hatte er damit eine neue Front, eine für den Feind kräfteverzehrende Nebenfront geschaffen.

Je länger sich die Gespräche mit den drei Herren hinzogen, sogar leidenschaftlich wurden, desto klarer wurde, daß sie keinen Unterschied mehr zwischen ihren heldenhaften Vätern und sich selber machten. Bald gingen sie dazu über, von den Ereignissen in der Form des »wir« und »ich« zu erzählen, ganz so, als hätten sie selbst aktiv mitgekämpft.

»Wir hockten in den Kanaten unter der Erde, wir lauschten und warteten auf eine englische Patrouille«, schilderte mit leidenschaftlich glühenden Augen Farajollah Khan. »Ab und zu schaute einer von uns ganz kurz hinaus. Als der Feind erschien, eine Kolonne mit Tragtieren, schlüpften wir flink durch die Schächte nach oben, zielten mit ruhiger Hand, piff, paff, puff, war die ganze Patrouille ausgelöscht. Wir schnell hin, den Gefallenen die Waffen abgenommen und wieder in die Kanate zurück. Darin so weit weg wie nur möglich und bald das nächste Manöver gleicher Art.«

»Das hätten Sie sehen sollen«, meinte Amir Azodi, »als plötzlich bei Buschir ein paar Regimenter britische Kavallerie aus dem Nebel auftauchten und wir fein säuberlich alle Reiter aus dem Sattel schossen. Wassmussi selbst sagte mir an jenem Abend, er sei sehr stolz auf mich!« (Tatsächlich waren bei jenem Gefecht nur zwölf Briten gefallen, und statt »Regimentern« war auf seiten des Feindes nur eine Schwadron beteiligt gewesen. Aber solche und ähnliche Einschränkungen verstehen sich von selbst.)

Das Grabmal Cyrus d. Gr. – errichtet 530 v. Chr. – gilt als Nationalheiligtum im modernen Iran, dessen größter und geistig bedeutendster Herrscher im Altertum Cyrus (iranisch: Kurosh) gewesen ist. Der jetzige Kronprinz ist nach ihm genannt. Schon während der kurzen Regentschaft Alexanders d. Gr. wurde – vermutlich im Jahre 331 v. Chr. – die Grabkammer mit dem goldenen Sarkophag ausgeraubt. Alexander ließ die Räuber ergreifen und hinrichten.

Als ich nach den sagenhaften Funkgesprächen fragte, die Wassmuss angeblich mit Kaiser Wilhelm II. geführt hatte, von Südpersien mit dem großen Hauptquartier an der Westfront vor mehr als sechzig Jahren, konnten es mir die drei Herren bestätigen. Goli Khan war selbst dabei gewesen, wie er sagte.

»Auf dem Dach des Hauses, wo Wassmussi gerade wohnte, waren zwei Ständer mit ausgespannten Drähten. Von dort flogen die unsichtbaren Sprechfunken nach Deutschland. Wassmussi saß an seinem meterhohen Sprechkasten, wo viele rote, blaue und grüne Lämpchen glühten, und er sprach mit dem deutschen Schahanschah.«

In Wahrheit sei das Gerät, so meinte auf englisch Oberst B. zu mir, ein von Wassmuss selbstgebautes Spielzeug gewesen, und dessen schwachen elektrischen Strom hatte sein Diener durch Treten auf einem abgewrackten Fahrrad erzeugt. Das Ganze war nur ein Trick, um seine Verbündeten bei der Stange zu halten. Felsenfest glaubten sie, daß hinter Wassmussi die ganze Macht und das Ansehen des deutschen Kaisers stand. Gelegentlich lud der geniale Konsul auch Großkaufleute aus Schiraz dazu ein. Sie waren entzückt, daß Kaiser Wilhelm ihren Namen kannte, sich sogar nach dem Befinden ihrer Söhne erkundigte. Sie stellten Wassmuss Darlehen von insgesamt dreißigtausend Goldmark zur Verfügung. (Diese Gelder hat die Weimarer Republik in den Jahren 1924/25 mitsamt den angelaufenen Zinsen zurückgezahlt. Gewiß auch einer der Gründe fürs hohe Ansehen der Deutschen gerade im südlichen Persien.)

»Allein und ohne Waffen hat Wassmuss das Britische Weltreich herausgefordert«, schreibt der englische Iranologe Christopher Sykes, ein naher Verwandter des Generals Sir Percy Sykes. »Er war sicherlich der bedeutendste von allen Deutschen zu jener Zeit in jenem Teil der Welt, und in seinem Charakter wohnte das Genie. Die Liebe zu Persien war die Quelle seiner Macht und gab ihm eine geradezu mystische Bedeutung.«

Selbst in den Augen seiner erbitterten Feinde war er zum Mythos geworden, wie die britische Generalstabskarte der Kräfteverhältnisse auf diesem Kriegsschauplatz beweist. Über das gesamte südliche Persien, ein Gebiet größer als Frankreich mit Belgien und Holland, hatte man in breiter Schrift den Namen *Wassmuss* geschrieben. Weiter nichts!

Wilhelm Wassmuss stammte aus Ohlendorf bei Goslar am Harz, wo er 1880 geboren wurde. Er war ein Niedersachse, wie man sich typischer keinen vorstellen kann, frei und selbstsicher, hartköpfig, hartnäckig und von geradezu fanatischem Sinn für Gerechtigkeit. Fremd war ihm persönliches Gewinnstreben, und »Karriere zu machen« war gewiß nicht sein Lebensziel. Körperlich war er von hoher Gestalt, hatte starke Schultern und einen kantigen Kopf. Seine Stirn war hoch, die Augen hellblau und energisch. Sein hellblondes Haar, das er in Persien fast schulterlang trug, wurde durch ein Stirnband oder eine schirmlose Mütze zusammengehalten. Schon in seinem sechsunddreißigsten Lebensjahr war Wassmuss silberweiß geworden. Unter Verzicht auf den väterlichen Hof hatte er sich zu einer akademischen Ausbildung entschlossen. Weshalb er Orientalistik wählte, insbesondere die persische Sprache und Kultur, ist nicht bekannt. Englisch und Französisch waren für einen Anwärter des Auswärtigen Dienstes selbstverständlich. Da ihm für die diplomatische Laufbahn das seinerzeit notwendige Privatvermögen fehlte, begann er als sogenannter Dragoman (dem Diplomdolmetscher vergleichbar), wurde aber schon mit knapp dreißig Jahren Vizekonsul in Mombassa und zwei Jahre später Leiter des neugeschaffenen deutschen Konsulats in Buschir.

Er saß dort – in zweifacher Bedeutung des Wortes – auf glühendheißem Posten. Es waren die Jahre des deutschen Drängens in den Nahen wie Fernen Osten. Eben hatte die türkische Regierung mit dem Deutschen Reich den Bau einer durchgehenden Bahnlinie vom Bosporus nach Bagdad beschlossen, mit deren Hilfe ein direkter Handel und vielleicht auch politischer Einfluß des Deutschen Reichs am Persischen Golf, sogar bis nach Britisch-Indien, möglich wurden. Jedenfalls waren die Engländer alarmiert. Sie allein hatten bisher den abendländischen Einfluß dort ausgeübt und außerdem vor erst sechs Jahren die scheinbar unerschöpflichen Erdölvorkommen auf iranischem Boden entdeckt, auch mit der Förderung gerade begonnen. Das Auftauchen deutscher Schiffe, deutscher Techniker und deutscher Kaufleute mußte die Briten aufregen und erst recht das deutsche Konsulat in Buschir.

Ein merkwürdiger Konsularagent, dieser Wassmuss. Hielt sich vom geselligen Verkehr mit den wenigen Ausländern zurück, besuchte aber häufig die einsamen Zeltlager der Hirten, die Lehmdörfer der Bergbewohner und Fischersiedlungen an der entsetzlich heißen Küste. Sein Pferdeverstand schien die pferdeliebenden Stammesführer zu begeistern. Saulat-ad-Daluth, der wie ein absoluter Herrscher über das Volk der Kaschgai regierte, das »sechzigtausend Zelte« stark war, dieser größte aller Feudalherren im südlichen Persien, hatte dem Deutschen einen Vollbluthengst zum Geschenk gemacht, dessen Geldwert gar nicht zu schätzen war. Nach knapp zwei Jahren hatten die Kenntnisse vom Land, seiner Menschen und der Gebräuche die Vollendung erreicht. Mehr noch, Wassmuss zitierte sozusagen aus dem Handgelenk die jeweils passende Stelle aus Dichtungen von Hafez, Saa'di, Firdowsi, Omar Khajam und anderen Größen des persischen Geistes. Er hantierte mit Sprichwörtern, Komplimenten und Zitaten, daß es für seine Freunde ein Vergnügen war, mit ihm zu reden.

»Er hat ihre Seele geputzt«, sagte Wassmuss und meinte, man habe diesen oder jenen mit schmeichelhaften Redensarten eingeseift. »Die größte Satteltasche reicht nicht aus, um darin die Früchte deiner Weisheit unterzubringen«, war eines der Komplimente von Wassmuss, das den Stammesführer Nasir Diwan entzückte. »Er ist so schnell wie ein Fisch in der Wüste, so ehrlich wie ein Taschendieb in Teheran, so freundlich wie ein Skorpion im linken Pantoffel«, so schilderte er einen falschen Freund.

Wohin Wassmussi kam, fand er Freundschaft und öffneten sich ihm die Herzen. Im übrigen war er der erste und wohl bis heute noch einzige Ausländer, der neben dem Farsi auch Tangistani gelernt hatte, die von allen persischen Dialekten getrennte Sprache der großen Nomadenstämme im südlichen Persien.

»Ich kann es kaum anders ausdrücken«, schreibt Christopher Sykes in seinem Wassmuss-Buch, »als daß er für diese Leute eine magische Persönlichkeit war.«

Wenige Monate vor Ausbruch des Ersten Weltkrieges wurde Wassmuss ins Auswärtige Amt nach Berlin gerufen, wo er die berühmt gewordene Hentig-Niedermeyer-Expedition zum Emir von Afghanistan organisieren und sogar leiten sollte. Eine Geschichte für sich, eine unerhört spannende, abenteuerliche und faszinierende Geschichte, die ich den interessierten Leser bitten muß, anderweitig kennenzulernen. Was hierbei alles geschah und aus welchen Gründen Wassmuss von der Leitung, auch von der Teilnahme zurücktrat, spielt für unsere Betrachtung seines Wirkens in Südpersien keine wesentliche Rolle. Indessen war der Erste Weltkrieg ausgebrochen. Wassmuss war in Buschir auf dem Weg, wieder seinen Posten zu übernehmen. Das persische Kaiserreich war neutral und betonte seine strikte Neutralität in allen möglichen Erklärungen. Aber das störte die Briten in keiner Weise. Deutsche Schiffe im Persischen Golf wurden beschlagnahmt und deutsche Firmenvertreter verhaftet. Sie besetzten auch das Deutsche Konsulat, schafften die Akten fort und gelangten in den Besitz des deutschen Geheimcodes. (Er wurde gleich danach geändert.) Wassmuss selbst entging ihnen, da er sich gerade bei seinen Freunden hinter den Sieben Bergen aufhielt. Der stellvertretende Konsul Littmann, auch seine Angestellten und deren Frauen wurden festgenommen und in einem indischen Lager für Zivilgefangene interniert. Für den rechtlich und völkerrechtlich denkenden Wassmuss hatte damit – im an sich neutralen Persien – ein englisch-deutscher Krieg begonnen. Da gleichzeitig britische Truppen im Süden und Russen im Norden einmarschierten, war auch für die Perser das Recht zur Revolte gegen den eingedrungenen Feind gegeben.

Wie es scheint, hatte man dergleichen in Berlin erwartet, und Wassmuss war nicht mit leeren Händen wiedergekommen. Zu seiner Verfügung standen hunderttausend Mark in Goldmünzen sowie eine unbestimmte Zahl von Mauser-Gewehren. Nur von dem deutschen Arzt Dr. Lenders begleitet, machte sich Wassmuss auf den Weg zu den Stämmen im Hinterland von Buschir.

Die Engländer waren über alles unterrichtet dank ihres ausgezeichneten und sprachbegabten Nachrichtenoffiziers »Mr. Chic«. Durch seine Spione ließ er die lange Karawane der Deutschen beobachten und konnte voraussehen, daß sie binnen kurzem Beschbahan passieren mußte. Gegen entsprechend hohe Belohnung war der dortige Scheich bereit, Wassmuss und dessen Begleiter – tot oder lebendig – an die Engländer auszuliefern. So ließ der schurkische Scheich seine Gäste beim Festmahl verhaften, obwohl er damit nach persischen Ehrbegriffen ewige Schande auf seinen Namen häufte. Kaum war die Schandtat geschehen, jagte ein Bote zu den Briten, um die Verhaftung von Wassmussi zu melden. Als jedoch ein britischer Captain mit Eskorte eintraf, befand sich nur noch Dr. Lenders in dem verschlossenen Gemach, der jede Auskunft über das Entkommen des deutschen Konsuls verweigerte. An Lenders war aber den Engländern nur wenig gelegen, er mußte als Zivilarzt ohnehin ausgetauscht werden. Das gesuchte Gold und die Gewehre befanden sich nicht bei der festgehaltenen Karawane, abgesehen von Privatgeldern in Wassmuss' Satteltaschen. Ein zweiter, streng geheimgehaltener Transport hatte sich auf Wassmuss' Weisungen an Beschbehan vorbeigeschlichen. Der flüchtige Wassmuss stieß bald hinzu, und so konnte man die Reise fortsetzen.

Nicht lange danach wurde Wassmuss infolge der Tüchtigkeit des »Mr. Chic« wiederum aufgespürt und bei Borazjan von einer britischen Kavallerie-Schwadron unter dem Kommando des Captain Noel überrascht. Der kämpferische Konsul blieb seltsamerweise vollkommen ruhig, ja sogar höflich gegenüber dem Captain. Unter strenger Bewachung wurde der Gefangene in einem halbverfallenen Wüstenfort untergebracht. Aber sein geliebtes, kostbares Pferd machte einen todkranken Eindruck. Captain Noel wäre kein Brite und kein Kavallerist gewesen, hätte er Wassmuss nicht gestattet, den vierbeinigen Freund zu pflegen. Aber stets mußten zwei Soldaten dabei zugegen sein. Weil nun Wassmuss halbstündlich von seinem Quartier zum Stall ging und sein Pferd offenbar nicht mehr stehen konnte, gaben es die ermüdeten Männer auf, den Gefangenen bei diesem kurzen Weg zu begleiten. Am frühen Morgen jedoch war Wassmuss mit seinem Pferd verschwunden. In Wahrheit konnte es nicht krank gewesen sein, sondern hatte sich auf Einflüsterung seines Herrn krank gestellt.

Wie sich denken läßt, haben jene beiden Eskapaden die Bewunderung für Wassmussi aufs höchste entflammt. Als großer, als ganz großer Held galt er bei den Bewohnern der Berge, der Täler und der Wüste. Wassmuss lebte in Nomadenzelten und vertiefte seine Freundschaft zu den Herren des Landes.

Wassmuss führte bis zu dreitausend Stammeskrieger gegen britische Stellungen bei Buschir und plante Überfälle von nur hundert Beteiligten auf feindliche Transporte. Er täuschte Feldzüge vor, die gar nicht stattfanden, und ließ Nachrichten verbreiten, die nur den Zweck der Verwirrung hatten. Mit bescheidensten Mitteln baute er einen Nachrichtendienst auf, der weit besser war als jener von »Mr. Chic«. Dann ein großer, fast unglaublicher Erfolg. Am 10. Oktober 1915 fiel Schiraz in die Hände des Deutschen und seiner Verbündeten. Alle Engländer wurden festgenommen oder entkamen mit knapper Not.

Mehr und mehr englische Truppen und indische Hilfstruppen landeten in Buschir, ohne daß es ihnen auch nur einmal gelang, die für sie ungemein wichtige Straße durchs Hochgebirge aufzuknacken. Sogar der Bau einer fünfundzwanzig Kilometer langen Schmalspurbahn vom Hafen Buschir bis ans Gebirge nützte nichts.

Wassmuss verfaßte eine hektographierte Zeitung namens »Hagga« (Das Recht), die er auf Schleichwegen bis nach Isfahan verbreiten ließ. Schiraz ging an den General Sir Percy Sykes wieder verloren, dafür wurden andere Gebiete gewonnen. Ein ständiges Hin und Her, ewiges Auf und Ab von Erfolgen wie Mißerfolgen. Doch im großen Zusammenhang gesehen, blieb es die einmalige Leistung von Wilhelm Wassmuss, daß er bis über das Kriegsende hinaus die Feinde seines Vaterlandes in die Zwangslage versetzte, sich mit einem Riesenaufgebot von Menschen und Material an der südpersischen Nebenfront zu engagieren. Dem Deutschen Reich dagegen kostete diese Front nicht einen Mann.

Das Geld ging aus, längst waren die Gewehre und Munition verteilt. Die fünffache Zahl hätte Wassmuss gebraucht und Nachschub aller Art, der ihn auf keinem Weg mehr erreichte. Ganz und gar war er auf das Wohlwollen seiner Freunde angewiesen. Die drei Männer in Schiraz sagten mir, und iranische Freunde haben es mir bestätigt, daß einige der Stammesführer zugunsten Wassmussis ihr ganzes Vermögen verloren und deshalb bis heute relativ arm geblieben sind. Während der gleichen Zeit zahlten die Briten zwei Millionen Pfund Sterling an Subsidien, um aus Iranern eine elftausend Mann starke Truppe, die »South Persian Rifles«, gegen Wassmuss aufzustellen.

Viel schlimmer noch war, daß sich die deutsche Regierung gezwungen sah, gewisse Rücksicht auf die schwache Regierung des Ahmed Schah zu nehmen. Man hatte zu befürchten und wollte vermeiden, daß sich die sogenannte Zentralregierung in Teheran ganz auf die Seite der Russen und Engländer ziehen ließ. Als Teheran gegen die erneute Bedrohung von Schiraz durch Wassmuss und seine Verbündeten protestierte, sandte Prinz Reuß, damals deutscher Gesandter in Teheran, einen geheimen Befehl an Wassmuss, der ihm rundheraus die Teilnahme an dieser Aktion verbot. Daraufhin bat Wassmuss um seine Entlassung als Konsul und erklärte sich zum Privatmann. So hatte er nichts mehr, überhaupt nichts mehr hinter sich, keine Regierung, kein Vaterland und keine Hilfe, jedenfalls keine offizielle Hilfe.

Allerdings hatte man unter der Hand den ehemaligen Konsul nicht völlig fallengelassen. Kurz bevor die letzte Verbindung abriß, erhielt Wassmuss durch Geheimkurier noch eine Mitteilung von (dem späteren deutschen Botschafter in Ankara und Moskau) Rudolf Nadolny aus Kermanschah:

»Halten Sie die Stellung soweit möglich ist . . . sperren Sie die Straßen ins Hinterland so lange wie möglich . . . es ist für Deutschland von äußerster Wichtigkeit, daß feindliche Kräfte bis auf weiteres dort gebunden bleiben.«

Beim Gang zum Brunnen in dunkler Nacht wurde Wassmuss – vermutlich von Räubern – überfallen und durch mehrere Messerstiche in den rechten Oberschenkel schwer verletzt. Infolgedessen zog er zeitlebens dieses Bein etwas hinter sich her. Ebendeshalb verdienen seine gewaltigen Marschleistungen danach größte Bewunderung.

Im April 1917 standen wie aus dem Boden gewachsen zwei junge Deutsche vor Wilhelm Wassmuss, der jahrelang kein Wort seiner Sprache mehr gehört hatte. Dettmar hieß der eine und Oertel der andere. Beide völlig abgerissen, auf selbstgemachten Sandalen laufend, die Gesichter von wildem Bartwuchs verhüllt und bis zur totalen Erschöpfung ausgehungert. Sie hatten Abenteuer hinter sich, die nur wenige Menschen erlebt haben. Als Angestellte einer deutschen Exportfirma in Orenburg nahe dem Ural waren sie bei Kriegsausbruch von den russischen Behörden verhaftet und als Zivilgefangene hinter den Stacheldraht eines schlimmen Lagers in Turkestan gebracht worden. Fünf Mann, die alle Russisch sprachen, waren schließlich ausgebrochen und hatten auf Um- wie Irrwegen versucht, die Grenze des neutralen Persien zu erreichen. Drei der Schicksalsgenossen brachen zusammen und starben. Nur Dettmar und der gerade zwanzigjährige Oertel erreichten nach achtzehn Monaten die relative Sicherheit von Isfahan. Dort hatten sie erfahren, daß südlich von Schiraz »eine deutsche Armee« unter dem Kommando des berühmten Generals Wassmussi gegen die Briten kämpfe.

Jetzt also waren sie bei Wassmuss, der aber nicht als ordensgeschmückter General in feldgrauer Montur vor ihnen stand, sondern als hinkender Zivilist in einem oft geflickten Burnus. Dettmar starb in den nächsten Tagen an den Folgen der furchtbaren Strapazen. Der junge Oertel erholte sich und wurde die rechte Hand des »unsichtbaren Herren in Südpersien«, unter welch schmeichelhafter Bezeichnung Wassmuss in britischen Heeresberichten auftauchte. Bis über das Kriegsende hinaus blieben Wassmuss und Oertel zusammen.

Als ich Rudolf Oertel Ende 1974 besuchte in seinem schönen alten Haus mit weitem, wohlgepflegtem Garten hinter hohen Ziegelmauern, schien es mir zunächst nicht glaubhaft, daß er bald achtzig Jahre wird. Er sieht statt dessen aus wie ein frischer, kerngesunder, regelmäßig Sport treibender Sechziger. Noch immer führt er seine florierende Handelsfirma und fliegt mit seiner Frau mehrmals im Jahr zwischen Frankfurt und Teheran hin und her. Wir haben uns dreimal für einen langen Nachmittag und Abend getroffen.

Vor allem interessant scheint mir Rudolf Oertels Schilderung der letzten Wochen des Widerstandes. Da hausten sie beide in einem fensterlosen Turm bei Talhé hoch in den Bergen. Während der letzten Novembertage 1918 drangen zu ihnen Gerüchte vom Waffenstillstand in Europa, von der deutschen Niederlage und der Abdankung des Kaisers. Ein Schreiben des britischen Oberkommandierenden forderte Wassmuss auf, sich binnen zehn Tagen zu ergeben. Sonst würde er als illegaler Freischärler behandelt, mit anderen Worten, erschossen. Bald danach drang die falsche Nachricht zu Wassmuss, daß Deutschland den Kampf wieder aufgenommen habe und der Kaiser nach wie vor in Berlin regiere. Also blieben die Straßen durchs Gebirge weiter gesperrt.

»Wir zitterten vor Kälte, eisige Winde wirbelten um den schadhaften Turm«, erzählt Oertel von den schlimmsten Tagen in Talhé. »Wir wußten nicht, ob der Krieg zu Ende war oder mit frischen Kräften weiterging. Alle Höhen und Schluchten lagen unter Schnee begraben. Man hätte glauben können, im tiefsten Grönland zu sein, aber nicht im südlichen Persien.«

Eines Tages dröhnten Flugmaschinen durch die Luft. Noch nie hatte man dergleichen hierzulande gesehen und wußte nicht, welche tödliche Gefahr damit heranbrauste. Britische Bomben fielen, die drei Menschen zerrissen und sechs andere verletzten.

»Die Bomben waren für uns, waren allein für Wassmuss bestimmt«, sagt Oertel fast sechs Jahrzehnte danach. »Sofort war ihm klar, daß wir verschwinden mußten, nicht unseretwegen, sondern weil wir alle Freunde und überhaupt alle Leute in Gefahr brachten, die sich in der Nähe aufhielten. Wo wir waren, wo sich Wassmuss aufhielt, regnete es Tod und Verderben. Es war das Ende.«

Sich selbst den Briten auszuliefern, lehnte Wassmuss ab. Sein Ziel, nur von Oertel und zwei Dienern begleitet, war Teheran und die immer noch existierende deutsche Gesandtschaft. So folgte nun der monatelange Versuch, in Verkleidung und auf Schleichwegen dorthin zu gelangen, durch britische Postenketten und in großen Bogen um Städte wie Dörfer. Denn noch immer war auf die Ergreifung von Wassmuss – tot oder lebendig – eine für iranische Begriffe himmelhohe Belohnung ausgesetzt.

Die beiden Flüchtlinge gelangten bis auf siebzig Kilometer an die Hauptstadt heran, als ihnen ein persischer Gendarmerie-Offizier, der sich als großer Freund und Bewunderer der Deutschen ausgab, für den Rest der Reise seinen Kutschwagen und bewaffnete Begleitung anbot. Halbverhungert und abgerissen nahmen sie an. Doch führte die Fahrt nicht zur deutschen Gesandtschaft, sondern geradewegs in britische Hände. Weil im ersten Augenblick nur Wassmuss beobachtet wurde, gelang es dem jungen Oertel zu verschwinden. Am Tage darauf erklärte Lloyd George, der Premierminister Großbritanniens, vor dem britischen Unterhaus:

»Die bisher in Südpersien operierende deutsche Armee befindet sich seit gestern in britischem Gewahrsam. Sie besteht aus einem Mann, der als Wilhelm Wassmuss bekannt ist.«

Durch die Wüste Lut

Wieder rollen die Räder. Sie rollen über glatten Asphalt und rauhen Schotter, rollen durch staubfeinen Sand, trübe Wasserlachen und sonnenbestrahlte Wüste. Rechnet man alle Reisen jener dreimal zwei Monate im Iran zusammen, habe ich am Ende fast sechsundzwanzigtausend Kilometer hinter mir, die fliegende Fortbewegung und die Bahnfahrten nicht einbezogen.

Wieder fahren wir über zahlreiche Serpentinen hinauf in ein Hochgebirge. Je nach dem Sonneneinfall leuchten die Felsfarben rosarot, tiefblau, schwefelgelb und grauweiß. Manches Mal glaubt man Schneeflecken oder ausgedehnte Schneefelder zu sehen. Es sind aber verkrustete Salzschichten auf dem Sand und in steinigen Mulden. Für wenige Kilometer verläuft die Straße neben einem Flußbett, das einen schmalen Streifen frisches Wasser führt. Da gibt es ideale Plätze fürs Picknick auf grünem Rasen zwischen blühendem Oleander, alten Weidenstämmen daneben und wildwachsenden Palmen darüber. Aber immer muß solche Rast auf Reisen gegen den Widerstand von Fahrer und Dolmetscher durchgesetzt werden. Beide sind ganz und gar Stadtmenschen, denen die Selbstbereitung von Mahlzeiten in freier Natur keinerlei Freude oder Vergnügen bedeutet. Hat man es doch im Tschaikanéh viel bequemer und braucht nicht so viel Krimskrams mitzunehmen, auch der Abwasch hinterher entfällt.

Mahmud fährt und fährt und fährt ohne Zeichen der Ermüdung, vollkommen sicher und nicht zu schnell um gefährliche Kurven. Beheshti erzählt ohne Aufforderung viele interessante Sachen, die man ohne ihn nicht erfahren würde. Diese fingerlangen, ziemlich dicken Pflänzlein am Straßenrand und in der Steppe heißen Shur. Kein einziges Schaf, auch sonst kein Säugetier könnte ohne Shur in so staubtrockener Landschaft leben. Shur ist sauer, salzig und wasserhaltig. Wenn man fest darauf drückt, fließt Feuchtigkeit heraus. Die nach einer Richtung hin geöffneten Schornsteine auf den gewölbten Dächern der Lehmhütten sind keine Schornsteine, sondern »Luftfänger«. Weil hier der Wind, auch der leiseste Luftzug, fast immer aus dem Norden weht, leitet das trompetenähnliche Gebilde jeden Hauch von Kühlung in den Wohnraum hinunter. Ein anderes, ähnliches System dient in den Städten heißer Zonen der beständigen Kühlung. Es sind die sogenannten Badghire, bis zu zwanzig Meter hohe quadratische Türme. Durch senkrecht verlaufende Schlitze können sie den Luftzug aus jeder Richtung aufnehmen. Mehrmals haben wir in einem großen Haus unter solch einem Badghir gestanden. Dabei hört und fühlt man das Brausen des eingefangenen Windes. Er ist mitunter so kühl, daß man zu frieren meint.

Allen iranischen Hirtenhunden, die mehr oder minder von gleicher Rasse sind, fehlen die Ohren. Sie werden den Welpen schon in den ersten Lebenswochen abgeschnitten. Keineswegs aus Quälerei, sondern im Gegenteil zum Besten der Vierbeiner. Die Wölfe nämlich, natürliche Todfeinde der herdenbewachenden Hunde, greifen in Rudelstärke an, wobei sie als erstes versuchen, die Beschützer von Schafen, Rindern und Eseln an den Ohren zu packen. Sie können auf diese Weise den bedauernswerten Hund niederhalten, bis der Rest des Rudels ihn erledigt. Wo aber keine Ohren sind, versagt das angeborene Angriffsverhalten der Wölfe.

Beheshti erklärt, daß auch für wirklich gläubige Moslems die Hirtenhunde nicht als »unrein« gelten wie sonst ohne Ausnahme alle Hunde. Als Bewacher der Herden haben sie eine wichtige und nützliche Aufgabe, deshalb werden sie ausreichend ernährt und als vierbeiniges Mitglied der Familie betrachtet. Jammerschade, daß sie oft von Autos und Lastwagen überfahren werden. Die nicht an Kraftfahrzeuge gewöhnten Tiere sehen im heranbrausenden Vehikel einen Feind für die Herde. Sie wollen das Untier an der Kehle fassen, springen entschlossen vor den Wagen und werden überrollt. Einmal zählen wir von morgens früh bis zum Anbruch der Dunkelheit neun vermutlich am gleichen Tag totgefahrene Hirtenhunde.

Sandhühner, taubengroße, auch für Menschen sehr schmackhafte Vögel, sonnen sich vielfach zu Dutzenden auf der Sandpiste. Wie D. B. erklärt, suchen sie dort nach Brotkrümeln und Speiseresten, die Passagiere der Busse hinauswerfen. Jäger machen reiche Beute, wenn sie verbotenerweise mit dem Schrotgewehr aus dem fahrenden Wagen auf die Ansammlung von Sandhühnern schießen.

An der Tankstelle von Haidjabad, pünktlich auf die Minute, wartet Hossein Kalantari mit seinem Mercedes. Vor acht Tagen haben wir unseren Treffpunkt zur gemeinsamen Jagd auf Steinböcke hier verabredet. Bis nach Ibrahimabad soll der Weg nicht gut sein. Mahmud möchte den Dienstwagen schonen, und Beheshti erklärt, dieser Ausflug sei in unserem Programm nicht vorgesehen. Es kann Volker Hahn und mich nicht stören. Wir fassen unser Gepäck, um in den Mercedes des INTO-Chefs von Kerman zu steigen. Die beiden Widerspenstigen lenken ein und fahren hinterher.

Während der vierzig Kilometer durch Dornsteppenwüste sehen wir die Lager der Afshar-Nomaden. Sie leben nur von ihren Schafherden, mit denen sie während des ganzen Jahres auf weiten Wegen umherziehen, bis sich am Ende der Wanderkreis wieder schließt. Kein Rind, Kamel, Pferd oder Maultier gehört zu den tausendköpfigen Herden. Nur ein paar Dutzend Esel braucht man zum Befördern der Lasten, vor allem der schwarzen Zelte und zerlegbaren Webstühle. Natürlich sind auch zottige Hirtenhunde mit von der Partie. Wir halten und brauchen zwei Dolmetscher, um über Farsi in der Afsharen-Sprache mit den Nomaden zu reden. Sie leiden Not, weil der Frühjahrsregen ausblieb und die Weiden großenteils verdorrt sind. Jedes Schaf braucht pro Tag eine Handvoll Hafer. Zunächst mußten die Leute das Notfutter bar bezahlen. Jetzt hat aber der Schahanschah, Allah möge ihn schützen, ein paar große Lastwagen mit Hafer geschickt.

Das Wasser der Kanate, auch wenn die Nomaden keine Arbeit dafür leisten, steht ihnen kostenfrei zur Verfügung. Deswegen kampiert eine etwa fünfzig Köpfe zählende Familiensippe mit gut einem halben Tausend Schafe nahe bei der Zitrus-Farm, wo frisches Wasser aus dem dunklen Tunnel des Kanats hervorströmt.

Frauen und Mädchen sind beim Teppichknüpfen. Sie tun es bei murmelnd geführter Unterhaltung an uralten, flach am Boden liegenden Rahmen. Leider sind die Muster zu grellfarbig und die Knüpfungen zu grob, sonst hätten der Herr Ölhahn und ich gerne solch ein Souvenir mitgenommen.

Die Hunde haben gefährlich geknurrt, als wir kamen, und fragten mit Blick auf den Sippenvater, ob sie uns beißen, vielleicht zerreißen sollten. Aber wir wurden den grimmigen Wächtern durch eine Handbewegung ihres Herrn als willkommene Gäste vorgestellt. Schweifwedelnd begleiten sie uns durchs Lager. Frauen und Mädchen der Nomaden waren auch in alten Zeiten nicht verschleiert. Einige der Teenager sind nicht nur hübsch und schlank, sondern von geradezu klassischer Schönheit. Die Selbstsicherheit auch der jungen Dinger ist erstaunlich. Keine Scheu vor den Fremden, ohne falsche Scham wird unser Lächeln erwidert. Aber wehe dem – sagt Beheshti –, der mit einem Afsharen-Mädchen zu weit geht. Es könnte der Beginn einer Kette von Blutrache sein.

Die Plantage ist großartig. Dreihundert Hektar gut bewässerter, ringsum eingezäunter Boden, für den man einen neuen Kanat von zwölf Kilometer Länge angelegt hat. Allein die Reinigung der unterirdischen Wasserleitung kostet nach unserem Geld pro Jahr fünfundsechzigtausend D-Mark. Aber auf dem vorher staubtrockenen Land gedeihen Orangen, Zitronen, Oliven, Datteln und Feigen, Baumwolle und einige Gemüsesorten.

Alles ist während der letzten sieben Jahre entstanden, mit Ausnahme einer Oase von Dattelpalmen und der herrlich schönen, schattigen Allee uralter Weidenbäume. Auch das Dorf Ibrahimabad ist neu gebaut, für die etwa neunzig Arbeitskräfte der Plantage und ihre Familien. Die ersten, relativ reichen gewinnbringenden Ernten, vor allem fünfhundert Tonnen Zitrusfrüchte, wurden im vergangenen Jahr eingebracht. Aber der folgende, ungewöhnlich strenge Winter mit starkem Schneefall hat viele der Kulturpflanzen, besonders die Dattelpalmen, vernichtet. Es wird Jahre dauern, bis die Frostschäden wieder aufgeholt sind.

Für die Bauten auf der Plantage hat man keinen Rial über die unbedingten Notwendigkeiten hinaus verschwendet. Alles kubische Klötze oder grauweiße Schuppen mit flachem Dach, ohne den geringsten Versuch, sie dem Auge angenehm zu machen. Reizvoll ist nur der Speiseraum. Man hat dafür zwischen Dattelpalmen lange Stangen gehängt und ganz einfach ein Strohdach daraufgesetzt. Die Seitenwände bestehen aus Strohmatten, die man je nach der Witterung und Windrichtung einrollen oder bis zum Boden herablassen kann. Kühles Wasser aus dem Kanat wurde schachbrettartig in handbreite Vertiefungen durch den Fußboden geleitet. Hier zu essen muß während des heißen Sommers ein Hochgenuß sein. Zum Nachtisch kann jeder die süßen Datteln selber von der Palme pflücken, ohne seinen Platz am Tisch zu verlassen.

Wie schon gesagt, war von Hossein Kalantari eine Steinbockjagd geplant und möglicherweise eine besonders interessante Jagd für mich, weil die Berge, die Täler und Hochtäler ringsum zu keinem der Schutzgebiete gehören. Jeder Iraner oder Fremde, der Jagdschein und Waffenschein besitzt, kann hier sein Waidmannsheil versuchen.

Aber, um es gleich zu sagen, kann ich von diesem Unternehmen nur Fehlanzeige melden. Viel zu spät rückten wir aus und warteten der Capra hircus, die kommen sollten, in praller Mittagshitze. Zwar scheuchten Treiber mehrere Rudel Steinböcke auf. Aber so unsanft aus ihrem Schlummer gerissen, gingen sie hochflüchtig ab. Keiner von uns kam zum Schuß, was wieder beweist, daß man mehr von der Jagd verstehen muß als nur das Schießen. Eine Wiederholung am folgenden Tag scheint mir keinen Erfolg zu versprechen. So gelingt mit vielen Dankesworten die Abfahrt am frühen Nachmittag.

Schon der folgende Vormittag bringt uns vor den imponierenden Torbau einer toten Stadt. Deren Name ist Bam, und noch heute ist ihr quadratkilometergroßes Gebiet von mächtigen, gut erhaltenen Mauern umgeben, die wohl zwanzig Meter hoch und sieben Meter breit sind. Es steht auch noch die starke Festung auf einem Hügel inmitten der Stadt. Bis zum Ende des 18. Jahrhunderts war Bam ein berühmtes, gewaltiges Bollwerk, das kein noch so starker Feind zu erstürmen vermochte. Erst dem militärisch tüchtigen, aber äußerst grausamen Agha Mohammed, Begründer der Kadjaren-Dynastie, gelang es 1794, die von Hunger geschwächten Verteidiger zu überwältigen. Dem hemmungslosen Zorn Agha Mohammeds fiel nahezu die gesamte Bevölkerung zum Opfer. Die ausgeplünderte und ihrer Wasserversorgung beraubte Stadt Bam liegt noch heute menschenleer, aber unzerstört am Rande der Wüste. So gehen wir durch Gassen und Straßen, überqueren Plätze und Höfe, die von Wohnbauten eingerahmt sind, die allein zeitlicher Verfall zu Ruinen gemacht hat. Moscheen, Medressen und Paläste tragen teilweise noch ihre Kuppeln, und mit nachhallenden Schritten wandern wir durch Gewölbe, Gänge und über Treppen hinauf zur höchsten Plattform der Zitadelle. In einem der Torbögen entdeckt Beheshti eine Marmortafel, auf der hohe Verdienste eines seiner Vorfahren gerühmt werden.

Auch im toten Bam beginnt sich neues Leben zu rühren. Man schafft den Schutt heraus, repariert die Treppen, restauriert Gebäude und exkaviert Grundmauern aus viel älteren Epochen. Der moderne Iran hilft dem alten Persien aus dem Staub zurück ins helle Tageslicht.

Stundenlang haben sich unsere Räder durch Sand gewühlt, dann spüren wir rauhen Asphalt unter den Reifen. So gelangen wir relativ rasch zu den südlichen Ausläufern der schon von Alexander dem Großen verfluchten Wüste Lut. Tischebene Sandflächen zu beiden Seiten, nur hin und wieder geduckte Lehmdörfer inmitten einer tiefgrünen Oase. Deren Dattelpalmen wachsen so hoch in den Himmel wie Kokospalmen auf einer polynesischen Insel.

Die feste Straße ist zu Ende. Wieder plumpsen wir in Sand und haben gut zwanzigmal Mühe, die Staubwirbel hinter und neben Lastwagen zu durchstoßen. Beim Gerappel ihrer Karosserie können die Fahrer unsere Sirene nicht hören. Statt flacher Wüste bietet uns die Lut seltsame Erosionen. Der Wind und immer wehender Sand haben die rötlich schimmernden Felsblöcke im Verlauf vieler Jahrtausende in sonderbare Skulpturen verwandelt. Würde man sie irgendwo in Europa oder Amerika als Schöpfungen progressiver Bildhauer vorstellen, die Mitglieder der Jury könnten keinen Augenblick zögern, diese eigenwilligen Gebilde mit ersten Preisen zu bedenken.

Weit, sehr weit vor uns erscheint über dem rosaroten Sand eine schwebende Nadel. Sie senkt sich langsam, wird breiter und schließlich zu einem etwa zwanzig Meter hohen Turm. Die Sultane der Seldschuken sollen ihn vor fast tausend Jahren gebaut haben als Wegweiser für Karawanen inmitten der Wüste Lut, ebenso als Wachtturm gegen feindliche Invasoren und Poststation für Eilboten, die hier Pferd oder Kamel gewechselt haben. Man kann von droben bei klarem Wetter bis zu fünfzig Kilometer weit sehen. Ebenso weit waren bei Nacht die Feuerzeichen und bei Tag die Rauchsignale zu erkennen. Wie es nicht anders sein kann, parkt eine Betonmischmaschine vor dem Turm, und Wohnzelte für Arbeiter sind aufgeschlagen. Das eindrucksvolle Bauwerk wird repariert und soll eine sehenswerte Stoppstelle für motorisierte Reisende werden.

Flimmernd heiße Luft über dem schimmernden Sand, das Auge verwirrend und die Sinne betäubend. Dort ein glitzernder See, weiter drüben biegen sich

Palmen im Wind, dann schneeweiße Häuser und eine Kolonne beladener Kamele. Nichts davon ist wirklich, alles nur Fata Morgana, Zauberei in Allahs großem Garten. Auf unserer Straßenkarte ist Nosratabad als wichtige Etappe nahe der Grenze von Pakistan eingezeichnet, mit INTO-Hotel und Restaurant, mit Tankstelle, Werkstatt und so weiter. Als wir hinkommen, gefallen uns die Bauten sehr gut. Ihr modernisierter arabischer Stil paßt ausgezeichnet in die Sandwüste Lut. Nur einen Nachteil hat die formschöne Anlage, nämlich daß sie von Manager und Personal verlassen ist. Alle sind fortgefahren, als vor einigen Monaten der Generator versagte. Weil es keinen Strom mehr gab, hörte die Klimakühlung auf. Die Eisboxen traten notgedrungen in Streik, es gab kein Licht mehr, und die Kochplatten in der Küche waren nutzlos geworden. Der arme, allein zurückgebliebene Wächter lebt bedürfnislos von dem, was ihm die beiden Männer von der Tankstelle spendieren. Er weiß nicht mehr, ob das Hotel erst vor drei Wochen oder drei Monaten seine Funktion eingestellt hat. Nichts geschieht und ist meines Wissens seitdem geschehen, um das hübsche Hotel wieder in Betrieb zu setzen. Ein sicher nur kleiner Schaden hat die vorläufige Aufgabe einer Anlage verursacht, die mehrere Millionen Toman gekostet hat. Wie schon früher gesagt, fehlt es dem Iran vor allem in entlegenen Gebieten an Menschen mit Fachkenntnis, Energie und ausreichendem Pflichtgefühl.

Etwa in der Mitte zwischen Nosratabad und Zahedan die erste Reifenpanne, der bekanntlich bald die zweite folgen wird. Hier nun stellt sich heraus, daß Mahmud kein Flickzeug, keinen Klebstoff und auch keinen Ersatzschlauch im Wagen hat. Ohne fremde Hilfe, so meint er, wäre ja doch keine Reparatur schadhafter Reifen möglich. Nur gut, daß der Reservereifen aufgepumpt ist. Wir wechseln den Reifen, was nicht so einfach ist, denn es fehlt der Drehgriff zum Wagenheber. Schließlich ist der Ersatzreifen festgeschraubt, und wir fahren hoffnungsvoll weiter.

Zahedan mit seinen etwa fünfunddreißigtausend Einwohnern hat außer einem Trachtenmuseum den Touristen nichts zu bieten. Es ist eine relativ neue Stadt, von Reza Schah gegründet. Dafür beginnt weiter im Nordosten eine Gegend, die als wahre Fundgrube kulturhistorischer Reste aus mehrtausendjähriger Vergangenheit gelten darf. Das Zahedaner INTO-Hotel öffnet seine Pforten erst im nächsten Jahr, und das sollten Sie unbedingt abwarten. In einem verwahrlosten, verwanzten, nach Katzenpisse und Menschenkot riechenden Haus der vierten und letzten Kategorie verbringen wir eine von Mäusen und Ratten gestörte Nacht. Bemerkenswert in den Straßen der Stadt sind Hippies in mehr oder weniger ausgeflipptem Zustand. Viele Deutsche darunter, die meist paarweise ins gelobte Land Pakistan streben, dann weiter nach Nepal, wo Rauschgifte spottbillig sind und der Handel damit erlaubt. Erwartungsvolle, noch scherzende

Gestalten ziehen schwerbepackt zur Grenze und dem gleich dahinter liegenden pakistanischen Bahnhof. Manche der ausgebufften und abgeschlafften Menschenwracks werden von freundlichen Polizeibeamten, die sogar das Gepäck der schleppfüßigen Fremden tragen, zur Grenzkontrolle begleitet. Will man doch ganz sicher sein, daß sie noch heute den Iran verlassen! Ich bitte Beheshti, er möge den Polizeioffizier fragen, ob die meisten von ihnen auf der Rückreise wieder durch Zahedan kommen.

»Nur wenige«, lautet die Antwort, »die Mehrzahl geht entweder stillschweigend drüben zugrunde, oder sie werden von der Botschaft ihres Heimatlandes auf dem Luftwege zurückbefördert, in traurigem Zustand natürlich.«

Unser nächstes Ziel ist Zabol, aus verschiedenen, ganz besonderen Gründen. Der zwanzigtausend Menschen fassende Ort liegt am Ende einer etwa dreihundert Kilometer langen Sackgasse. Er hat keine andere Verbindung zur Außenwelt als die Straße von Zahedan und nach Zahedan sowie einmal in der Woche den Luftweg. Auf drei Seiten ist Zabol von Pakistan eingeschlossen, ohne daß ein legaler Grenzverkehr möglich ist. Schmuggler und Schmuggelpfade aber muß es viele geben, zumal der heimliche Rauschgifttransport trotz aller Risiken – oder gerade deswegen – enorme Gewinne abwirft, bis zu tausend Prozent, wie man sagt. Ein regelrechter Kleinkrieg zwischen Schmugglern und Gendarmen soll im Gang sein, unter Verwendung von Hubschraubern, Panzerwagen und scharf dressierten Spürhunden. Gerüchten zufolge sind dabei im letzten Jahr fünfzehn Grenzbeamte gefallen und mindestens viermal soviel Grenzgänger.

Ausländer, darunter auch Deutsche, erhielten wegen Schmuggels und Handels mit Rauschgiften Zuchthausstrafen bis zu zwanzig Jahren. Bei besonders großen Mengen und wiederholten Verbrechen droht ihnen auch die Todesstrafe. Man betrachtet, nicht ganz zu Unrecht, die Verbreitung von Rauschgift aus gewinnsüchtigen Motiven als mehrfachen Mord und zieht daraus die juristischen Konsequenzen. Dreimal werden wir trotz Regierungsnummer am Wagen von schwerbewaffneten Gendarmen kontrolliert. Unser Gepäck wird von einem mißtrauischen Hund gründlich beschnuppert. Er ist, so darf man wohl sagen, ein vierbeiniger Kollege aus dem Rauschgiftdezernat, den man zur Zeit für besondere Dienste an die Grenze abkommandiert hat.

Noch ungefähr 15000 Anhänger des Zarathustra, die sogenannten Feueranbeter, leben im modernen, religiös sehr toleranten Iran. Der Oberpriester Mobed-e-Mobedan hat mir ausnahmsweise erlaubt, den Gottesdienst im neuzeitlichen Azargdshu-Tempel zu fotografieren. Er selbst ist nach alter Sitte gekleidet wie bei uns der Chirurg für eine Operation. Die aus einem älteren Tempel hierher gebrachte Flamme brennt ohne Unterbrechung seit rund 700 Jahren. Sie wurde ihrerseits an einem Feuer entzündet, das der Legende nach Zarathustra selbst vor fast 3000 Jahren entfacht hat.

Die Straße ist schmal, schlecht und furchtbar staubig. Kamele in Kolonne, von tiefgebräunten Männern geführt, die wallende Burnusse und schief sitzende Turbane tragen. Nomadenzelte am Straßenrand. Glühende Sonne und drükkende Hitze selbst in der Mitte des Oktober. Im Juli und August muß es furchtbar sein, weil Wochen hindurch die Tagestemperatur nicht unter fünfzig Grad fällt. Dafür wird Sistan, wie die Gegend bis hinüber nach Afghanistan heißt, im Winter von nur selten nachlassenden schneidend kalten Stürmen heimgesucht. Sie werden von den Einheimischen ba-i-Kushte gav genannt, auf deutsch »der Wind, der Ochsen tötet«. Bis auf zwanzig Grad unter Null sinkt das Thermometer schon zu Anfang des Winters, Steppe und Wüste verschwinden unter Schnee, alle Wasserläufe erstarren zu Eis. Einer der schlimmsten Stürme, mit einer Geschwindigkeit von hundertundfünfzig Stundenkilometern, hat sechzehn Tage hintereinander angehalten und brachte in der Nähe von Zabol zweihundert Kamelen den Kältetod. Ein grausames Land, dennoch ein faszinierendes Land für Besucher mit kulturhistorischen Interessen. Die Reste der Vergangenheit reichen zurück bis ins vierte Jahrtausend vor Christi Geburt. Damals war Sistan ein Garten Eden, eine grüne fruchtbare Fläche mit zahlreichen Bäumchen und Wassergräben. Viele blühende Städte gab es, und Nomadenstämme hatten ausreichende Weide für ihre Herden. Alles fand ein Ende in dem schrecklichen Mongolensturm. Tamerlan, diese Geißel Gottes, empfing hier seine tödliche Wunde, lebte aber noch lange genug, um die barbarische Zerstörung des komplizierten Wassersystems zu befehlen. So wurde ganz Sistan in eine staubige, windige Wüstenlandschaft verwandelt.

Sven Hedin (ein guter Freund meines Vaters, er schrieb auch das Vorwort zum ersten meiner Bücher) gehörte als junger, aber schon hochgelehrter Mann zu den ersten Entdeckern dieser Zentren uralter wie auch prähistorischer Kultur. Professor Tucci, den ich aus Mailand kenne, hat mich an Dr. Rafaele empfohlen, der hier im Auftrag des Italienischen Archäologischen Instituts die Ausgrabungen bei Shar-i-Sokhta leitet. Der junge Gelehrte, mindestens zwei Meter hoch, empfängt uns trotz Störung bei der Arbeit recht freundlich. Er hat in Manching bei München an der Freilegung keltischer Siedlungen mitgewirkt und mit Helge Ingstad zusammen die Siedlung der Wikinger (um das Jahr 1000 n. Chr.) bei Anse aux Meadows in Neufundland erforscht. Wir kommen, zumal ich der ita-

Oben: Die Ölraffinerie von Abadan am Westende des Persischen Golfs war bisher die größte und produktivste der Welt. Aber die neue Raffinerie in Buschir, ebenfalls am Persischen Golf, wird ihre Leistung noch weit übertreffen, mit jährlich 25 bis 30 Mill. t.
Unten: Blick auf die freigelegten Ruinen von Persepolis, die Apadana-Halle und dahinter die Reste des Spiegelsaales und der Königspaläste. Der iranische Name für Persepolis (griechisch: Perserstadt) ist Takht-e-Jamschid, auf deutsch Thron des Darius.

lienischen Sprache mächtig bin, rasch in ein gutes Gespräch. Aber was Dr. Rafaele hier vorweisen kann, vermag im Grunde nur Fachleute zu faszinieren. Von Shar-i-Sokhta, auf deutsch »Verbrannte Stadt«, konnte man nur ein paar enge Kammern unter der Erde und ein paar Mauerreste wieder sichtbar machen, außerdem die Sammlung einiger tausend Tonscherben ans Tageslicht befördern. Für die Forscher vom Fach mehr als genug. Nicht nur ließ sich damit ein Alter von etwa fünftausend Jahren beweisen, sondern auch die Verbindung zur Mohendjodaro-Kultur im nördlichen Indien. Die aus den tiefsten Trümmern der »Verbrannten Stadt« hervorgeholten Küchenabfälle haben den Gelehrten bei chemischer und mikroskopischer Untersuchung den Speisezettel der damaligen Bevölkerung verraten. Sie verzehrten schon Hühner, allerdings nur kleine Hühner, die vermutlich von Sandhühnern abstammten und mit den Menschen gelebt haben. So besaß man auch Eier, hinzu kamen Fisch, Wild und eßbare Kräuter wie überhaupt alles, was sich an wildwachsenden Früchten, Knollen, Körnern und Nüssen in der freien Natur finden ließ. Für die Haltung von Vieh, Schafen, Eseln und Pferden gibt es in Shar-i-Sokhta keinen Beweis.

Für Laien bedeutender scheint mir der »Heilige Berg« zu sein, Kuhi-Kwaja, denn droben findet man neben Siedlungsresten aus dreißig Jahrhunderten, neben verfallenen Feuertempeln der Zartushi und Opferaltären aus heidnischer Zeit auch die Grabstätte des sagenhaften Helden Rustam, der so vieles mit dem »Riesen Roland« aus den germanischen Heldensagen gemeinsam hat.

Wir fahren zum Hilman Rud, dem Grenzfluß zwischen Iran und Afghanistan. Wir suchen und finden jene berühmten Binsenboote, von denen die letzten noch heute während der Regenzeit auf den vorübergehend existierenden Seen und Sümpfen benutzt werden. Es gibt diese Art nur an drei Stellen in drei verschiedenen Kontinenten: auf dem Tschad-See in Zentralafrika, auf dem Titicaca-See im Hochland von Peru und hier am Hilman Rud in Sistan.

Weil Freund Beheshti, erstklassiger Teppichkenner seit jüngsten Jahren, bereits in Teheran wissen ließ, daß Zabol der zur Zeit günstigste Platz für den Kauf guter, geschmackvoller und farbechter Teppiche sei, wollen wir uns etwaige Möglichkeiten nicht entgehen lassen. Ehrlich gesagt, sind wir unter anderem deswegen hergekommen. Noch ehrlicher ausgedrückt, waren Teppiche die entscheidende Verlockung zur staubigen Fahrt von Zahedan nach Zabol. Doch hat dieses schlechte, tiefsandige Straßenstück von fast dreihundert Kilometer Länge auch seine Vorteile. Es hält eilige und verwöhnte Teppichhändler aus Teheran davon ab, sich bis in diese entlegene Stadt zu begeben. Die Verkäufer ihrerseits sitzen am Ende der einzigen Straße, deshalb können sie ihre Kunden nur aus dieser einen Richtung erwarten. Die Lieferanten, ich meine die Teppichknüpfer selbst und ebenso die aus Afghanistan herüberkommenden Schmuggler, haben hier die erste und relativ beste Möglichkeit, ihre Teppiche loszuwerden. Das ergibt ein ziemlich großes Angebot gegenüber verhältnismäßig geringer Nachfrage. In den drei ungedeckten Gassen des Bazars, wo jeder Teppichladen beiderseits von seinesgleichen eingerahmt wird, bis man gut und gerne dreißig zählt, entsteht bei unserem Auftreten eine durchaus spürbare Erregung. Aber jenes aufdringliche, lautstarke Verkaufsbemühen, das sonst in orientalischen Ländern dem potentiellen Käufer die Wahl erschwert, gibt es in Zabol nicht.

Was die alten und echten Farbhersteller nicht alles verwenden, um die Knüpfwolle nach Wunsch wie Bedarf zu färben, ist für den Laien (zu denen ich zähle) kaum oder nicht zu glauben. Es gehören unter anderem dazu: Zwiebel, Efeu und rote Bete, Galläpfel, Gilbwurz, Krokus und Smyrna-Nuß, ebenso Eichenrinde, die Wurzeln von Safran und Sumach sowie die Schildlaus, die Kochennille und Eisenspäne in Essig. Die jeweils gewonnene Farbe ergibt durch sachgerechte Mischung mit anderen das zur Färbung der Wolle gewünschte Endprodukt. Es wäre wirklich schade, wenn diese Kenntnisse verlorengingen. Nomaden, die ständig umherziehen und aufs engste mit der Natur ihrer Wandergebiete vertraut sind, können alle die genannten Ingredienzen, selbst Meteor-Eisen und noch vieles mehr, bei Mutter Natur kostenfrei finden.

Wissen muß man, daß ein entscheidender Unterschied zwischen »alten« und »antiken« Teppichen gemacht wird, wobei »alt« nur bis zum Alter von fünfzig bis höchstens siebzig Jahren gilt, während die noch älteren Stücke zu den »antiken« zählen. Sie aber sind, wenn noch im guten Zustand, sehr selten und sündhaft teuer.

Erst unternehmen wir einen Rundgang, einen aufmerksamen Rundgang durch die mehr oder minder gut assortierten Läden, um Eindruck wie Überblick zu gewinnen. Dies aber, ohne nach Preisen zu fragen. Hahn und Beheshti haben einen fast gleich guten Blick für Qualität, Muster, Farben und Feinheit. Man versucht zunächst, den mutmaßlichen Preis für einen Quadratmeter zu bestimmen, um alsdann die Gesamtsumme nach Maßgabe der Teppichgröße zu berechnen. Dabei notiert sich der Kenner im Geist, was vielleicht für einen Kauf in Frage käme. Sodann begeben wir uns in ein Tschaikahné zur internen Besprechung. Die vermutlichen Preise werden diskutiert sowie die Art des weiteren Vorgehens. Dann wieder in den Bazar, um gezielt eine engere Auswahl zu treffen. Tee wird überall angeboten, wobei weder die Zeit noch summende Fliegen Händler und Kunden zur Eile drängen. In aller Ruhe prüfen die bewährten Teppichkenner nochmals und eingehend die Qualität. Sie verbessern – nach oben oder unten – ihre Schätzung des Endpreises. Er richtet sich vorläufig nach den in Teheran und Tabriz verlangten Summen. Davon ist mindestens ein Drittel abzuziehen, weil wir uns im billigen Zabol befinden.

Erst jetzt wird der Verkäufer um ein Angebot des Preises ersucht, und die Interessenten treffen – noch immer, ohne ihren eigenen Schätzpreis zu nennen – die vorletzte oder gar letzte Wahl. So kann endlich der eigentliche Handel beginnen. Hierüber hört man von den meisten Orientreisenden, besonders der Handel mit Teppichen bestehe aus einem nervenzermürbenden, spannungsgeladenen, oft stundenlangen Hin und Her listiger Schachzüge. Käufer und Verkäufer seien mit allen möglichen Tricks bemüht, einander übers Ohr zu hauen.

So mag das in den meisten Fällen sein, aber nicht, wenn ein Iraner von einem Iraner kaufen will. Deshalb überlassen wir beide, Hahn und ich, die Verhandlung unserem Freund Djahangir Beheshti. Nachdem er sein Interesse an verschiedenen Stücken ganz offen in des Ölhahn oder meinem Namen bekundet hat, läßt er gleich wieder davon ab, als von dem Händler der Preis genannt wird. Erst nach mehreren solcher Schachzüge geht es dann wirklich um diesen oder jenen Teppich, den einer von uns gerne haben möchte.

»Ein wirklich schönes Stück, fein geknüpft und ohne Fehler«, lobt D. B. diesen Kaschgai oder was es gerade ist, »aber leider, ja, es ist wirklich sehr zu bedauern, geht der Preis über die Möglichkeiten meines Freundes. Schade, er hätte gerade diesen Teppich gerne gehabt, aber er muß verzichten.«

Für Bundesbürger und solche, die sich dafür ausgeben, ist eine andere Redensart angebracht, die auch Beheshti gelegentlich verwendet: »Meine Freunde sind keine Amerikaner, wie du wohl schon gemerkt hast. Sie müssen ihr schwerverdientes Geld zusammenhalten. Gar nicht leicht fällt es diesen Herren mit dem guten Geschmack, auf den bewundernswerten Teppich zu verzichten.«

Völlig falsch wäre, sagt mir später der kenntnisreiche Unterhändler, absolut falsch wäre es, jetzt noch an diesem Teppich irgendwelche Mängel zu entdecken, ihn abzuwerten und dabei ein mißmutiges Gesicht zu zeigen. All das in der fehlgeleiteten Hoffnung, damit den Preis zu drücken. Der Kunde hatte vorhin Zeit und Gelegenheit genug, alles sorgsam zu prüfen. Mehr als zwanzig bis dreißig Prozent wird der Käufer nicht heruntergehen. Weiß er doch inzwischen, daß er zumindest einen Kenner vor sich hat, und hielt daher gleich zu Anfang den geforderten Preis in vernünftigen Grenzen. Handelt es sich gar um ein besonders gutes Stück, dessen eben genannter Preis nach seiner Ansicht durchaus berechtigt ist, fühlt er sich in seiner Ehre als Teppichhändler (das gibt es) verletzt, wenn man statt dessen viel zuwenig bietet.

Wird aber der Teppich vom Kunden gelobt und gibt dieser offen zu, daß er das selten schöne Stück gerne besitzen möchte, ist das eine ganz andere Sache. Der Händler senkt mit einem Schlag den Preis um zehn, in extremen Fällen vielleicht sogar um zwanzig Prozent!

Nun heißt es aufpassen. Der Händler ist sehr wahrscheinlich bei seinem Minimalpreis angekommen. Aber ohne Profit kann er nicht leben und nichts verkaufen. Wenn also der Kunde meint, der Teppich sei ihm die verlangte Summe wert, sollte er zugreifen. Billiger wird es nicht mehr, und es gehört sich, noch etwa zehn bis zwanzig D-Mark draufzulegen. Das Geldgeschenk wird sofort in Gestalt eines Sachgeschenkes erwidert.

Wie meine Erfahrung beweist, kann es lohnend sein, später und sogar Jahre später wiederzukommen. Besser und preiswerter wird man von dem gleichen Mann bedient als von jedem anderen im Bazar. Alle Orientreisenden dürften wissen, daß ihr Fremdenführer, Taxifahrer, Dolmetscher oder andere einheimische Begleiter ihren landesüblichen Anspruch auf Beteiligung am Gewinn erheben. Den holt er sich hinterher ab, und zwar mindestens zehn bis höchstens zwanzig Prozent. Während dieser Mann in seiner Sprache mit dem Verkäufer gehandelt hat, wurde dieser Prozentsatz vereinbart. Je verlockender seine Höhe, desto eifriger bemüht sich der Fremdenführer ums Zustandekommen des Teppichkaufs. Das ist wohlbekannt, aber weniger bekannt dürfte sein, daß auch ehrenhafte Freunde und teppichliebende Landsleute dazu neigen, den Besucher in anscheinend altruistischer Hilfsbereitschaft ins Lager zu ihrem Hauptlieferanten zu führen, wo sie als Kenner und Berater dienen. Je mehr der Gast bei diesem Händler kauft und je mehr er bezahlt, desto preiswerter sind nachher die Teppichkäufe des liebenswürdigen Teppichberaters.

Mit Djahangir Beheshti war es so, daß er jeweils sagte, welche Summe ihm der Händler geboten hatte. Gleich wurde dem Händler mitgeteilt, dies Angebot werde als Preisnachlaß zu unseren Gunsten betrachtet. Übrigens hat sich D. B. bis zum letzten Tage strikt geweigert, für seine perfekte Verhandlungstechnik auf irgendwelche Art einen materiellen Dank entgegenzunehmen.

So waren die Tage in Zabol ein voller, unvergeßlicher Erfolg. Liegen doch die so relativ günstig erstandenen Teppiche von früh bis spät vor meinen Augen.

Leider muß gesagt werden, daß fein geknüpfte Perser-Teppiche (auch andere Orient-Teppiche) immer teurer werden, meines Erachtens um ein Viertel bis ein Drittel pro Jahr. Drei Gründe sind fürs rasche Steigen der Preise maßgebend:

Erstens Abwanderung von teppichknüpfenden Frauen und Mädchen zur besser bezahlten Arbeit in der Industrie. Je rascher sich die iranische Industrie entwickelt, desto weniger Knüpfteppiche gelangen auf den Markt. Zweitens das Verbot der Kinderarbeit. Zwar besteht es schon seit langem, wird aber nun mit steigender Strenge durchgeführt. Weil nun alle iranischen Kinder von der Schulpflicht erfaßt sind, kann und muß der Lehrer jede längere Abwesenheit melden. Den Rest besorgt die Gendarmerie. Drittens sind die Iraner, bei denen Teppiche als Statussymbol gegolten haben, inzwischen wohlhabend genug, um sich auch gute und immer bessere Teppiche fürs eigene Heim anzuschaffen. Die beste Gelegenheit, um preiswerte Teppiche gehobener Qualität zu erwerben, ist meines Erachtens für Ausländer vorbei.

Das hat sich mittlerweile bis nach Zabol herumgesprochen. Dort halten wir uns bei einem Händler auf, der ausgesucht schöne Stücke sein eigen nennt. Obzwar wir eine gute halbe Stunde lang mit Pistazien und Tee bewirtet werden, ist er nicht geneigt, auch nur einen Teppich zu verkaufen.

»Sehen Sie diesen Buchara mit der feinen Knüpfung und dem schönen Schimmer. Sie werden mir sicher glauben, daß er mich selber zweitausend Toman gekostet hat. Wenn ich heute dafür die doppelte Summe bekomme, habe ich Grund zur Traurigkeit. Schließlich bin ich Händler und muß neue Ware einkaufen. Aber unter dreitausend Toman bekomme ich nichts von etwa gleicher Qualität. Statt zu verdienen, habe ich verloren. So ist es heutzutage mit Teppichen in unserem Land. Wir glauben, einen Profit zu machen, doch in Wirklichkeit war's ein Verlust.«

Nachdenklich trinken wir ein drittes oder viertes Glas gezuckerten Tee.

»Ja, so ist das«, meint der weißhaarige Händler und stellt sein leeres Glas ab, »wenn ich hier in meinem Laden sitze und warte, habe ich das beruhigende Gefühl, ohne geringste Mühe Tag für Tag ein paar hundert Toman zu verdienen, einfach durch den steigenden Wert meines Lagers. Manchmal glaube ich zu sehen, wie sich feiner Goldstaub über meine Teppiche legt.«

Der Pelikan von Tabbas

Vor uns zwei schwankende Fernbusse, fast ganz in goldgelben Staubwolken verschwindend. Der eine kommt am anderen nicht vorbei und wir an keinem von den beiden. Mehrfach unternimmt Mahmud gewagte Vorstöße, gerät aber in derart dichte Wirbel, daß die Wegränder nicht mehr zu sehen sind. Als er auf nur kurzer Distanz hinter dem zweiten Bus bleibt, stets in Gefahr, völlig die Sicht zu verlieren, bestehe ich auf halbstündiger Rast, um den Bussen Vorsprung zu geben.

Diese Zeitvergeudung hätten wir uns sparen können. Wenige Kilometer danach halten die beiden Busse bei der Tankstelle von Hoseinabad. Auch wir brauchen Brennstoff, und während der Sprit in den Tank gluckert, kommt durch Beheshtis Vermittlung ein Gespräch mit den beiden Busfahrern zustande. Der eine ist von Bandar Abbas nach Mashhad unterwegs, der andere von Zahedan bis Mashhad. Je nach Wetterlage braucht der Bus für die etwas über tausend Kilometer lange Strecke Zahedan–Mashhad zwölf bis vierzehn Stunden. Meist ist sein Fahrzeug voll besetzt und nicht selten überbesetzt. Der Mann am Steuer hat keinen Beifahrer, und nirgendwo ist ein Wechsel vorgesehen. Während der möglichst knappen Pausen bei den Tschaikahnés muß der Fahrer Ölstand und Wasserstand, Reifendruck, Batterie und sonst noch einiges prüfen. Für die Notdurft bleiben ihm nur wenige Minuten. Während der Fahrt muß sich der schnelle Mann von Käse, Oliven und Fladenbrot ernähren. Die eine Hand hält das Steuer, mit der anderen holt er die Happen aus der Plastikschachtel.

»Aber danach ein bis zwei Tage Ruhe und Erholung«, möchte ich nach so intensiver Berufsausübung annehmen.

Weit gefehlt! Nur sechs Stunden Aufenthalt gönnt sich der Mann in Mashhad, dann im Höllentempo wieder zurück nach Zahedan. Erst nach fünf solch äußerst anstrengender Tage folgt eine Pause von sechsunddreißig Stunden. Der physische und psychische Streß wird so lange fortgesetzt, bis der Erschöpfte einen längeren Urlaub verlangen muß. Niemand zwingt ihn dazu, er macht es um des Geldes willen. Der andere Fahrer braucht von Bandar Abbas bis Mashhad zwischen vierundzwanzig und achtundzwanzig Stunden, muß sich aber dabei vier Stunden in Zahedan ausruhen. Auch er hat keinen Beifahrer, trägt aber an jedem der zwanzigstündigen Arbeitstage die Verantwortung für das Leben von vierzig bis fünfzig Fahrgästen. Aber ist das erlaubt? Gibt es nicht Bestimmungen, die auf Fernstrecken zwei Fahrer vorschreiben und nach sechs Stunden die Ablösung am Steuer?

Die beiden Straßenritter antworten darauf nicht, wünschen statt dessen gute Fahrt und besteigen wieder die Busse.

»Ja, so geht's zu, wenn die Kontrollen fehlen«, meint Beheshti, »die Fahrer sind selbst daran schuld, wenn sie mit vierzig auf 'nen anderen Beruf umsatteln müssen. Zu verlockend sind die Leistungsprämien ihrer Bosse. Aber demnächst wird es anders, die Verkehrspolizei wurde gerade angewiesen, mit aller Schärfe durchzugreifen.« (Wollen wir es hoffen!)

Bald sind wir erneut auf schmaler, einsamer Straße inmitten der leblosen Lut. Die absolute Leere ist kaum zu beschreiben. Da ist nur die vollkommen flache Fläche ohne den kleinsten Dornbusch, ohne den spärlichsten Grashalm. Darüber nichts als die unermeßliche Weite des blaßblauen Himmels. Während einer kurzen Rast gehe ich ein paar hundert Meter von der Straße in das große Garnichts. Was man dabei empfindet, als lebendes und denkendes Menschlein in total toter Umgebung, ist nicht zu beschreiben.

»Garten Allahs« werden derart sterile Wüsten von den Moslems genannt. Keine bessere Bezeichnung läßt sich finden, denn nur mit Geist, Glauben und Gedanken kann es gelingen, die vollkommene Leere in einen blühenden Garten, in das Paradies auf Erden zu verwandeln. Eine faszinierende Vorstellung, daß dies auch mit technischen Mitteln möglich ist. Nur Wasser muß man in die Wüste leiten oder aus der Tiefe heraufpumpen. Dann genügt eine Handvoll Samenkörner, um auch in der Lut lohnende Landwirtschaft zu betreiben. So gewaltige Kraft, ein so starker Lebenswille steckt in dem nur scheinbar sterilen Sand. Der Ölsegen kann es möglich machen, wenn eines Tages für die wachsende Bevölkerung auch der Wüstenboden gebraucht wird. Die Kosten werden anfangs enorm sein, doch es werden nach einigen Jahren viele Leute davon satt.

Nach zwei, drei Stunden sind wir in einer Gegend, wo hin und wieder Menschen leben. Zum Glück haben wir erst hier die zweite Reifenpanne. Wobei sich herausstellt, daß Mahmud auch in Zahedan nichts getan hat, den ersten Reifenschaden zu beheben. Fahrer sind nur Fahrer, meint er leicht gekränkt, mit dem Flicken von Reifen und sonstigen Reparaturen haben sie nichts zu tun. Wie nicht zu übersehen sei, habe es Allah so gefügt, daß wir gestrandet sind, wo Helfer gewiß nicht fehlen. So ist es, und das Dorf heißt Neh. Dessen Bürgermeister, ein äußerst aktiver Mann, läßt sofort Reifenpannenspezialisten kommen, die unverzüglich mit der Arbeit beginnen. Mit uns folgt auch Mahmud der Einladung, im Gemeindehaus Tee zu trinken.

Der Bürgermeister und sein erster Mitarbeiter sind beide auf der Basis dörflicher Entwicklung vorbildliche Männer, wie sich der König-der-Könige keine besseren wünschen kann. Als echte Idealisten und Realisten erfüllen sie ihre Aufgabe mit nicht zu verkennendem Schwung. Sie zeigen den Zufallsbesuchern, was man hier alles während der letzten Jahre auf die Beine gestellt hat. Neu ist die Schule und neu das Gemeindehaus, ebenso der Kindergarten und ein Stadtgarten, dessen Bepflanzung vorerst nur bis Kniehöhe reicht. Neu sind auch die Gemüsekulturen. Ich glaube gern, daß sich der Lebensstandard seit kurzem beachtlich gehoben hat.

Ich will nach fertiger Reparatur die Techniker bezahlen, zumindest beschenken. Es ist nicht möglich, denn hier hat die Gastfreundschaft noch ihren alten Wert. Wir scheiden von diesen einfachen, so hilfsbereiten Menschen mit denkbar größter Hochachtung.

Schon am Nachmittag gegen fünf erreichen wir Birjand, eine Mittelstadt von annähernd fünfzigtausend Einwohnern und letzthin modernisiert wie fast alle größeren Ortschaften des Iran. Die Gleichartigkeit der Planung ist ermüdend, wenn man bei langen Reisen durchs Land immer wieder dasselbe sieht. Die Einheimischen dagegen stört es nicht, weil fast alle nur die eigene Stadt kennen. Nach der leeren Lut, den staubigen Straßen und farblosen Dörfern am Weg ist das reizende INTO-Hotel mit seinem grünen Garten und glitzernden Springbrunnen eine wahre Wohltat.

Vergeblich suchen wir in der berühmten Teppichstadt nach einem der berühmten Birjand. Es läßt sich nichts Rechtes finden. Die gesamte Produktion der Gegend wurde im voraus von Teheraner Teppichhändlern bestellt und angezahlt. Dagegen finden wir in einem Krimskramsladen faustgroße Figuren aus Speckstein, die wir billig erstehen. Sie machen den Eindruck mehrtausendjährigen Alters und sollen aus einem Wüstengrab stammen. Was die Figuren bedeuten und in welche Epoche sie vermutlich gehören, weiß auch im Deutschen Archäologischen Institut zu Teheran niemand zu sagen.

Ein etwa zwölfjähriger Bub, der uns hastig entgegenläuft, spricht einigermaßen verständliches Deutsch. Seiner Behauptung nach hat er sich nach einem iranisch-deutschen Lehrbuch selbst unterrichtet. Sein Entschluß hierfür ist gewiß eine isolierte Leistung. Dafür bekommt er ein Meissner-Buch mit Widmung des Verfassers.

In unserem Mini-Hotel laufen die guten Leute durcheinander. Der Gouverneur hat angerufen und beste Behandlung dieser fremden Gäste befohlen. Gleich dreht der Manager die kreischende Kassettenmusik auf volldröhnende Lautstärke. Das Wohlwollen der Obrigkeit pflanzt sich am folgenden Tage fort. Bei jedem Gendarmerieposten, alle dreißig Kilometer ungefähr, treten die Männer heraus und grüßen den rasch vorüberrollenden Wagen. Aber gar nicht so gut geht es uns beim ersten Posten der folgenden Provinz. Gendarmen stoppen den

Wagen und verlangen von Mahmud die Papiere. Dabei will es unser Pech, daß Mahmud weder den Führerschein noch seine amtlichen Ausweise bei sich trägt. Also könnte der Wagen gestohlen sein, vielleicht gar zum Zweck des Schmuggels, wie die Teppichrollen auf dem Wagendach vermuten lassen. Statt sich seiner Vergeßlichkeit zu schämen, macht Mahmud den Gendarmen einen Riesenkrach, wobei ihn D. B. lautstark unterstützt. Die Sache wird immer peinlicher und auch bedrohlicher. Man ist schon im Begriff, die beiden abzuführen, als sich ein etwas Englisch sprechender Feldwebel mit unseren Papieren beschäftigt. Volker Hahns Diplomatenpaß und mein ministerielles Dokument veranlassen Funksprüche mit Teheran. Die Auskunft muß befriedigend sein, denn wir werden alle vier zu lauwarmer Limonade in die blitzsaubere Wachstube gebeten. Der Abschied ist von kaum zu übertreffender Herzlichkeit.

Die Gegend wird grün und fruchtbar, ist auch dichter besiedelt. Wein und Weide, erntereifes Getreide rechts und links der nun wieder asphaltierten Straße. Lange Marschkolonnen iranischen Militärs ziehen zum Manöver hinaus. Auch in den Augen eines ehemaligen Frontsoldaten macht die Truppe in Haltung, Schritt und Tritt den besten Eindruck. Wir überholen motorisierte Verbände auf Lkws und Mtws und Flakbegleitwagen. Panzer und Panzerkanonen folgen ihnen. Alles ist vorhanden, was heutigentages zu einer modernen Panzerbrigade gehört. Nur eine Supermacht könnte riskieren, mit der Kaiserlich Iranischen Armee in Konflikt zu geraten; selbst dabei wäre für den Angreifer eine unliebsame Überraschung nicht ausgeschlossen. Binnen weniger Jahre wird sich die Landesverteidigung auf die zweifache bis dreifache Kampfkraft verstärken. Tatsächlich ist der Iran im Begriff, die weitaus stärkste Militärmacht des Nahen und Mittleren Ostens zu werden. Die zweijährige Dienstzeit garantiert einen überdurchschnittlich hohen Ausbildungsgrad der jungen Männer.

Wir sind von der nach Mashhad führenden Asphaltstraße in südöstliche Richtung abgebogen. Eine Straße dritter Ordnung, die man besser Piste nennen sollte, führt geradewegs ins Herz der Großen Salzwüste. Von den Iranern wird sie Dasht-i-Kavir genannt; sie ist zwar doppelt so groß wie die Lut, aber in weiten Teilen nicht so menschenleer und nicht ganz ohne Vegetation. Hin und wieder, wenn auch in großen Abständen, eine Palmoase mit Ziehbrunnen, Wasserrädern und Lehmhäusern hinter mannshohen Mauern. Ungefähr alle dreißig Kilometer eine zerfallene Karawanserei und auf vielleicht hundert Kilometer drei bis vier entgegenkommende Wagen. Am Morgen und am Mittag sehen wir zwei Busse, den einen aus Westen, den anderen aus Osten kommend. Unter den Reifen nur Sand und Steingeriesel. Kamele, die schon von weitem vor dem Wagen flüchten, lassen vermuten, daß sie verwildert sind. Es scheint, daß sie schon in der zweiten oder dritten Generation keiner Menschensippe mehr gehören. Andere Kamele, mit Eseln und Schafen zur Gesellschaft, werden von jungen Buben begleitet und von scharfen Hunden bewacht. Die Buben laufen zur Piste und machen Zeichen, daß wir halten sollen. Dann bitten sie um Wasser, das sie aus den Händen trinken. Die Hunde möchten auch etwas haben und bekommen es. Aber fürs Tränken der Kamele reicht unser Vorrat nicht.

Wenn es nach meinem Geschmack geht, ist Tabbas die schönste und wohl auch angenehmste Oase der Großen Salzwüste. Ich wüßte wirklich keine andere, zu deren Besuch ich mehr raten könnte. Tabbas liegt von Yazd und Mashhad etwa gleich weit entfernt, fast genau im Mittelpunkt der Dasht-i-Kavir. Es wohnen dort ungefähr fünfzehntausend Menschen und wachsen doppelt soviel Dattelpalmen. Ein Inselparadies im Sandmeer, könnte man sagen. Stille, saubere, meist von Palmen überschattete Straßen und Wege. Von weißgetünchten Mauern gegen Flugsand geschützt, gedeiht dort eine Fülle und Vielfalt süßer Datteln, bitterer Orangen, auch Pfirsiche, Pomeranzen, Aprikosen und Wein, ebenso Tabak, Baumwolle und Getreide. Belebendes Wasser, durch weither kommende Kanate zur Oase geleitet, fließt leise glucksend durch Gärten, Plantagen und Straßengräben. Ein Duft, den ich nicht definieren kann, schwebt in der milden Luft. Es soll im Ort eine heilkräftige Quelle geben, von der ich aber nichts gesehen und keine detaillierten Angaben gehört habe. Man sagt, daß ihr leicht perlendes Wasser gegen Rheuma gesund sei. Die Wüstenluft, dazu die Höhenlage von über tausend Meter und die absolut ruhige Umgebung machen Tabbas zu einem erholsamen Kurort für alle überanstrengten Menschen.

Die große, uralte Karawanserei, auf den Verkehr mit Bussen und Lastwagen umgestellt, ist noch oder wieder in vollem Betrieb. Am Ende des teilweise überwölbten Bazars erscheinen die turmhohen Ruinen eines früher riesengroßen befestigten Schlosses der Seldschuken-Zeit. Für etwa hundert Jahre befand es sich in Händen der Assassinen. Viele, sehr viele Höfe, Kammern, Treppen und versteckte Gänge sind noch erhalten. Ein etwa siebzigjähriger Sonderling lebt in dem Labyrinth. Er hält sich für den letzten legitimen Sproß des vor Jahrhunderten vertriebenen Herren der einst so mächtigen Festung. Der friedliche, freundliche Mensch haust in einem der Gewölbe, wo er ein immer flackerndes Feuer mit Holzkohlen füttert. Davon ist der Burgbewohner so geschwärzt, daß von seiner in Fetzen gehüllten Person eigentlich nur die stahlblauen Augen zu sehen sind. Ohne Zweifel ist er geistesgestört, aber auf eine Weise, die ihn wunschlos glücklich macht. Jeder kennt ihn, nicht nur in Tabbas und der Dasht-i-Kavir, sondern im ganzen Iran. Der Verrückte hat nämlich in einem preisgekrönten Film, der auch im Fernsehen mehrfach gezeigt wurde, die Hauptrolle gespielt. Diese Rolle, so könnte man sagen, war ihm auf den Leib geschrieben. Sie zeigt sowohl das wirkliche Leben des Sonderlings wie auch das unwirkliche in seiner

Vorstellungswelt. Dem verrußten Mann hat es gut gefallen, und glänzend hat er sich dabei amüsiert. Er lacht und scherzt auch mit uns, erzählt phantastische, von ihm erfundene Geschichten und ist gern bereit, für Volker Hahns surrende Kamera eine tragikomische Szene aus dem berühmten Film zu wiederholen. Wahr und wahrhaftig sieht es aus, als wäre der liebenswerte Irre ein begnadeter Schauspieler.

Er küßt die von uns gespendeten Geldscheine, für hiesige Begriffe eine erhebliche Summe, und verschenkt sie gleich an herumlaufende Kinder. Später sagt uns ein höherer Polizeibeamter, daß der »Burgherr« eine ausreichende Rente bezieht und man ihm ein hübsches Haus als kostenfreie Wohnung zugewiesen habe. Aber der selig Entrückte zieht es vor, im Schloß seiner Väter zu wohnen. Was er an Nahrung braucht, gibt ihm gerne jeder Händler im Bazar.

Nicht weniger berühmt im ganzen Land, vor allem bei den Kindern, ist der Partner des »Burgherrn« in dem erwähnten Film. Auch er lebt in Tabbas, und zwar im Botanischen Garten. Einen Namen hat er nicht, sondern ist ganz einfach der . . . *Pelikan*.

Ein Pelikan in der Tat, vom Schwimmfuß bis zum ellenlangen Schnabel, ein richtiger, waschechter, mit sich und der Welt zufriedener Pelikan. Vermutlich stammt der Riesenvogel aus dem Rezaiyeh-See im Nordwesten des Iran, wo sich meines Wissens die einzigen persischen Pelikane befinden. Er muß sich beim Fernflug zu außeriranischen Winterquartieren verirrt haben. Schließlich schwebte der bedauernswerte Pelikan über der Großen Salzwüste, wo es für einen Vogel wie ihn gar nichts gab, was sein Leben erhalten konnte. Kaum noch vermochte er, völlig erschöpft, die Schwingen zu bewegen, sein Tod durch Verdursten, Verhungern oder Hitzschlag schien unabwendbar zu sein. Da plötzlich entdeckt er ein wahres Wunder in der Wüste, nämlich den Miniteich im Botanischen Garten von Tabbas. Der reichte gerade zum Landen aus, war aber viel zu kurz für einen Pelikan, um sich von dort wieder in die Luft zu heben. Also mußte er bleiben, wurde am nächsten Tag in desolatem Zustand entdeckt und vom Gärtner mit Abfällen gefüttert. Bald fand man heraus, daß er am liebsten die Eingeweide geschlachteter Schafe verzehrte. Der Stadtrat bewilligte ihm die Innereien eines Schafes pro Tag, ließ den Liebling der Oase vor jedem Versuch der Belästigung schützen und sorgte auch für sichere nächtliche Unterbringung. Das geschah vor zehn Jahren, und so ist es noch heute.

Im Kreis der Feueranbeter

Will man begreifen, was die Anhänger Zarathustras glauben und wofür die letzten Zartoshti leben, deren Zentrum sich in Yazd befindet, läßt es sich nicht vermeiden, daß wir kurz bis zum ersten Bewußtwerden des Menschen zurückgehen. Es gab in der fernen Vergangenheit viele hundert Völker, viele tausend Sippenverbände, Stämme und Volksgruppen, die ein isoliertes Leben geführt haben. Manche mögen sogar geglaubt haben, sie wären alleine auf der Welt. Sobald der Intellekt dieser nur unter sich lebenden Leute so weit gediehen war, daß sie fragten, wer den Donner rührte, die Blitze schleuderte, die Sonne verschwinden und wieder auftauchen ließ, waren sie auf dem Weg zu einer Religion. Wenn sie überlegten, was vor dem Tode war und nach dem Tode sein würde, hatten sie erkannt, daß es starke, nicht sichtbare Kräfte gab, die auf rätselhafte Weise Wohl und Wehe der Menschen bestimmen.

Man sagt, den Menschen sei die Suche und die Sehnsucht nach irgendeiner Form des Kontaktes mit höheren Mächten angeboren. Weil diese Stufe menschlicher Entwicklung immer und überall verschieden verläuft, auch von den Lebensverhältnissen der jeweiligen Umgebung geprägt wurde, entstand eine unübersehbare Vielfalt von religiösen Vorstellungen. Trotz all ihrer Kontraste hatte sie in jedem Erdteil, bei jedem Volk und zu jeder Zeit eines gemeinsam, nämlich den Glauben an höhere Wesen, die fähig waren, im Guten wie im Bösen auf den Tageslauf und Lebensverlauf von Mann, Frau und Kindern einzuwirken. Diese Unsichtbaren waren für alles verantwortlich, was sich der primitive Mensch nicht mit seinen fünf Sinnen erklären konnte. Zu bedrohlichen Erscheinungen gehörten unter anderem außergewöhnliche Kälte, anhaltende Dürre, schmerzhafte und tödliche Krankheiten, tobende Stürme, verheerende Waldbrände, erst recht eine Sonnenfinsternis, Kometen am Himmel und ähnliches mehr. Geheimnisvolle Geister hatten dies gewollt und ausgeführt. Sie führten den Jäger zu seiner Beute, lenkten den Speer ins Herz des Hirsches oder an ihm vorbei. Alles war vom Willen der Naturgeister abhängig, auch das Sammeln eßbarer Kräuter und Knollen, der Fang von Fischen und das Wunder wärmenden Feuers. Aus den Naturgeistern wurden im Verlauf der Jahrtausende mächtige Götter, jeder mit seiner besonderen Zuständigkeit. Der eine hatte vorwiegend gute Absichten und der andere meist schlechte. Auch wechselnden Launen der Götter war der machtlose Mensch ausgeliefert. Er konnte nur versuchen, sich durch alle möglichen Opfer das Wohlwollen jener Gewalten zu erkaufen, die von der Geburt bis zum Tode und auch nach dem Tode sein Leben beherrschten.

Wie ein göttliches Wunder will es deshalb erscheinen, daß sich ganz plötzlich aus diesem schillernden Durcheinander der Vielgötterei die Vorstellung von nur einem einzigen Gott erhebt, der alles schafft, alles lenkt und alles beherrscht. Es ist der Monotheismus, die höchste dem Menschengeschlecht mögliche Glaubensform. Soviel man weiß, kommt es zu diesem Ein-Gottes-Glauben ohne Vorbereitungen, ja überhaupt ohne Übergang. Viermal ist es geschehen, nur viermal während der gesamten Geschichte, und jedesmal ging es von einem Verkünder aus. Es waren Zarathustra, Moses, Christus und Mohammed. Wenn nicht alles täuscht, war Zarathustra der erste Verkünder des einen Gottes.

Zarathustra ist der bei uns gebräuchliche Name. Zoroaster hieß er bei den alten Griechen, und Zarduschti heißt er im modernen Iran. Seine heutigen Anhänger nennen sich »Zartoshti«. Zarathustra war eine historische Persönlichkeit, doch über seine Geburt, seinen Lebenslauf und seinen Tod ist nur wenig bekannt. Seine Lehren und seine Lehrsätze wurden der Nachwelt in den sogenannten Gathas erhalten. Man weiß zwar, daß im 13. Abschnitt der Gathas sein Lebenslauf geschildert wird, doch ist gerade dieser Teil verlorengegangen. Nach überwiegender Ansicht der Fachgelehrten wurde Zarathustra gegen Ende des zweiten Jahrtausends vor der Zeitenwende geboren.

Mehr glaubt man über die Herkunft des Geheimnisvollen zu wissen, sogar ein langer Stammbaum wird ihm zugebilligt. Zarathustra soll in der Landschaft Aran am Ufer des Araxes geboren sein, dem heutigen Grenzfluß zwischen dem nordwestlichen Iran und der Sowjetunion. Wie angenommen wird, hat sich Zarathustra später nach Rai, jener uralten Stadt etwa fünfundzwanzig Kilometer südlich vom modernen Teheran, begeben. Wie es sich für einen leidenschaftlichen Gottsucher gehört, lebte auch Zarathustra eine unbestimmte Zahl von Jahren in der Einöde, wo er sich nur von wildwachsenden Pflanzen ernährte und den Versuchungen des Satans die kalte Schulter zeigte. Sodann gelang ihm die Bekehrung des historisch nicht nachweisbaren Königs Vistaspa. Dieser mächtige Mann öffnete der monotheistischen Religion das Tor zu allen Völkern im damaligen Persien. Der »Mazdaismus«, wie man den neuen Glauben nannte, war für fast fünfzehn Jahrhunderte die Staatsreligion des Persischen Reiches, mit Gewißheit vom Anfang der Achaemeniden bis zum Ende der Sassaniden, also von 640 vor bis 628 nach der Zeitenwende.

Die Überzeugung von dem einen Gott drang vor bis zum Abendland, bis über Rom hinaus und nach Germanien hinein. In Gestalt des Mithras-Kultes haben sich Zarathustras Lehren allenthalben ausgewirkt. Schon Plato, dann Plinius und Plutarch sowie andere Denker der Antike haben sich damit befaßt. Zarathustra selbst glaubte nicht, der Gründer einer völlig neuen Religion zu sein, sondern hat sich als Reiniger und Reformer des bisherigen, aus ferner Vorzeit stammenden Vielgötterglaubens aufgefaßt. Spuren der »Veda«, der »Weisheiten« und der »Magier« sind in der »Avesta« des großen Zarathustra zu erkennen. Mit Ausnahme des einen hat er die Götter zu Nebenfiguren und Gehilfen, zu machtlosen Befehlsempfängern des alles beherrschenden Allvaters degradiert. Aber es blieb ihnen der wesentliche Unterschied zwischen Gut und Böse erhalten. Wie bei fast allen hochentwickelten Religionen herrscht auch bei Zarathustra der Dualismus von gut und böse, von hell und finster, von Himmel und Hölle. Ahura Mazda, der »weise Herrscher«, ist zwar allmächtig, übt aber seine Allmacht nur in besonderen Fällen aus. Sonst läßt er dem Menschen die freie Wahl, nach eigenem Willen gut oder schlecht zu handeln. Ahriman spielt die Rolle des Satans, des teuflischen Versuchers und Feindes aller guten Taten. Er soll – ähnlich wie der Teufel im christlichen Glauben – ein gefallener Engel sein, genauer gesagt der Zwillingsbruder Ahura Mazdas.

Das Leben der Menschen ist ewiger Kampf zwischen Gut und Böse, ein getreues Spiegelbild des Bruderkampfes zwischen Ahura Mazda und Ahriman. Die gesamte Geschichte der Menschheit wird von Zarathustra als der immerwährende Kampf zwischen Gut und Böse aufgefaßt. Je weniger sich der Mensch von Ahriman verführen läßt, je mehr er sich um gute Taten und ein sündloses Leben bemüht, desto größer wird für ihn die von Ahura Mazda geleistete Hilfe. Auf einen einfachen Nenner gebracht, gilt auch bei Zarathustra das christliche Prinzip: Hilf dir selbst, dann hilft dir Gott.

Jedoch ganz im Gegensatz zum Christentum steht die *Unverzeihlichkeit der Sünde*. Es gibt keine Vergebung, sosehr der Sünder bereuen mag. Aber er kann durch gute Taten die schlechten überholen. Es ist wie in einem Kontobuch, wo links das üble Verhalten nach Minuspunkten bewertet wird und rechts alle guten Taten mit entsprechenden Pluspunkten. Ergibt zum Schluß die Abrechnung ein höheres Guthaben, als sich Schulden im Sündenregister befinden, darf die glückliche Seele in himmlische Gefilde aufsteigen. Wenn nicht, dann hinunter in die Hölle mit diesem Menschen, wo ihn ein mehr oder minder schreckliches Strafgericht erwartet. Sollte das Schuldkonto nicht allzu schwer belastet sein, besteht Hoffnung auf eine mildere Strafe von begrenzter Dauer. Dem christlichen Fegefeuer vergleichbar, kann auch dieser Sünder vielleicht doch noch das ewige Leben gewinnen.

Die Gebote Zarathustras, denen alle Anhänger zu folgen haben, wenn sie am Ende ihrer Erdenzeit die Brücke Chinat passieren wollen, diese Gebote entsprechen nach ihrem Sinngehalt weitgehend den an Christenmenschen gestellten Forderungen. Sehr wichtig sind für jeden Zartoshti die Gebote der Reinlichkeit in Gedanken, im Handeln, aber auch im äußeren Erscheinen. Man wird deshalb nie einen schmutzigen Zartoshti sehen, es sei denn bei notgedrungen schmutziger Arbeit. Die Hilfsbereitschaft untereinander spielt eine wesentliche Rolle, sie hat dazu beigetragen, daß die Zartoshti im Durchschnitt weit wohlhabender sind als die Andersgläubigen ihrer Umgebung. Sie bilden eine geschlossene Gemeinschaft, die sich gegen alle Angriffe, auch gegen wirtschaftliche Angriffe von außen, gemeinsam wehrt. Hohe Anforderungen werden an die Sittlichkeit gestellt, allein schon der Versuch, ein unschuldiges Mädchen zu verführen (andere gibt es angeblich nicht), erregt die helle Empörung der gesamten Gemeinschaft. Zarathustra verlangt ein vorbildliches Familienleben und gute Erziehung der Kinder. Im übrigen muß man die drei Elemente Feuer, Wasser, Erde von allen Verunreinigungen freihalten. Dieses letzte Gebot ist der Grund, weshalb die Toten in »Türme des Schweigens« ausgelegt werden, zum Fraß für gierige Geier. Nur so kann beim Zerfall des sterblichen Leibes das Feuer, die Erde und das Wasser in Reinheit erhalten bleiben.

Wie die historische Erfahrung lehrt und wie es auch allen monotheistischen Religionen ergangen ist, erliegen die Menschen nur allzu leicht der Versuchung, den Allvater des Himmels mit Nebengöttern, schließlich mit eigenständigen Göttern zu umgeben. Auch im Alten Testament finden sich dafür Beispiele, wie etwa der Tanz ums »Goldene Kalb«. So geschah es auch im Mazdaismus. Mithras, der fürs Sonnenlicht zuständige Gehilfe Ahura Mazdas, wurde für lange Zeit der Sonnengott Mithras, und Anahita, zuvor nur guter Geist im fließenden Wasser, wurde die Göttin des Wassers, der Felder und der Fruchtbarkeit. Hin und wieder erscheinen Reformer, die den Olymp des Mazdaismus von falschen Göttern reinigten und aufs neue dem Monotheismus zum Sieg verhalfen.

Hier ist nicht der Platz und besteht nicht die Absicht, näher auf das Lehrgebäude des Zarathustra einzugehen. Aber wer sich damit intensiv beschäftigt, wird aufs höchste überrascht sein zu erkennen, wie zahlreich die Ähnlichkeiten mit dem christlichen, besonders dem katholischen Glauben sind. Gedanken unseres Glaubens gehen offenbar zurück auf den Mazdaismus, wie ihn wahrscheinlich Zarathustra schon vor dreitausend Jahren verkündet hat. Als sich der Islam im 7. Jahrhundert mit Feuer und Schwert über dem ganzen Nahen Osten verbreitet hat, siegte Mohammeds Nachfolger über die iranischen Völker. Die Feuertempel verfielen oder wurden zu Moscheen. Jene Zartoshti, die beharrlich an ihrem Glauben festhielten, verschwanden im Untergrund oder flüchteten nach Indien, wo sie zunächst in Diu ein Asyl fanden, heute aber hauptsächlich in der Gegend von Bombay verbreitet sind.

Ihre Gesamtzahl beträgt ungefähr eine halbe Million. Es sind die Parsen, eine hochgebildete, kaufmännisch sehr geschickte und deshalb in der Mehrzahl vermögende Schicht. Ihre alte Religion, in die beiden Konfessionen Kadni und Shahanshai geteilt, hat gewisse Wandlungen erfahren, die vom »reinen Glauben« der iranischen Zartoshti abweichen. Diese Nachkommen der seinerzeit im Lande gebliebenen Anhänger Zarathustras konnten jahrhundertelang nur im verborgenen blühen. Obwohl sie während der letzten Jahrzehnte wieder erheblich zugenommen haben, zählen ihre Gemeinschaften nur fünfzigtausend Gläubige. Ihr Mittelpunkt ist Yazd, wo sie rund ein Zehntel der Bevölkerung stellen. Andere Zartoshti-Gemeinden bestehen in Teheran und Tabriz wie auch sonst im Land. Das kleine Städtchen Taft (der Seidenstoff Taft ist danach genannt, wurde auch zuerst in Taft hergestellt) ist zur Mehrheit von Zartoshti bewohnt, die schon seit Urzeiten dort ansässig sind. Im toleranten Iran bestehen für alle Religionen und Minoritäten die gleichen Rechte wie Pflichten. Im öffentlichen Leben spielen religiöse Gegensätze so gut wie keine Rolle. Auch die Zartoshti haben ihren Vertreter im Parlament.

Die Priesterwürde ist erblich. Niemand kann diese Pflichten übernehmen, ohne hierfür geboren zu sein. Die Gemeindeverwaltung, die interne Regierung, wenn man so sagen will, besteht aus je sechs Priestern und zwölf hochangesehenen Laien, den sogenannten Mobeds.

Mit einem dieser Mobeds, Herrn Sh. Khodaiary, sind wir verabredet. Als hoher Beamter der iranischen Regierung ist er Leiter des Zucker-Monopolamtes in Yazd, und als hohes Mitglied der Zartoshti-Gemeinde ist er ehrenhalber Chef des Erziehungswesens. Ein freundlicher weißhaariger Herr um die fünfzig, mit rosarotem, etwas rundlichem Gesicht, kommt er gleich in unser Hotel. Den beiden Fremden die Stadt zu zeigen ist seine freundliche Absicht. Herr Khodaiary fährt einen schon betagten Volkswagen und fährt ihn vorsichtig.

»Yazd hat viele Sehenswürdigkeiten«, beginnt auf diplomatische Weise seine Erklärung, »die Jünger des Zarathustra gehören nicht dazu. Die berühmte Glokkenmoschee mit ihrer bemerkenswerten Geschichte, die Freitagsmoschee mit ihren beiden besonders hohen Minaretts, das Mausoleum von Sahams-ad-Din usw. werden von Fremden am häufigsten besucht. Damit verglichen, haben die Zartoshti nicht viel zu bieten.«

»Mir scheint aber doch, nach allem, was man hört«, gebe ich zur Antwort, »die Schulen zum Beispiel. Sie haben doch sehr gute Schulen für Jungen und Mädchen.«

Bei den Anhängern des Zarathustra ist eine möglichst gute Ausbildung eine der religiösen Pflichten. So hatten die Zartoshti schon längst ihre eigenen Schulen, bevor in den Städten des Iran die Schulpflicht eingeführt wurde. Auch ein Grund, weshalb sie den übrigen Persern an Bildung überlegen, auch geschäftlich im Vorteil waren. Nicht die Eltern eines Schülers bezahlen die Kosten, sondern die Gemeinschaft kommt dafür auf, jede Familie nach ihren Möglichkeiten. Die Schulen sind für Jungen und Mädchen getrennt, außerdem gibt es noch Kindergärten. Heute sind die Lehrpläne die gleichen wie in den Staatsschulen, aber manches, was den Zartoshti wichtig erscheint, hat man dem übrigen Pensum hinzugefügt.

»Ich habe mit dem Mobed-i-Mobedan gesprochen, unserem Hohenpriester«, sagt Khodaiary mit der Stimme eines Mannes, der etwas Besonderes mitzuteilen hat. »Ja, vorhin sprach ich noch einmal mit ihm, und der Vorstand hat genehmigt, daß Sie einen kurzen Gottesdienst im Feuertempel besuchen dürfen.«

»Die Anbetung der heiligen Flamme mitzuerleben«, lautet meine Antwort, »ich betrachte es als große Auszeichnung.«

Das war jedoch ein echter Fauxpas.

»Bitte sagen Sie das nicht«, verbessert mich der Mobed leicht verärgert. »Natürlich wissen alle Zartoshti, daß man uns Feueranbeter nennt. Aber das ist falsch, ein weitverbreitetes Mißverständnis! Die Flamme gilt nur als Symbol der Reinheit, sie verbrennt unsere Opfer, heute in Gestalt aromatisch duftender Hölzer. Die ewige Flamme sollte Sie ans Ewige Licht in katholischen Kapellen erinnern. Dort betet man ja auch nicht zum Kerzenlicht oder zum Flatterlicht aus brennendem Öl. Wir sind keine Feueranbeter, man nennt uns nur so.«

Zunächst fahren wir in jene Stadtgegend, wo die Anhänger Zarathustras geschlossen zusammen leben. Auch alle ihre Einrichtungen befinden sich dort, vom Hospital bis zum Feuertempel. Wenn schon allgemein die iranischen Städte und Dörfer sauberer sind als im übrigen Orient, ist der zoroastrische Stadtteil ein Musterbeispiel an Reinlichkeit. Die schmalen, oft von Wohnbauten überwölbten Gassen wie frisch gewaschen und eben abgestaubt. Keine Ladengeschäfte, da offenbar jeder weiß, hinter welcher Tür das Gewünschte zu haben ist und in welchen Höfen bestimmte Handwerker ihren Beruf betreiben. Frauen und Mädchen sind ohne Chaddor. Sie waren immer den Männern gleichgestellt, auch wenn sie streng, vielleicht allzu streng erzogen sind. Sie tragen helle Farben und wagen freundlich zu lächeln, weil uns ein Mobed begleitet. Die Atmosphäre ist nicht so abgeschlossen, zurückhaltend und mitunter mißtrauisch wie in Moslem-Vierteln älterer Art. Aber auch hier verbergen die Mauern, sehr hohe fensterlose Mauern, jeden Blick ins private Leben.

Selbst die Schule sieht von draußen nicht nach Schule aus. Ein breites, sich nur knarrend öffnendes Tor. Dann ein weiter Schulhof mit Turngeräten und Baseballkörben, auch ein durchaus modernes Schulgebäude. Herr Khodaiary geht voran, öffnet ohne weiteres Klassentüren, wo sogleich die Belegschaft aufspringt und schweigend in gestraffter Haltung verharrt. Der Lehrer wird uns vorgestellt und wir den Klassen, worauf der Unterricht weitergeht. Hervorragende Ausstattung im Physiksaal, ebenso im Kinosaal, im Musikzimmer, der Kartenkammer, dem Zeichenraum usw. Musterhaft brav die Buben und die jungen Männer der Oberklasse.

So viele hübsche, ja gutaussehende junge Mädchen wie in den Oberklassen der Feueranbeter wird man nur selten sehen. Alle sind gleich angezogen, mit bis über die Knie hinabreichenden Röcken, langen Ärmeln und hochgeschlossenen Kleidern. Dunkle Haare und dunkle Augen mit breiten bogenförmigen Brauen. Sowenig wie möglich nehmen sie Notiz von den ungewohnten Besuchern. Wir gehen durch drei Klassen, und dreimal muß ich die obligaten freundlichen Worte sagen, die Beheshti mit todernstem Gesicht übersetzt.

Der Kindergarten hat mir am besten gefallen, zumal die Oberkindergärtnerin alle kleinen Feueranbeter in den Spielhof hinausläßt, als wir eintreffen. Hellklingendes Geschrei und jauchzend frohes Gelächter. Alle wollen uns die Hand schütteln, sechzig bis siebzig Buben und Mädel. Blaue Kleidchen mit roten Schürzchen, ein buntbewegtes Bild. Sie geraten außer Rand und Band, als ich Aufnahmen mache. Danach Fotos von mir inmitten der hüpfenden, springenden Zartoshti-Kinder.

»Es ist um Ihren Nachwuchs gut bestellt«, bemerke ich zu Herrn Khodaiary.

»Ja, und in jedem sehe ich das Funkeln der heiligen Flamme.«

Endlich, unsere Spannung hat sich von Viertelstunde zu Viertelstunde verschärft, endlich fahren wir zum Feuertempel von Yazd. Doch welche Enttäuschung ist dieses »Bahran« genannte Gotteshaus. Ein unauffälliges, keineswegs großes Gebäude ohne besonderen Stil. Es kann nicht älter als etwas über fünfzig Jahre sein. Zwar liegt der Bahran in einem großen Garten, aber ohne jede würdige Wirkung. An der Rückwand eine breite, ungedeckte Terrasse, zu der eine Doppeltreppe führt. Hier, so erklärt uns Khodaiary, versammeln sich die Gläubigen. Wenn es für die Terrasse zu viele sind, verteilt sich der Rest über den grünen Rasen. Nur ältere und gebrechliche Leute sowie die geistlichen und weltlichen Mitglieder des Gemeinderates, gelegentlich auch besondere Besucher, dürfen den Innenraum des Tempels besuchen. Das Heiligtum selbst, wo die rotgelbgrüngoldene Flamme lodert, dürfen nur die »Mobedan«, die amtierenden Priester, betreten.

Wir werden draußen dem Hohenpriester, dem Mobed-i-Mobedan, vorgestellt, müssen sodann unsere Schuhe ablegen und schneeweiße Käppchen aufsetzen. Es fällt schwer, beim gegenseitigen Ansehen lautes Lachen zu unterdrücken. Doch ist unser Anblick noch nichts im Vergleich zum Hohenpriester. Genauso gekleidet, begibt sich bei uns der Chirurg zum Eingriff in den OP. Weiße Leinenkappe auf dem Kopf, weiße Binde vor Mund und Nase, weißer Mantel vom Hals bis fast auf den Boden und weiße Überschuhe. Auch die dünnen Handschuhe des Herrn sind von weißer Farbe. Sinn der Verkleidung ist es, auch die allergeringste Verunreinigung des Heiligen Feuers durch die menschliche Haut, den Atem oder den Ausfall eines Haares zu vermeiden.

Aber so heilig die Handlung auch sein mag, die Zartoshti verlieren deshalb nicht ihre gewohnte Heiterkeit. Der Hohepriester selbst schlägt vor, daß wir Gruppenaufnahmen machen. Darauf sehen wir aus wie der Chefarzt mit seinen Assistenten.

Alsdann steigen wir die Treppe hinauf und treten ein. Der große, mit weichen Teppichen ausgelegte Raum umgibt das vierseitige Heiligtum. Es ist ein Tempelchen für sich mit vier schlanken Marmorsäulen, die bis zur Decke reichen. Auf einem quadratischen Altar flackert inmitten des überwölbten Raumes in großer, gewiß uralter Bronzevase das heilige Feuer von Yazd. Wie mir Khodaiary zuflüstert, brennt die Flamme ohne Unterbrechung seit siebenhundert Jahren an der gleichen Stelle, auch wenn man mehrfach den Tempel erneuern mußte. Ein anderes, das älteste Feuer der Zartoshti, wurde, so heißt es, vor mehr als zweitausend Jahren entfacht, brennt aber nicht mehr an gleicher Stelle, weil man es nach dem Einbruch des Islam aus dem alten Persien nach Indien gebracht hat.

Wenn ich Khodaiary glauben darf – und es besteht kein Grund, es nicht zu tun –, sind wir erst die siebente »ungläubige Gruppe«, die sich dem heiligen Feuer bis ans Gitter nähern darf. Sogar Farbfotos werden mir gestattet, allerdings ohne Blitzlicht. Dabei sagt man, daß selbst gläubigen Zartoshti nur äußerst selten gestattet wird, die heilige Flamme zu knipsen. Den Grund für die Großzügigkeit uns gegenüber habe ich nicht erfahren.

Von der heiligen Handlung ist nur wenig zu berichten, da wir weder die Worte noch den Sinn verstanden. Es haben sich noch etwa sieben Personen geistlichen Standes eingefunden, die alles, was bei der flackernden Flamme vor sich geht, mit inniger Anteilnahme verfolgen. Der Mobed-i-Mobedan murmelt Gebete, hebt die Hände zum Himmel, geht einige Male um die lodernde Feuerstelle und wirft – das ist wohl der Höhepunkt – Holzstäbchen ins Feuer, worauf der Raum sogleich von aromatischem Duft erfüllt wird. Er klingelt mit einer Glocke, ganz ähnlich wie bei der Verwandlung in einer katholischen Kirche. Noch einen Umgang, noch ein paar Hölzchen und Weihrauchblätter ins Feuer sowie ein weiteres Gebet, und der Gottesdienst ist vorbei.

Nun zu den Türmen des Schweigens, vier oder fünf der sogenannten Dakhmés liegen außerhalb von Yazd. Sie befinden sich auf Hügeln, sind kreisrund und haben einen Durchmesser von annähernd zwanzig Metern. Die kalkgetünchten Ziegelsteinmauern erreichen ungefähr sechs Meter Höhe. Diese Gebilde in abendländischen Sprachen Türme zu nennen ist eigentlich falsch, da sie in Wahrheit nur aus der Ringmauer um den Platz fürs Auslegen der Leichen bestehen. Draußen vor der Pforte steht noch ein würfelförmiges, vollkommen schmuckloses Totenhaus, worin die Verstorbenen die letzten religiösen Riten erhalten. Nur die Leichenträger, übrigens ein erblicher Beruf, dürfen hernach das Innere der Dakhmé betreten, wo sie ihre traurige Last einfach auf den Boden legen. Alsdann bleibt bis zur nächsten Bestattung die Eisentür verschlossen.

Bei den Schweigetürmen in der Nähe von Bombay habe ich gesehen, daß Dutzende, vielleicht bis zu hundert Aasgeier auf dem Rand der Dakhmé sitzen, wo sie geduldig auf ihr »Totenmahl« warten. Nichts bleibt am Ende übrig als der Schädel und ein paar grobe, von der Sonne ausgedörrte Knochen. Diese werden gelegentlich bei einer folgenden Bestattung von den Leichenträgern mit Strohbesen in eine tiefe, viereckige Öffnung gefegt, die sich in der Mitte des Bestattungsplatzes befindet. Bei den Dakhmés in der Nähe von Yazd sind solche Mengen von Aasgeiern nicht zu erblicken. Nur zwei oder drei fliegen geräuschvoll darüber hinweg.

»Die Bestattungen nach alter Sitte sind seltener geworden«, erklärt Khodaiary. »Die Regierung wünscht aus hygienischen Gründen die Verbrennung im Krematorium oder ganz einfach die Erdbestattung. Wir wehren uns nicht dagegen, wenn es sein muß, passen wir uns modernen Zeiten an. Aber die Priester und die meisten Mitglieder des Gemeinderates wünschen noch ihre körperliche Auflösung in der Dakhmé. Wie Sie sehen, werden die Geier immer weniger, weil sie nicht mehr genug der altgewohnten Nahrung erhalten. So werden manche unserer Toten allmählich zu ausgetrockneten Mumien.«

Unseren etwas makabren Wunsch, einen Turm des Schweigens zu betreten, will oder kann Herr Khodaiary nicht erfüllen. Neugierige Amerikaner, so berichtet er kopfschüttelnd, haben sich Hubschrauber gemietet, um von oben das Innere einiger Dakhmés zu filmen.

Wir fahren zu seinem Haus in der Stadt. Wie Khodaiary wissen läßt, gehört es seiner Familie schon in der siebten Generation. Alle Nachkommen des Erbauers besitzen dort lebenslängliches Wohnrecht, wenn auch die Mehrzahl von ihnen keinen Gebrauch davon macht. Wie alle Privathäuser der Zartoshti liegt auch dieses Haus hinter hohen Mauern, die von außen nicht einmal Dach, Schornstein oder Luftfänger erkennen lassen. Es ist kein Haus im üblichen Sinne, sondern ein ausgedehntes Anwesen über sowie unter der Erde. Die Wohnräume sind um einen bedeutend tiefer liegenden Hof gruppiert, der einen schattigen Garten mit Wasserbecken enthält. Darüber, auf höherer Ebene, also vor den Wohnräumen, breitet sich auf allen vier Seiten eine Terrasse aus, der zahlreiche Holzkübel mit Büschen und Bäumen die Wirkung eines »hängenden Gartens« geben. Die Schlafzimmer bieten Ausblick auf den Innenhof. Doch es gibt noch zwei bis drei andere Höfe, durch Bogengänge miteinander verbunden. Da sind nun die Küchen, die Räume für hausfrauliche Arbeiten und für ähnliche Zwecke. Die Höfe selbst werden von Hühnern, Enten, Gänsen und mehreren Hunden belebt. Noch eine Etage tiefer, in kühlen, kahlen und fensterlosen Gewölben, befinden sich Schlafräume zur Benutzung während des glühendheißen Sommers. Sie erhalten ihre ständig bewegte Luft durch Badghire, jene schon erwähnten Windfallen, die sich über die Hausdächer erheben. Da unten sind auch die Vorratsräume und die Weinkeller des Hauses.

Wir begegnen als erstes einem wunderschönen dunkelhaarigen Mädchen, das wohl den heimkehrenden Vater, nicht aber völlig fremde Besucher erwartet hat. Tief erschrocken schaut uns die Tochter des Hauses an, um alsdann rascher zu verschwinden, als man es sagen kann. Khodaiary verliert darüber kein Wort, hat auch nicht erst versucht, uns vorzustellen. Seine Frau aber darf die Besucher begrüßen, beteiligt sich auch in stockendem Englisch am Gespräch. In dem modern eingerichteten Empfangszimmer werden uns süße Kuchen, zum zuckersüßen Tee auch zuckrige Mandeln serviert, wozu der Herr des Hauses Süßwein in kleinen Gläsern kredenzt. Er zeigt uns später, wo dieser Wein seine Gärung durchmacht und zum gewünschten Alter heranreift. In feuchten Gewölben stehen zwanzig oder mehr riesige Tonkrüge antiker Form, versiegelt und mit schwarzer Ölfarbe beschriftet. Sie enthalten einen naturtrüben, stockig schmeckenden Rotwein, den die Zartoshti nach besonderen Rezepten für ihren eigenen Verbrauch herstellen. Jeder von uns erhält davon eine Literflasche zum Geschenk. Strenggläubige Anhänger, so bemerkt Khodaiary, genießen keine anderen alkoholischen Getränke als den Zartoshti-Wein.

»Wir leben in einer Welt, die zu Ende geht«, lächelt unser Gönner beim Abschied, »Zarathustra sprach von dreitausend Jahren, die nach seinem Tode das Menschengeschlecht noch auf Erden bleiben wird. Es kann also nicht mehr lange dauern, bis sich der Sinn unseres Daseins erfüllt.«

Der folgende Tag in Yazd verläuft wie so viele andere in anderen Städten des Iran. Wir besichtigen, was zum Programm interessierter Besucher gehört, auch eine hochmoderne Textilfabrik, die drittgrößte im ganzen Land. Obwohl ich nur wenig von den technischen, computergesteuerten Vorgängen verstehe, muß selbst der ahnungslose Laie begreifen, mit welcher Perfektion der Betrieb in allen sieben Hallen läuft. Der noch jugendliche Vizechef, in den USA ausgebildet, führt und erklärt. Peinliche Sauberkeit und Ruhe trotz so vieler emsig rotierender Maschinen. Erstaunlich wenig menschliche Arbeitskräfte, die sich ohne Hast bewegen. Ein unwahrscheinlicher Kontrast, diese vollautomatisierte Textilproduktion und dahinter die karge Steppe, über die eben eine hundertköpfige Schafherde zieht mit der dazugehörenden Sippe zeitloser Wandermenschen.

Nun läßt sich aber, da wir Yazd gegen Abend des dritten Tages hinter uns lassen, nicht länger ein ebenso taktloses wie geschmackloses Unternehmen verschweigen, bei dessen Niederschrift sich der Verfasser nur schämen kann (und ebenso, möchte ich hoffen, sein Mittäter). Wir sind nämlich bei Nacht und Nebel in einen Turm des Schweigens gestiegen.

Wir haben es nicht geplant oder gar Vorbereitungen dafür getroffen. Der Entschluß ergab sich von selbst, als wir auf der wenig befahrenen Strecke von Yazd nach Ardakan, kurz bevor die letzten Sonnenstrahlen erloschen, links vom Wege die hellschimmernden Konturen einer Dakhmé entdeckten. Die Gegend ist völlig unbewohnt und der Todesturm kaum einen viertel Kilometer von der Fahrbahn entfernt. Die schmale Eisentür befindet sich knapp drei Meter über dem Boden, und ein Spalt davon ist offen. Trotz der Bedenken, die Beheshti äußert, wollen wir uns das näher betrachten.

Ich lasse den Wagen bis dicht an die Dakhmé heranfahren, dann direkt unter der schadhaften Türe halten. Alle Lichter des Wagens werden gelöscht. Jeder von uns steckt eine Stablampe in die Tasche und hängt sich die Kamera mit Blitzlicht über die Schulter. Dann steigen wir über die Motorhaube aufs Wagendach, können aber noch nicht die Türkante erreichen. Also her mit ein paar Koffern aus dem Wagen, zwei Teppichrollen darauf und die Schlafsäcke darüber. Nun ist es möglich, eine der rostigen Türangeln zu packen. Beiden gelingt es, sich daran hinaufzuziehen. In der Ferne heulen hungrige Schakale, und ein Rabe krächzt im Vorüberfliegen.

Auf der anderen Seite liegen Steintrümmer, über die wir mit etwas Mühe hinabsteigen, aber es erhebt sich, was allen Regeln einer Dakhmé widerspricht, vor uns eine zweite, ebenso hohe Mauer. Deren Gittertür ist heruntergefallen. Wir lehnen sie schräg an die Mauer, steigen über diese wacklige Leiter hinauf zum offenen Rechteck. Das Niveau des Bestattungsplatzes dahinter liegt höher als draußen die Ebene. So gelangen wir ins Innere des zweiten Mauerrings. Mit schwerem Flügelschlag erhebt sich ein Geier und rauscht davon.

Wir lassen den Schein der Stablampen über den Boden schweifen. Niemals möchten wir diesen Anblick noch einmal erleben. Dabei konnten wir kaum etwas anderes erwarten. Grauweiße Skelette in dunklen Kleiderbündeln, herumliegende Menschenknochen und Schädel, bleiche Zahnreihen im Pergamentgesicht vertrockneter Mumien, Fetzen verschiedenster Stoffe, von den Geiern oder sonstigem Getier losgerissen, das alles in zwanzigfacher oder auch hundertfacher Wiederholung. Inmitten dieser schaurigen Rundfläche der quadratische Schacht, bis an den Rand gefüllt mit wachsbleichen Knochen und Schädeln.

Ich nehme als sicher an, daß uns die Haare zu Berge stehen, während der Lampenschein immer noch mehr Reste einmal kerngesunder, ein aktives Leben führender Männer, Frauen und Kinder enthüllt. Ein paar Aufnahmen mit zitternder Hand, die verdientermaßen nicht gut gelingen. Dann hinaus und hinweg vom Turm des Schweigens. Der beharrliche Ruf einer Nachteule scheint den begangenen Frevel und die Frevler zu verwünschen.

»Mußte das sein?« fragt mich der Freund, und ich frage mich selbst: »Mußte das sein?«

Bewegte Tage

Jeder hat mir gesagt, während des Neujahrsfestes seien alle Menschen wie verwandelt. Behörden, Büros und Geschäfte geschlossen, die Hotels seit Monaten ausgebucht und alle Tische in besseren Restaurants vorbestellt. Niemand wäre zu sprechen, es sei denn, man habe sich schon lang und fest verabredet. Teheran wäre wie ausgestorben, dafür die Landstraßen belebter denn je und alle Sehenswürdigkeiten von Besuchern überlaufen.

Noruz, der »neue Tag«, ist fürs iranische Volk der Jahreswechsel, das Osterfest und der Frühlingsanfang in einem. Da es bei den Moslems Weihnachten nicht gibt, ist Noruz bei weitem das wichtigste Fest des Jahres. Es beginnt am 21. März, dauert offiziell nur drei Tage, dehnt sich aber nach Tradition und Gewohnheit mindestens über eine Woche aus. Auch das ist für alle, die sich freimachen können, nicht genug. Sie feiern viel länger, nämlich volle vierzehn Tage. Das trifft sich gut, denn am 13. Tag nach Noruz begeht man *Seezdah bedar*, einen ganz besonderen Tag. Da verlangt uralter Brauch von jeder Familie einen Ausflug ins Freie, von früh bis spät und außerhalb des Wohnortes.

Noruz und alles, was an Sitte und Brauchtum dazu gehört, hat keine Parallele bei anderen Völkern islamischer Religion. Jahreswechsel und Frühjahrsanfang werden in dieser Form nur von den angestammten Bewohnern des Iran gefeiert. Der Kult reicht zurück bis in fernste Vergangenheit. Noch früher als zu Lebzeiten Zarathustras, sogar vor dem unbestimmten Glauben an die »Weisen Männer«, beging man schon das Fest des Neuen Tages. Es soll stets ein Begleiter indogermanischer Völker gewesen sein, woher diese auch kamen und wohin sie bis heute gewandert sind. Auch im Osterfest der Christen läßt sich Noruz erkennen. Bemalte Eier gehören ähnlich wie bei uns zu den Symbolen des »Neuen Tages«. Man springt über knisterndes Feuer, Strohpuppen werden verbrannt, maskierte Gestalten ziehen lärmend durch die Gassen. Dies und ähnliches kennen wir bei uns aus jenen altüberlieferten Gebräuchen, die nun leider rasch verschwinden. Gleiche Ursprünge sind bestimmt vorhanden.

Der Osterhase jedoch spielt keine Rolle beim Noruz. Statt dessen haben die Iraner den Noruz-Tisch. Dort werden in kleinen Gefäßen Samenkörner so rechtzeitig ausgestreut, daß in den ersten Noruz-Tagen das frische Grün sprießt. Winzige Goldfische schwimmen in Wasserschalen, einen Spiegel hat man aufgestellt, und noch viele andere Symbole sind über den bedeutungsvollen Tisch verteilt. Sie bleiben dort, bis der letzte Noruz-Tag vorbei ist, also meist bis zum Seezdah bedar. In keiner Familie, keinem Restaurant und keinem Hotel, auch in keinem Ladengeschäft fehlt der festliche Tisch. Seine Dekoration reicht von vielseitigem Luxus bis zu einfacher Schlichtheit, aber stets bleibt der traditionelle Stil gewahrt.

Jeder hat mir gesagt, es sei in den Noruz-Tagen mit niemandem zu rechnen und ohne altvertraute Freunde gar nichts zu machen. Ich hörte es wohl, konnte aber nicht daran glauben. Außerdem ergab sich, daß ich mit der Eisenbahn am Tag vor Noruz in Teheran eintraf und meine Frau mit dem Rangerover zwei Tage zuvor. Alles halb so schlimm, wie es den Anschein hatte. Exzellenz Farzaneh, ebenso großzügiger wie gutmütiger Chef der INTO, hatte meinen Freund und Dolmetscher Djahangir Beheshti schon zuvor durch andere Urlaubstage für die verlorenen Feiertage um Noruz entschädigt. Er konnte mir also auch in diesen beiden Wochen zur Verfügung stehen. Ebenso Mahmud, mein bewährter Fahrer, und der von ihm gesteuerte Wagen. Beide, so versicherten sie, wären mit dem Ausgleich sehr zufrieden.

Draußen im Land, sagte Beheshti, wäre auch für Geld und beste Worte nicht die kleinste Kammer zu bekommen, dafür sei jetzt das Teheraner Parkhotel wie ausgestorben. Natürlich ist es keine Frage, daß Mahmud wie Beheshti als Familienväter am entscheidenden ersten Feiertag zu Weib und Kind gehören. Ähnlich wie zu Weihnachten bei uns werden an diesem Abend Geschenke verteilt. Also verabredeten wir einen Ausflug für den folgenden Tag, aber nur in die Umgebung von Teheran, damit unsere Freunde abends wieder bei ihrer Familie wären. Doch sie belehrten uns in nicht mißzuverstehender Weise über die guten Umgangsformen an zumindest den ersten drei Tagen des Noruz. Keiner läßt sich blicken, läßt von sich hören oder bemüht sich um telefonische Durchsage. Als dann am vierten Tag Dolmetscher, Fahrer und Wagen erscheinen, wird gar nicht versucht, das drei Tage lange Ausbleiben zu erklären.

In Teheran reicht uns der während des Noruz amtierende Vizechef der Rezeption eine Nachricht des Botschafters aus Schiraz. Er befindet sich im gastfreien Hause des jungen Namazi, und zufolge freundlicher Einladung dieses Gastgeber sollen wir gleichfalls kommen. Eine ideale Lösung des sonst kaum lösbaren Problems der Unterbringung an den noch folgenden Feiertagen. Sonst hätten wir die weitere Umgebung Teherans nicht verlassen können. Nach Schiraz ist es nur eine Fahrt von knapp neunhundertfünfzig Kilometer, und die gesamte Strecke über haben wir gutgepflegten Asphalt.

Beheshti, Mahmud und der Wagen aus dem Stall des Premierministers stehen ab morgen wieder zu unserer Verfügung. Der wackere Fahrer meint, daß er ohne besondere Mühe die Entfernung an einem Tag bewältigen könne. Djahangir

Beheshti vertritt die Ansicht, daß wir trotz allem versuchen sollten, im herrlichen Isfahan ausreichendes Nachtquartier zu finden. Falls dies nicht gelinge, könnten wir noch immer weiterfahren oder unterm silbernen Mond in der Wüste kampieren.

So früh wie nur möglich fahren wir aus Teheran fort und erreichen ohne Aufenthalt das von iranischen Touristen wimmelnde Isfahan am Nachmittag. Dort hält der Wagen vor dem INTO-Büro, weil sich unser tüchtiger Begleiter mit dem dortigen INTO-Chef in Sachen Zimmer beraten will. Was dabei herauskommt, ist wahrlich mit einem Wunder verwandt. Wir haben die Zuweisung für zwei Zimmer im Schah-Abbas-Hotel schräg gegenüber von INTO. Wie jeder Persien-Fahrer weiß und ebenso seine Freunde, ist das Schah-Abbas mit vollem Recht als das schönste, das bestgeführte und traditionsreichste Hotel des Iran bekannt. Viele meinen, und ich gehöre zu ihnen, daß man im gesamten Nahen wie Mittleren Osten nichts Besseres findet.

Der eigentliche, der ursprüngliche Name dieser prächtigen Karawanserei war Khane-i-Modar-i-Schah, auf deutsch »Karawanserei der Königinmutter«. Ihr Sohn, Sultan Hussein, regierte als letzter Herrscher der Saffaviden von 1704–1714. Während dieser Epoche ließ seine fromme und wohltätige Mutter aus dem ihr verbliebenen Witwenschatz eine theologische Hochschule erbauen, die in denkbar stilvollem Rahmen die Wohnräume, Gebetsräume und Lehrsäle für hundertfünfzig Studenten, ein halbes Hundert Gelehrte und zahlreiches Personal enthielt. Damit auch nach ihrem Tode der Unterhalt dieser Madrase-i-Modar-i-Schah (Universität der Königinmutter) gesichert blieb, ließ die fürsorgliche Frau gleich daneben eine Karawanserei von ungewöhnlich weiten Ausmaßen erbauen. Deren Einkünfte kamen der Hochschule zugute. Man sagt, daß in der Königinmutter-Karawanserei bis zu tausend Fremde mit ebenso vielen Kamelen aufgenommen wurden.

Die alte Universität blieb bis zum heutigen Tag im gleichen Zustand für den gleichen Zweck erhalten, während die Khane-i-Modar-i-Schah in ein mit recht so berühmtes Hotel verwandelt wurde.

Von unserem großen Doppelzimmer (mit Bad, versteht sich) führt eine breite Tür auf einen sonnenbestrahlten, sehr großen Balkon. Von dort bewundern wir das Bild des weiten, kunstvoll gepflegten und allenthalben blühenden Innenhofes. Kristallklares Wasser schimmert in Marmorbecken, und sprudelnde Springbrunnen können in einem solchen Park gewiß nicht fehlen. Der aromatische Duft zahlreicher Blumen durchzieht die grüne Oase. In dem hohen Erker der Südseite unterhält ein in alte Tracht gehülltes Orchester, dazwischen auch ein weißbärtiger Märchenerzähler die Schar begeisterter Gäste. Sie genießen stark gesüßten Tee auf Seidenkissen, auf tiefen Polsterbänken oder schönen Isfahan-

Teppichen. Über allem schimmern in Goldfarben die Kuppeln der Madrase-i-Modar-i-Schah. Allermindest eine Woche sollte man bleiben, um sich so recht an diesem Hotel zu freuen. Wenigstens diese Zeit wäre auch notwendig, um die wichtigsten Sehenswürdigkeiten Isfahans zu bestaunen. Marianne kennt noch nichts von der Stadt, wir sind nur einmal non-stop hindurchgefahren. Ich war schon öfter hier, wenn auch nie länger als zwei Tage. Der erste Besuch liegt bald fünfunddreißig Jahre zurück, der letzte noch keine sechs Monate, als mir gestattet wurde, im Gefolge des Bundeswirtschaftsministers den Iran vier bis fünf Tage lang auf gut vorbereiteten Luftsprüngen zu durchqueren.

Diesmal ist der Aufenthalt besonders interessant, weil etwa eine halbe Million iranische Touristen die bodenständige Einwohnerzahl mehr als verdoppeln. Ein Beweis des rasch zunehmenden Wohlstandes wie auch des wachsenden Interesses an Kultur und Geschichte des eigenen Landes. Weil fremde Touristen die Menschenfülle des Noruz meiden, fallen Marianne und ich besonders auf. Es haben ja sehr viele, sonst in abseitigen Gebieten lebende Iraner noch nie einen waschechten Ausländer gesehen. Aber selbst den einfachsten Leuten ist hierzulande Taktgefühl angeboren. Es erlaubt ihnen nicht, uns anzustarren. Statt dessen lächeln sie freundlich und tuscheln miteinander. Buben von zehn bis zwölf Jahren, die heute auch in der Dorfschule etwas Englisch lernen, fassen häufig den Mut, in stockendem Englisch nach der Uhrzeit zu fragen. Wenn ich darauf Antwort gebe, vielleicht noch ihre Klugheit lobe, strahlt große Freude aus den Augen stolzer Eltern.

Ein liebenswertes Volk, immer wieder muß man es sagen. Sie wollen uns den Vortritt lassen, machen Platz im Gedränge, und zwei kleine Mädchen bringen rasch abgerupfte Blumen. Belebend das Gewimmel auf der Chahar Bagh Avenue, in der Königinmutter-Madrase, im Park des »Pavillon der vierzig Säulen«, auf der dreihundert Jahre alten Steinbogenbrücke, die auf sechsundzwanzig Pfeilern den Zandjan Rud überquert. Erst die Fülle der Besucher zum Noruz gibt der Freitags-Moschee, der Schah-Moschee, der Lutfullah-Moschee und all den anderen Pavillons, Palästen und Madrasen jene lebendige, überquellende Funktion zurück, die sie von Beginn des 16. Jahrhunderts an bis zum ersten Drittel des 18. Jahrhunderts besaßen. Länger hat die große, die blühende Zeit von Isfahan nicht gedauert. Die Regierungsjahre Schah Abbas des Großen von 1587 bis 1639 waren davon die besten Jahre. Die schönsten, größten und berühmtesten Bauwerke sind während jener Epoche entstanden, als unter Abbas dem Klugen und Gewaltigen die Stadt Isfahan der beherrschende, hochkultivierte Mittelpunkt eines riesigen Reiches war. Der vorbildlich tolerante Sultan gewährte Schutz, Hilfe und Steuerfreiheit an vertriebene armenische Christen, an verfolgte Juden, auch an geflüchtete Hindus, katholische, orthodoxe und sonstige

Christen. Viele davon brachten besondere Fähigkeiten der Kunst, des Kunstgewerbes, des Handels und Handwerks mit. Schließlich zählte die Hauptstadt mehr als fünfhunderttausend Einwohner.

Doch es kamen die Afghanen, sie eroberten und plünderten die reiche Stadt. Fast alle ihre Bewohner wurden ermordet oder verschleppt. Durch die Zerstörung des komplizierten Systems der Wasserversorgung war die völlig verlassene Stadt dem allmählichen Verfall preisgegeben. Erst seit dem Beginn unseres Jahrhunderts hat der Wiederaufstieg Isfahans begonnen. Als ich 1941 dort war, lag noch vieles in Schutt und Trümmern. Der große Platz vor dem Schah-Abbas-Palast war eine von Abfall bedeckte Sandwüste. Was seitdem geschah, ist ein Wunderwerk stilechter Restauration. Die Wiederherstellung ist noch lange nicht zu Ende, sondern wird seit kurzem (dem Öl sei es gedankt) mit verdoppeltem Eifer fortgeführt. Das ganze Areal im Herzen der Stadt soll von späteren Zubauten befreit werden, soll Fußgängerzone werden mit Grünanlagen, Plätscherbrunnen und Promenaden. Geruhsam bummeln wir durch Räume und Höfe des Aliquapu-Pavillons, steigen auf eines der Gardash-Minarette, wandern zur kleineren, der älteren von beiden Brücken, besuchen die Kirche armenischer Christen, fahren hinaus zum sogenannten Wackel-Minarett und zu einem buntbemalten Taubenturm. Den Abschluß bilden die beleuchteten Bogengänge im Großen Bazar.

Was man kaum mehr sieht, ist die tausendjährige und zweitausendjährige Vergangenheit von Isfahan. Der römische Historiker Strabo hat davon berichtet und ebenso der Grieche Ptolomäus. Noch weiter zurück verliert sich die Geschichte der Stadt, auch die Herkunft ihrer Bewohner im Nebel der Prähistorie. Der sagenhafte König Kaikanus, Beherrscher des bisher nicht enträtselten Königreiches Kaijanin, soll die erste feste Siedlung am Ufer des Zandjan-Rud gegründet haben.

»Isfahan-nisf-i-Djahan«, sagen die etwas arroganten Bewohner von ihrer Stadt, auf deutsch: »Isfahan ist die halbe Welt.«

»Am schönsten wäre Isfahan ohne die Isfahaner«, sagen angeblich die übrigen Iraner von den Bewohnern der wunderschönen Stadt. Doch es ist nur gelber Neid, der aus ihnen spricht. Wir jedenfalls scheiden mit Bedauern, als unser Wagen weiter nach Süden rollt.

Sie blühen noch nicht, als wir eintreffen, die von Persiens Poeten so oft und liebevoll besungenen Rosen. Das Frühjahr hat erst spät begonnen, nur selten waren die Noruz-Tage so kühl und feucht wie gerade jetzt. Regenwolken hängen über Schiraz, kalte Winde wehen von den Bergen. Es kann aber die Menschen aus der Nähe und Ferne nicht daran hindern, in die vielgerühmte Stadt zu strömen.

Würde mir die Vorsehung bestimmen, für lange Zeit in Persien zu leben, und hätte ich die freie Wahl des Wohnortes, es müßte Schiraz sein. Die luftige Lage auf durchschnittlich 1750 Meter Höhe läßt den Sommer nicht allzu heiß werden. Schiraz ist ein Zentrum uralter bis mittelalterlicher Kultur, heute wohlversehen mit breiten Straßen und grünen Parks. Hohe Felsengebirge umranden die Stadt von allen Seiten. Schiraz ist auch eine Stadt der Gelehrsamkeit, deren gut ausgebaute, ihrer Zeit schon vorauseilende Universität sich des besten Rufes erfreut. Sie soll den allerneuesten Meldungen zufolge demnächst eine »deutsche Schwester« erhalten, nämlich eine Technische Hochschule, wo deutsche Lehrkräfte in deutscher Sprache unterrichten.

Im Gegensatz zu Teheran hält sich hier der motorisierte Verkehr noch in relativ bescheidenen Grenzen. Soviel ich gehört und selbst gesehen habe, leben besonders freundliche Menschen in Schiraz. Es gibt eine Reihe wirklich guter Restaurants, und Sehenswürdigkeiten sondergleichen liegen nur stundenweit von Schiraz entfernt. Die Stadt kann neben allen anderen Vorzügen noch den Ruf in Anspruch nehmen, der Geburtsort und die Wirkungsstätte so großer Dichter wie Saadi und Hafez zu sein. In einem Land, wo Dichter und Schriftsteller weit höheres Ansehen genießen als Feldherren, Fußballer, Preisboxer und Politiker, hat man ihnen bezaubernd schöne, von Blumengärten umgebene Grabstätten errichtet.

Schiraz, Hauptstadt der Provinz Fars, war schon zur Zeit der Achaemeniden eine blühende und bedeutende, aber nicht gar so große Stadt. Von hier aus begann die Sammlung der Völkerschaften, die das erste, einheitlich organisierte Persische Reich entstehen ließ, vor gut fünfundzwanzig Jahrhunderten. Auch der Staatsbegriff »Persien« ist aus »Fars« entstanden, ebenso »Farsi« als Bezeichnung der persischen Sprache.

Sicher ist jedem Iraner bekannt, daß Schiraz eines der besten Krankenhäuser des Landes besitzt. Es wird alle Jahre vergrößert, verbessert und weiter modernisiert. Hervorragende Ärzte des eigenen Landes und des Auslandes, auch deutsche Ärzte, sind dort beschäftigt. Die großen Gebäude mit ihren Nebengebäuden liegen in einem weiten, wohlgepflegten Park. Fast gleichzeitig mit dieser Stiftung eines überaus reichen Wohltäters entstand auch die erste, für ihre Benutzer kostenlose Wasserversorgung einer iranischen Stadt. Er hieß Hadji Mohammed Namazi und war natürlich Iraner. Der große Menschenfreund und Millionenstifter hat sein riesiges Vermögen auf verschiedenste Weise in China, Nordamerika und Hawaii erworben. In hohen Ehren, von der gesamten Stadt betrauert, ist der verschwenderisch großzügige Mann vor einigen Jahren verstorben. Sein noch immer wachsendes Vermögen, damit auch die Verpflichtung zur Weiterentwicklung des vorbildlichen Hospitals, ist auf seinen Sohn Hassan

Namazi übergegangen. Schon bei meinem letzten Besuch war ich Gast in seinem gastfreien Haus. Nun bin ich es wieder zusammen mit Marianne.

Man sollte meinen, daß die vielleicht vermögendste Familie des Landes einen großartigen Palast bewohnt, der von Prunk, Pracht und womöglich auch Protz überquillt und wo zahlreiches Personal auch den geringsten Wunsch im Eiltempo erfüllt. Aber dem ist nicht so, denn ganz im Gegenteil herrscht bei Hassan Namazi wie schon zuvor bei seinem Vater relative Bescheidenheit. Gewiß, ein ziemlich großes Haus ohne trennenden Zaun oder abweisende Mauer im Park des Namazi-Hospitals gelegen. Darin die Einrichtung wie überhaupt der Zuschnitt eines normalen Haushalts, etwa vergleichbar großbürgerlichen Verhältnissen bei uns. Als Personal amtieren lediglich ein Dienerehepaar für alles, eine Putzfrau sowie ein Fahrer und ein Gärtner, die beide auch fürs Hospital zuständig sind. In den großen Räumen wenig Mobiliar, als Besonderheit nur altpersische Buntglasfenster in handgeschnitzten Rahmen und traditionell bemalte Zimmerdecken in zwei Räumen. Auf kulinarische Köstlichkeiten wird kein Wert gelegt, das Essen ist gut und schmackhaft, mehr aber nicht.

Gastfreundschaft wird groß geschrieben. Wir sind schon zehn Hausgäste, darunter Botschafter von Lilienfeld mit einem Sohn und zwei Töchtern. Außerdem ist üblich, daß Freunde, gute Bekannte und leitende Ärzte des Hospitals am Vormittag, am Nachmittag oder mit Vorliebe in den Abendstunden ohne spezielle Einladung erscheinen. Einfach nur, um sich zu treffen, zu reden und relativ wenig zu trinken. Dabei spielt es keine Rolle, ob der noch jugendliche Hausherr zugegen ist, ob er später kommt oder gerade in Hongkong, New York, Osaka oder Paris geschäftlich zu tun hat. Sein Haus steht seinen Freunden stets und ständig offen.

Es ist erstaunlich, wie ausgezeichnet die dünne Bildungsschicht des Iran fremde Sprachen beherrscht.

»Wie lange leben Sie schon in diesem Land?« frage ich nach längerer Unterhaltung meine Tischdame während des Abendessens. »Ich bin hier geboren, Schiraz ist meine Heimat«, sagt sie verwundert. Nicht nur wegen ihres akzentfreien Deutschs, sondern auch nach ihrer ganzen Wesensart hatte ich sie für eine Deutsche gehalten.

»Nein, ich bin nur für mein Studium, für die medizinische Ausbildung, in Deutschland gewesen. Übrigens auch mein Mann, den ich damals in Köln kennengelernt habe.«

Ihn konnte man nach seinem Äußeren für den Inhaber eines deutschen Lehrstuhls halten. Von dieser Art gibt es noch andere Iraner im Haus Namazi. Außer den fremden Sprachen haben sie während ihres Aufenthalts in fremden Ländern auch die Umgangsformen, das Verhalten und die Ausdrucksweise ihrer damaligen Kollegen angenommen. Sie amüsieren sich über die gleichen Scherze, sie reagieren auf bestimmte Situationen in der gleichen Weise wie unsereins.

Oberst Bezaiyeh schlägt vor, einen Jagdausflug in die Zagros-Berge zu unternehmen, auf die sogenannten »Roten Wildschafe«. Der Botschafter plant ein Picknick bei Bischahpur mit Ersteigung jener Höhle, wo sich das zweitausendjährige Steinbild Schapur-Schahs befindet. Doktor Emami, soeben mit dem Bundesverdienstkreuz ausgezeichnet, will ein Gartenfest veranstalten, auch wenn die berühmten Rosen von Schiraz noch immer nicht blühen. Sein Rosengarten mit zweihundert verschiedenen Arten ist so weithin berühmt, daß sogar Rosenfreunde aus Deutschland in riesigen Reisebussen anrollen, um die Pracht seiner Stauden, Büsche, Spaliere und Stammrosen zu bestaunen. Diese Gruppe will zu den Nomaden reiten, die andere Enten schießen und noch eine die Moscheen, Madrasen, Paläste und Parks von Schiraz erforschen. Nach und nach werden auch wir alle Punkte dieses Programms absolvieren. Am vordringlichsten scheint mir Persepolis und die nähere Umgebung von Schiraz zu sein.

Von Schiraz bis Persepolis beträgt die Entfernung auf guter, asphaltierter Straße nur fünfundsechzig Kilometer. Weil man dabei nur eine Stadt durchfährt, die sich Marvdasht nennt, erreichen wir das weltberühmte Ziel nach weniger als einer Stunde. Die Gegend hinter uns ist hügelige Halbwüste, doch Persepolis selbst liegt vor einem höher und höher sich erhebenden rostbraunen Felsgebirge. So trocken und trostlos wie heute kann die Umgebung zu Zeiten der Achaemeniden nicht gewesen sein. Weiß man doch aus antiken Berichten, vor allem der Griechen im Gefolge Alexanders des Großen, daß sich um Persepolis weite Wälder, fruchtbare Felder und grüne Weiden ausgedehnt haben. Auch bezeugen die Reste von damaligen Wasserleitungen, daß nie versiegende Bäche direkt von den Berghängen herab durch Tempel, Paläste, Gassen und Gärten von Persepolis strömten. Zu seiner Blütezeit muß es ein Paradies der Blumen, der Kunst und Kultur gewesen sein. Ein goldenes Zeitalter könnte man sagen, denn verglichen mit den damaligen Verhältnissen außerhalb des Persischen Reichs war die Regierungsweise der Achaemeniden, vor allem Cyrus des Großen, außergewöhnlich milde und menschenfreundlich.

Oben: So reiste man früher von einer Karawanserei zur nächsten, nur etwa 30 km pro Tag. Frauen und Kinder saßen in einer Art Sänfte, die seitwärts am bedauernswerten Tragtier aufgehängt war. Bei verschiedenem Gewicht der Reisenden wurden der leichten Person noch Steine hinzugepackt.

Unten: Rauh und gefährlich waren die Zeiten noch bis zum Beginn dieses Jahrhunderts im Osten der Provinz Mazandaran. Wilde Räuberbanden drangsalierten die Bevölkerung. Hier ist es Polizeisoldaten und Freiwilligen gelungen, achtzehn Räuber zu erschießen oder zu enthaupten. Die Kopfhaut wurde abgezogen und mit Stroh ausgestopft, vermutlich, um anhand solcher Beweise die Prämien zu kassieren.

Was in unseren Tagen die Augen sehen, sind die gewaltigen, eindrucksvollen, teilweise noch wohlerhaltenen Reste des einst riesenhaften Bauwerks. Nur ein Volk auf höchster Kulturstufe kann es geschaffen haben. Alles entstand ungefähr zur gleichen Zeit wie bei den Griechen die Akropolis, die Tempel von Delphi, von Delos, von Korinth und so viele andere. Was die Augen nicht entdecken und was alle klugen Gelehrten bis zum heutigen Tage nicht gelöst haben, ist jenes Rätsel, das die Bestimmung des Bauwerks betrifft. Für welchen Zweck man es errichtet hat, ist ein Geheimnis geblieben. Persepolis war nicht von einer volkreichen Stadt umgeben. Der Gebäudekomplex besaß ringsum keine Mauern, auch sonst keine Anlagen zur Verteidigung, wie es in jenen kriegerischen Zeiten ebenso wichtig wie selbstverständlich war. Man hat auch nichts gefunden oder den Keilschriften entnehmen können, was auf ein Handelszentrum hinweist, auf lebhafte Industrie oder die Ausbeutung von Bodenschätzen. Ebendeshalb die Frage, die ungelöste Frage, weshalb und wofür die enorme Anstrengung, auf künstlicher Terrasse so kunstvolle Bauten in derart großen Ausmaßen zu errichten?

Das antike Persepolis bestand in der Hauptsache aus Palästen, Tempeln und Audienzhallen, aus Schatzhäusern und Gebäuden zur Aufnahme von Staatsgästen sowie aus Lagerhallen für alles, was zur Versorgung und Bedienung der Residenz eines mächtigen Herrschers notwendig war. Auf etwa fünftausend Personen wird aufgrund der vorhandenen Baureste die Einwohnerzahl von Persepolis geschätzt. Dabei sind die dreitausend Mann der großköniglichen Garde mitgerechnet. Zahlreiche Pferde, Maultiere, Zugochsen und so weiter mußten natürlich auch versorgt werden. Aber wie man weiß, war nur ein relativ geringer Teil der Menschen und Tiere während des ganzen Jahres anwesend.

Als Darius der Große um das Jahr 520 vor der Zeitenwende mit dem Bau dieser großzügigen Anlage begann, besaßen die Herrscher des Achaemeniden-Geschlechtes schon drei andere, ebenfalls für höchste Ansprüche ausreichende Regierungssitze, nämlich Pasargardae, nur einen Tagesritt von Persepolis entfernt, sowie Susa und Ekbatana. Wenn man Babylon trotz der weiten Entfernung noch hinzuzählen möchte, waren es sogar vier Residenzen. Noch Persepolis zu erbauen, dafür gab es nach unserem Wissen keinen Grund.

Oben: Alter Baustil für modernste Zwecke. Man glaubt eine Ansammlung von Wasserbehältern traditioneller Form zu sehen, deren Inhalt durch »Windtürme« auf dem Dach und meterdicke Mauern gekühlt wird. Tatsächlich ist das Ganze die 1972 fertiggestellte Fernsehstation von Bandar Abbas am feucht-heißen Persischen Golf.
Unten: Diese Figur auf einem Relief in Persepolis zeigt einen »Prinzen Erster Klasse« in der Schar von Prominenten, die – vor etwa 2500 Jahren – dem König-der-Könige ihre Neujahrsglückwünsche darbringen. Die offene Granatapfelblüte kennzeichnet seinen hohen Rang.

Aber es geschah. Von Darius I. über die verschiedenen Xerxesse und Artaxerxesse bis zu Darius III. haben zweihundert Jahre lang alle Achaemeniden daran gebaut. Als der große Alexander nach den siegreichen Schlachten von Issus und Gaugamela allen Prunk und die Pracht im Jahr 330 v. Chr. zerstörte, war Persepolis noch immer nicht fertig.

Wozu das alles, wenn andere Residenzen schon seit Jahrhunderten voll funktionsfähig waren? So seltsam es scheint, hat sich sehr wahrscheinlich der königliche Hof mit all seinem Gefolge und riesigem Troß nur für die Wochen um das Neujahrsfest nach Persepolis begeben. Staatsreligion der Achaemeniden war die Lehre Zarathustras. Aber nicht mehr die reine, nur an den einen Gott glaubende Lehre. Mithras, der Gott des Krieges, sowie Anahita, Göttin des Wassers und der Fruchtbarkeit, waren hinzugekommen. Als großes Fest des Jahres galt, ebenso wie schon Jahrhunderte zuvor und noch heute im Iran, der Frühjahrsanfang, also Noruz.

Aus diesem Anlaß erschienen aus allen Teilen des Reiches, das sich seit den Feldzügen des großen Cyrus von Indien bis an die Grenzen Griechenlands, vom Alborz und der Turkmenen-Steppe bis zum Oberlauf des Nil ausdehnte, für Wochen die Abgesandten aller Völkerschaften des alten Persiens. Sie brachten dem »König der Könige« außer dem Versprechen ihrer Treue auch Tribute, und zwar jeweils Gaben, die für ihre Landschaft typisch waren. Weder kostbar mußten diese Gaben sein noch von großer Zahl oder Menge. Immer nur ein Stück, ein Lamm, eine Blume, eine Frucht von rein symbolhafter Bedeutung.

Die feierliche Prozession ist noch in unseren Tagen zu sehen. Gerade heute ist Noruz, der gleiche Tag, an dem sich alle Jahre wieder vor so unendlich langer Zeit diese Szenen abgespielt haben. Die Abgesandten steigen einer nach dem anderen, jeder mit seiner besonderen Gabe auf langer Treppe mit vielen breiten Stufen zum Thronsitz des Herrschers hinauf. Wir sehen und bewundern sie auf mehreren kunstvoll in Stein gehauenen Reliefs. Weil diese nach islamischem Glauben unzulässigen Menschendarstellungen bis vier Meter hoch von Sand bedeckt waren, blieben sie so gut erhalten wie vor zweieinhalb Jahrtausenden. Bei jedem der Tributbringer konnte die moderne Forschung, besonders die Kostümkunde, feststellen, welches Volk und Land der Abgesandte vertreten hat. Unter den vierundzwanzig »autonomen« Völkerschaften befinden sich Äthiopier, Libyer, Araber, Armenier, Inder, Parther, Ägypter, Jonier, Kilikier, Babylonier, Syrer und Meder. Das sind mehr als genug, um die kaum zu fassende Größe des altpersischen Reiches anzudeuten. Es gab auf der Welt von damals kein größeres und volkreicheres Staatswesen.

Wie es zur Zerstörung von Persepolis kam, ist wieder eine Streitfrage der Geschichte. Manche meinen, es sei aus Rache für die Zerstörung der Akropolis durch die Perser geschehen. Damit habe Alexander ein den Athenern gegebenes Versprechen erfüllt. Andere glauben, er habe den Brandbefehl in trunkenem Zustand auf Wunsch der schönen Tänzerin Thais gegeben. Nach wieder anderer Meinung hat Alexander mit den verzehrenden Flammen von Persepolis die endgültige Vernichtung der Achaemeniden demonstrieren wollen. Wie dem auch sei, die Flammen loderten drei Tage lang, das Gebälk aus Zedern-, Eben- und Teakholz zerfiel in Asche. Die Säulen stürzten zusammen, und alle Überlebenden zogen fort aus den Trümmern. Immerhin ergab die Plünderung der Schatzhäuser so viel kostbares Beutegut, daß angeblich dreitausend Kamele und zweitausend Maultiere nötig waren, um alles fortzuschaffen.

Wie gerecht und menschenfreundlich erwiesen sich dagegen die Achaemeniden! Sonst war es zu ihrer Zeit allenthalben üblich, daß sich die Herrscher für ihre Großbauten einer rechtlosen Armee von Sklaven bedienten, die man mit Peitschenhieben zur Arbeit trieb. Aber die Errichtung von Persepolis wurde von freien, freiwilligen Arbeitskräften durchgeführt. Sie erhielten regelmäßig Lohn und kostenlose Verpflegung wie Unterkunft. Ebenso war die Versorgung von Kranken und Invaliden gesichert. Viele tausend Tontafeln, mit Keilschriften überzogen, hat man im Sand bei Persepolis gefunden, die samt und sonders Abrechnungen für Arbeitskräfte enthalten. Seitdem ich das weiß, gefallen mir die Bauten von Persepolis bedeutend besser als die Pyramiden am Nil.

Noruz, heute wie damals und doch ganz anders! Immer neue Scharen von iranischen Touristen rücken heran, ersteigen die Stufen und durchwandern die Hallen. Sie bestaunen die wieder aufgerichteten Säulen, die riesigen Flügelrösser und jene phantastischen Raubvögel, die vor rund zweitausendfünfhundert Jahren das gewaltige Dach zu tragen hatten. Menschenscharen stehen vor den in Stein gehauenen Bildtafeln, wo Löwen ihre Beute zerreißen, kraftvolle Jäger mit gespanntem Bogen den treffenden Pfeil abschießen und wo ein König-der-Könige, von seinen Söhnen umgeben, fremde Gesandte empfängt.

Bei meinem letzten Besuch im Herbst des vorigen Jahres verteilten sich kaum mehr als fünfzig vorwiegend fremde Besucher über das ungefähr einen Quadratkilometer große Gelände. Es wirkte deshalb ziemlich verlassen. Heute dagegen, dem Noruz zuliebe, ist alles so belebt wie in uralten Zeiten. Belebt von Menschen des gleichen Volkes, das einst dieses Wunderwerk entstehen ließ. Aber würde man diese Leute nach Persepolis fragen, nur wenige könnten Antwort geben. Wir nämlich benützen den griechischen Namen, der einfach »Perserstadt« bedeutet. Für die einheimischen Zeitgenossen der Achaemeniden war es »Pars«, heute heißt die Kulturstätte bei allen Iranern Takht-i-Jamshid.

Einzelheiten zu schildern, auch nur den Rundgang zu beschreiben, ist unmöglich, auch gar nicht nötig. Wurden doch über Persepolis – wie man mir gesagt hat – nicht weniger als 382 mehr oder minder kluge Bücher geschrieben. Manche gibt es darunter, die auch für Laien lesbar sind. Auch wenn der Besucher gar nichts gelesen, womöglich gar nichts von dieser einmaligen Schöpfung des alten Persien gehört hat, er wird dennoch von den unmittelbar empfangenen Eindrücken überwältigt.

Wenn die Nacht herabsinkt und der Abend nicht zu kalt ist, kann der Besucher »Licht und Ton« genießen, je nach dem Wochentag in englischer, französischer, deutscher, arabischer und einheimischer Sprache. Es handelt sich um eine Vorstellung ohne Schauspieler, dafür um ein Spektakulum vor dem echten historischen Hintergrund, von zahlreichen Scheinwerfern in wechselnden Farben angestrahlt. Musik mit Pauken und Trompeten erdröhnt, Pferdehufe klappern über Steinplatten, mit klirrenden Waffen marschieren ganze Armeen heran, und die grabestiefe Stimme Darius des Großen rühmt eigene Taten. Am Schluß lodern, täuschend ähnlich imitiert, die von Alexander angefachten Flammen, und man hört das Prasseln einstürzender Tempel.

Hier in Persepolis, wo Macht und Menschlichkeit des altpersischen Reiches ihren schönsten Ausdruck finden, hat Mohammed Reza Pahlevi Aryamehr, Schahanschah des Iran, die grandiose Feier zum zweitausendfünfhundertjährigen Bestehen seines Reiches ausrichten lassen. Auf ein Jahrzehnt mehr oder weniger kam es dabei nicht an, aber 1972 schien deshalb ein gut gewähltes Jahr, weil inzwischen die Erfolge der Weißen Revolution allenthalben sichtbar waren. Weil eine neue Phase des immer rascheren Aufschwungs begonnen hatte und weil man vom modernen Iran mit einigem Recht sagen konnte, daß er sich in mehr als einer Hinsicht mit dem antiken Persien vergleichen ließ.

Der Schahanschah lud alle noch regierenden wie auch nicht mehr regierenden Kaiser, Könige und Fürsten, alle Staatsoberhäupter und Regierungschefs sowie ein halbes Tausend andere Staatsgäste zum großen Fest nach Persepolis. Die vielgenannte, auch vielgescholtene »Zeltstadt« für die vornehmsten Gäste wurde unmittelbar vor den stolzen Trümmern des Takht-i-Jamshid erbaut. Die Gelegenheit, alles was in jenen Tagen geschah, selbst zu hören und zu sehen, wurde mir freundlicherweise angeboten, aber inmitten der Masse von professionellen Berichterstattern und dergleichen. Doch ich wußte aus Erfahrung, daß man auf dem Bildschirm wie später im Film bei weitem mehr und dies auf kürzerem Abstand miterlebt, als wenn man sich bei der Sache selbst auf einem festen Platz befunden hat, gewissermaßen angenagelt mit beschränktem Ausblick.

Wir sahen statt dessen die vom Kultusministerium veranlaßte Vorführung des einstündigen, glänzend gelungenen Farbfilms von der Feier. Am wirkungsvollsten die zahlreichen Szenen des Vorbeimarschs einiger tausend Soldaten in historischer Ausrüstung. Sie zogen in geschlossener Formation am heutigen

König-der-Könige und seinen Gästen vorüber. Jede Hundertschaft mit den Waffen, Wagen und Pferden, mit Trommeln, Trompeten und sonstigen Instrumenten, wie man sie in der Zeit von Cyrus dem Großen durch alle Jahrhunderte bis zu Reza dem Großen gebraucht, getragen und mitgeführt hatte. Jede vorüberstampfende Truppe repräsentierte eine andere Epoche der persischen Geschichte, ein grandioser Vorbeimarsch von fünfundzwanzig Jahrhunderten. Danach die heutige Streitmacht des Reichs, bestens geschulte Formationen des Heeres, der Marine und Luftwaffe.

Viele hundert Millionen, sogar Milliarden D-Mark oder Dollar habe der »feudale Unfug« gekostet, las man darüber in der überaus kritischen Auslandspresse. Sogar der Preis des Festessens für fünfhundertzwanzig Personen wurde berechnet, wobei Kaviar als Vorspeise den besonderen Unwillen erregte. Von einem der Schreiber im bundesdeutschen Blätterwald wurde gar behauptet, des Kaisers noble Gäste hätten zusammen mit der einheimischen Feudalgesellschaft gut ein Zehntel der iranischen Kaviar-Produktion jenes Jahres verzehrt. Ich habe das anhand der Gästezahl und zweihundertsiebzig Tonnen jährlicher Kaviar-Produktion nachgerechnet, mit dem Ergebnis, daß demnach jeder Gast der kaiserlichen Tafel mindestens sein Körpergewicht an Kaviar verschlungen haben muß!

Die Milliardensumme für das Fest läßt sich nur dann behaupten, wenn man die zweitausendfünfhundert Schulen, ein paar Dutzend Hospitäler und eine Menge von sonstigen, sehr nützlichen Einrichtungen mitrechnet, deren Fertigstellung beschleunigt worden war, um sie am Tage der Zweitausendfünfhundert-Jahrfeier zu eröffnen. Sogar die Kostüme, die Helme, Hellebarden und was sonst die imponierende Parade noch mitführte, ließ sich gewinnbringend verwerten. Die Sachen wurden an den Kostümfundus iranischer wie ausländischer Filmgesellschaften verkauft. Die Zeltstadt – deren »Zelte« in Wahrheit aus bemaltem Beton bestehen – wird nun vorwiegend an amerikanische Gesellschaften, Klubs und Reisegruppen vermietet.

Eine knappe Stunde fährt man von Persepolis nach Pasargardae zu den relativ nur spärlichen Resten der von Cyrus dem Großen erbauten Residenz, wo sich auch sein berühmtes Grabmal befindet. Nicht weit davon die hoch und tief in senkrechte Felswände eingehauenen Grabstätten des ersten und zweiten Darius sowie des ersten Xerxes und dritten Artaxerxes. Als ich 1941 in noch sehr jungen Jahren dort gewesen bin, konnten die seltenen Besucher über rostige Eisensprossen von Kleinbahngleisen, die man an die Steinwände gelehnt hatte, zu den längst ausgeplünderten Grabkammern hinaufsteigen. Seitdem hat man den Schutt am Fuß der Wände fortgeräumt, und so liegen nun, wie mir scheint, die Eingänge doppelt so hoch wie damals. Hinaufsteigen ist nicht mehr möglich und außerdem verboten. War ich zu jener Zeit in Nakscheh-i-Rustem ganz allein mit meinem deutsch-russischen Fahrer, bewegen sich in diesen Noruz-Tagen gut ein halbes Tausend Besucher vor den leeren Grabkammern der Achaemeniden.

Große, rechteckige Feuertempel, die auf meinen damaligen Aufnahmen ebenfalls bis zur Hälfte im Sand versunken waren, erheben sich abermals zu ihrer vollen Höhe in der wiederhergestellten, ursprünglichen Gestalt. Zwei kleine, aufs beste erhaltene Feueraltäre, die sich den Augen der Besucher darbieten, waren seinerzeit nicht zu sehen. Künstlerisch vollkommene Felsenreliefs aus dem Zeitalter der Sassaniden, den Königen Ardashir und Shapur gewidmet, zeigen trotz hohen Alters nur geringe Spuren des Verfalls. Ahuramazda, der eine und einzige Gott des Zarathustras, überreicht den Königen die Symbole des Königtums.

Was mich von allen ehrwürdigen Zeugen ferner Vergangenheit am meisten freut, ist die einzige noch stehende Säule der ehemals riesigen Empfangshalle des großen Cyrus. Noch immer trägt sie ein Storchennest wie damals im Frühjahr 1941, als ich zum erstenmal hier war. Es wird nicht das gleiche Nest sein, aber noch immer dient die radgroße Plattform auf der antiken Säule einem Storchenpaar als willkommener Wohnplatz. Sie halten auch in diesem Frühjahr wieder das Nest mit ihren Jungen besetzt. Ich habe wirklich Glück mit der Kamera, denn gerade, als einer der Störche vom Rande des Reisigbaues abstreicht, gelingt es mir, ihn zu erwischen.

Der Salaam im Gulestan-Palast

»Wären Sie gerne beim Geburtstagsempfang des Schahanschah dabei?« fragt mich der Botschafter. Der große »Salaam« an jedem 26. Oktober ist ein glanzvolles Ereignis. Es wird im Jahresablauf von keiner anderen repräsentativen Veranstaltung übertroffen. Der Geburtstag des Kaisers ist nationaler Feiertag, alle Schulen, Büros und Betriebe sind geschlossen. Der Gulestan-Palast im Herzen von Teheran, sonst ein für jedermann zugängliches Museum, dient für wenige Stunden wieder als imponierendes Schloß des Königs der Könige. Von acht Uhr früh bis zwei Uhr nachmittags entbietet in feierlicher Form und festlicher Kleidung eine Gruppe nach der anderen dem Schahanschah die Segenswünsche zum Geburtstag. Es erscheinen der Ministerpräsident und alle Minister, die geistlichen Würdenträger der verschiedenen Religionen und Konfessionen, weiter die Generale und Admirale, die Spitzen der Hochschulen, der hohen Gerichte und des Bildungswesens. Das gesamte Diplomatische Korps findet sich ein, auch die Vertreter aller Minderheiten sowie die Delegationen von Handel, Industrie und Gewerkschaft. Sodann die Provinzgouverneure, Abordnungen der Bauern und Sportverbände. Sechs Stunden pausenloser Repräsentation, bei der jedes Wort, jeder Blick und selbst die kleinste Geste des iranischen Herrschers beachtet, notiert und hinterher kommentiert werden.

Da ich begreiflicherweise zu keiner Gruppe gehöre, auch Frack und Orden nicht im Reisegepäck mitführe, hat mich das Protokoll den Pressefotografen zugeteilt. Ein wesentlicher Vorteil, denn auf diese Weise kann ich alle etwa zwanzig Gruppen von Gratulanten miterleben.

Schon das Schauspiel um den Gulestan-Palast ist sehenswert. Die Zugänge sind von Gardesoldaten abgesperrt, Offiziere in Parade-Uniform prüfen die Ausweise. Der Polizeigeneral in höchsteigener Person reicht mich weiter an den zuständigen Beamten des Hofministeriums. Die weiten Räume, breiten Treppen und hohen Hallen des Gulestan sehen heute anders aus als bei normalen Besuchen. Was sonst historische Sehenswürdigkeiten sind, Staatsgeschenke des vorigen Jahrhunderts, die vergoldeten Spiegel, wildbewegte Schlachtengemälde und riesengroße Kandelaber, Porzellan, Tabatieren, Teppiche und Tapisserien, ist heute Kulisse für lebendige Tradition.

Der regierende Kaiser hat niemals hier gewohnt. Der Gulestan (deutsch: Rosengarten) ist für einen modernen Monarchen viel zu weitläufig, erfordert zu viel Personal und läßt viele, heute selbstverständliche Bequemlichkeiten vermissen.

Im Saal entsteht Bewegung. Hohe Beamte des kaiserlichen Hofministeriums, an den weißen Hosen der sonst goldstrotzenden dunklen Uniform zu erkennen, geleiten die bereits wartenden Herren sowie einige Damen durch mehrere Vorzimmer in einen noch größeren Saal, dessen Wände vollständig mit Kristallspiegeln bedeckt sind. Dort werden sie nach Rang und Alter an der Längsseite aufgestellt. Soviel ich verstehe, sind es pensionierte Würdenträger. Zweifellos eine schöne Sitte, daß man die Ausgedienten nicht vergißt, sondern an Kaisers Geburtstag in die Liste der Ehrengäste aufnimmt.

Alsdann vernimmt man das Brummen eines Hubschraubers und gleich danach des zweiten. In welchem von den beiden Flugapparaten sich der Kaiser befindet, weiß man vorher nicht. Die Benutzung von Helikoptern mag aus Sicherheitsgründen geschehen, aber wohl, um Zeitverluste im Straßenverkehr zu vermeiden. Man müßte ja sonst für die kaiserliche Kolonne ganze Straßenzüge absperren, was für Stunden den Verkehr durcheinanderbrächte.

Im Augenblick, da der Schahanschah seinen Helikopter verläßt, präsentiert die Garde und erklingt die Nationalhymne. Die Versammelten stehen schweigend im Saal und rühren sich nicht. Zwei livrierte Diener öffnen die Doppeltür, Abdol Amir Alam, der jedem Iraner vom Fernsehen bekannte Hofminister, erscheint und meldet mit halblauter Stimme: Schahanschah Aryamehr!

Die Herren verbeugen sich tief, die Damen versinken im Hofknicks.

Der Kaiser des Iran tritt rascher ein, als man es sonst bei offiziellen Veranstaltungen gewöhnt ist. Er trägt eine dunkelblaue, vorbildlich geschneiderte Paradeuniform mit langem Degen an der linken Seite. Eine Reihe funkelnder Orden und dazu drei Sterne sind für seinen Rang und diesen Tag nicht viel. Graumeliertes Haar, frische Gesichtsfarbe, gespannte Züge und straffe Haltung.

Er hält sich kerzengerade, die linke Hand liegt am Degen, wobei sich weder Hand noch Waffe bewegen. Überhaupt, es ändert sich nichts an der Haltung oder im Gesicht des Schahanschahs, während er knapp vor dem ältesten der ehemaligen Ministerpräsidenten stehenbleibt, der ein bis zwei Minuten lang die Segenswünsche der Versammelten in Worte kleidet. Sie sind auch für Iraner nur in der näheren Umgebung zu verstehen. Der Kaiser reicht dem Gratulanten die Hand, wobei er nur ganz wenig mit dem Kopf nickt. Dazu sagt Seine Majestät einige Worte und geht gleich weiter. Der nächste bleibt ohne Handschlag, aber auch mit ihm werden ein paar Worte ausgetauscht. Weiter zum nächsten, wo der Kaiser nur für einen Augenblick innehält.

Ein perfektes Protokoll bei vollkommener Stille. Jede Geste, jeder Schritt vorbedacht. Nicht nur auf Minuten, auf Sekunden scheint alles eingeteilt. Der

Schah schaut jeden an, so daß dieser meint, er wäre besonders aufgefallen und wohlwollend bemerkt worden. Eine Kunst der Könige, die sie von Jugend auf gelernt haben.

Die Gruppe der Fotografen, dazwischen Beamte des Protokolls und der Sicherheit, auch ich selber eingefügt, diese Gruppe von zwölf bis fünfzehn Personen bewegt sich mit dem Kaiser an den Würdenträgern entlang. Wir sind ständig etwa sechs Schritt vor dem Schah oder folgen im gleichen Abstand, weil ja die Fotografen darauf angewiesen sind, ihn von der Seite aufzunehmen mit einem oder mehreren Gratulanten. So bin auch ich in der Lage, jede Regung und Bewegung des Schahanschah aus unmittelbarer Nähe zu sehen, mit nur kurzen Unterbrechungen sechs Stunden lang.

Vor dem letzten Mann der langen Linie macht der Kaiser kehrt und eilt, so rasch es seine Würde erlaubt, dem Eingang des Saales zu.

Die Versammelten entfernen sich ohne Verzug, während sich im Vorsaal schon die nächste Gruppe eingefunden hat. Auch die Schar der Fotografen mit ihrer amtlichen Begleitung muß hinaus und gleichfalls im anderen Saal den nächsten Auftritt erwarten.

Nun ist die Staatsregierung an der Reihe, der Ministerpräsident Hoveyda, die Präsidenten der beiden Kammern des Parlaments, die Minister und die Staatssekretäre. Alles läuft genauso ab wie zuvor, nur daß diese Gruppe in Staatsuniformen viel glänzender wirkt als die pensionierten Großwürdenträger im schwarzen Frack. Der Kultusminister ist eine Dame, an der man die weibliche Variante der männlichen Gala bestaunen kann.

Danach sind die Vertreter des Parlaments an der Reihe, die Geistlichkeit, das Heer, die Marine und Luftwaffe. Es folgen die Vorsitzenden der Frauenvereine, andere Vereinigungen und so weiter und so fort, bis am Ende kein Mann, keine Frau und kein Kind im Iran übrig ist, das nicht durch einen, meist durch mehrere seiner Interessenvertreter den König-der-Könige zum Geburtstag beglückwünscht hat. Nur fünf bis höchstens zehn Minuten vergehen zwischen den etwa zwanzig Auftritten Seiner Majestät. Während dieser knappen Zeit zieht er sich in einen kleinen Salon neben der Haupttreppe zurück. Dorthin bestellt er für Minutengespräche den einen oder anderen Gratulanten.

Im Vorzimmer, auf der Freitreppe und im breiten Verbindungsgang eine Wolke der Adjutanten und Kammerherren, der höchsten Beamten, Generale und Admirale in Goldstickerei mit Orden, Epauletten und Fangschnüren. Ein Bild von Glanz und Eleganz, wie es heute nur an sehr wenigen Stellen der Welt und auch dort nur höchst selten zu sehen ist.

Exzellenz Farzaneh, Chef der INTO und außerdem Zeremonienmeister bei Hof, hat mich erspäht und stellt mich einigen der illustren Herren vor.

»Ihre Audienz ist genehmigt«, sagt mir der Hofminister Amir Alam, »aber den Tag hat Seine Majestät noch nicht bestimmt.«

Der nächste Empfang, aber keineswegs der letzte, gehört dem Diplomatischen Corps. Nicht mehr so zahlreich wie während meiner Anfangsjahre im Auswärtigen Dienst sind heute die bis aufs 18. Jahrhundert zurückgehenden Galafräcke des Auswärtigen Dienstes. Prächtig anzusehen sind noch immer die Schweden, Dänen, Holländer, Briten, Birmanen und Thailänder, auch die Franzosen, die Vertreter arabischer Scheichtümer, der päpstliche Delegat und einige Diplomaten aus Afrika. Besonders eindrucksvoll in Dunkelblau die reich mit Orden versehenen Sowjetrussen. Unser Botschafter nur im Frack wie überhaupt mehr als die Hälfte der anderen. So schieben sich nun die Vertreter von etwa hundert Staaten in den Großen Saal und nehmen Aufstellung entsprechend ihrer Anciennität. Der Sowjetrusse steht an erster Stelle, weil er am längsten von allen Diplomaten in Teheran akkreditiert ist. An zweiter Stelle als Vizedoyen unser Botschafter Georg von Lilienfeld. An letzter, weil zuletzt gekommen, Botschafter Thun aus Ostberlin. (Eigentlicher Name: Graf Thun-Hohenstein.) Das Protokoll kümmert sich nicht um Politik, auch nicht um Bedeutung oder Bevölkerungszahl der diversen Staaten. Es richtet sich allein nach den Regeln des Protokolls, wie man sie beim Wiener Kongreß in den Jahren 1813 bis 1815 ausgebrütet hat.

Nun erlebe ich einen anderen Kaiser. Vor Ausländern braucht er nicht auf so steife und straffe Haltung zu achten, wie es Iraner vom König-der-Könige erwarten. Gelöst und liebenswürdig, manche Worte mit der Hand unterstreichend, bleibt er bei diesem oder jenem Diplomaten stehen, scheinbar ganz wahllos, aber in Wahrheit doch mit Vorbedacht überlegt. Zuerst natürlich muß der Doyen – also der sowjetrussische Botschafter – dem Kaiser des Iran im Namen des gesamten Diplomatischen Corps die Glückwünsche in wohlgesetzten Worten darbringen. Der Schah antwortet länger und reicht seine Hand dem bundesdeutschen Botschafter, mit dem er ziemlich lange spricht. Ich glaube, daß es Beobachter gibt, die mit der Stoppuhr die Sekundendauer solcher Gespräche messen. Dem Diplomatischen Corps hat der Kaiser von allen Gruppen die längste Zeit bewilligt. Es muß auch sein, weil er sich statt nur mit zwei oder drei Gratulanten hier mit zwölf bis fünfzehn unterhält. Er bewegt sich dabei noch lockerer als vorher, legt eine Hand auf die Hüfte, wechselt auch den Ausdruck seines Gesichtes.

Gegen zwei Uhr, nach gut zwanzig Empfängen, vermag ich kaum noch auf den Beinen zu stehen. Der Schahanschah jedoch scheint so frisch wie am frühen Morgen. Dabei beginnt für ihn schon bald der zweite Teil des Geburtstagsprogramms. Mit der Kaiserin und den Kindern erwarten ihn etwa hundertfünfzigtausend Menschen im neuen Stadion. Abends dann noch ein Fest im Familienkreis.

Mohammed Reza Pahlevi Aryamehr, Schahanschah des Iran, heute auf der Höhe des Erfolges, den noch vor zehn oder zwölf Jahren kein noch so großer Optimist für möglich gehalten hätte, von den mächtigsten Staaten der Welt umworben, unerschöpfliche Energiequellen in seiner Hand, hat lange Jahre mit großen Schwierigkeiten zu kämpfen gehabt. Zweimal entging er mit knapper Not den Mordanschlägen fanatischer Feinde. Auf fast wunderbare Weise wurde sein Flugzeug vor dem Absturz bewahrt. Eine ganze Reihe von Verschwörungen gegen ihn und seine Familie wurden beizeiten aufgedeckt. Erst im Alter von ungefähr vierzig Jahren begann in seinem Leben die steil nach oben weisende Kurve des Erfolgs.

Als Kronprinz mußte Reza Schah die nur auf ein Ziel gerichtete Strenge seines Vaters ertragen. Unerbittlich wurde der Thronfolger zur Erfüllung schwerer und schwierigster Pflichten erzogen. Der Alte Schah, von seinem 5. Lebensjahr an hartgeschulter Soldat, hielt auch den eigenen Sohn in militärischer Disziplin. Man muß schon zwischen den Zeilen seiner Bücher lesen, um zu erkennen, daß Mohammed Reza seinen Vater mehr gefürchtet als geliebt hat. Dessen Größe bestreitet er keineswegs, aber der Alte Schah wäre im heutigen Iran nicht möglich. Doch in jener Zeit des totalen Verfalls waren seine Methoden eine Notwendigkeit. Der heute regierende Schah schreibt von seinem Vater: »Selbst sein überaus starker Einfluß auf mich hat nicht dazu geführt, daß wir einander ähnlich wurden.«

Kaum sechs Jahre alt, wurde der eben zum Kronprinz proklamierte Mohammed Reza in Uniform gesteckt und zusammen mit seinem Bruder, den Halbbrüdern und einundzwanzig gleichaltrigen Söhnen von Mitarbeitern des Alten Schah einer »männlichen Ausbildung« unterworfen. Viel Arbeit, strenge Aufsicht und wenig freie Stunden. Nur an Feiertagen sah der Kronprinz seine Mutter und seine Schwestern.

Als Mohammed Reza neun Jahre alt geworden war, mußte er an jedem Tag das Mittagessen mit dem Vater einnehmen, wobei sich der Schah mit seinem Sohn mindestens eine Stunde sehr intensiv unterhielt. Der Junge lernte viel, begriff schon früh die Sorgen und Probleme seines Landes. Seine Gouvernante, Madame Afra, eine geborene Französin, öffnete die Augen des Kronprinzen für westliche Kultur. Von ihr lernte er auch akzentlos die französische Sprache.

Im Mai 1931 ist dieser Lebensabschnitt zu Ende. Der iranische Thronfolger, mit ihm noch einige andere vom Schah selbst ausgewählte Jungen, werden zur weiteren Fortbildung in das seitdem weltberühmte Internat Le Rosey am Schweizer Ufer des Genfer Sees geschickt. Mohammed Reza bleibt dort fünf

Jahre, ist ein ausgezeichneter Schüler und ebenso tüchtig beim Skilaufen, Tennis, Hockey, Reiten und Bergsteigen. Aber leider hat ihm sein Vater noch einen iranischen Erzieher mitgegeben, der alle Freizeit mit dem Studium persischer Kultur, Geschichte und dergleichen ausfüllen muß. Dem Kronprinzen wird nicht erlaubt, an den Ausflügen und Sonntagsvergnügen, erst recht nicht an Tanzabenden teilzunehmen. Zu allem Überfluß gehört auch ein Leibarzt zu seinen Aufpassern. Der Alte Schah hat diesen Mediziner eigens zur Betreuung seines Sohnes nach Le Rosey entsandt. Er ist unter anderem verpflichtet, darauf zu achten, daß der Erbe des Pfauenthrons nur unter Aufsicht mit jungen Mädchen zusammenkommt.

Im Mai 1936 kehrt der Kronprinz zurück nach Teheran, wo ihn der Vater gleich zur Militärakademie schickt, die er zwei Jahre später als Leutnant verläßt. Wieder ist der Alte Schah sein wichtigster Lehrmeister. Als stummer Zuhörer muß Mohammed Reza bei allen wesentlichen Konferenzen dabeisein, und er begleitet den Vater auf Reisen und zu Manövern.

Weil es ihm jedoch nie an Mut und Intelligenz gefehlt hat, gelingen dem jungen Mann einige Eskapaden. Gute Kameraden helfen ihm dabei. Noch heute erzählt man sich im Flüsterton, der Thronfolger sei in dunkler Nacht eines schönen Mädchens wegen über Mauern gestiegen. Angeblich ritt er im gestreckten Galopp zu einem versteckten Pavillon und wieder zurück, ohne daß man seine Abwesenheit bemerkte. Ob das im einzelnen stimmt oder nicht, ist bedeutungslos, jedenfalls war der junge Mann ein richtiger Mann. Er lernte ohne Wissen seines Vaters fliegen und erwarb heimlich den Pilotenschein. Die Sache kam heraus, und es gab einen Riesenkrach. Bald danach wurde Mohammed Reza auf Beschluß seines Vaters mit der ägyptischen Prinzessin Fouzia verheiratet.

Das ist schon lange her, länger als dreißig Jahre. Die meisten Iraner, so scheint es, haben die erste Frau ihres Kaisers vergessen. Auch von Soraya ist kaum mehr die Rede, obwohl noch ein breiter Boulevard in Teheran nach ihr benannt ist. Die vielen Berichte über das spätere und heutige Leben der Prinzessin Soraya Esfandyari finden kein Echo im Iran.

Die dritte Frau des Schahanschah, Tochter des frühverstorbenen Oberst Diba, hat sich als das Ideal einer Schahbanu erwiesen. Ich sah sie zum erstenmal beim Springturnier des kaiserlichen Reitclubs im Park von Sa'adabad. Weil mich Botschafter von Lilienfeld in die Loge der Diplomaten mitnahm, die sich gleich neben der Kaiserloge befand, war es möglich, die Kaiserin und drei ihrer Kinder lange Zeit ganz aus der Nähe zu betrachten.

Das Turnier war weder eine öffentliche noch geschlossene Veranstaltung. Gastgeber war nominell der kaiserliche Reitclub, dem außer Offizieren der Garde und hohen Beamten auch iranische wie ausländische Privatleute angehören. Wer sich bei Clubmitgliedern um eine Karte bemühte, konnte sie erhalten. Alle Sitzreihen und Tribünen zusammen faßten kaum mehr als achthundert Personen.

Gardesoldaten in himmelblauen Uniformen mit silbernen Knöpfen besorgen die Absperrung. Als wir den Wagen abstellen, begegnet uns Ministerpräsident Hoveyda, mit dem wir gemeinsam den Weg zur Loge gehen. Abbas Hoveyda ist trotz vollschlanker Figur eine ausgesprochen elegante Erscheinung. Stets trägt er eine bunte Orchidee im Knopfloch und oft ein buntgesticktes Hemd dazu. Er beherrscht mühelos die englische, französische, deutsche und, wie man sagt, auch die arabische Sprache. Vier Jahre gehörte er zur Iranischen Botschaft in Bonn. Seine Energie ist unerschöpflich, wird behauptet, und äußerst gering sein Schlafbedürfnis. Die hellwachen Augen und seine lebhaft wechselnden Gesichtszüge verraten außergewöhnliche Intelligenz. Für fast dreiviertel Stunden hat er mich empfangen und wird es am Ende meines Aufenthaltes wieder möglich machen.

»Wenn Sie eine Frage haben, die niemand beantworten will, ganz gleich, ob Sie wieder in München oder sonstwo sind, fragen Sie mich über Telex. Bis zum nächsten Tag erhalten Sie die Antwort.«

Als wir die Loge erreichen, haben sich noch der Finanz-, der Informations- und Wohnungsbauminister dazugesellt. Unser Botschafter benutzt die Gelegenheit, um mit leichter Hand, wie man unter Diplomaten sagt, über Öl zu sprechen.

War neulich im Gulestan-Palast alles auf Protokoll und Hofzeremoniell getrimmt, geht es hier ganz formlos zu. Auch der Hofminister im grauen Flanell, andere Herren sogar im gestreiften Hemd ohne Krawatte. Die Frau Kultusminister erscheint im schicken Hosenanzug.

Die beiden Hubschrauber rauschen heran, überfliegen in niederer Höhe den Turnierplatz, um draußen zu landen. Der Einzug des Kaiserpaares bietet ein schönes Bild. Zu diesem Zweck sind der Schah und die Schahbanu in eine spiegelblanke, hübsch vergoldete offene Kutsche gestiegen, die von vier Apfelschimmeln gezogen wird. Kutscher und Begleiter in der Hoflivree, davor und daneben je eine Halbschwadron von Lanzenreitern mit wehenden Fähnchen. Sie tragen silberglänzende Brustpanzer, Silberhelme mit Federbusch und scharlachrote Röcke. Im schönen Sonnenlicht eine schimmernde Kavalkade. Drei der vier Kaiserkinder folgen in einer anderen Kutsche, leider ist der Kronprinz nicht dabei. Das Publikum steht auf, aber die Kaiserhymne ist kaum zu hören, weil die Leute allzu laut klatschen.

Die kurze Kutschfahrt endet vor dem verglasten Kaiserpavillon. Der Schahanschah, in sportlich geschnittenem Sakko mit hellen Hosen, steigt als erster aus, wendet sich zurück und reicht seiner Gattin die Hand zum Ausstieg. Die Schahbanu bleibt sekundenlang auf dem Trittbrett, wobei man staunend die beneidenswerte Figur der Mutter von vier Kindern bemerkt.

Der Kaiser sieht die – vermutlich kugelsichere – Verglasung des Zeltpavillons und gibt Anweisung, die bewegliche Wand zu entfernen. Das geschieht mit zeitraubender Mühe, wobei das Publikum die offenbare Sorglosigkeit Seiner Majestät kommentiert.

Wir sind so nahe, daß es meines Erachtens taktlos wäre, die fünfköpfige Familie durchs Fernglas anzustarren. Vater, Mutter und Kinder benehmen sich wie jede Familie beim Besuch einer Sportveranstaltung. Prinz Ali wird vom Vater gerügt, weil er zu schlaksig in seinem Armstuhl hängt. Die Mutter zupft das Kleidchen der Prinzessin Leila zurecht. Das Erscheinen der ersten Springreiter erregt das lebhafte Interesse der Prinzessin Farahnaz, die sich an den Vater wendet, um etwas zu fragen. Der schaut gleich vom Programmheft auf, muß aber wieder den Prinzen Ali zurechtweisen, der wieder halb aus dem Sessel rutscht. Was sollen bloß die Leute denken?

Das Turnier ist ein Aachener Springturnier im kleinen. Der Parcours scheint sehr schwierig, weil für meine Begriffe die Hindernisse zu dicht aufeinander folgen. Alle Mitglieder des Clubs, auch die am Turnier teilnehmenden Offiziere, reiten im roten Frack, nur die Damen, wie es sich gehört, in der schwarzen Jacke und Samtkappe. Sie reiten zu denselben Bedingungen denselben Parcours wie die Herren, und sie reiten mit schwungvollem Elan. In Persien gilt genau wie bei uns die Ehrenpflicht, nach jedem Sturz wieder in den Sattel zu gelangen, um aufs neue das Hindernis anzunehmen. Man erinnert sich der Abstammung von uralten Reitervölkern, von den Medern, den Parthern und Nomadenstämmen, die ihr halbes Leben auf Pferderücken verbrachten. Diesen edlen Mut verraten auch die reitenden Frauen und Mädchen. Da ist eine, die dreimal hintereinander aus dem Sattel geschleudert wird, beim dritten Mal in den schlammigen Wassergraben. Jedesmal ist die hübsche, schmutzbespritzte Person im Sekundenbruchteil wieder auf ihrem allzu nervösen Turkmenen-Hengst. Zum viertenmal versucht sie den Parcours und schafft es ohne Sturz. Brausender Beifall, auch von seiten des Schah und der Schahbanu.

Man sieht sehr deutlich, daß der Kaiser viel von Pferden versteht. Er stellt Fragen an den Leiter des Gestüts und läßt sich in der Pause die Fohlen zeigen. Prinzessin Farahnaz ist so begeistert, daß sie bis an die Rampe läuft, wo der Sand herumspritzt. Die Mutter holt sie am Rockzipfel zurück.

Der zweite Teil des Springturniers beginnt mit Trompetenstößen, indessen hat sich der Schahanschah unbemerkt entfernt. Es ist am Ende die Kaiserin, aus deren Hand die Sieger ihre Preise empfangen.

Einer der Herren vom Hofministerium fährt mit uns nach Shimran zurück. Irgendwie kommt das Gespräch auf die umfassende, ganz ungewöhnlich weitreichende Allgemeinbildung des Schahanschahs.

»Man begreift nicht, wo und wann er die Zeit dafür gefunden hat. In seinem Kopf, scheint es, steckt eine Bibliothek von tausend Bänden . . .«

Tatsächlich muß er ein phänomenales Gedächtnis haben, denn mit Lesen allein ist es ja nicht getan. Man muß das Gelesene behalten, verarbeiten und zur Hand haben.

Als ich die beiden Bücher des iranischen Kaisers durchlas, notierte ich einige Namen geistig bedeutender Persönlichkeiten, die Mohammed Reza nennt und auf deren Erkenntnisse er sich beruft. Wenn ich alle Denker, Dichter und Staatsmänner des Orients fortlasse und nur Geistesgrößen des Abendlandes erwähne, sind das im Werk des Schahanschahs über die »Weiße Revolution« in chronologischer Folge die alten Griechen Herodot, Sokrates, Aristoteles, Xenophon und Strabo, die alten Römer Seneca, Cicero, Plutarch und Kaiser Hadrian. Weiter folgen zahlreiche Zitate aus dem Alten Testament und Worte Christi. Der Kaiser kommentiert Erklärungen von Kardinal Richelieu, Ludwig XV. von Frankreich, des Herzogs von Wellington, George Washingtons, des britischen Staatsmannes Disraeli, des Amerikaners Egleton, des Dichters Coleridge und des deutschen Dichters Hebbel. Nicht zu vergessen auch die Historiker René Grousset und Martholmé. Er bringt auch Zitate von Karl Marx, Lenin und Stalin. Bedenkt man, wie hauchdünn die Schicht umfassend gebildeter Iraner ist, steht sehr wahrscheinlich der Schahanschah auch in dieser Hinsicht an der Spitze.

Wie ein amtierender Minister in privatem Gespräch verlauten ließ, sei die Sachkenntnis des Kaisers mitunter peinlich für die Ressortchefs in der Regierung. Nennen sie Zahlen, Daten oder Namen in der Überzeugung, es seien die neuesten und vollkommen richtig, kommt es immer häufiger vor, daß Seine Majestät dazwischenfährt.

»Reden Sie doch keinen Unsinn, das ist längst überholt! Die Ziffern lauten in Wahrheit folgendermaßen . . .«

Dann folgen präzise Angaben, oft Dutzende von Zahlen, die er aus dem Gedächtnis zitiert.

Als der Schahanschah unlängst die Experten zur Vorbereitung einer Bildungsreform nach Ramsar gerufen hat, hörte er sich schweigend und mit viel Geduld zwei Tage lang die in lange Reden gekleideten Vorschläge der Herren und Damen an. Es waren, wie oft auch bei uns, mehr oder minder idealistische Wunschvorstellungen, die aber in Wirklichkeit nicht realisierbar waren. Mitten im Wortgeklingel der Beteiligten stand der Kaiser plötzlich auf und erklärte, seine Zeit sei zu schade, um sie mit dem Anhören solchen Geschwafels zu verschwenden. Übers Jahr werde man sich wieder am gleichen Ort versammeln, um Projekte des gesunden Menschenverstandes zu besprechen. Sagte es, fuhr zum Flugplatz und flog mit seiner Düsenmaschine davon.

Nur wenige Staatsmänner kennen die Welt wie Mohammed Reza Schah. Die Zahl seiner Auslandsreisen wie auch seiner privaten Reisen ist kaum noch zu schätzen. Zufolge einer Aufstellung im »Echo of Iran« hat der Kaiser, fast stets in Begleitung der Schahbanu, vom Anfang des Jahres 1955 bis Anfang 1975 nicht weniger als fünfundsiebzig Staatsbesuche durchgeführt und dabei mehr als hundert Länder besucht. Er war des öfteren auch in sozialistischen Ländern, in der Sowjetunion, in Polen, Bulgarien, Ungarn und Jugoslawien. Nur einmal ist geschehen, daß Kaiser und Kaiserin in einem der Gastländer wüst beschimpft wurden, daß man sogar versuchte, die Staatsgäste mit Dreck und Steinen zu bewerfen. Das war in Westberlin am 2. Juni 1967.

»In Moskau, Prag oder Warschau«, hat der Schahanschah wiederholt gegenüber deutschen Besuchern gesagt, »auch in Belgrad und Budapest wäre das undenkbar gewesen.«

Den Hinweis auf Demonstrationsfreiheit in demokratisch regierten Staaten läßt er nicht gelten. Das Berliner Ereignis ist für ihn eine grobe Verletzung altehrwürdiger Gesetze der Gastfreundschaft. Gerade die Iraner jeder Schicht und Gruppe, selbst ehemalige Straßenräuber und Hammeldiebe, halten es für die letzte aller Schandtaten, einen ins Haus oder ins Dorf geladenen Gast zu kränken. Es ist nicht bekannt, daß jemals ein Staatsgast des Iran nur ein schlimmes Wort aus der Menge gehört oder eine drohende Geste gemerkt hat. Deshalb ist für die Iraner kaum vorstellbar, was damals in Berlin geschehen ist.

Dieser folgenschwere Bruch der Gastfreundschaft in Berlin, das wüste Geschimpfe und die Drohungen, dies Erlebnis ist beim Schahanschah zu einem

Oben links: Wilhelm Wassmuss war 1914 bei Ausbruch des 1. Weltkrieges deutscher Konsul in Buschir am Persischen Golf und entging britischer Verhaftung durch die Flucht zu seinen Freunden, den Stammesführern der Nomaden im wilden Bergland. Mit deren tatkräftiger Hilfe gelang es Wassmuss, den Briten bis über das Kriegsende hinaus den Weg durch Persien zu sperren.

Oben rechts: Rudolf Oertel (rechts), zwei Jahre lang der einzige Deutsche bei Wassmuss, war aus russischer Internierung geflohen und hatte nach einer Wanderung von mehr als 2000 km zu Wilhelm Wassmuss gefunden. Rudolf Oertel lebt heute noch als aktiver und erfolgreicher Geschäftsmann in Teheran.

Unten: Wilhelm Wassmuss, genannt der »Deutsche Lawrence«, umgeben von seinen treuen, einheimischen Mitkämpfern gegen die ins neutrale Persien eingefallenen Briten. Zeitweise haben Wassmuss und seine Verbündeten den gesamten südpersischen Raum beherrscht. Erst der Zusammenbruch des Deutschen Kaiserreichs 1918 zwang ihn zur Aufgabe. Neben Wassmuss (mit schwarzem Schulterband) sein deutscher Mitkämpfer Rudolf Oertel.

Trauma geworden. Kaum ein deutscher Besucher, eine Delegation aus der Bundesrepublik, ohne daß der Kaiser diese Vorfälle mit bitteren Worten erwähnt.

Warum gerade gegen ihn die Wut und die Pressestimmen (was seit einiger Zeit sehr viel besser geworden ist)? Weiß man denn nicht, daß der Alte Schah seinen Thron und sein Leben der Deutschen wegen verloren hat? Sicher, die damals in Persien lebenden Deutschen waren nicht der einzige Grund dafür, aber der willkommene Anlaß für Briten und Sowjets, den rapiden Sturz Reza Schah des Großen zu vollziehen. Er weigerte sich trotz aller massiven Drohungen aus Moskau und London, die deutschen Staatsbürger aus seinem Land zu vertreiben oder sie gar ihren Feinden auszuliefern. Stalin und Churchill behaupteten, sie seien allesamt nazistische Agenten.

Reza Schah lehnte unerschüttert ab, gegen diese Menschen vorzugehen, die sich nichts hatten zuschulden kommen lassen. Britische und sowjetische Truppen rückten ein, stießen auf Teheran vor und besetzten den größten Teil des Irans. Reza Schah mußte abdanken, wurde von den Engländern festgenommen und zwangsweise erst auf die Insel Mauritius, dann nach Südafrika in die Verbannung geschleppt. Vielfach schikaniert und schlecht versorgt, starb der gestürzte Schah im Juni 1944 im südafrikanischen Exil.

Man könnte sagen, und die Iraner sagen es deutlich genug, daß der Alte Schah lieber zugrunde ging, als die Gesetze der Gastfreundschaft zu brechen, und als seine Gäste hat er die Deutschen im Iran betrachtet.

Oben: Kaiserin Farah beim Betrachten eines Films von ihrem Besuch in Takht-i-Suleiman, dem von deutschen Archäologen freigelegten Tempelbezirk auf 2600 m Höhe. Dahinter, im Gespräch mit der Schahbanu, der deutsche Botschafter Georg von Lilienfeld. Unten: Amir Abbas Hoveyda, seit Januar 1965 kaiserlicher Ministerpräsident des Iran im Gespräch mit Journalisten während eines Fluges ins Ausland. Hoveyda, der außer Arabisch noch Englisch, Französisch und Deutsch perfekt beherrscht, ist zur Zeit der am längsten amtierende Premierminister aller Staaten. Selten bin ich einem Mann begegnet, der über so viel Geist und Geistesgegenwart verfügt.

Eine Stunde mit dem Kaiser

Audienzen beim Schah dauern meist nicht länger als fünfzehn Minuten. Vertreter der ausländischen Presse, des Fernsehens und sonstiger Massenmedien müssen ihre Interviews im allgemeinen lange im voraus beantragen, unter Angabe der zu besprechenden Themen, häufig auch mit einer Liste der beabsichtigten Fragen.

Mich hat niemand gefragt, worüber ich mit Seiner Majestät sprechen möchte. Irgendeine Stellungnahme zu diesem oder jenem Problem zu erbitten, hatte ich auch gar nicht vor. Wer die beiden Bücher des Kaisers* gelesen hat und ebenso die Sammlung programmatischer Reden, dürfte seine Grundhaltung zu Fragen der Gegenwart, seine Pläne für die Zukunft und seine Weltanschauung zur Genüge kennen.

Ich will weiter nichts – und eigentlich ist das sehr viel –, als den Menschen sehen und mit dem Manne sprechen, der nicht nur das Schicksal seines 33-Millionen-Volkes leitet, sondern durch Lieferungen des Brennstoffes, durch Aufträge in Milliarden Dollar und durch Kapitalinvestitionen auch mitbestimmend ist für die kommende Entwicklung anderer Länder, darunter unser eigenes. Wie ist er selbst, welche Wirkung geht unmittelbar von ihm aus?

Als Statue sieht man den Schahanschah viele hundert Male auf hohen Podesten, sein Bild hängt an der Wand eines jeden Hauses, in jeder Schreibstube, in jedem Büro und Ladengeschäft. Wie ist der lebendige Mensch, den all diese steifen Darstellungen als Symbol verwenden?

Alle reden über den »Schah von Persien«, nur wenige haben mit ihm selbst geredet. Verehrt und verleumdet, geliebt, gefürchtet und maßlos beneidet. Was könnte ich von dieser oder jener Meinung, welche der vielen, der so völlig verschiedenen Ansichten werde ich nach eigenem Ermessen bestätigt finden?

Der Botschafter hatte den Kaiser selbst über mich informiert, auch erhält sein Adjutant vorher einen vollständigen Lebenslauf des bisher dem Schahanschah noch nicht bekannten Besuchers. Diese Unterlagen hat der Kaiser wohl eingesehen, bevor er mich empfängt.

Wie ist das Protokoll, was soll man anziehen, worauf ist besonders zu achten? Da gibt es in allen Monarchien ganz bestimmte Vorschriften, die mir teilweise

* »Im Dienst meines Landes«, Deutsche Verlagsanstalt, Stuttgart. »Die Soziale Revolution Irans«, Eugen Diederich Verlag, Düsseldorf.

noch von meinen diplomatischen Stationen in London, Tokyo und Italien bekannt sind. Lilienfeld schüttelt den Kopf, als ich bei ihm danach frage.

»Nein, hier geht's ganz schlicht und zwanglos zu, wenn es sich nicht gerade um eine Staatsvisite oder ähnliches handelt.«

Dunkler Anzug genüge, weißes Hemd dazu wäre passend, aber besondere Kleidervorschrift sei für inoffizielle Besuche nicht vorgesehen. Bei uns liest man phantastische Geschichten über den Prunk und Pomp am persischen Kaiserhof. In Wahrheit können Sie dort erscheinen wie bei jedem Staatssekretär in Bonn.

Die Besonderheit besteht darin, daß mit der Zusage für Ihre Audienz nicht gleich der Tag und die Stunde genannt werden. Diese werden Ihnen erst kurz vorher telefonisch mitgeteilt. Für diesen Zweck weiß man immer, wo Sie zu finden sind. In meinem Falle ergab sich, daß soeben ein persönliches Schreiben des Bundeskanzlers aus Bonn in unserer Botschaft eingetroffen war, mit dem Auftrag an Herrn von Lilienfeld, es möglichst bald dem Kaiser zu übergeben. Der in dieser Sache telefonisch befragte Hofminister stimmt dem Vorschlag des Botschafters zu, daß der Schah uns beide am nächsten Vormittag empfängt.

Der Niawaran-Palast liegt am nördlichen Rand von Teheran, schon ziemlich hoch an den Hängen des Gebirges. Es gab früher an dieser Stelle einen Pavillon und Park der Kadjaren, im Verlauf der Zeit jedoch arg vernachlässigt und teilweise verfallen. Der Park wurde zugunsten öffentlicher Anlagen wesentlich verkleinert. Statt abweisend hoher Mauern ist das Areal von schmiedeeisernen Gittern und dichten Hecken umgeben. Schon von draußen sind zwei Hauptgebäude zu erkennen, die man auf den ersten Blick keineswegs für kaiserliche Paläste hält. Aus der Ferne wirken sie eher wie die repräsentative Hauptverwaltung eines Industriekonzerns. Das eine Gebäude ist ganz modern, während das andere für unsere Begriffe etwa aus den zwanziger Jahren stammt. In diesem Palast empfängt und arbeitet der Schah, in dem anderen, dem neueren und moderneren, die Schahbanu. Dort befinden sich auch die Privaträume der kaiserlichen Familie.

Wie mehrfach erwähnt, dient der prunkvolle, bald dreihundert Jahre alte Gulestan nur noch an großen Nationalfeiertagen seinem ursprünglichen Zweck der Repräsentation. Der von Reza Schah erbaute Marmorpalast im Zentrum Teherans wird schon seit Jahren nicht mehr benutzt. Der Schah hat ihn der Stadt geschenkt, demnächst wird er ebenso Museum wie der Gulestan. Ein anderer, außerhalb von Teheran gelegener Palast, nämlich Sa'adabad, ist gleichfalls kaiserliche Residenz. Hier halten sich der Schah und seine Familie meist in den heißen Sommermonaten auf. Der Kaiser verfügt noch über Landhäuser am Kaspi-Meer, auf der Insel Kisch im Persischen Golf sowie an drei oder vier anderen Stellen seines Landes. Keines davon ein Schloß nach westlichen Vorstellungen, sondern geräumige Villen in großen Gärten. Außerdem gehört dem Schah ein Ferienhaus bei St. Moritz in der Schweiz.

Am Tor des Niawaran-Palastes nur zwei Gardesoldaten auf Posten. Dazu ein Feldwebel, der nach einem Blick auf die Wagennummer und den schwarz-rot-goldenen Stander die Passage freigibt. Beim Herrscher über dreiunddreißig Millionen Iraner und fast zwanzig Milliarden Öl-Dollar pro Jahr hätte ich weit größere Sicherheitsvorkehrungen erwartet.

Der Wagen rollt langsam durch den blühenden, aufs beste gepflegten Garten zu dem etwas tieferliegenden Gebäude. Auch hier kein Aufwand von Palastwachen oder Dienerschaft. Nur ein Mann in dunkelblauer Livree öffnet den Wagenschlag. Als wir schon die hohe Halle erreichen, kommt uns ein noch verhältnismäßig junger Beamter des Protokolls entgegen. Er trägt weder Gala noch Gold, auch keine Orden, sondern begnügt sich mit einem dunklen Anzug. Kurze Begrüßung mit Vorstellung meinerseits. Dann über die breite, teppichbelegte Treppe hinauf ins gut, aber nicht kostbar eingerichtete Büro des Protokolls. Lilienfeld kennt diesen Beamten schon lange, so daß wir uns für kurze Weile formlos unterhalten. Im gleichen Augenblick, als der Zeiger zehn Uhr zeigt, leuchtet auf dem Schreibtisch ein rotes Lämpchen auf.

»Seine Majestät erwartet Sie . . .«

Der Beamte geht voran, nicht weiter als zehn bis zwölf Schritt, um dann wortlos den rechten Flügel einer weißlackierten Tür zu öffnen.

Wie war das doch im Buckingham-Palace mit den drei Verbeugungen, eine an der Tür, die nächste auf halbem Wege und . . .

Auf halbem Wege jedoch kommt uns der Schah entgegen. Er begrüßt den Botschafter als alten Bekannten . . . ernst, aber herzlich. Man spürt, daß zwischen beiden Männern ein Verhältnis des Vertrauens besteht. Es hat sich in langen Jahren aus dem gemeinsamen Bemühen entwickelt, die zwischen beiden Ländern bestehenden Probleme zu lösen, wozu leider auch jene Mißstimmungen gehören, die unnötige Taktlosigkeiten (allermeist von deutscher Seite, bedauerlicherweise) allzu häufig entstehen ließen. Dies gute Verhältnis zwischen Schah und bundesdeutschem Botschafter hat wesentlich zu der inzwischen erzielten, sehr weitgesteckten Zusammenarbeit der beiden Länder beigetragen.

(Als Georg von Lilienfeld dieser Tage von Teheran als Botschafter nach Madrid versetzt wurde, sagte ihm der Schahanschah, es sei ihm heute die größte Befriedigung, daß sich sein – trotz allen vorübergehenden Anfeindungen – stets in die Deutschen gesetztes Vertrauen doch als berechtigt erwiesen habe.)

»Ja, ich bin informiert«, sagt der Schah auf Englisch, »ich begrüße die Gelegenheit, mit Ihnen zu sprechen. Ich habe da einige Fragen wegen der Raffinerie in Buschir.«

Der Kaiser des Iran, nicht so groß, wie er auf Bildern wirkt, ist offenbar guter und gelöster Stimmung. Man spürt Interesse an den Besuchern, empfindet auch menschliche Wärme. Die gewaltige Last der Verantwortung hat seine Schultern nicht gebeugt.

Der Raum ist hoch, weit und groß, aber nur sparsam eingerichtet. Der Empire-Schreibtisch von gut drei Metern Breite scheint nicht der wirkliche Arbeitsplatz des Kaisers zu sein. Es fehlen die Stapel von Unterschriftsmappen. Die Kommoden und Konsolen an drei Längswänden tragen gefüllte Blumenvasen aus chinesischem oder französischem Porzellan. Ein riesiger Leuchter aus venezianischem Kristall hängt von der Decke. Auf dem Boden wunderbar schöne Teppiche, deren Muster und feine Knüpferei ich nicht lange bewundern kann.

Der Sessel des Kaisers steht mit dem Rücken zu einem der Fenster mit Blick in den Park. Links daneben ein Sofa für zwei bis drei Personen, rechts vom Hausherrn zwei Sessel und ein dritter an der Stirnseite ihm gegenüber. Der Schah weist mir den Platz an seiner linken Seite und Lilienfeld den Sessel ihm gegenüber.

Der Botschafter zieht den Bundeskanzler-Brief hervor und reicht ihn dem Staatsoberhaupt des Iran. Kurz erwähnt Lilienfeld den Inhalt sowie das starke Interesse des Kanzlers und der Bundesregierung am Zustandekommen der großen Energieprojekte mit dem Iran. Der Schah erkundigt sich nach dem Befinden des Absenders und nickt zustimmend, als er hört, daß es zufriedenstellend sei.

»Ich habe Ihren Lebenslauf gesehen«, sagt er zu mir und dann zu Lilienfeld, »Sie kennen sich schon seit langer Zeit?«

Der Botschafter berichtet, daß wir früher Kollegen waren, ich aber nach dem Kriege den Beruf des Schriftstellers vorgezogen habe. Dabei verschweigt er, daß mir wegen widriger Umstände gar nichts anderes übriggeblieben war.

Der Kaiser fragt nach der Anzahl meiner Bücher. Ich gebe darauf Antwort und bitte, mein letztes Buch zu akzeptieren, den Bildband »Herrlich wie am ersten Tag«*.

Der Schah nimmt das Buch, betrachtet das Umschlagbild und liest die heute morgen eingeschriebene Widmung. Ich habe ihn darin den »erfolgreichsten Staatsmann unserer Zeit« genannt. Er schaut mich an, ohne seinen Gesichtsausdruck zu ändern.

»Sie glauben das . . .?«

»Ja, Sire, nach allem, was ich hier gesehen habe, glaube ich das. Wer es nicht glaubt, sollte einen heutigen Staatsmann nennen, der mehr für sein Land und Volk, gerade fürs einfache Volk, getan hat als der Kaiser des Iran.«

* C. Bertelsmann Verlag, München.

Er lehnt sich etwas zurück.

»Wenn Sie das geplante Buch schreiben, bitte kein Lob für mich. Loben Sie mein gutes, fleißiges Volk . . . es hat so viel geleistet. Gerade in den letzten Jahren war das nicht einfach.«

Ich nehme an, daß er damit die Umstellungen meint, das immer raschere Tempo des Wandels.

»Eure Majestät und das iranische Volk sind auch in Gedanken nicht zu trennen. Wer über den heutigen Iran berichten will, muß die Leistungen von Kaiser und Volk gemeinsam und beides in einem bewundern.«

Er sagt dazu nichts, sondern blättert in meinem Bildband. Zu dem einen oder anderen Farbfoto fragt der Schahanschah, wo es aufgenommen ist. Als das Bild des Ayers Rock im Herzen von Australien erscheint, fesselt ihn dies Naturwunder besonders. Er beugt sich zum Botschafter und zeigt es ihm mit der Bemerkung, welche Vielfalt an erstaunlichen Formen doch die Natur hervorbringe.

Als der Kaiser die letzten Bilder betrachtet, meint er gleich, das könne nur in Oberbayern sein, wohl dem schönsten Teil von Deutschland. Sehr freut mich, daß er zum Schluß ein paar Sekunden lang unser Berghaus betrachtet.

»Das ist schön, sehr schön im Stil.«

Ich sage, daß wir im Sommer in den Bergen leben, aber leider ist das Haus im Winter nur schwer zu erreichen.

Der Kaiser wechselt das Thema ohne Übergang, indem er unseren Botschafter fragt, was nach seiner Ansicht der Rücktritt eines bisher sehr einflußreichen bundesdeutschen Politikers für Hintergründe habe. Lilienfeld erklärt es nach bestem Wissen und Gewissen.

»Was halten Sie von ihm?« möchte der Kaiser noch wissen.

Er werde von Freund und Feind verschieden beurteilt, gibt der vorsichtige Diplomat zur Antwort. Worauf der Schahanschah mir ins Gesicht schaut.

»Und Ihre Meinung . . .?«

»Ein Intrigant mit tausend Tricks«, sage ich ohne Hemmungen, »Anhänger und Gegner hat er gleichermaßen getäuscht, nur gut, daß wir ihn los sind.«

Der Kaiser wendet sich wieder zum Botschafter.

»Ich vermute, Sie denken ungefähr dasselbe . . .«

»Dr. Meissner braucht auf niemanden Rücksicht zu nehmen, er kann sogar schreiben, was er denkt.«

»Eine beneidenswerte Lage«, meint der Schah, »ich kann das auch nicht.«

Der Kaiser spricht ausgezeichnet Englisch und könnte wegen seines akzentfreien, eleganten Französisch als Sohn der Seine gelten. Er trägt starke Gläser, legt aber hin und wieder die Hornbrille ab. Wenn er bei öffentlichen Anlässen ohne Brille erscheint, hat er sie vermutlich durch Haftgläser ersetzt. Sein Ausdruck ist fast immer ernst und, wie man sagt, durch keine noch so sensationelle Nachricht zu erschüttern. Wäre Mohammed Reza Pahlevi nicht der Inhaber des Pfauenthrons, würden sich dennoch alle Augen auf ihn richten, wo immer der selbstbewußte, sehr gut aussehende und sportlich trainierte Mann erscheint. Der Schah imponiert nicht durch Zwei-Meter-Größe – wie sein riesenhafter Vater –, sondern durch Haltung, Bewegung und Ausdruck. Er kann mit dem Blick, so berichten Mitarbeiter, die Menschen durchdringen (in dieser Hinsicht dem Alten Schah sehr ähnlich) und damit, falls notwendig, zur Wahrheit zwingen. Man spürt seine hohe Intelligenz, sein weites Wissen und starken Willen. Er strahlt nicht jene furchteinflößende Strenge aus wie Reza Schah der Große, sondern – ich finde dafür keinen besseren Ausdruck – verantwortungsbewußte Menschenliebe.

Die von draußen hereinstrahlende Sonne blendet mich, sie scheint mir störend direkt in die Augen. Der Kaiser des Iran hat es bemerkt, greift hinter sich zu einer Samtkordel und schließt den Vorhang bis zur Hälfte, so daß ich nun im Schatten sitze.

»So ist es besser, nicht wahr?«

»Ja, danke, Sire.«

Er leitet die Unterhaltung, wie könnte es anders sein, schon bald zum Öl. Er bespricht mit dem Botschafter kurz und präzise zwei, drei zur Zeit in Schwebe hängende Entscheidungen. Er hat noch gewisse Zweifel, welche die für den Iran günstigste Lösung ist.

»Immer wieder, auch gestern wieder, werde ich von fremden Presseleuten gefragt, ob ich englandfreundlich, israelfreundlich, sowjetfreundlich oder sonst etwas bin. Welch erschreckend dumme Fragen! Unter keinen Umständen kann ich etwas anderes sein als iranfreundlich.«

Er wendet sich direkt an mich und nennt genau den gegenwärtigen Preis für Super- und Normalbenzin an unseren Tankstellen.

»Natürlich ist das teuer, und die Verbraucher beklagen sich mit Recht. Aber wer bekommt den Löwenanteil? Bei wem sollten sich die Verbraucher beklagen? Nicht bei mir, ganz bestimmt nicht, vielmehr bei der eigenen Regierung. Fast drei Viertel des Geldes, das die Autofahrer für einen vollen Tank bezahlen, fließt in die Kassen der dortigen Finanzämter. Wir, die ölproduzierenden Staaten, wir Lieferanten des kostspieligen Stoffes, haben jahrzehntelang pro Barrel nur ein paar Pfennige bekommen. Kaum der zehnte Teil war es von dem, was die fremden Regierungen vom Verbraucher an Steuern gefordert haben. Jetzt bekomme ich elf bis zwölf Pfennig pro Liter vom Preis, den Sie daheim bezahlen. Halten Sie das für ungerecht? Ist das Ausbeutung? Ist das Wucher?«

Nein, was den Iran betrifft, scheint es mir gerecht.

»Es ist gerecht«, betont der Kaiser mit starker Stimme. »Wir bezahlen heute für viele lebenswichtige Importe den dreifachen Preis wie vor drei oder vier Jahren. Die Kosten steigen ständig, immer rascher, zum Beispiel für Zement, Papier und pharmazeutische Artikel, die großenteils aus unserem Öl hergestellt werden. Sollen nur wir bei alten Preisen bleiben, während das Ausland für seine Produkte mehr und immer mehr von uns verlangt? Wenn Öl und Erdgas die deutsche, auch die sonstige Wirtschaft belasten, so gibt's dafür als sehr einfache Lösung die drastische Herabsetzung der inländischen Benzinsteuer. Aber darauf will man nicht verzichten, kann auch nicht verzichtet werden. Das sehe ich vollkommen ein. Aber man sollte nicht uns die Schuld in die Schuhe schieben. Immer wieder lese ich aber gerade das in der ausländischen Presse.«

Lange ist die übliche Zeit für eine Audienz vorüber. Der Botschafter läßt erkennen, daß wir vom Kaiser den Abschied erwarten. Aber gleich erhalten wir den Beweis, daß eine längere Unterhaltung vorgesehen ist. Ein sehr großer, grauhaariger Diener in dunkelblauer Livree ist lautlos eingetreten und bringt auf einem Silbertablett drei Teetassen und leichtes Gebäck. Tief verbeugt sich der Mann, ohne daß die Tassen sich verschieben. Der Kaiser nimmt keinen Zukker, sondern Süßstoff in Tablettenform. Aus Gewohnheit tue ich das gleiche, und es sind dieselben Tabletten. Der Schah sieht es, und ich sehe ihn zum erstenmal ein wenig lächeln.

Das Gespräch nimmt seinen Fortgang beim Erdöl. Der Kaiser wiederholt eine Feststellung, die er vor der Presse und fremden Besuchern schon öfter gemacht hat, nämlich daß Öl viel zu kostbar sei, um es zu verbrennen.

»Nicht als Brennstoff, sondern als Rohstoff müssen wir auch diesen Bodenschatz betrachten. Auch wenn davon viel vorhanden ist und noch mehr entdeckt wird, die Vorräte vermehren sich deshalb nicht. Niemand kann bis in alle Ewigkeit aus dem vollen schöpfen.« Und ohne Übergang fährt er fort: »Die meisten Menschen wissen nicht, was alles aus Öl gemacht wird, und vieles wird noch dazukommen.«

In rascher Folge nennt er zehn, zwanzig, vielleicht auch dreißig Produkte, die ganz oder zu überwiegendem Teil aus verwandeltem, veredeltem und weiterverarbeitetem Erdöl bestehen, darunter viele von uns täglich benutzte Pharmazeutika und Kosmetika.

»Versenkt man sich in Details, sind es viele hundert, sicher über tausend Teilfabrikate und Fertigwaren, die letzten Endes vom Erdöl stammen. Aber wir, die den Rohstoff im eigenen Boden haben, können davon nur wenig herstellen. Das geschieht im Ausland, in den hochentwickelten Industrieländern. Von denen kaufen wir die unentbehrlichen Produkte, kaufen sie zu hohen und teilweise horrenden Preisen. Lebenswichtige Medikamente sind darunter. So ist ganz klar, was ich dringend brauche, was wir so rasch wie möglich brauchen, nämlich eine petrochemische Industrie. Die Voraussetzungen sind eigene Raffinerien, sind Anlagen zur Veredlung von Erdöl und Erdgas und die gesamte Infrastruktur zu solchem Zweck. Das alles kostet Geld, gewaltige Summen sind notwendig. Das Öl muß sie bringen und wird sie bringen. Schon haben lange geplante Projekte die erste Ausbaustufe erreicht.«

Damit konzentriert sich das Gespräch auf die Raffinerie bei Buschir, die größte, die modernste und teuerste der Welt. Deutsche Kapitalgesellschaften, Großfirmen, deutsche Fachleute und deutsches Know-how sollen an Bau und Betrieb wesentlich beteiligt sein. Dem Kaiser ist natürlich klar, daß ungefähr tausend Kilometer neue Straßen, etwa hundert Kilometer neue Tunnel, überhaupt eine völlig neue Stadt dafür notwendig sind und letzten Endes fremde Facharbeiter, da es genügend einheimische Kräfte dafür nicht gibt. Statt dessen wird mit rund vierzigtausend italienischen Gastarbeitern gerechnet. Der Schah hält Botschafter von Lilienfeld vor, daß fremde Konkurrenz behaupte, die einschlägige bundesdeutsche Industrie sei nicht »fully sophisticated«, nicht völlig auf der Höhe computergesteuerter Technik. Er nennt Formeln und Verfahren, auch chemische Zusammensetzungen, von denen ich nie gehört habe. Lilienfeld muß seinen Mangel an Fachwissen bekennen, versichert jedoch dem Schah, er sei überzeugt, daß unsere Technologie ihrer Konkurrenz zumindest voll gewachsen, wenn nicht um Längen voraus sei. Auch würden wir dem Wunsch Seiner Majestät nach Verbindung der Raffinerie mit petrochemischen Anlagen selbstverständlich Rechnung tragen. Die Form und Details müßten noch von Experten ausgehandelt werden.*

Der Kaiser nimmt es zur Kenntnis, geht aber nicht näher darauf ein.

»Andere ölproduzierende Staaten«, sagt er statt dessen, » mögen sich des politischen Drucks schuldig gemacht haben, vielleicht auch durch Methoden, die man im Ausland Erpressung nennt. Ich halte es für unmoralisch, der westlichen oder sonstigen Industrien das lebenswichtige Öl zu sperren. Das ist ungefähr so, als würde man einem Verdurstenden das Wasser verweigern. Ich bin damit nicht einverstanden, ich habe geliefert, was ich konnte. Aber natürlich zu solchen Preisen, wie ich sie verlangen muß, ebenso wie jeder vernünftige Kaufmann handelt. Zuerst und allererst habe ich an mein Volk zu denken, danach an die Interessen der anderen. Ja, gewiß, denn auch sie haben ein Anrecht auf unsere Rücksicht. Gerade in diesen Tagen habe ich wieder bei der OPEC-Konferenz die anderen ölproduzierenden Länder dringend gewarnt, durch weiter und weiter erhöhte Ölpreise die Wirtschaft der Industrieländer zu ruinieren.«

* Zur Stunde dieser Niederschrift hängt das Großprojekt der Raffinerie bei Buschir, was die maßgebende deutsche Beteiligung betrifft, noch immer in der Schwebe. Neue Probleme, vor allem solche der Kalkulation, sind aufgetreten.

Dem iranischen Kaiser liegt nichts daran, seine Ölproduktion zu forcieren und die Exporte zu steigern, vielleicht gar zu verdoppeln. Er will nicht für alle Zeit davon abhängig sein, sondern im Gegenteil in spätestens zwanzig Jahren von dieser heute bei weitem wichtigsten Einnahmequelle loskommen. Aus den bis dahin zu erwartenden Gewinnen der eigenen, natürlich erst der kommenden Industrie sollen die Öleinkünfte ersetzt werden, ebenso aus den riesigen, erst kürzlich in so weitem Umfang entdeckten Kupfervorkommen des Iran.

»Wie gesagt, das Öl ist zu kostbar, um es zu verbrennen. Auch die Deutschen als besonders große Ölverbraucher sollten sich beizeiten um andere Energiequellen bemühen. Versuchen Sie es wieder mit der Kohleverflüssigung, auch sollte die Entwicklung der Kernenergie beschleunigt werden, nicht zu vergessen die Sonnenenergie, die Brennstoffgewinnung aus Schiefersand und vieles andere ist zu machen, wenn man sich mit ausreichender Energie darum bemüht.«

Dennoch werde der Bedarf an Erdöl und Erdgas ansteigen, aber als Rohstoff, nicht zur Verbrennung. Iran habe mit Sicherheit genug Öl für zwanzig Jahre, vermutlich sogar für sechzig Jahre, denn man finde immer noch mehr. Erdgas sei schon nach heutiger Ansicht so gut wie unerschöpflich.

»Unser Boden ist viel reicher an Bodenschätzen, als wir in unseren kühnsten Träumen erhofft haben. Aber mit der Ausbeutung, vor allem der Verarbeitung im eigenen Land, stehen wir noch am Beginn der Zeitenwende. Mein Ziel ist es, in zwei Jahrzehnten ungefähr den industriellen und wirtschaftlichen Stand der Franzosen zu erreichen. Bedenken Sie doch, nach heutigem Fortschreiten der Volksvermehrung werden bis dahin doppelt so viele Menschen in unserem Land leben als heute. Auch wenn es der Aufklärung gelingt, die Geburtenzahl zu senken, so müssen wir bis zum Anfang des kommenden Jahrhunderts mit ungefähr fünfundvierzig Millionen Iranern rechnen. Für deren Versorgung trage ich schon heute die Verantwortung.«

Wir sind logischerweise vom Öl zur Weltpolitik gelangt. Von der gegenwärtigen Lage, vor allem in Europa und dem Nahen Osten, malt der Schahanschah ein düsteres Bild. Was sei denn aus den Vereinten Nationen geworden, die man mit so viel guter Absicht vor dreißig Jahren ins Leben rief? Welche wirklichen Probleme hat die UNO bisher gelöst, welche Kriege in echten Frieden verwandelt, etwa in Vietnam oder Kambodscha? Wo leben dank der UNO die Menschen besser, sicherer und zufriedener als früher?

Schön war der Traum von den Vereinigten Staaten Europas, aber wer träumt noch davon, und wer arbeitet wirklich dafür? Was ist aus der kriegsverhütenden Nato, aus ihrer abschreckenden Stärke geworden? Blieb denn überhaupt noch ein Rest ihres effektvollen Zusammenwirkens erhalten? Wie erschütternd sieht es aus im einst so stolzen, mächtigen England, mit dem krisengeschüttelten Italien, der gärende Zypern-Konflikt, Portugal und seine ehemaligen Kolonien, Bürgerkrieg, Hunger, innere Unruhen, Massenerschießungen in Äthiopien! In den USA hat Watergate bleibenden Schaden angerichtet, der sozialistische Versuch Allendes in Chile, wohl mit gutem Willen begonnen, aber doch mit untauglichen Mitteln. Es scheint demnach, als sei der Militärputsch leider notwendig gewesen, leider, wie gesagt. Es ist nicht gut, wenn das Militär die Macht ergreift, auf die Dauer gar nicht gut. Dies ist nicht die Aufgabe von Soldaten.

Hier erwähne ich, daß in Chile zum erstenmal das Militär die Regierung gestürzt und die Staatsgewalt selbst übernommen hat. Früher habe sich die chilenische Armee nie in die Politik gemischt.

»Man sagt das, aber es stimmt nicht«, widerspricht der Kaiser, »es gab ähnliches schon 1890, als ein Kapitän mit regulären Truppen den Präsidenten Balmaceda gestürzt hat.«

Der Schah fährt fort in seiner »tour de horizon« und sagt, daß er nicht begreifen kann, weshalb sich viele Staatsmänner fragen, warum gerade jetzt die Sowjetunion ihren Druck auf die Nachbarstaaten und andere Staaten verstärkt. Das sei doch einfachste Logik und sei mit Gewißheit zu erwarten gewesen. Wo der eine Teil Schwächen zeige, müsse sich automatisch der vom anderen Teil ausgehende Druck verstärken. Das habe weniger mit Politik zu tun als mit zwingender Logik. Es sei geradezu ein physikalisches Gesetz.

»Ich habe den Sowjetbotschafter gefragt«, sagt der Schah wörtlich, »warum denn seine Regierung dauernd die Nase in fremde Angelegenheiten stecke.«

Lilienfeld erkundigt sich nach der Antwort.

»Ich habe keine erwartet.«

Statt dessen spricht er von Israel und stellt fest, daß dieser Staat existiere und man davon ausgehen müsse. Aber die Israeli seien gut beraten, wenn sie die eroberten Landstriche freiwillig räumten. Diese wären langfristig doch nicht zu halten. Aber leider seien bei den Israeli ebenso wie bei den Arabern die Emotionen stärker als sachliche Betrachtung der Lage. Vernünftige Politik sei aber mit emotioneller Grundeinstellung nicht zu machen. Was zuweilen die Staatsmänner, vor allem die Generale, von sich gäben, seien Explosionen ihres Gefühls. Draußen in der Welt wirke das ebenso dumm wie kindisch.

»Wie jeder weiß«, sagt der Kaiser ganz allgemein, »gibt es in der Politik keine Dankbarkeit, aber es gibt *ethische* Begriffe. Niemand kann sie auf die Dauer verleugnen, ohne dafür bestraft zu werden. Das, so glaube ich, dürfte der wahre Grund dafür sein, daß so oft die Mächtigen stürzen und die Reichen arm werden.«

Plötzlich wendet sich der Schah an mich, schaut mich durch seine starken Gläser an und fragt: »Glauben Sie an Gott?«

Nach bejahender Antwort verändert sich seine Haltung. Er spricht mit ganz anderer, intensiver, aber leiser gehaltener Stimme: »Ich glaube an Gott, ich weiß von Gott, ich stehe unter seinem Schutz. Ich weiß mit Bestimmtheit, es ist Gottes Wille, daß ich die mir fürs iranische Volk übertragenen Aufgaben zum Erfolg führe. Gott hat gewollt, daß wir hierfür die Mittel erhalten. Die Wege, die wir gehen, sind von Gott bestimmt, und er hilft uns, sie zu gehen.«

Bei so starkem Glauben ist der Schah fest überzeugt, daß ihm allein göttliche Vorsehung bei mehreren Attentaten das Leben erhalten hat, ebenso in anderen, äußerst gefährlichen Situationen.

»Unsere Religion, der schiitische Islam, ist eine tolerante Religion. Als man überall in der Welt die Andersgläubigen grausam verfolgte und auszurotten versuchte, haben sie schon zur Regierungszeit von Schah Abbas ihr Asyl in Persien gefunden. Heute erst recht sind unsere Arme offen für alle, die sich ihres Glaubens wegen auf der Flucht befinden.«

Nach einer kurzen Pause sagt er weiter:

»Gott hat viele Arten, sich den Menschen zu erklären, und es gibt viele Wege des Glaubens, die Glaubensform ist nicht so entscheidend.«

Ich erzähle dem König der Könige ein Beispiel religiöser Toleranz, das mich bewegt hat. Djahangir Beheshti, mein Dolmetscher, hat in Köln ein deutsches Mädchen geheiratet, und zwar eine gläubige Katholikin. Als die beiden zum erstenmal die Eltern des Ehemanns in Teheran besuchten, hat die junge Frau ihres Glaubens wegen die Ablehnung von seiten der sehr frommen Schwiegermutter befürchtet. Die alte Frau aber fragte nur: »Glaubst du an Gott?«

Als die deutsche Frau ja sagte, war die Antwort: »Sei willkommen, meine Tochter.«

Der Schah schaut vor sich hin und meint: »Ja, so verstehe ich Toleranz, aber wie jemand gar nicht glauben kann, ist mir unverständlich. –

Ich lese in deutschen Blättern, daß Ihnen die Umweltverschmutzung Sorge macht«, kommt der Kaiser auf ein völlig anderes Thema. »Vor allem die chemischen Abgase und verseuchten Abwässer sind ein schwieriges Problem. Sehr begreiflich in einem flächenmäßig so eng begrenzten, aber dicht bewohnten Land mit emsig arbeitender Industrie. Wir haben Platz dafür. Ich biete Ihnen alles notwendige Gelände in der Großen Salzwüste oder in der Lut. Da stören die stinkenden Schornsteine nicht das kleinste Dorf, und es gibt keinen Fluß, den die Abwässer verderben. Alles verschwindet im Wüstenboden. Auch sonst, meine ich, sollte sich die deutsche Industrie viel stärker bei uns engagieren. Wir haben doch eine alte Tradition sehr guter wirtschaftlicher Zusammenarbeit, und nun hat die große Expansion begonnen. Warum zögern die Herrschaften, wo ich doch so vieles zu bieten habe?«

Das Problem ist dem Botschafter wohlbekannt, schon seit langem schwebt diese Frage in der Luft. Es ist wohl überwiegend psychologisch bestimmt, entgegnet Lilienfeld, in die Vergangenheit ausweichend. Viele deutsche Firmen und deren verantwortliche Leiter sind noch durch die Enteignungen von seiten der Siegermächte nach den beiden Weltkriegen geschockt und zögern daher, im Ausland zu investieren . . . das heißt in wirklich großem Umfang zu investieren. Auch ist der Markt in Deutschland . . . bisher jedenfalls, so gut und glänzend gewesen, daß sich die Risiken und Mühen von Auslandsinvestitionen nicht recht lohnten. Jetzt aber ändere sich das rasch. Die deutsche Industrie und Wirtschaft sehe sich nach Möglichkeiten um, nicht nur den Export zu erhöhen, sondern auch Produktionen in andere Länder mit günstigen Vorbedingungen zu verlagern. Iran rücke immer stärker ins Blickfeld – besonders nach dem Besuch des Bundeskanzlers Willy Brandt im Jahre 1972. Es gäbe doch schon eine Reihe von guten Beispielen, wie etwa die großen Projekte im Energiebereich. Falls sie zustande kämen, würden sie gewiß andere kapitalkräftige Interessen nach sich ziehen.

Der Schahanschah hat sehr wohl bemerkt, daß die Furcht vor Enteignung nicht allein auf die bösen Erfahrungen vor dreißig Jahren und noch länger beruht. Es ist ähnliches in anderen Ländern auch bis in die Gegenwart noch geschehen.

»Bei uns wird niemand enteignet«, entgegnet er temperamentvoll, »bei uns sind fremde Investitionen absolut sicher. Wir geben dafür Garantien, wir bieten denkbar beste Bedingungen. Allerdings, wenn ein Krieg der Großmächte über uns hereinbricht mit all seinen unabsehbaren Folgen, ist auch bei uns nichts mehr sicher. Dann ist alles weg, und überall ist es zu Ende.«

Der iranische Kaiser sagt es mit tiefem Ernst. Ich habe den Eindruck, daß ihn die Möglichkeit des vom Menschen herbeigeführten Weltuntergangs tief bedrückt.

»Aber da gibt es Leute«, erregt sich der Schah, »die mir unsere Aufrüstung zum Vorwurf machen. So wie sich die Lage präsentiert, bin ich dazu verpflichtet. Würde ich nicht die Verteidigung meines Landes stärken, würde ich nicht im Rahmen unserer Möglichkeiten aufrüsten, wäre das Blindheit gegenüber der Verantwortung für mein Volk und für die Freiheit meines Volkes.«

Der Schah spricht von den Spannungen, den Unruhen und auch den inneren Kämpfen jenseits der iranischen Grenze. Hier ist nicht der Platz, sie zu erörtern, schon weil alles wieder anders aussieht, bis mein Buch vor Ihnen liegt. Was zur Zeit geschieht und vielleicht in Zukunft droht, lesen Sie in der Tagespresse und hören Sie in den Nachrichten. Die inneren Verhältnisse des Iran sind stabil. Trotz allem, was die ausländische Presse berichtet, hat die Regierung des Schahanschah im eigenen Land keine bedrohlichen Gegner. Was im Untergrund spürbar ist, diese kleinen, aber radikalen Gruppen werden von außen dirigiert und finanziert.

»Die westliche Art der Demokratie eignet sich nicht für unser Volk«, sagt der Schah, »wir können mit den Vokabeln rechts und links nichts anfangen. Wenn man schon diese uns fremden Begriffe anwendet, sind wir wohl beides. Entscheidend ist, was unseren Menschen ein besseres Leben verschafft, darin sind wir sehr sozial.«

Bald darauf wird der iranische Kaiser deutlicher und erklärt dem Vertreter des französischen Nachrichtenmagazins LE POINT unter anderem:

»Wie soll ich den Niedergang der westlichen Welt wünschen? Ich gehöre doch selbst zu dieser Welt und helfe, wo ich nur kann, mit großen Aufträgen an die Industrie und Beteiligungen, davon abgesehen gibt der Iran Dollarmilliarden für Entwicklungshilfe. An der Inflation der westlichen Welt ist der Erdölpreis nur mit 0,8 bis zwei Prozent beteiligt. Die westlichen Länder werden nicht regiert. Warum nicht? Dafür gibt es tausend Gründe, unter anderem politische Strukturen, die auch fähigen Staatsmännern die Möglichkeit nehmen, wirkungsvoll zu regieren.«

Unsere Audienz, die weit mehr gewesen ist, als man unter diesem Wort versteht, ist zu Ende. Sonst pflegt man von Staatschefs zu sagen, daß sie ihre »Besucher entlassen«. Hier ist das nicht so, der iranische Kaiser begleitet uns, angeregt sprechend, bis nahe zur Tür. Dort bleibt er noch eine kurze Weile stehen, um mit Botschafter von Lilienfeld noch eine Nebenfrage zu besprechen. Sein Händedruck ist kräftig, und wir bemerken zum Abschied ein kurzes Lächeln.

Wäre Mohammed Reza Pahlevi nicht der Schahanschah des Iran, so bestimmt eine führende Persönlichkeit auf andere Weise. Zweifellos hat er die Gaben und die Begabung für eine maßgebende Stellung. Er ist zu höchster Verantwortung befähigt und bereit. Manche Leute sagen, daß er sein Land, sein Volk und seinen Staat führe wie ein Wirtschaftsunternehmen. Das wäre nicht die schlechteste Art. Deutlich hatte ich den Eindruck – doch es kann auch Täuschung sein –, daß die Krone, die Kaiserwürde und der Pfauenthron für ihn nur unentbehrliche Attribute sind, um seinen vorbezeichneten Weg um so besser gehen zu können. Als Präsident der Weltbank, als Vorsitzender des Aufsichtsrates von Krupp, General Motors, Bethlehem Steel oder Citroën könnte man sich eine Führungskraft wie den Schah gleichfalls vorstellen.

Sicher ist der Schah, der schon seit dem Sommer 1941 an der Spitze des Staates steht, im Verlauf seiner langjährigen und oft schmerzlichen Erfahrungen dann auch mit dem Erfolg erst allmählich und immer rascher gewachsen. Heute ist er wirklich, was sein Ehrentitel »Aryamehr« bedeutet, die Fackel seines Volkes.

Geschenk des Himmels aus der Erde

Heute ist Seezdah bedar, der 13. und letzte Tag von Noruz. Schon am frühen Morgen sind die Straßen von Fahrzeugen aller Art überflutet. Verlangt doch uraltes Brauchtum, ein unvergessenes Gebot aus vorgeschichtlicher Zeit, daß jede Familie einschließlich der Alten, Kranken und kleinen Kinder, mit ausreichender Tageskost versehen, das Haus, die Wohnung, überhaupt den Wohnort verlasse. Den ganzen Tag, von morgens früh bis abends spät, soll die Familie im Freien verbringen. Angeblich hat dieser Brauch mit guten Geistern zu tun, denen man auf diese Weise Gelegenheit gibt, das menschenleere Haus von unguten Geistern zu säubern.

Doppelt und dreifach vollgestopfte PKWs, drei bis vier Personen auf einem Motorrad, so sieht es aus am heutigen Morgen. Ein ganzer Fußballverein im klapprigen Autobus und die gesamte Bankbelegschaft in modernen Reisebussen. LKWs und Lieferwagen, sogar Tieflader hat man für Menschentransporte umfunktioniert. Dazu Fahrräder, Kinderwagen, Leiterwagen, sogar Pferdefuhrwerke und Pferderücken dienen zum Verlassen der Stadt. Dazu noch scharenweise Fußgänger mit Handtaschen, Koffern und Rucksäcken. An ein Volk auf der Flucht könnte man denken, an den Exodus der heimatvertriebenen Deutschen am Ende des Zweiten Weltkrieges. Nur sind hier am letzten Tag des Noruz alle Leute jeden Alters und Geschlechts ausgesprochen guter Stimmung.

Manchen Gruppen genügt es schon, den Stadtrand zu erreichen, um sich dort auf hinreichend grünem Grasfleck niederzulassen. Andere brauchen ein Bächlein, ein Flußufer oder den Schatten eines Gestrüpps, um Seezdah bedar friedlich zu feiern. Jedenfalls wimmelt die Landschaft beiderseits der Straße von kampierenden Menschen. Ballspiele sind im Gange, Kinder toben herum, Kassettenmusik kreischt durch die Gegend, und stellenweise wird sogar getanzt. Volkstänze sind es natürlich, was denn sonst?

Wir selbst sind auf dem Wege von Ahwaz hinauf in die Berge nach Masjed-Suleiman. Was uns dazu veranlaßt, ausgerechnet an diesem »Tag des Neuen Lichts«, ist eine ganz bestimmte Tempelruine. Dort könne man, so wurde uns versichert, mit eigenen Augen erkennen, daß eine der ältesten Kultformen der Menschen mit der modernen Zivilisation in gradliniger Verbindung steht. Ganz gleich, wie sich das Phänomen präsentiert, wir wollen es uns nicht entgehen lassen. Nach etwa zweihundertfünfzig Kilometern durch anfangs noch dichten

Verkehr, dann auf Nebenstraßen und Bergstraßen, die mangels Wegweiser leicht zu verfehlen sind, haben wir Masjed-Suleiman erreicht. Droben über der neuen, betriebsamen, recht bedeutenden Stadt lassen wir den Wagen stehen und folgen über eine breite, sicher sehr alte Freitreppe den frohgestimmten Scharen der Ausflügler. Sie steigen zu einer Terrasse hinauf, die bis zum Fuß einer Hügelkette etwa zwei Hektar Grundfläche einnimmt und ganz mit Bauresten aus etwa zwei Jahrtausenden bedeckt ist. Erst vor kurzem wurde alles freigelegt und gegen weiteren Verfall gesichert. Nicht weniger als drei Gendarmen sorgen dafür, daß niemand von der Menge auch nur den kleinsten Stein entführt oder dessen Lage verändert. Die Stadt liegt mehrere hundert Meter tiefer. Ihre modernen Industrieanlagen stehen in denkbar starkem Kontrast zu dem Mauerwerk aus ferner Vergangenheit.

Ein gutgekleideter Iraner mittleren Alters, dessen intelligente Augen durch starke Brillengläser schauen, kommt auf uns zu, stellt sich als Doktor Soundso vor und bietet sich als sachkundiger Führer an. Ein professioneller Fremdenführer, der sich freigiebiges Trinkgeld verspricht, kann er nicht sein. Wie soll ich den fehlerfreies Englisch sprechenden Doktor einstufen? Beheshti gibt mir leise die Aufklärung, daß er vermutlich Lehrer am hiesigen Gymnasium sei und es als iranische Gastfreundschaft betrachte, fremden Besuchern die Bedeutung der Ruinen zu erklären. Auf keinen Fall dürften wir Bezahlung anbieten!

Gut eine Stunde dauert die hochinteressante Führung, aber die bedeutendste Sehenswürdigkeit hat sich der sachkundige Fremdenfreund bis zum Ende aufgespart. Doch ist sie auf den ersten Blick eine Enttäuschung. Nur zwei etwa meterdicke Mauern aus rohbehauenen Steinblöcken, die sich im Abstand von etwa sechs Schritt gegenüberstehen. Dazwischen eine erhöhte Plattform aus dunklen Felsplatten und in deren Mitte eine kreisrunde Vertiefung, die halbkugelförmig in den Boden gemeißelt wurde. An ein Waschbecken könnte man denken. Alles scheint mir recht primitiv zu sein. Keine Säulenreste, keine Skulptur oder irgendwelche Dekorationen.

»Ich halte den Bau«, sagt unser Begleiter, »für einen der ältesten Feuertempel in unserem Land. Schon möglich, daß es überhaupt der älteste ist. Bekanntlich hat nicht erst Zarathustra den Feuerkult gegründet, sondern schon vorgefunden.«

Diese Rinne zu dem in Stein gehauenen Becken, was soll sie bedeuten? Wurden hier Tiere geopfert, vielleicht gar Menschen, und wollte man das Blut ins Becken leiten?

»Bestimmt nicht«, meint der Führer und scheint erschreckt. »Hier hat niemand an die Opferung lebender Geschöpfe gedacht. In diesem Becken brannte Tag und Nacht das Heilige Feuer. Es war gegen Sturmwinde von den Mauern geschützt, aber überdacht war es vermutlich nicht. Auch strömender Regen reichte nicht aus, die lebhaft lodernde Flamme zu löschen. Brennstoff war reichlich vorhanden. Er rieselte in flüssiger Form aus dem Felsgestein, nur wenige Schritte vom Tempel entfernt.«

»Sie meinen Öl, richtiges Erdöl?«

Er nickt und macht eine weit ausladende Bewegung über die drunten liegende Stadt Masjed-Suleiman. Zwischen den Hallen und Häusern, den Fabriken, Betrieben und sonstigen Anlagen erheben sich zahlreiche Bohrtürme.

»Ja, es war Erdöl, Öl aus dem Innern der Erde, ein Geschenk des allmächtigen Gottes Ahura Mazda.«

Der freundliche Mann ist sichtlich erregt, als er das sagt.

»Ein paar tausend Jahre lang hatten wir Iraner keine Ahnung, keine Vermutung, in welch vielfacher, wunderbarer Weise man es nützen kann, dieses Geschenk des Himmels aus der Erde.«

Das Erdöl, in alten Zeiten Naphtha (vom assyrischen »naptu«) genannt, gelangte ohne menschliches Zutun nur an wenigen Stellen der Erde zur Oberfläche. Wo es aber die Menschen zufällig entdeckten, ließ gerade die Seltenheit das Naphtha als kostbar und geheimnisvoll erscheinen. Hatte man erst seine Brennbarkeit erkannt, sei es durch Blitzschlag oder Berührung mit dem Lagerfeuer, mußte es für Menschen, die damals Sonne, Licht und Feuer verehrten, etwas Heiliges sein. Eine Gabe der Götter oder guten Geister, für die Anhänger Zarathustras ein Geschenk des alleinigen Gottes.

Wäre Naphtha nicht selten gewesen und die vorkommenden Mengen meist nur sehr gering, hätte man gewiß seinen Nutzen selbst für die damals primitiven Verhältnisse schon bald erkannt. Immerhin wurden Ölrückstände zum Abdichten von Fischerbooten gebraucht. Angeblich hat man zur Zeit der Achaemeniden, nach Meinung anderer Forscher sogar noch viel früher, auch Brandpfeile benutzt, die an ihrer Spitze mit Naphtha getränkte Wollfetzen trugen. Es wurden, soviel man weiß, auch Tonlampen mit Erdöl gefüllt. Aber von dem gleichen flüssigen Brennstoff in Küchenherden ist nichts überliefert. Erstens reichte wohl die verfügbare Menge nicht aus, und zweitens waren Transporte von der Quelle zum Verbraucher ein schwieriges Problem.

Bis vor etwa siebzig Jahren lag das persische Erdöl noch in tiefem, unterirdischem Schlaf. Die Störung des Millionen Jahre ungestörten Dauerschlafs, die maschinelle Förderung durch menschlichen Erfindungsgeist, begann zuerst in Nordamerika, wo sich der junge John Rockefeller seit 1865 darum bemühte, so daß ihn diese Gottesgabe zum reichsten Mann der Welt machte.

Bevor es Benzinmotoren und Dieselmotoren gab, waren mit Petroleum gefüllte Lampen bei weitem die wichtigsten Verbraucher des scheinbar unerschöpflichen Bodenschatzes. Schon diese Verwendung hatte weitgehende, durchweg positive Folgen. Erst das helle Licht der Öllampe anstelle von Kerze und Kienspan machte es möglich, nach Sonnenuntergang zu lernen, zu lesen und zu schreiben, sich in größerem Kreis zu treffen und überhaupt all das zu tun, wofür eine gute, weitreichende und relativ billige Beleuchtung notwendig ist. Die fortschreitende Bildung des Mittelstandes, bald auch der ärmeren Schichten, war erst durch den flüssigen Brennstoff aus dem Innern der Erde möglich. Um 1870 wurde erstmals Erdöl in Rußland gefördert. Man suchte danach in fast allen europäischen Staaten, und aufgrund von Gerüchten hielt man auch für denkbar, im südlichen Persien ein Vorkommen zu finden. Einige Engländer erwarben schon Ende des 19. Jahrhunderts spottbillig das Recht der Ölförderung vom Kadjaren-Schah Nasreddin, aber ohne fündig zu werden.

Auch dem Engländer William Knox D'Arcy, der vorher in Australien prospektiert hatte, ging es nicht besser. Seit 1901 besaß er eine Konzession. D'Arcy verschwendete viel Geld und Energie auf zahlreichen Expeditionen ins Hinterland des südwestlichen Persien. Viele Anzeichen sprachen für Erdöl, unter anderem die Feuertempel an weit entlegenen Stellen. Als jedoch das Jahr 1908 begann, war Knox D'Arcy mit seinem Geld am Ende, auch Kredite konnte er nicht mehr bekommen. Im Bewußtsein der auf ihn zukommenden Armut mußte der enttäuschte Mann weitere Versuche einstellen. Schon war er nicht mehr in der Lage, die fälligen Löhne zu zahlen.

Buchstäblich am letzten Tag bei der allerletzten Bohrung geschah das Wunder. Das Holzgerüst mit der Bohrmaschine wurde beiseite geschleudert. Die Arbeiter rannten um ihr Leben, als mit Donnergepolter ein gewaltiger Strahl dunkelbrauner Flüssigkeit aus dem Bohrloch in den Himmel schoß. Eines der reichsten Ölfelder unserer Erde war an diesem Tag im Mai 1908 gefunden. Bis heute, nach bald siebzig Jahren, wurde es noch nicht erschöpft. Im Tal von Masjed-Suleiman, unterhalb des mehrtausendjährigen Feuertempels, gelangte das Gottesgeschenk ans Tageslicht.

»Übrigens, wir haben noch einen Feuertempel, drunten in der Stadt«, sagt unser freundlicher Führer, »ein Feuertempel aus dem 20. Jahrhundert. Wollen Sie ihn sehen?«

Natürlich wollen wir sehen, was mit dem Scherz gemeint ist. Wir steigen alle vier zu Mahmud in den Wagen und fahren auf einem halben Dutzend Kehren zur Stadt hinunter. Ich sehe nun Masjed-Suleiman mit anderen Augen, sehe die weitgedehnte Ortschaft als Zentrum der Ölgewinnung, als die erste und älteste Ölstadt des Iran. Geplant und angelegt wurde Masjed-Suleiman von den Engländern. Über vierzig Jahre lang war die Stadt mit all ihren Anlagen von den Briten bewohnt und beherrscht. Die englische Art, fast möchte ich sagen der ehemalige Kolonialstil, ist noch deutlich zu sehen und zu spüren. Das hier muß ein Clubhaus gewesen sein, dieser Park war gewiß der Golfplatz, und dort sind noch immer Tennisplätze. Auch das Rathaus, die Schule, das Spital, die Hauptstraße und selbst die älteren Ladengeschäfte stammen sichtbar noch aus der Zeit, als Engländer und englische Familien maßgebend waren.

Wir kommen zum »Feuertempel der neuen Zeit«, wie unser Führer das nennt. Es ist der erste Bohrturm in diesem Tal mit der dazugehörenden Dampfmaschine und einem Dutzend verbeulter Ölfässer. Alles gut gepflegt, mit frischen Farben gestrichen und peinlich sauber gehalten. Ein Freilichtmuseum mit eigenem Wärter und nachts verschlossenem Gittertor. Viele Blumensträucher in Kübeln und grüne Rabatten entlang den Mauern. Dazu eine Tafel, die auf Englisch und Farsi die Bedeutung gerade dieses Bohrturmes erklärt.

Unser Führer sagt es besser: »Hier an dieser Stelle hat der heutige Reichtum des Iran zu fließen begonnen. Hier schoß an einem Tag des Mai 1908 der dunkle Strahl ins leuchtende Blau des Himmels. Wirklich Noruz, der Neue Tag, die Neue Zeit für unser altes Volk.«

Schon bald war D'Arcy ein steinreicher Mann, ein Multimillionär in damaligen Dollars. Dies vor allem, weil sich die britische Marine entschlossen hatte, die Maschinen ihrer Kriegsschiffe von Kohle auf Erdöl umzustellen.

Äußerst schwierig blieb bis auf weiteres der Abtransport des Rohöls. Masjed-Suleiman, die noch lange wichtigste Ölquelle, liegt gut und gerne zweihundertfünfzig Kilometer von der Küste entfernt. Außerdem führte der Weg dorthin erst durch wasserlose Wüste, dann über hohe Berge und durch tiefe Schluchten. Die Transporte mußten auch reißende Flüsse durchqueren. Damit nicht genug, machten Banditen, Räuber wie Stammeskrieger allenthalben die Gegend unsicher. Man mußte die Gendarmerie mobilisieren, Freiwillige anwerben und Nomadenstämme bezahlen, damit nicht immer wieder die Kolonnen überfallen wurden. Mehrere tausend Esel, kilometerlange Kamelkarawanen schleppten Maschinenteile, zerlegte Fördertürme, leere Fässer, Baumaterialien, Verpflegung und alles übrige nach Masjed-Suleiman und brachten die mit Öl gefüllten Fässer an die Küste nach Abadan, wo allmählich die »Hauptstadt« des Ölreiches entstand. Knapp fünf Jahre nach Entdeckung des Ölstromes wurden schon 1,8 Millionen Fässer (je 163 Liter) von Abadan nach England verschifft. Inzwischen hatte Knox D'Arcy seine Rechte für eine Riesensumme an die Anglo-Persian-Oil-Company verkauft. Treibende Kraft hinter dieser Entwicklung war der »Erste Seelord«, ein für dieses Amt noch erstaunlich junger Mann namens Winston Churchill.

Alles schön für die Engländer, aber nicht so gut für die Perser, die von den Kadjaren so leichtsinnig an D'Arcy vergebene Konzession, die sich nun in Händen der britischen Regierung befand, umfaßte ungefähr zwei Drittel des persischen Reiches. Überall konnte die Anglo-Persian-Oil-Company nach Öl suchen, das gefundene Öl aus dem Boden holen, in Rohrleitungen nach Abadan leiten, dort auf Schiffe verladen und frei in der ganzen Welt verkaufen. Die Company konnte nach Belieben das Öl verknappen, die Preise erhöhen und aus politischen Gründen die Lieferung verweigern. Schließlich hatten die Briten praktisch alle Hoheitsrechte in den von ihnen angelegten Siedlungen übernommen. Obwohl jene Gebiete staatsrechtlich auf persischem Boden lagen, wurden von der Anglo-Persian nur solche Iraner zugelassen, die als Arbeitskräfte gebraucht wurden oder die man ganz nach eigenem (englischen) Ermessen in den Sperrgebieten zu dulden bereit war. Beheshti erzählte mir, daß seinem Vater, dem Chef des Schulwesens in Abadan, jedesmal die Tränen der Wut in die Augen traten, wenn er britischen Wachtposten sein »Dokument der Schande«, die von Engländern erteilte Aufenthaltsgenehmigung, vorweisen mußte.

Die Gegenleistung der Company an die damalige Regierung Persiens bestand nur aus sechzehn Prozent ihres Reingewinns. Zweifelhaft war, ob wenigstens das gezahlt wurde, weil den Persern keine Nachprüfung des »Reingewinns« möglich war.

Indessen stieg die Förderung rasch und immer rascher, damit auch die Einnahmen der Anglo-Persian von fünfhunderttausend Pfund im Jahre 1919 auf eine Millionen fünfhunderttausend Pfund zehn Jahre später. Aber in Teheran regierten nicht mehr die schwachen Kadjaren, sondern der kraftvolle Reza Schah. Kurzerhand kündigte er 1931 die alten Konzessionen und verhandelte zwei Jahre mit der Anglo-Iranian (wie sie nun hieß) über eine neue Konzession, die seinem Land wesentliche Verbesserungen brachte. Der riesige Raum wurde von 1136000 Quadratkilometern auf 155400 Quadratkilometer reduziert, allerdings auf die wertvollsten. Dennoch blieben weitere Schwierigkeiten nicht aus, zumal der Alte Schah eine sehr viel höhere Beteiligung am Gewinn verlangte. Der Zweite Weltkrieg kam dazwischen. Britische und sowjetische Truppen standen auf persischem Boden. Mindestens zehn Jahre mußten vergehen, bis das Land und seine Regierung die verlorenen Kräfte zurückgewannen. Erst 1954 endete das Monopol der Anglo-Iranian-Oil-Company, also die Vorherrschaft der Briten. Eine Gruppe privater Gesellschaften trat an ihre Stelle, und endlich erhielt der Iran fünfzig Prozent des Profits. Im übrigen galten schon seit 1951 die Ölvorräte im Boden als Eigentum des iranischen Volkes. Es entstand die Nationale Iranische Ölgesellschaft, die heute in aller Welt bekannte und häufig genannte NIOC. Ständig steigende Einnahmen erlaubten der NIOC, sich selbst an Ölsuche und Förderung zu beteiligen. So war es möglich, die iranische Gewinnbeteiligung schließlich auf fünfundsiebzig Prozent zu erhöhen.

Es führt zu weit und würde den Leser verwirren, all die Ölprobleme der folgenden zwanzig Jahre zu schildern. Bis an den Rand des Bürgerkrieges reichten die Auseinandersetzungen zwischen dem Schahanschah und dem vermutlich, zumindest wohl zeitweise, geistesgestörten Ministerpräsidenten Mossadeq, wobei das Öl eine wesentliche Rolle spielte. Nur Historiker und Rückbetrachter kann die Entwicklung der Ölgeschichte in jenen Jahren interessieren.

Eine völlig neue, explosionsartige Entwicklung, die sehr wahrscheinlich das Gesicht der gesamten Welt verändern wird (und schon verändert hat!), begann im Frühjahr 1973. Bis dahin bot das Oilbusiness, was seine Produktion, Preise und praktischen Wohltaten betrifft, das Bild eines zwar stetigen, aber noch einigermaßen normalen Aufschwunges.

Im Jahre 1965 beliefen sich die Öleinnahmen des Iran auf 1,2 Milliarden DM, erreichten 1970 die Gesamtsumme von 2,75 Milliarden DM, stiegen 1971 auf 4,5 Milliarden DM, im Jahre 1972 auf 6 Milliarden DM, um schon 1973 mit 12 Milliarden DM die doppelte Höhe zu erreichen. Diese hat sich nach der Ölpreisexplosion im folgenden Jahr vervierfacht, also dem Iran 1974 mehr als 40 Milliarden DM eingebracht. Im Jahre 1975 werden etwa 50 Milliarden DM erreicht. Die reale Wachstumsrate des Sozialproduktes schoß von durchschnittlich 11,4 Prozent in den vorherigen Jahren fast auf 26 Prozent empor. Dies ist ein absoluter Weltrekord, den weder Japan noch die Bundesrepublik in den besten ihrer Jahre erreicht haben.

Doch werfen wir noch einen Blick zurück ins Frühjahr 1963, als die aufsteigende Kurve der Öleinkünfte erkennen ließ, daß die erste Dollar-Milliarde in greifbarer Nähe lag. Damit konnte die schon so lange vom Schahanschah geplante »Weiße Revolution«, also der soziale Durchbruch auf breiter Front, beginnen. Punkt für Punkt wurden in den folgenden Jahren alle Ziele des Zwölf-Punkte-Programms erreicht, manche davon weit übertroffen. Ebenso vollständig gelang die Durchführung der vier ersten Entwicklungspläne, und weit mehr noch ist von dem seit 1973 angelaufenen Fünf-Jahres-Plan zu erwarten. Dafür sind Ausgaben in der astronomisch anmutenden Höhe von 330 Milliarden D-Mark vorgesehen. Das Öl macht es möglich, aber nicht nur das Öl!

Wissen muß man, daß die Ölmilliarden nicht breit verstreut in abertausend Tropfen an unübersehbar viele Verbesserungen aller möglichen Art verteilt werden, sondern zu achtzig Prozent dem gezielten Aufbau, das heißt einem vorausgeplanten Fortschritt dienen. Der Iran soll bei weitschauender Betrachtung der Dinge in einen modernen Industriestaat sozialer Prägung verwandelt werden. Was gerade in sozialer Hinsicht schon nach relativ kurzer Zeit erreicht wurde, offensichtlich für die Masse der Bevölkerung, zeigt der Anstieg des realen Pro-Kopf-Einkommens, nämlich von 485 DM im Jahr 1962 auf 1805 DM im Jahr 1973. In keinem Land der Welt hat sich in vergleichbarer Zeitspanne das Durchschnittseinkommen der Bürger so rapide verbessert. Wobei noch ein jährliches Bevölkerungswachstum von ca. drei Prozent zu verkraften war.

All das konnte nur sein, weil der Segen des Öls gekoppelt war mit einer ebenso klugen wie weitschauenden Verwendung.

1930 zählte man im ganzen Land nur 72000 Schüler in 704 größeren wie kleinen Schulen. Zehn Jahre später – als Reza Schah das Land regierte – waren es immerhin dreimal so viele Schüler in dreimal so vielen staatlichen Schulen (während die Privatschulen den gleichen Stand behielten). Aber noch immer waren rund neunzig Prozent der iranischen Kinder von allem Unterricht ausgeschlossen. Vor allem fehlte es an Geld, um mehr zu tun.

Als der Zweite Weltkrieg zu Ende ging, die fremde Besatzung verschwand und wieder einigermaßen Ruhe im Lande herrschte, ging es mit Schulen und Schülerzahlen rascher und immer rascher aufwärts. Fast 3 Millionen Kinder konnten schon 1962 die Schule besuchen. Es gab 9800 Volksschulen, 1200 Mittelschulen, 350 Kindergärten und 170 Berufsschulen. Als wieder zehn Jahre vergangen waren und das Öl noch einträglicher floß, nachdem vor allem die »Armee des Wissens« auch den fernsten Winkel des großen Landes erreicht hatte, zählte man 18000 Schulen verschiedenster Art mit insgesamt 4,3 Millionen Schülern. Im ungefähr gleichen Tempo entwickelte sich die gesundheitliche Versorgung. Allein während der Jahre 1969 bis 1972 (die Ziffern für weitere Zeiträume waren nicht zu erreichen) erhöhte sich die Zahl der Ärzte von 8935 auf 11548. Dies, obwohl viele der an ausländischen Universitäten und Kliniken ausgebildeten Iraner nicht in ihre Heimat zurückstrebten oder sie später wieder verließen. Die Zahl der ausgebildeten Krankenschwestern hatte sich während der gleichen Zeit verdoppelt, zwei Jahre später verdreifacht. Seit Ende 1973 hat sich das Tempo der Entwicklung auf fast allen Gebieten derart beschleunigt, daß die statistischen Angaben staatlicher Stellen schon bei Erscheinen überholt sind.

Das Ende der bisherigen Entwicklung, der Anfang einer veränderten Welt, kam in zwei Etappen. Nach jahrelangen, oft sehr hart geführten Verhandlungen zog der Schahanschah am 31. Juli 1973 den Schlußstrich unter einen neuen Vertrag des Iran mit seinen ausländischen Partnern im Ölgeschäft. Damit erhielt der Iran die volle, die uneingeschränkte Verfügungsgewalt über seine flüssigen wie gasförmigen Bodenschätze. Von der Ölsuche bis zur Förderung, alles kann der Iran und seine staatseigene Ölgesellschaft NIOC in eigener Regie übernehmen, den Verkauf, den Vertrieb, die Verschiffung und Verarbeitung. Sogar eigene Tankstellen in fernsten Verbraucherländern kann die NIOC unter ihrem Namen eröffnen. Auf der anderen Seite wurden den großen und größten Ölgesellschaften der Welt die Lieferung der gleichen (und allmählich) steigenden

Ölmengen garantiert, die sie zuvor vom Iran bezogen hatten. In einer Zeit des drohenden Ölembargos ist das ein sehr wertvolles Zugeständnis. Es veranlaßte das »Konsortium« zum Einverständnis mit den iranischen Vorschlägen.

Der Ölpreis allerdings soll sich nach dem »Markt« richten, also ungefähr nach dem gleichen Preis, wie ihn andere ölproduzierende Länder ihren Kunden abverlangen. Dieser Preis wird von der OPEC (der Organisation ölproduzierender Staaten) in Anbetracht der weltweiten Inflation, der Verteuerung zahlreicher Rohstoffe und der für die OPEC-Staaten lebensnotwendigen Importe festgesetzt. Wie sich das in der Praxis bewährt, bleibt abzuwarten. Jedenfalls hat der Schah wiederholt erklärt, daß er sich – so wie bisher – nicht an einem Ölembargo der arabischen Staaten beteiligen wird und sein Öl keinesfalls als »politische Waffe« betrachtet. Er hat außerdem in den letzten Tagen des Jahres 1974 Vertretern der französischen Presse klargemacht, daß seine gigantischen Öleinnahmen nicht zu den »umherschwirrenden Ölmilliarden« gehören werden, die möglicherweise imstande sind, die gesamte Weltwirtschaft und ihre Währungen durcheinanderzubringen. Vielmehr sollen die iranischen Milliarden durch feste Anlagen in Industrieländern und durch Riesenaufträge an diese Länder zur Stabilisierung der Weltwirtschaft beitragen.

Wohin mit dem vielen Geld? Dazu gehören natürlich auch die Einnahmen aus Investitionen und sonstigen Beteiligungen im Ausland. Was den Iran betrifft, so besteht dort ein wesentlicher Unterschied zu den übrigen ölreichen Ländern am Persischen Golf. Die Bevölkerungszahl im Reich des Schahs ist, verglichen mit den arabischen Ölstaaten, um sehr vieles größer und wächst weiter. Würde man die sagenhafte Summe von 50000 Millionen D-Mark gleichmäßig pro Kopf verteilen, so kämen dabei für den einzelnen nicht mehr als nur etwa 125 DM im Monat heraus. Keine Summe also, von der sich sorglos leben läßt. Deshalb muß, wie geschildert, der Ölsegen dem Aufbau eigener Industrie nebst Infrastruktur dienen, um der Bevölkerung auf die Dauer ein besseres Leben in materieller Sicherheit zu garantieren.

Wenn auch die Ölvorräte und das Erdgas nach neuesten Erhebungen für diese und vermutlich die nächste Generation ausreichen, ist andererseits damit zu rechnen, daß binnen absehbarer Zeit Öl und Gas von Kernenergie, von verflüssigter Steinkohle, Auswertung der Sonnenhitze und anderen noch zu entwickelnden Möglichkeiten ersetzt werden. Viel früher schon ist mit dem Ölvorkommen in der Nordsee zu rechnen. Norwegen kann jetzt schon von seinem Nordseeöl exportieren, und England wird sich – nach Meinung der Experten – bis etwa zum Jahre 1980, spätestens 1982, selbst mit eigenem Öl versorgen und nach einigen Jahren erhebliche Mengen ausführen. Hinzu kommen noch – was bisher nicht allgemein bekannt ist – die neuerdings entdeckten, immer höher einzuschätzenden Ölvorkommen im südöstlichen Asien. So werden eines Tages, allerdings eines fernen Tages, die Ölscheichs sehr wahrscheinlich erleben, daß die allzu arg geschröpfte Kundschaft ausbleibt.

Der schon angelaufene iranische Fünfjahresplan 1973–1978 mußte schon bald auf viel höhere Planziele umgestellt werden, weil ja nun für wichtige und kostspielige Projekte die etwa vierfache Summe zur Verfügung steht. Eine geradezu fieberhafte Tätigkeit hat die Menschen ergriffen, jedenfalls die Menschen in führender Stellung. In pausenloser Folge treffen die Wirtschaftsdelegationen aus fast allen Ländern der Erde ein. Niemals vorher hat ein anderes Land einen ähnlichen Aufschwung erlebt, auch nicht wir selbst während des sogenannten »deutschen Wirtschaftswunders«.

Noch im gleichen Jahr, als mit der Vervierfachung der Öleinnahmen die große Wende einsetzte, veranlaßte der Kaiser ein Gesetz, das vollkommene Schulgeldfreiheit verkündet, auch für die teuren, meist sehr guten Privatschulen. Ebenso trägt der Staat alle Kosten für Berufsschulen, Spezialschulen und andere Ausbildungen. Das gleiche gilt für die medizinische Versorgung und für alles, was mit der vom Staat erlaubten und propagandierten Unterbrechung und Verhütung der Schwangerschaft zusammenhängt. Eine allgemeine Alterspension ist zu erwarten, auch weitgehende staatliche Fürsorge in allen notwendigen Fällen. Demnächst wird die Gewinnbeteiligung der Arbeitnehmer erhöht, ebenso die gesetzlich vorgeschriebenen Mindestlöhne. Das allerneueste ist die soeben erlassene Verfügung zugunsten einer freien Schulspeisung, womit jedes iranische Kind an jedem Mittag seiner Schulzeit eine volle Mahlzeit erhält.

In dem häufig so farblos erscheinenden Boden des Irans ruhen noch viele andere Schätze, und nahezu alle sind für eine moderne Industriegesellschaft von hoher Bedeutung wie Kohle, Erze, Kupfer, Blei, Nickel und vieles mehr. Es sind Mengen, wie sie in dieser Vielfalt kaum ein anderes Land besitzt. Alle Schätzungen sind vorerst unzureichend, die Verteilung noch gar nicht bekannt. Doch es gibt keinen Zweifel, daß der Iran mit allen Rohstoffen und auch mit den Geldmitteln und – was wohl am wichtigsten ist – mit einer Staatsführung versehen ist, um in fünfzehn bis zwanzig Jahren eine industrielle Großmacht zu werden.

Nicht nur das. Es geschieht noch mehr, auch wenn fremde Touristen davon kaum etwas bemerken. Der Iran steht im Begriff, sich zu einem militärischen Machtfaktor bedeutenden Ranges zu entwickeln. Alle offiziellen Angaben der Truppenstärke, der Zahl von Panzern und Geschützen, der Jäger, Bomber und Aufklärer, auch der Flotteneinheiten und der dafür aufgewendeten Milliarden besagen nur wenig. Alle dürften längst überholt sein.

Immer wieder erklärt der iranische Herrscher, daß Erdöl zu kostbar sei fürs Verbrennen. Es ist statt dessen der Rohstoff für so viele, heute lebenswichtige

Produkte, zu denen Jahr für Jahr noch zahlreiche Gebrauchsartikel (demnächst auch Lebensmittel) hinzukommen. Diese Überlegung ist der Grund, die Ölproduktion von Jahr zu Jahr nur um wenige Prozent steigen zu lassen, bis sie 1981 die Höchstmenge von etwa 380 Millionen Tonnen erreicht. Dann soll sie für vier Jahre konstant bleiben, um ab 1985 drastisch gedrosselt zu werden. Sie fällt immer rascher und bleibt im Jahre 1993 bei nur noch 82 Millionen Tonnen stehen. Dann soll nichts mehr verbrannt werden, das kostbare Öl darf nur noch als Rohstoff für alle möglichen, dem Menschen nützlichen Produkte dienen.

Die mit dem Jahre 1974 eingeleitete, durch enorme Finanzmittel gesicherte Entwicklung des Irans zu einem Industriestaat, der gegen Ende dieses Jahrhunderts aller Voraussicht nach zum Dutzend der stärksten Wirtschaftsmächte gehören wird, dieser beispiellose Aufbruch eines Dreiunddreißig-Millionen-Volkes zu neuen Ufern bietet gerade der deutschen Wirtschaft dank ihrer alten und guten Beziehungen denkbar beste Chancen. Mit nicht weniger als dreihunderttausend Millionen D-Mark ist das Volumen des zur Zeit laufenden Fünfjahresplans ausgestattet. Pläne und Projekte, die man für phantastisch halten müßte, wären sie nicht durch Finanzmittel abgesichert, sind in Angriff genommen.

Und doch, so leicht und einfach, wie es sich liest, wird die Durchführung der so weit und breit in die Zukunft weisenden Vorhaben der iranischen Führung nicht sein. Woran es vor allem fehlt, sind Menschen mit der notwendigen Ausbildung. Nur wenige besitzen die Fähigkeit, sich der rasch wandelnden Umwelt anzupassen. Der Iran hat, so mein persönlicher Eindruck, mehr als genug fleißige, ehrliche und gutherzige Menschen einfacher Art, die bemüht sind, alle ihnen übertragenen Pflichten mit bestem Willen auszuführen. Es können das aber nur regelmäßige, relativ einfache und leicht verständliche Arbeiten sein. Ferner hat der Iran eine hochintelligente, weitschauende, mit Energie geladene und erstklassig ausgebildete Führungsschicht. Es gibt sehr tüchtige und kenntnisreiche Spezialisten für fast alle Sparten, die wohl in der Lage sind, auch größte Projekte zu leiten.

Woran es fehlt, das sind – wenn ich es so ausdrücken darf – die dritte und vierte Garnitur. Was nicht in genügender Zahl vorhanden ist, sind Facharbeiter, Vorarbeiter, Techniker, gute und vor allem fremdsprachige Bürokräfte, also der »Unterbau« in Behörden, Chefetagen und Geschäftsleitungen.

Zur Zeit geht es noch einigermaßen, trotz vieler Pannen, Engpässe, Verzögerungen und Mißverständnisse. Aber wie soll es werden, wenn die zahlreichen Großprojekte anlaufen, wenn viele Hunderte, ja Tausende von fremden Spezialisten, Ingenieuren, Finanzleuten, Bauleitern, Bodenforschern sowie die unentbehrliche Schar von Physikern, Chemikern, Geologen, Mineralogen, Hydrologen und so weiter anrücken, um baldmöglichst die Dollarmillionen verschlingenden Planungen vom geduldigen Papier in die rauhe Wirklichkeit zu übertragen? Wohl keiner der Fremden kann sich in Farsi mit den Einheimischen verständigen. Andererseits sind, wie schon gesagt, nur verblüffend wenige Iraner imstande, sich frei von Mißverständnissen in einer oder gar mehreren fremden Sprachen zu unterhalten. Bei der Ausführung von Großprojekten muß aber mehr getan werden, als sich nur gerade zu verständigen. Eine fehlerfreie, hoch verantwortliche und lange Zusammenarbeit von einigen tausend intelligenten Menschen verschiedenster Nationalitäten wird an mehr als tausend verschiedenen Stellen notwendig sein. Ich fürchte, daß auf iranischer Seite kaum der zehnte Teil vorhanden ist. Farsi ist eine zu schwierige Sprache, schon der Schrift wegen, als daß sich zahlreiche Ausländer der etwa dreijährigen Mühe hingeben, die Landessprache so gut wie nötig zu erlernen. Sie können ja, wenn ihre Aufgabe erledigt ist, kaum noch etwas damit anfangen.

Eine seltsame Sache ist die für uns nicht gewohnte und nur schwer zu begreifende Hierarchie. Es ist keineswegs so, daß bestimmte Anweisungen des hohen Chefs ohne weiteres von allen seinen Untergebenen befolgt werden. Vielmehr müssen zur Weitergabe der Anweisungen alle Zwischenstationen eingeschaltet werden. Der Portier hört nur auf den Chefportier, der Inspektor nur auf den Oberinspektor, der Hilfsarbeiter nur auf den Vorarbeiter. Nicht der höchste, sondern der unmittelbare Vorgesetzte ist zuständig.

Freund Beheshti führte eine schriftliche Anweisung des INTO-Chefs mit sich, die uns kostenfreies Betreten aller Museen, Moscheen und sonstigen Sehenswürdigkeiten gestattete. Dieses doppelt gestempelte Dokument, so darf ich versichern, hatte an keiner Stelle irgendwelchen Erfolg. Einfach deshalb nicht, weil uns die Anweisung des unmittelbaren Vorgesetzten fehlte. Da der Eintritt nach unserem Geldwert nur Pfennige ausmachte, zahlten wir natürlich, obwohl D. B. dringend bat, es nicht zu tun. Die Leute sollten sich an diesen INTO-Ausweis gewöhnen. Der pflichtbewußte Beheshti haderte noch immer und oft sehr heftig mit den widerspenstigen Leuten, als wir nach erfolgter Besichtigung wieder herauskamen.

Weil außer den Herren und Damen vom »toplevel« nur wenige Iraner zu persönlicher Verantwortung bereit sind, fällt es vor allem den Ausländern schwer, sich Informationen über dies oder jenes zu verschaffen, auch wenn es sich um eindeutig öffentliche Informationen handelt. Einer schiebt die Frage an den nächsten weiter, bis man am Ende erklärt, es sei in dieser Sache ein schriftlicher Antrag zu stellen, worauf erst recht nichts geschieht. Wegen bestimmter Zahlen und Ziffern, die Irans wirtschaftlichen Aufstieg in den Jahren 1950 bis 1975 beweisen sollten, sagt mir ein Abteilungsleiter von INTO, daß nur der Herr Ministerpräsident persönlich die Erlaubnis zur Antwort erteilen könne. Ein deutscher

Pressevertreter machte es einfacher, zog nur die jener Zeit entsprechenden statistischen Jahrbücher aus seinem Bücherschrank und ließ mich darin blättern.

Ein wirkliches Übel, vielleicht das verderblichste überhaupt, nach meiner Ansicht (die sich mit den Erfahrungen der meisten in Persien lebenden Ausländer deckt) ist nicht so sehr die weitgehend zurückgedrängte Korruption, sondern die Protektion. Wer Augen hat zu sehen, sieht es in wohl jedem Betrieb wie auch in fast allen Behörden. Einige der dort Beschäftigten sind emsig bei der Arbeit, andere bummeln herum, leisten wenig oder gar nichts, können auch Besuchern gegenüber recht unverschämt sein. Es sind »Kinder der Protektion«. Sie haben aus Trägheit, Unvermögen oder wegen Arroganz keine gediegene Ausbildung durchlaufen, haben bei Prüfungen versagt und sind deshalb nicht fähig, einen hinreichend gutbezahlten Beruf auszuüben. Doch haben sie zum Glück einen Onkel, Vetter oder einen anderen Verwandten, vielleicht auch guten Freund ihres Vaters in einflußreicher Stellung. Diesen verpflichten sein Sippengefühl oder alte freundschaftliche Bande zur Unterbringung des Versagers. Der angesprochene Postenvergeber kann nach alter, unausrottbarer Sitte den erbetenen Dienst nicht versagen. Eine Hand wäscht die andere (wie gelegentlich auch bei uns). Außerdem ist der Antragsteller nun seinerseits zum Gegendienst verpflichtet. Also erhält der Nichtskönner oder das nicht ausgebildete Mädchen die begehrenswerte Stellung. Ich habe sie gesehen, die Herumsitzer, die Telefonschwätzer, die nutzlosen Mundwerker inmitten ihrer fleißig arbeitenden Kollegen. Ich habe sie oft genug gesehen, die gummikauenden, ständig rauchenden, sich ewig die Nägel lackierenden Mädchen in Vorzimmern und Büros, wo andere dafür doppelte Arbeit leisten. Aber der Staat oder die Firma ernähren sie doch!

Was haben der Schahanschah und die Regierung nicht alles getan, um die parasitäre Praxis der Protektion abzuschaffen? Behördenchefs wurden vor kurzem wieder angewiesen, jeden Versuch, ein Protektionskind einzuschleusen, sofort einem dem Schah direkt unterstehenden Spezialbüro zu melden. Empfindliche Disziplinarstrafen werden angedroht. Doch die schädliche Krankheit grassiert weiter.

Was aber hundertprozentig für die Iraner spricht, für ihre Tüchtigkeit, ihren Fleiß und ihre Begabung, ist angesichts solcher Negativa die unbestreitbare Tatsache, daß es trotzdem geht, trotz allem recht gut geht und steil nach oben.

Eine andere Frage ist, ob denn letzten Endes die an sich enormen Öleinkünfte wirklich ausreichen, um all die unerhört kühnen, oft nahezu unglaublichen Projekte wie Planungen so lange und so weit zu finanzieren, bis daraus die erhofften Gewinne fließen, und zwar reichlich fließen. Manche Experten bezweifeln das, andere wieder sind fest vom totalen Erfolg überzeugt. Noch eine Frage und keine nebensächliche ist mehr psychologischer Natur. Wie werden die bislang so liebenswürdigen und liebenswerten Iraner ihren fabelhaften Reichtum, ihre beispiellosen Fortschritte und ihre wirtschaftlich so starke Stellung auf die Dauer vertragen. Schon hört man Klagen über teilweise arrogantes, hochfahrendes und herablassendes Verhalten von einigen, vorwiegend jüngeren Leuten, natürlich von solchen, die selber am Aufschwung ihres Landes nicht den geringsten Anteil haben. Mögen es Ausnahmen sein und bleiben!

Besuch bei der Kaiserin

Als Farah, die damals achtzehnjährige Tochter des frühverstorbenen Obersten Diba, das bürgerliche Elternhaus in einem der Villenvororte Teherans verließ, um an der Sorbonne in Paris Architektur und Kunstgeschichte zu studieren, hätte wohl niemand für möglich gehalten, daß sie wenige Jahre später die Hauptfigur in einem modernen Märchen sein würde, das auch die Phantasiewelt der Märchen aus Tausendundeiner Nacht übertrifft.

Fräulein Diba hatte weder Brüder noch Schwestern, von der Mutter wurde sie mit großer Sorgfalt erzogen. Die junge Studentin war weder besonders schön noch besonders elegant und konnte sich in dem sündhaft teuren Paris nur ein sehr bescheidenes Leben leisten. Ihrem hervorragend guten Abschlußzeugnis der Schule hatte sie ein Stipendium der iranischen Regierung für das Auslandsstudium zu verdanken. Es reichte neben den Studienkosten gerade für das möblierte Zimmer bei einer Familie des französischen Mittelstandes.

Irgend jemand mußte aber bei irgendwelchen Anlässen bemerkt haben, daß diese eher zurückhaltende iranische Studentin höchst seltene Qualitäten besaß. Neben hoher Intelligenz und Wissensdurst noch beharrlichen Fleiß, außergewöhnliches Pflichtgefühl und die Fähigkeit, mit ihren Fortschritten und Aufgaben zu wachsen. Im übrigen war Fräulein Diba ungewöhnlich sprachbegabt.

Es kursieren viele Stories, und es gibt zahlreiche Berichte darüber, wann sie von wem »entdeckt« wurde, ebenso wer den zum zweitenmal geschiedenen Schahanschah auf die etwas pummelige Studentin in Paris aufmerksam machte und bei welcher Gelegenheit man sie Seiner Majestät vorgestellt hat. Aus bestimmten Gründen kann keine dieser – mehr oder minder romantischen – Versionen stimmen. Es ist ganz anders gewesen. Wie es tatsächlich war, haben Kaiser und Kaiserin der neugierigen Welt nicht mitgeteilt. Warum sollten sie auch?

Wie dem auch sei und aus welchen Gründen die Wahl Seiner Majestät auf Fräulein Farah Diba fiel, ist nicht im wahren Verlauf bekannt. Aber kein Zweifel kann bestehen, daß es die denkbar beste, die glücklichste Wahl für das Land, das Volk und seinen Herrscher gewesen ist. Gott war gnädig und ließ geschehen, daß der so lange, doch bisher vergeblich erwartete Thronfolger schon nach knapp einjähriger Ehe geboren wurde. Sodann eine Tochter, noch ein Sohn und wieder eine Tochter. Mohammed Reza Pahlevi Aryamehr, König der Könige des Iran, konnte zufrieden sein. Dies um so mehr, als die Kaiserin von Jahr zu Jahr schöner wurde. Die Mutter von vier Kindern sieht heute weit besser aus als die achtzehnjährige Studentin in Paris.

Der Kaiser war bei der Eheschließung mit Farah Diba noch nicht gekrönt, obwohl er schon seit einem Vierteljahrhundert regierte. Als er mit zweiundzwanzig Jahren den Pfauenthron bestieg, infolge der von den beiden Besatzungsmächten, Briten und Sowjets, erzwungenen Abdankung seines Vaters, war dieser altberühmte Thron ein zerbrechliches Gebilde. Schlimm sah es aus im ganzen Land. Da sich seinerzeit der Alte Schah sofort die Krone aufgesetzt hatte, wie es bei den Herrschern des Persischen Reichs uralter Brauch war, drängten seine Getreuen auch den jungen Schah zu der bedeutungsvollen Zeremonie. Mit der Begründung, daß es keine Ehre, sondern nur traurig sei, über ein armes, hungerndes, von fremden Truppen drangsaliertes Volk zu herrschen, lehnte Mohammed Reza das wohlgemeinte Ansinnen ab. Auch nach der Befreiung des Landes ließ er sich nicht dazu bewegen.

Als aber 1968 gekommen war, als überall im Reich wohltuende Ruhe herrschte, die sozialen, wirtschaftlichen und technischen Fortschritte immer deutlicher fühlbar wurden, als die »Weiße Revolution« beachtliche Erfolge zeigte und als die Thronfolge durch zwei Söhne gesichert war, hielt der Schahanschah die Zeit für seine Krönung gekommen. So geschah es am 26. Oktober 1967.

Wir haben den Krönungsfilm gesehen. Er wurde eigens für Marianne und mich im Kinosaal des Kultusministeriums vorgeführt, in Farbe natürlich. An fünfundzwanzig verschiedenen Stellen postierte Kameras hatten das Ereignis aufgenommen, und in diesem Fall war der Film mit Kommentar in englischer Sprache versehen. Er lief länger als eine Stunde, aber drei wären notwendig, um eingehend zu berichten, wie alles verlief. Welche Pracht an Brillanten, Perlen und Diademen war da zu sehen! Wie die Orden blitzten, wie die Garde präsentierte und defilierte, wie die Salutschüsse dröhnten und sich die Menschen heiser schrien.

Die eigentliche Krönung war relativ kurz. Die älteste Monarchie der Welt, in zahlreiche Dynastien zerfallen, aber nie ganz unterbrochen, ist offenbar das Vorbild für die Krönungsriten bei der Inthronisierung europäischer Herrscher gewesen. Nur daß sich in Persien der Herrscher selbst die gewichtige Krone aufs Haupt drückt. Der goldene Gürtel, das brillantenfunkelnde Schwert des Reiches, das Zepter und der Kaisermantel, alles ging so ähnlich zu wie bei der Krönung Karls des Großen am Weihnachtstag des Jahres 800 in Rom.

Alsdann bestieg der Schahanschah den funkelnden Thron und erklärte in kurzer Ansprache: »Kein anderes Ziel hat mein Leben, als den Aufstieg meines Landes und das Wohlergehen meines Volkes zu fördern . . . bei dieser Aufgabe will ich auch mein Leben nicht schonen, wie ich das bereits in vergangenen Jahren bewiesen habe.«

Diese letzte Bemerkung im Hinblick auf die Attentate, denen er auf fast wunderbare Weise entgangen war.

Draußen feuerten die Kanonen 101 Schuß Salut, vom Musikkorps der Garde wurde die Nationalhymne geschmettert. Etwa eine Million um den Gulestan-Palast massierte Menschen sangen mit, und von allen Minaretten im großen, weiten Land erbaten die Muezzins den Segen Allahs für den Träger der Krone.

Aber das Ereignis ohne Beispiel war die Krönung der Kaiserin. Nie zuvor in der persischen Geschichte hatte eine Kaiserkrone den Kopf einer Frau berührt. Nach zweitausendfünfhundert Jahren, die nun das Reich schon bestand, geschah es am 26. Oktober 1967 zum erstenmal. Die vor kurzem gesetzmäßig eingeführte Gleichberechtigung der Frau kam damit zu überzeugendem Ausdruck.

Die Staatskrone der Kaiserin mußte für diesen Zweck erst angefertigt werden von einem berühmten Pariser Juwelier. Aber man hat dafür nur Edelsteine, Perlen usw. verwendet, die sich schon seit vielen hundert Jahren im Besitz des persischen Kaiserhauses befanden. Heute ist alles, auch die Kronen des Kaisers und der Kaiserin, Besitz des Staates, also der Allgemeinheit.

Der Einzug der Schahbanu in den Spiegelsaal des Gulestan war atemberaubend schön, auch im Film nach einer Reihe von Jahren. Die Kaiserin selbst, viel schlanker als früher und mit völlig verändertem Ausdruck des nun schmalen Gesichts, hat die Hände übereinandergelegt, und ihre großen, dunklen Augen bleiben unbeweglich. Scheinbar niemanden sehend als den kaiserlichen Gemahl, der zum erstenmal seine Krone trägt, geht sie langsam dem Thron entgegen. Eine dunkelblaue Schleppe aus Samt und Silber, ihr von den Schultern fallend, wird von zehn schönen jungen Mädchen nachgetragen. Man spürt und sieht die innere Anspannung der Schahbanu. Es ist der wahrscheinlich größte Augenblick ihres Lebens.

Sie kniet auf einem Brokatkissen nieder und senkt leicht den Kopf. Es dürfte unmöglich sein, die Würde und den Stil dieser Szene zu übertreffen. Der Kaiser hält mit beiden Händen für ein paar Sekunden die neue Krone über dem Haupt seiner Frau. Der Film zeigt alles in Großaufnahme.

Die Krone hat sich gesenkt und sitzt fest.

Der Schahanschah reicht ihr die rechte Hand und hilft beim Aufstehen mit den Worten: »Erhebe dich, Kaiserin des Iran.«

Sie steht nun rechts vom König-der-Könige und der Kronprinz links von seinem Vater. Der Kaiser erklärt die Kaiserin zur Regentin des Reichs für den Fall seiner Abwesenheit, für den Fall schwerer Krankheit, auch für den Fall seines

Todes, wenn bis dahin der Thronfolger noch nicht mündig ist. Auch das war bisher nicht vorstellbar, eine Frau an der Spitze des Staates! Außerdem wird jetzt Prinz Cyrus offiziell als Thronfolger proklamiert.

Danach zeigt der Film etwa zwanzig Minuten lang die Rückfahrt der vergoldeten Staatskarosse mit dem Kaiserpaar durch die flaggengeschmückten Straßen Teherans. Davor und dahinter die Garde in Galauniformen zu Fuß und zu Pferde. Der kleine Kronprinz in einer Kutsche für sich, lebhaft, lachend und winkend. Eine riesige Volksmenge zu beiden Seiten, an Fenstern, auf Balkonen und Dächern, eine tumultartige Begeisterung.

Der Film ist zu Ende, die Lichter gehen wieder an. Wir danken dem Vorführer und gehen wieder zum Wagen.

Morgen vormittag gegen elf sollen wir bei der Kaiserin sein. Marianne hat vorgesorgt und dafür einen Hut erstanden. Sonst trägt sie keine Hüte, aber wie man uns gesagt hat, verlangt das Protokoll von Damen, die bei Hof empfangen werden, eine Kopfbedeckung. Ich kann nicht anders, ich muß herzhaft lachen, als ich meine Frau unter einem samtschwarzen Hut jener Art erblicke, von dem man in Modeblättern sagt, es sei ein »duftiges Gebilde«. Auch Freund Beheshti prallt bei dem ungewohnten Anblick zurück.

Mit uns fährt Bijan Baniahmad zur Audienz, einer der erfolgreichsten Fotografen des Irans und deswegen auch bei Hofe akkreditiert. Er hat vierzehn Jahre in Deutschland zugebracht, vorwiegend in Stuttgart gelebt und spricht außer perfektem Deutsch auch fließend Schwäbisch. Seine Frau stammt aus Stuttgart, und seine drei intelligenten Kinder sind viersprachig, da sie neben Deutsch, Schwäbisch und Iranisch auch Englisch beherrschen. Baniahmad und wir kennen uns schon seit einer Weile. So hat er mit dem Protokoll abgesprochen, einige Aufnahmen von der Kaiserin mit uns zu machen.

»Beim letzten Mal war ich mit meinen Pflichten als Hoffotograf nicht so glücklich«, sagt er auf der Fahrt zum Niawaran-Palast, »da haben wir mit dem Hubschrauber ein paar Lepradörfer besucht. Sie wissen, daß man diese armen Menschen in abgesperrten Siedlungen isolieren muß wegen der Ansteckungsgefahr. Sie haben dort Ärzte und Krankenschwestern, denen es immerhin gelingt, die Weiterentwicklung der grausigen Krankheit zu stoppen. Die Kaiserin ist Schutzherrin dieser Lepradörfer und sorgt sich sehr darum.«

Nicht nur das, sie geht zu den Kranken, spricht mit ihnen und fragt, was man nach menschlichen Möglichkeiten noch für sie tun kann. Dazu gehört, wie

Eines der typischen, gegen Räuber befestigten Lehmziegeldörfer am Rande der Dasht-i-Kavir, der Großen Salzwüste. Dem jeweiligen Klima der Landschaft entsprechend haben die Dörfer eine für ihre Gegend gleiche Bauweise. So primitiv der äußere Anblick erscheint, so gemütlich und wohnlich wirkt das Innere der peinlich sauberen Häuser.

Baniahmad sagt, ebenso viel Mut wie Kraft zur Überwindung natürlicher Abscheu. Manche der Leprakranken sehen grauenhaft aus. Als eine der am schrecklichsten wirkenden Frauen der Kaiserin zuruft: »Sieh mich nicht an, Schahbanu«, berichtet Baniahmad, eilte die Kaiserin ihr entgegen, umarmte sie und hielt das verstümmelte Weib an sich gedrückt. »Du bist meine Schwester, du bist meine gute, liebe Schwester.«

Die Formalitäten bei der Torwache sind auf ein Mindestmaß beschränkt. Ein schnauzbärtiger Feldwebel der Garde erklärt zwar, daß sich kein Ehepaar Meissner auf seiner Liste befinde, schon gar nicht für elf Uhr. Da werde vielmehr ein Deutscher namens »Hans mit Frau Hans« von Ihrer Majestät empfangen. Ich brauche gar nicht meinen Paß präsentieren, um zu beweisen, daß wir diese beiden sind. Bei den Iranern wird zuerst der Familienname genannt, deshalb die häufig auftretenden Mißverständnisse. Baniahmad wird in die Wachstube gebeten, wo man vermutlich seine Kamera kontrolliert. Wir dagegen können ohne Formalität den Park betreten, so daß ich erst fragen muß, welchem der Gebäude wir zusteuern sollen.

Was Marianne besonders freut, sind Hunde im Garten. Wir begegnen einem betagten, in der Sonne schlafenden Rottweiler, dann einem schon älteren Dakkel. Kurz vor dem Palast der Schahbanu spielen zwei Spaniels. Auf Gruppenfotos der kaiserlichen Familie am Kaspi-See haben wir die beiden schon gesehen. Sie haben offenbar die Ehre, zur Umgebung des Herrscherpaars zu gehören.

Vor uns das Palais, worin sich unter anderem die Büroräume der Schahbanu befinden. Es ist noch schmuckloser und einfacher in seinem Äußeren als der etwas tiefer liegende Palast, wo der Schahanschah vor wenigen Wochen Botschafter von Lilienfeld und mich empfangen hat. Auch hier keine Wache in Silberhelm und Stulpenstiefeln. Nur ein Diener in dunkler Uniform hält die Glastüre auf, durch die wir in eine große, hohe und helle Halle treten. Weiße Säulen tragen die Decke, zahlreiche Teppiche, die man vermutlich als »erlesen« bezeichnen kann, lassen nichts von dem Parkettboden sehen. Wenig Mobiliar, noch viel Platz an den Wänden.

Ein Herr mittleren Alters, dunkelgrauer Anzug mit dunkler Krawatte, kommt uns entgegen, stellt sich vor und bemerkt, »Chef du Protocol« zu sein. Er bittet

Südlich der Hafenstadt Bandar Pahlevi am Kaspischen Meer liegt ein wenig bekanntes, von Fremden fast nie besuchtes, aus Sümpfen, Lagunen und feuchten Inseln bestehendes Gebiet, die sogenannten Mordab. Hier leben die Menschen noch in schilfgedeckten Pfahlbauten. Aber die rasch fortschreitende Modernisierung wird bald auch diesen Resten vergangener Zeit ein Ende machen. Manche Eigenarten der Bauweise im Mordab, auch im Brauchtum der hier lebenden Menschen, so sagen Germanisten, erinnert an unsere eigenen Vorfahren. Tatsächlich soll um 2000 v. Chr. von hier eine Wanderbewegung indogermanischer Stämme nach Westen, bis nach Mitteleuropa, ausgegangen sein.

einige Minuten zu warten, weil Ihre Majestät zuvor noch einen anderen Besuch erwartet. Der Diener führt uns zu einem Wartezimmer.

Der Raum ist nicht größer als das Eßzimmer bei Ihnen oder uns. Von besonders kostbaren Möbeln oder Teppichen kann nicht die Rede sein. In einer großen Vitrine stehen und liegen typische Geschenke, wie sie hohe Herrschaften bei Besuchen von Städten, Industrien und Vereinen erhalten. Silberdosen, Vasen, Tabletts mit Gravuren, Teller mit Wappen und geschnitztes Elfenbein. Marianne bemerkt und sagt mir hinterher, daß an einer der Schubladen beide Griffe fehlen, ebenso Glühbirnen in zwei Tischlampen. Wie man bei uns zu sagen pflegt, kommt dergleichen auch in den besten Familien vor. Der gleiche Diener wie zuvor bringt auf breitem Silbertablett Tee, Zucker und Gebäck. Also kann es noch ein Weilchen dauern, bis uns die Schahbanu empfängt.

Aus gutem Grund, wie Mariannes Augen bemerken, denen so leicht nichts entgeht. »Sieh mal, der Kaiser, draußen im Garten!«

Tatsächlich geht dort der Schahanschah, die Hände auf dem Rücken, in leicht vorgebeugter Haltung vorüber, treulich gefolgt von einem schwarz-weißen Spaniel. Er trägt den gleichen hellblauen Anzug wie schon beim Springturnier. Keine Wache, kein Adjutant begleitet den Monarchen.

Etwa fünfzehn Minuten vergehen, bis der Schah in gleicher Haltung auf dem gleichen Weg zurückgeht.

»Kommen Sie zu Ihrer Majestät«, sagt der Protokollchef und geht ein paar Schritte voraus. Wir steigen über eine breite, mit dunklem Teppich belegte Treppe in den ersten Stock. An den Wänden nicht nur alte Bilder, sondern avantgardistische, gegenstandslose Malerei. Auch das ist man in einem Königspalast oder Kaiserschloß nicht gewöhnt. Die Auswahl, sagt mir später Baniahmad, habe die Schahbanu selbst getroffen, und die Bilder würden nach einiger Zeit gewechselt.

Droben zeigt der Protokollchef zu einer Tür, die ohne Anklopfen gleich vom Diener geöffnet wird.

Kein weiter Saal, kein großer Salon, sondern ein richtiges, ganz seiner Funktion entsprechendes Arbeitszimmer. Staatsekretäre bei uns und Chefs besserer Firmen amtieren in Büros etwa vergleichbarer Größe und Ausstattung.

Die Kaiserin des Irans steht unmittelbar vor uns.

Ebenso wie beim Schah entfällt im Rahmen solcher Privataudienz jede Spur von Hofzeremoniell. Die Schahbanu begrüßt mich zuerst mit einem fühlbar festen Druck ihrer schmalen Hand. Dann gelingt Marianne, ohne daß sie es vorher geübt hat, der Hofknicks sowie die Andeutung eines Handkusses.

Bijan Baniahmad, der unbemerkt eintrat, macht ein halbes Dutzend Aufnahmen, um sich alsdann lautlos zu entfernen.

Die Kaiserin gibt meiner Frau den Platz links von sich auf dem Sofa und weist mich zu einem Sessel, der rechts von ihr steht. Abgesehen von einem Diener, der sich nur kurz blicken läßt, betritt während unseres etwa einstündigen Besuches niemand den Raum. Es klingelt auch kein Telefon.

Als meine Frau mich später fragt, ob ich die Kleidung der Schahbanu beschreiben kann, ergibt der Versuch totales Versagen meiner sonst gerühmten Beobachtungsgabe. Ich sage etwas von dunkelbraunem Kostüm, schwarzem Ledergürtel und dünnen Goldketten. Insofern ein Kompliment für die Kaiserin, weil mich vor allem ihr ausdrucksvolles Gesicht fast völlig gefangennahm. Es sind also Mariannes Wahrnehmungen, wenn ich berichten kann, was die Kaiserin trug: ein seidenes Hemdblusenkleid, das auf dunkelblauem Grund verschiedene bunte Muster trug, sogenanntes Patchwork. Schwarzer Lackledergürtel, schwarze Pumps. Dazu sehr gutes Make-up, die Haare aufgehellt und lang. Keine Ohrringe, dafür mehrere dünne Goldketten um den Hals, unter anderem ein enges Kettchen mit winzigem Schmetterling. Vier Ringe, alle recht bescheiden, und eine wunderschöne, ziemlich große, aber in der Form schlichte sportliche Armbanduhr aus Gold. Alles zusammen von jugendlicher, anmutiger Eleganz.

Wer die Erscheinung der Schahbanu vom Fernsehen und Illustriertenfotos kennt, den überrascht die Wirklichkeit, weil sie noch viel schöner ist. Aber Schönheit ist ein zu bildhafter Begriff. Schönheit allein ist stumm, reizlos und sagt nur wenig aus. Ihr selbst gegenüber, sehen wir eine lebhafte, von Geist und Willen beherrschte Persönlichkeit. Starke Wirkung geht von ihr aus. Die Augen dringen ein, der Kontakt ist sofort hergestellt. Man spürt das wache Interesse am Thema oder Problem, das eben besprochen wird. Auch die Energie, mit der sie in jeder Sache noch rascher vorankommen will. Man hat bei dem längeren, immer angeregten Gespräch den Eindruck, daß die Schahbanu ihre vielseitigen Aufgaben nicht nur für einen regelrechten Beruf hält, sondern mehr noch für eine Berufung. Deren Erfüllung erfordert Pflichteifer und das ständige Bewußtsein der Verantwortung. Die kaiserliche Würde, die historisch einzigartige Stellung als erste gekrönte Frau des Irans sind die Basis ihres Wirkens. Das Protokoll, Zeremoniell und dergleichen sind notwendiges Beiwerk, aber keineswegs Inhalt.

Die Schahbanu geht dem Schahanschah zur Hand, ohne jemals den eigenen Wirkungskreis zu verlassen. Sie übernimmt, was der Kaiser nicht machen kann, weil seine Sachen männliche Aufgaben sind, aber eine Frau die weiblichen besser versteht. Beide zusammen, so hört man allenthalben, sind eine ideale Kombination. Mit ihren hübschen, intelligenten, wohlerzogenen Kindern ist die Kaiserfamilie für fast jeden Iraner die Traumfamilie.

Die Kaiserin hat das Protektorat über nicht weniger als sechsundzwanzig gemeinnützige Verbände und Vereine übernommen. Nicht nur dem Namen nach, wie das sonst bei fürstlichen Damen und First Ladies viel zu oft üblich ist, sondern sie ist mit ihrem Einfluß bemüht, weiterzuhelfen, wo es nur möglich ist. Sie ist maß- und ratgebend für die meisten Vorhaben der Archäologie. Das Bewahren und Wiederherstellen, die Entdeckung und Freilegung von kulturellen Resten der Vergangenheit gehören zu den gewählten Aufgaben, die ihrer Ausbildung an der Sorbonne entsprechen. Sie ist erfolgreich tätig zur Erhaltung des Brauchtums, der handwerklichen Kunst, der Malerei, Bildhauerei und so weiter. Sie fördert die moderne Kunst bis hin zu jungen Malern der Avantgarde. Die Kaiserin besucht und hilft Akademien. Sie entwirft und berät öffentliche Bauten, Erholungsheime, Kindergärten und INTO-Hotels. Erhaltenswerte Bauten hat sie vor der Entstellung oder dem Abriß bewahrt.

Die Schahbanu bemüht sich um das Gesundheitswesen, besonders um die Mütterheime, die Erholungsheime und Kinderkliniken. Sie ist Chef der weiblichen Pfadfinder, sie betreut die Leprakranken und noch vieles mehr. Für diese Zwecke ist die Kaiserin fast ständig unterwegs, meist im Hubschrauber, weil so der Ortswechsel am einfachsten ist. Oft erscheint sie ohne Anmeldung, um die Verhältnisse zu sehen, bevor eine Tarnung eventueller Mißstände möglich ist.

Die Kaiserin nimmt meinen Bildband* entgegen und sagt zu meinem Erstaunen, daß sie dies Buch schon kennt. Seine Majestät hat es ihr gezeigt und sogar auf einige der Aufnahmen hingewiesen. Die englische Ausgabe meines Buches »Alatna, Duell in der Wildnis« übergebe ich mit der Bitte, es in Farsi herausgeben zu lassen. Die Einnahmen sollen einem Lepra-Heim zugute kommen. Ein großes Geschenk ist das nicht, denn, wie gesagt, erreichen im Iran auch die erfolgreichsten Bücher nur eine für unsere Begriffe sehr kleine Auflage.

Worüber wir sprechen, wußte hinterher Marianne besser und präziser als ich, jedoch kann auch sie die Reihenfolge der Themen nicht mehr rekonstruieren. Die Kaiserin beherrscht akzentfreies Französisch, auch fehlerfreies Englisch mit etwas harter Betonung. Schon bald hat sie bemerkt, daß meine Frau nicht immer alle französischen Vokabeln griffbereit zur Hand hat. Die Schahbanu wechselt daraufhin wie selbstverständlich die Sprache.

Als ich erwähne, daß wir mit großem Interesse die begonnene Freilegung des Anahita-Tempels bei Kangavar gesehen haben, ebenso die Arbeiten in Bischapur und Takht-i-Suleiman, wo man als treibende Kraft überall die Schahbanu genannt hat, sagt sie unvermutet: »Wenn wir diese alten Kulturen wieder ans Tageslicht bringen, so bedeutet es für uns, daß wir frische Kräfte aus der Vergangenheit gewinnen.«

* »Herrlich wie am ersten Tag«, C. Bertelsmann Verlag, München.

Als Marianne staunend fragt, wo denn Ihre Majestät die notwendige Zeit für so viele, ganz verschiedene Aufgaben findet, antwortet die Kaiserin: »Ja, das ist oft sehr schwierig. Aber wenn ich etwas angefangen habe, erst recht, wenn ich Versprechungen gemacht habe, muß ich das unter allen Umständen durchführen, sonst habe ich ein schlechtes Gewissen, das mich sehr bedrückt.« Mit entwaffnender Offenheit spricht die Schahbanu über manche Rückstände im Iran. »Es gibt noch sehr viel zu tun, es gibt trotz allem noch arme Menschen bei uns, es gibt noch unterentwickelte Gebiete, die abseits der Verkehrswege liegen. Alles auf einmal geht leider nicht, auch wenn es nun möglich ist, dafür die Geldmittel bereitzustellen. Morgen fliege ich für etwa eine Woche mit dem Hubschrauber in eine Gegend, wo noch nie ein Mitglied der kaiserlichen Familie gewesen ist. An den meisten Stellen wissen die Leute nichts von meinem Besuch. Was ich auch vorfinde, von mir erfährt Seine Majestät die Wahrheit.«

Weil wir bald die Gewißheit haben, daß man gegenüber der Kaiserin auch negative Eindrücke erwähnen darf, spreche ich von dem mangelhaften Umweltschutz, besonders von der »Pestilenz des Plastik« im Umkreis menschlicher Siedlungen. Papier und sonstige verderbliche Abfälle verschwinden nach einiger Zeit, aber Plastik bleibt ewig erhalten.

»Wir kennen das Problem«, erklärt die Kaiserin, »Versuche sind im Gange, um Plastikstoffe zu finden und zu testen, die sich nach bestimmer Zeit von selbst auflösen.«

»Ich habe Beamte des Wildschutzes gesehen, Kaiserliche Majestät, die leere Flaschen, Büchsen und so weiter einfach in die Natur warfen. Sollte man ihnen das nicht abgewöhnen?«

»Ja, das sollte man und wird es tun. Aber leider vergeht darüber viel Zeit. Sie haben doch sicher unsere Parks gesehen, die blühenden Sträucher und die Blumenbeete. Aber kein Ausländer wird ahnen, welche Mühe es gemacht und wie lange es gedauert hat, bis die Menschen bei uns aufgehört haben, die Blumen und Blütenzweige in den Parks abzureißen, um sie mit nach Hause zu nehmen. Es hat ja früher bei uns nirgendwo öffentliche Anlagen gegeben. So konnte zunächst niemand begreifen, daß die Parks dem Volke gehören. In den Schulen, durch Funk und Fernsehen mußte das hundertmal und noch ein paar hundertmal erklärt werden. Jetzt ist es gut, jetzt hat das jeder verstanden. Sehen Sie, und so muß das allmählich mit der Umweltverschmutzung gemacht werden, nicht mit Verboten und Strafen. Es geht nur, wenn man dafür wirkliches Verständnis erweckt.«

Wir kommen auf die allzu rasch wachsende Bevölkerungszahl zu sprechen.

»Das ist eines der schwersten Probleme«, meint die Kaiserin sehr ernst, »und leicht zu lösen ist es bestimmt nicht. Allein die Aufklärung scheint nicht zu genügen. In unserem Volk liebt man die Kinder und möchte viele haben. All diese heranwachsenden Menschen müssen eines Tages genügend Arbeitsplätze finden, für sich und auch für ihre Familien. Auch das ist ein Grund, ein sehr wichtiger Grund, den Aufbau unserer Industrie voranzutreiben.«

Marianne erwähnt, daß bei uns die Geburtenrate sinkt, im Vergleich zu den fünfziger Jahren sogar auf fast die Hälfte gesunken ist. Die Schahbanu ist sehr interessiert und fragt nach dem Grund. Ich vermute als Ursache wachsenden Wohlstand, die Bequemlichkeit, aber auch jene Enttäuschungen, die manche Eltern mit heranwachsenden Nachkommen erleben.

»Hier legt man noch Wert auf möglichst große Familien«, erwidert die Kaiserin, »denn früher haben Großfamilien die Sicherheit für jedes Mitglied garantiert. Wir können den Eltern nicht verbieten, daß sie Kinder, auch viele Kinder bekommen. Nur eine geduldige, intensive Aufklärung, besonders in den Dörfern, kann eines Tages die Geburtenrate reduzieren.«

Inzwischen ist mehr als eine halbe Stunde vergangen. Deshalb frage ich, ob wir denn nicht zu viel von Ihrer Majestät kostbaren Zeit verschwenden.

»Nein, ich habe Zeit, für Sie beide habe ich Zeit.«

So fragt nun Marianne nach dem Ergehen der vier Kaiserkinder. Sie haben jetzt Unterricht, sonst könnten wir zumindest Prinzessin Farahnaz sehen. Die Schule, auch der Kindergarten, befinden sich in einem Nebengebäude des Niawaran-Palastes. Ungefähr vierzig Schüler im Alter der Kaiserkinder gehören dazu. Es sind Kinder von hohen Beamten, Militärs, Verwandten, auch von fremden Diplomaten und einfachen Angestellten des Haushalts. Ausgesuchte Lehrer und Lehrerinnen erteilen den Unterricht. Er entspricht dem normalen Lehrplan in den anderen iranischen Schulen, wird aber durch intensives Studium der Fremdsprachen erweitert. Der Thronfolger Prinz Cyrus (für die Iraner Prinz Kurosh), so erzählt seine Mutter, spricht fehlerfrei Französisch und beherrscht auch Englisch, wobei aber die Aussprache noch zu verbessern ist.

Marianne erkundigt sich, ob die Kinder auch Zeit zum Spielen haben.

»Der Kronprinz ist schon ziemlich lang aus dem Spielalter heraus. Er hat Tag für Tag ein großes Arbeitspensum zu erledigen. Darauf legt Seine Majestät besonderen Wert, und es muß auch sein bei der hohen Verantwortung, die eines Tages auf ihn zukommt. Nun ja, spielen, natürlich spielen die Kinder, und sie wachsen nicht alleine auf. Sie haben fast immer gleichaltrige Gesellschaft. Ich würde gerne mehr Zeit haben für meine Kinder, viel mehr Zeit. Aber in unserer Stellung müssen wir Opfer bringen. Es ist so viel zu tun und hat kein Ende. Ich muß noch für viele tausend andere Kinder sorgen, die meine Hilfe nötig brauchen.«

Bald danach ein Thema, daß wir nicht von uns aus berührt haben.

»Es ist sicher gut und angenehm, daß wir keine finanziellen Sorgen haben, nicht in der Familie und auch nicht mehr im größten Teil unseres Landes. Wir lesen natürlich, was die ausländische Presse über unseren Luxus schreibt. Ja, es stimmt, wir sind reich, aber Sie sehen ja selbst, in großem Luxus leben wir nicht. Erst vor kurzem hat Seine Majestät zugestimmt, daß wir uns am Kaspi-Meer ein wirklich bequemes, schönes Haus bauen, wo wir auch Gäste unterbringen können. Bisher, in all den Jahren meiner Ehe mit Seiner Majestät, hatten wir dort nur ein Holzhaus. Die meisten Iraner wissen gar nicht, daß ihr Schah und seine Familie dort so bürgerlich bescheiden wohnen. Was die Fremden, besonders die fremden Journalisten, gar nicht begreifen, ist die Einstellung unseres Volkes zur Krone, zum Kaiser und auch zur Kaiserin. Da wirft man uns vor, daß so viele Städte, Staudämme, Brücken und so weiter nach dem Schah, nach seinen Geschwistern und nach mir benannt sind. Wir selbst legen darauf keinen Wert. Aber würden wir sagen, man solle bitte andere Namen wählen, dann sieht es aus, als hätten wir für diese neuen Anlagen, vielleicht gar ein Krankenhaus, kein Interesse. Tatsächlich haben wir großes Interesse dafür.«

Bald danach sind wir erneut beim Thema des großartigen Aufbaus im ganzen Land. Zweifellos wird es noch schwierige Engpässe geben. Wesentliche Mängel der Infrastruktur müssen beseitigt werden, und es wird nicht allen Schichten der Bevölkerung möglich sein, das schnelle Tempo mitzumachen.

»Arme Leute haben große Sorgen, und wer ein armes Land regieren muß, kommt aus den Sorgen nicht heraus«, sagt die Kaiserin, jedes Wort betonend. »Aber glauben Sie mir, wer viel Geld hat, wer einem Land vorangehen soll, das heute zehnmal größere Einnahmen kassiert als noch vor wenigen Jahren, hat noch größere Sorgen als der arme Mann, nur sind es natürlich ganz und gar andere Sorgen.«

Dazu gehören auch unvorhergesehene Sorgen, die wachsender Wohlstand mit sich bringt. So zum Beispiel der plötzliche Fleischmangel in Teheran. Weil sich die Masse der Bevölkerung früher nur einmal in der Woche einen Hammelbraten leisten konnte, jetzt aber dreimal in der Woche, fehlten nicht nur – stellenweise – die Hammel, sondern mehr noch die Schlachthöfe, die Kühlwagen, die Gefrierhallen und anderes, was mittelbar zum rasch gestiegenen Fleischkonsum gehört. Sicher wird man das demnächst in Ordnung bringen.

»Wir erwarten bestimmte Schwierigkeiten und sind darauf vorbereitet«, sagt die Schahbanu. »Aber es werden auch Schwierigkeiten auf uns zukommen, die wir vorläufig nicht kennen. Wir tun unsere Pflicht, wir arbeiten weiter wie bisher, aber nur Gott weiß, wie es kommt. Wir verschwenden nicht allzu viele Gedanken auf unser persönliches Schicksal, absolute Sicherheit gibt es nicht. Wir jedenfalls machen weiter wie bisher.«

Gerüchte hängen in der Luft, wonach erst vor kurzem ein Komplott gegen die Kaiserin entdeckt wurde. Angeblich wollte man sie und womöglich auch den Kronprinzen gelegentlich eines Besuches in der Provinz entführen, um sodann den Schahanschah zu erpressen. Bestimmtes weiß man nicht, aber etwas ist gewesen. Wahrscheinlich gab es auch mehr als die zwei bekannten Anschläge gegen den Kaiser, aber sie wurden von der Savak entdeckt, bevor sie das Stadium eines Versuchs erreichten.

Am erstaunlichsten und am wenigsten bekannt ist, daß Mohammed Reza Pahlevi kein einziges Todesurteil gegen Verurteilte vollstrecken ließ, die ihm oder einem Mitglied seiner Familie nach dem Leben getrachtet haben. Er hat jeden begnadigt. Einige sind sogar nach verbüßter Zuchthausstrafe wieder auf freiem Fuß. Der Schah hat es wie folgt begründet: »Soweit es sich um mich und meine Familie handelt, bin ich persönlich betroffen und kann vergeben. Wo es aber um die Sicherheit des Staates und Volkes geht, muß ich als verantwortlicher Chef von Staat und Volk die Urteile der Richter bestätigen.«

»Mit den Milliarden, die uns das Öl beschert, mit so viel Geld läßt sich in zehn bis zwanzig Jahren ein ganzes Land verändern«, versichert die Kaiserin, »aber um Menschen zu verändern, ein Volk von über dreißig Millionen, dazu braucht man zwei bis drei Generationen, und das wird keiner von uns erleben.«

Schon länger als eine Stunde hat die Schahbanu mit uns gesprochen. Meine Frau merkt, daß die Zeit erschöpft ist und gibt mir ein Zeichen.

»Wir haben, Majestät, so viele Freundlichkeiten jeder denkbaren Weise in diesem Land erfahren, daß ich fürchte, als undankbar zu erscheinen, wenn mein Buch auch Kritik enthält, wenn es bestimmte Schattenseiten, Mängel und Rückstände nicht verschweigt.«

Die Schahbanu versteht sofort, wie es gemeint ist.

»Schreiben Sie alles, bitte nehmen Sie keine Rücksicht. Wir werden es mit Interesse lesen. Nur dumme, sehr dumme Leute vertragen keine Kritik. Weder Seine Majestät noch ich gehören zu dieser Kategorie.«

Ein Dorf aus Lehm gebaut

Über einsame Straßen, die nur selten asphaltiert sind, fahren wir erst nach Täbriz, besuchen den Rezaiyeh-See und darin die als Refugium für etwa 2000 Wildschafe geschützte Insel Kabundan. Wirklich, es ist wahr, in dem großen Salzsee bleibt man auch ohne Schwimmbewegung über Wasser. Weiter und weiter geht es dann nach Norden. Vor uns liegt eine hochinteressante Strecke zum Kaspi-Meer hinunter. Vier tote Hirtenhunde und noch mehr von Lastautos überfahrene Schafe liegen am Rand der Straße. Ein sicheres, wenn auch betrübliches Zeichen, daß sich hier wandernde Hirten mit ihren Herden bewegen, deren Tiere nicht an todbringende Motorfahrzeuge gewohnt sind. Dunkle Wolken am Himmel, graubraune Steppe zu beiden Seiten und in der Ferne rostrote Gebirge.

Da sind schon Nomaden, die Mahmud als Shahsavan erkennt. Ein uraltes, ewig herumziehendes Volk im nordwestlichen Iran, in vergangenen Zeiten als schlimme Räuber gefürchtet. Einige Sippen kampieren seitlich der Straße, aber nicht in Zelten, sondern in Jurten mongolischen Ursprungs. Das Gerüst ihrer runden, halbkugeligen Behausung besteht aus biegsamen Zeltstangen, als wasserdichte Umkleidung haben sich fingerdicke Filzmatten bewährt. Soweit sich feststellen läßt, stammen die Shahsavan aus dem chinesischen Turkestan und dürften Nachkommen jener schrecklichen Horden sein, die im 14. Jahrhundert unter Dschingis-Khan das Persische Reich erobert und verwüstet haben.

Zottige, gewiß recht bissige Hunde mit abgeschnittenen Ohren bewachen die Jurten ihrer Familien. Als wir uns behutsam nähern, schaut jeder Hund zu seinem Herrn, mit den klugen Augen fragend, ob er die Fremden beißen soll. Nein, er soll nicht. Im Gegenteil, so gibt ihnen der Familienvater zu verstehen, wir sind Gäste. Schon wedeln die Hunde freundlich mit dem Schwanz.

Dolmetscher Beheshti kann die Shahsavan nicht verstehen, denn sie haben ihre eigene Sprache. Aber es findet sich ein junger Mann, der in seiner Schule Farsi gelernt hat. So kommen wir ins Gespräch, werden zum Tee in die Jurten geladen und können frei fotografieren.

Seit Jahrhunderten schon, aber nicht mehr für eine lange kommende Zeit leben die Shahsavan von ihren zahlreichen Kamelen und Schafen. Die Wolle, das Fleisch, die Milch und auch der Käse werden verkauft oder selbst gebraucht. Kameldung ist der immer vorhandene Brennstoff. Kein schlechtes Leben, wenn man es recht bedenkt. Die Weide ist frei für alle Nomaden, Steuern braucht niemand zu zahlen, und Mietkosten entfallen. In Notfällen, auch in Hungerszeiten, hilft heute die Regierung. Man genießt unbegrenzte Freiheit und absolute Sicherheit vor Feinden. Aber die jungen Leute, so hören wir durch die beiden Dolmetscher, wollen mehr, als die Väter und Vorfahren hatten. Das läßt sich nur bei seßhafter Lebensweise erreichen, wofür auch die Behörden werben.

Stolze, schöne und starke Kamele haben die Shahsavan, mit riesengroßen Augen und dunkelbrauner Wolle. Ein Albino ist darunter, mit fast schneeweißem Fell und blaßrosa Augen. Eine wandernde Gruppe kommt vorüber, die ihren beweglichen Haushalt mitschleppt. Was wir bisher noch nicht gesehen haben, sind neugeborene Kamele, die in gepolsterten Weidenkörben auf dem Rücken ihrer Mütter mitwandern. Auch wenn sich Menschen und Tiere im gleichen Tempo bewegen, sieht es aus, als würden Männer, Frauen und Kinder sehr schnell laufen, die Kamele aber nur gemächlich dahinbummeln. Das macht die Länge der Beine.

Weiter über Hochebenen und Hügel, weiter ohne besondere Vorkommnisse durch Ahar und Lari. Sodann nähern wir uns der Stadt Ardebil, die einen Aufenthalt von mehreren Stunden verdient. Wenn die Archäologin Sylvia Mathessen den fortschreitenden Verfall des Sheik-Safi-Mausoleums beklagte, des wohl einzigen noch existierenden Bauwerks der Seldschuken im nordöstlichen Iran, kann ich den Leser mit der Nachricht erfreuen, daß inzwischen alles restauriert wurde. Der breite und starke Turm aus zweifarbig glasierten Ziegeln ist wieder ebenso imponierend wie ehedem. Das Mausoleum bewahrt einen von alten Seidenteppichen verkleideten Sarkophag, der die sterblichen Überreste eines besonders heiligen Mannes enthält, des Sheik Safi-al-din. Er war ein vielverehrter Mystiker und Ahnherr der Saffaviden-Dynastie, die von 1501 bis 1722 das Persische Reich beherrschte.

Wer unter Teppichkennern Ardebil sagt, muß auch »Viktoria und Albert« sagen. Denn im Londoner Viktoria- und Albertmuseum befindet sich der kostbarste, dem Vernehmen nach schönste und auch älteste aller ganz erhaltenen Teppiche. Früher, ich kann nicht sagen bis wann, befand sich »der Ardebil« im eben erwähnten Mausoleum des großen Heiligen. Während der Verwirrungen im heruntergewirtschafteten Reich der Kadjaren haben notleidende Mullahs dieses einmalige Exemplar an fremde Käufer verschachert, für heutige Begriffe zu einem lächerlich niedrigen Preis.

Bald nach Ardebil wird die Straße nicht nur interessant, sondern nahezu sensationell. Bei dem nassen Wetter rutschen die Reifen wie nie zuvor. Es wird je weiter, desto schlimmer, wenn auch landschaftlich um vieles schöner. Gleich nach der Wasserscheide gelangen wir in dichte Vegetation. Waldgebiete breiten sich aus, und wir sehen beiderseits der Straße in tiefgrüne, undurchdringliche

Wildnis. Eine Kurve folgt der anderen, jede enger, steiler und glitschiger. Während der Regenzeit könnte ein normaler PKW diese Strecke nicht schaffen.

Würden wir von der schwierigen, schmierigen Straße zur linken Seite abrutschen, und zwar mit Schwung bis über die Mitte des brausend dahinschäumenden Aras-Rud, hätten uns gleich grün uniformierte Grenzer der Sowjetunion am Wickel. Dieser wirbelnde Fluß in abgrundtiefer Schlucht bildet viele Kilometer weit die vielgewundene Grenze zwischen beiden Staaten. Drüben, gelegentlich nur sechzig bis siebzig Schritte entfernt, stehen die bekannten Wachttürme der Russen. Trotz der Steilheit des Geländes hat man hinter dem hohen Zaun noch einen festen Weg für Polizeifahrzeuge angelegt, die im Abstand von ungefähr einer Stunde die Grenze kontrollieren.

Ich sehe im Fernglas, wie drüben die Grenzer jedem Meter unserer Fahrt mit ihren Feldstechern folgen. Halten wir nur eine halbe Minute, bedient sofort einer das Telefon, um das besondere Vorkommnis zu melden. Auf iranischer Seite steht kein Turm, und es gibt keinen Zaun. Jedenfalls ist nichts dergleichen zu sehen. Hin und wieder eine Gendarmeriestation und davor ein Wachsoldat.

Wir sind am späten Nachmittag bei wallendem Nebel und Nieselregen wieder am Kaspischen Meer, und zwar in Astara, der letzten westlich gelegenen Ortschaft am Ufer des Salzmeeres. Eines der hübschen INTO-Hotels nimmt uns auf. Vor nicht langer Zeit hatte es zwei Staatsoberhäupter zu Besuch, den Schahanschah des Irans und Podgorny aus der UdSSR. Der Anlaß war die Fertigstellung einer Erdgasleitung, die bei Astara Persien verläßt, um die Sowjetunion zu beliefern.

Die Temperatur am Morgen ist recht kühl und salzig feucht die Luft. Wenig Verkehr auf der langen, zunächst nicht asphaltierten Küstenstraße. Verglichen mit der gut dreimal so langen Kaspi-Küste von Bandar Pahlevi bis Bandar Schah ist dieser Abschnitt erst wenig entwickelt. Jedenfalls für fremde Augen. Die zahlreichen Teeplantagen, großenteils auch der Anbau von Reis, sind allerdings jüngeren Datums, und modernste Methoden werden dafür angewandt. Was zum Glück von alters her geblieben ist, aber wohl nicht mehr für lange, das sind strohgedeckte Bauerngehöfte und Fachwerkbauten auf Pfählen. Hier gibt es noch die ovalgeformten Ernteschuppen mit gewölbtem Strohdach, die wegen Überschwemmungsgefahr auf mannshohen, oft mit handgeschnitzten geometrischen Mustern verzierten Baumstümpfen stehen. Grünbemooste Schindeldächer, handgeschmiedete Schlösser und Schlüssel, gelegentlich noch ein Ochsenkarren mit klobigen Scheibenrädern. Wer von der Straße in Seitenwege biegt, könnte glauben, in einem folkloristischen Freilichtmuseum zu sein. Seltsam ähnlich sind einige der Gehöfte den alten Fachwerkbauten in abgelegenen hessischen oder fränkischen Dörfern.

Um der Sache weiter auf den Grund zu gehen, wollen wir eine Landschaft des Irans kennenlernen, von der die meisten Fremden noch nicht einmal gehört haben. Zu diesen Zweck hatte ich bei INTO gebeten, einen Ausflug in die Lagunen des sogenannten Mordab (auf deutsch Sumpf) vorzubereiten. Das gut funktionierende INTO-Büro in Bandar Pahlevi hat es getan. Wir werden nicht nur von einem offenen Boot mit Außenbordmotor erwartet, sonden von dreien. Alle sind notwendig, um verschiedene Herren der Hafenbehörde und sonstige Kleinwürdenträger zu befördern, die uns alle begleiten wollen.

Man versteht unter Mordab jenes Labyrinth von Lagunen, Kanälen, Sümpfen und Flußläufen, das sich im Süden, Norden und Westen der Hafenstadt ausdehnt. Alles tiefliegendes Land, sofern man in dieser amphibischen Gegend überhaupt von Land sprechen darf. Teilweise ist das Mordab Naturschutzgebiet und sicher die größte Wasserwildnis des Irans. Ein Paradies für Wasservögel unzähliger Arten, auch für seltene Fische, riesige Frösche, buntfarbige Schnecken, kaspische Wasserschildkröten und harmlose Schlangen. Nur müssen wir leider aus saisonbedingten Gründen auf die Blütenpracht der Seerosen, Wasserlilien und so weiter verzichten.

Unsere Fahrzeuge haben einen tischflachen Boden und so wenig Tiefgang, daß sie mit genügend Anlauf über Schlammbänke gleiten. Wegen des feuchtkalten Windes haben wir uns in Wolldecken gewickelt und vom Bootsmann noch Segeltuch bekommen. Wäre ich doch ein Ornithologe, zumindest ein laienhafter Vogelkenner, um wenigstens die wichtigsten Arten der gefiederten Bevölkerung bei ihren Namen nennen zu können. Sie flattern, sie schwimmen und tauchen, sie stelzen, trippeln und wippen durchs Schilf. Sie hocken lauernd auf Ästen und stürzen blitzschnell auf erspähte Beute nieder. Zum Glück lassen uns die anderen Boote vorausfahren, so daß wir alles Getier noch sehen, bevor es die Flucht ergreift.

Die nasse Landschaft hat Inseln, sehr viele Inseln. Näher und immer näher rücken die Inseln zusammen, so nahe schließlich, daß sie nur durch träge dahinströmende Flußarme getrennt sind. Beiderseits werden die Ufer höher, und auf dem obenliegenden Land leben Menschen. Sie wohnen in strohgedeckten, weiß gekalkten Fachwerkhäusern mit Terrassen, Treppen und Balkon. Allen Ernstes glaube ich, eine direkte Verwandtschaft mit meiner elsässischen Heimat zu entdecken. Ähnlich wie hier sehen sie aus, die kleinen Vogesendörfer, oder haben sie ausgesehen, als ich im Kindesalter mit meinen Eltern dort gewandert bin. Koppeln, Weiden und Erlengestrüpp entlang den Wasserläufen, dahinter Viehweiden, Obstgärten, Maulbeerbäume, Gemüsebeete und Reisfelder.

Die Menschen leben isoliert, außer Wasserwegen führt kein Weg zum Festland. Sie winken freundlich und rufen Grüße. Auch hier die schon oft erwähnte liebenswerte Art der Iraner. So lasse ich halten, steige mit Marianne und Beheshti ans Land. Gleich sind wir von Kindern umringt, die darum bitten, fotografiert zu werden.

Je weiter wir auf schmalen Wegen vordringen, desto näher kommen wir der Vergangenheit. Aber es ist eine in diesen Rückzugsgebieten noch sehr lebendige Vergangenheit. Nur Fahrräder, Fensterglas und die Antennen fürs Radio erinnern ans letzte Viertel des 20. Jahrhunderts. So war es überall in Gilan und Mazandaran vor noch gar nicht allzu langer Zeit. Tief im Mordab drinnen ist es noch heute so. Jede Familie will uns zum Tee ins Haus holen, dreimal folgen wir der Einladung. Darin der offene Herd, eine vom Dach hängende Wiege, die Betten aus Stroh, wärmende Decken aus Schafswolle und mit Petroleum gefüllte Lampen als Beleuchtung.

Wir sehen und fotografieren Kinder mit kastanienbraunem Haar und ebensolchen Augen. Zwei kleine Mädchen haben milchweiße Haut, brandrote Haare und grüne Augen. Auch Männer mit Adlernasen gibt es hier und Frauen mit Haarwuchs über der Oberlippe. Es grüßt uns ein Patriarch mit wallendem weißen Bart, und ein Mütterchen auf klappernden Holzpantinen eilt herbei. Alles lacht, alles will uns gute Gastfreundschaft beweisen.

Wir verbringen die Nacht in Bandar Pahlevi, diesmal in einem guten Privathotel, von denen es sonst in der persischen Provinz nicht gerade viele gibt. Dann folgt die sehr schöne, sich aber gleichbleibende Fahrt entlang der sandigen Küste. Die Reste alten Baustils bleiben bald zurück. Man merkt es wohl und sieht recht deutlich, daß hier der abendländische, zumal der russische Einfluß, schon um die Mitte des vergangenen Jahrhunderts begonnen hat. Damals war das Persien der Kadjaren über Rußland und mit dem Dampfer übers Kaspische Meer viel rascher, bequemer und gefahrloser zu erreichen als auf jedem anderen Weg. Hinzu kam später, daß Reza Schah der Große aus dem fruchtbaren Land zwischen Alborz und Kaspi-See stammte, so daß ihm die Entwicklung gerade dieser Provinzen am nächsten lag. Deshalb die zahlreichen Villen und Landhäuser, die Hotels, Hafenanlagen, Parks und Promenaden, all jene Schulen, Krankenhäuser und Amtsgebäude, die bereits vor vierzig und fünfzig Jahren entstanden sind.

Ähnlich wie an unserer Ostseeküste folgt auch am Kaspi-Meer ein Badeort dem anderen. Wie bei uns kommt es auch dort nicht darauf an, ob man badet. Hauptsache ist die Erholung und die Zerstreuung in Gesellschaft von alten Freunden oder neuen Bekannten. Die Lücken zwischen all diesen halbmodernen Ortschaften werden nun ausgefüllt. In einem Tempo ohnegleichen entstehen unübersehbare Ferienkolonien fürs einfache Volk. Jede Behörde, jede Firma und jeder Verein, jeder staatliche Betrieb und jede militärische Einheit, ebenso zivile Ämter und private Gruppen streben danach, ihre Beamten, Angestellten, Arbeiter und sonstigen Lohnempfänger nebst Angehörigen für drei bis vier Wochen im Jahr mit spottbilligen Ferienquartieren zu versorgen. Wir haben sie uns angesehen, diese Kolonien der großen Firmen, Ministerien und Fabriken. Alles neu, nagelneu und zum Teil noch nicht fertig. Unmöglich zu zählen sind die Fertighäuser mit ein, zwei und drei engen, sparsam eingerichteten Räumen. Dazu die Großküche, die Sportanlagen, Liegeterrassen, Parkplätze, Versorgungsanlagen und was sonst noch dazu gehört. Sauber und solide, ebenso ausreichend wie zweckentsprechend. Mir wäre es ein Greuel, solcherart in der Masse von Mitmenschen einzutauchen, zumal es meist dieselben Gesichter sind, denen man auch an jedem Arbeitstag begegnet. Aber für die iranischen Arbeitnehmer, die früher keine Ferien kannten und niemals verreist sind, werden hier Möglichkeiten geboten, die Menschen der älteren Generation wie Traumgebilde erscheinen. Die subventionierten Billigpreise erlauben es auch kinderreichen Familien der untersten Gehaltsstufe, hier erholsamen Urlaub zu verbringen. Autobusse, von den Firmen oder Dienststellen angeheuert, besorgen die Fahrten hin und zurück. Die im Bau befindliche Schnellstraße durchs Gebirge wird die Fahrtzeit wesentlich verkürzen.

Weil der Strand allen Bürgern gehört, muß er bis zu fünfzig Meter Breite von Bauten und Sperren absolut frei bleiben. Nach jedem Kilometer führt von der Fernstraße eine Stichstraße zum Strand, wo jeder nach Belieben lagern, spielen und baden kann.

So dicht und geschlossen die Küste des Kaspi-Meeres mit Ortschaften, Landhäusern und Ferienkolonien besiedelt wird, das ansteigende Land dahinter bleibt bis auf weiteres unberührt. An einigen Stellen reicht das Gebirge bis unmittelbar an die Küste wie etwa bei Ramsar, dann wieder liegen zwischen Strand und Berghang fünfzehn bis dreißig Kilometer. Wie dem auch sei, haben die Iraner den Reiz von Waldspaziergängen noch nicht entdeckt. Aber welch ungehobene Schätze der Erholung, landschaftlicher Schönheit und ideale Bauplätze fürs Touristengewerbe der Iran noch enthält, ist gerade hier, in einer so vielbesuchten Gegend deutlich zu sehen. Ungefähr fünfhundert Kilometer fahren wir an zwei Tagen am Fuß des Alborz-Gebirges entlang. Zur Linken das Kaspi-Meer, zur Rechten die wunderschönen Waldungen am Hang. Nirgendwo sind Wanderwege angezeigt, es fehlen auch die Unterkünfte, die bewirtschafteten Hütten und alle sonst nötige Versorgung. Wer wandern möchte in diesen herrlichen Bergwäldern, müßte es ohne Wege und Straßen tun. Man müßte Zelt, Schlafsack, Lampen und Lebensmittel, sicher auch ein paar Liter Wasser selber mitschleppen. Schön muß es trotzdem sein, gerne würde ich das tun.

In Gonbad Quabus, dem nächsten Ort von einiger Bedeutung, erhebt sich über siebzig Meter hoch der bald tausendjährige Grabturm eines Fürsten. Der zehnkantige Ziegelsteinturm ist ohne Wiederherstellung noch in so gutem Zustand, daß man ihn für ein kaum hundertjähriges Bauwerk hält. Schon von weither ist der Riesenturm aus allen Richtungen zu sehen. Ernüchternd wirkt seine Schmucklosigkeit aus der Nähe, und nur wenig ist über seine Entstehung bekannt.

Bevor wir Mashhad erreichen, unser Ziel an diesem langen Tag, folgen wir links einer kurzen Stichstraße zum Grab des großen Dichters Ferdowsi. Die meisten gebildeten Iraner, auch die fremden Iranologen, halten Ferdowsi für den bedeutendsten epischen Dichter seines Volkes. In Tus, wo sich sein Grabmal befindet, wurde er 939 nach der Zeitwende geboren und ist als Achtzigjähriger dort gestorben. Seine bedeutendste Leistung ist wohl das »Königsbuch«, Schahnam auf Farsi. Es schildert in etwa sechzigtausend Doppelversen auf romantisch verklärte Weise die persische Geschichte von ihren sagenhaften Anfängen bis zur Eroberung des Landes durch die Araber (651 v. Chr.). Unter anderem enthält Ferdowsis große Dichtung auch das Heldenlied von Rustam, der als »Roland der Riese« auch in die germanische Sagenwelt einging. Was Homer fürs antike Griechenland, das war Ferdowsi für das Mittelalter und ist er noch für die modernen Iraner. Wer nicht lesen konnte, der lernte lange Passagen des »Schahnam« auswendig und zitierte daraus bei passender Gelegenheit.

Das Grabmal des Meisters überwältigt durch seine kolossale Größe, seinen zeitlos modernen Baustil und durch die wohlgepflegte Parkanlage ringsherum. Erstaunlich sind für deutsche Begriffe jene Besucherscharen, die selbst bei regnerischem Wetter während der Woche zum Mausoleum eines Mannes pilgern, der weder ein Kriegsheld noch ein bedeutender Staatsmann und auch kein strahlender Herrscher gewesen ist, sondern nur ein Poet.

Das heutige Denkmal, mindestens so breit und hoch wie ein vierstöckiges Haus, ließ Reza Schah anstelle eines baufälligen Monuments älteren Datums für den Dichterfürsten errichten. Dies schon im Jahr 1934, als der Staat keineswegs über große Mittel verfügte. Nur iranische Arbeiter, Architekten und Bildhauer und sonstige Künstler waren daran beteiligt. Was sie damals, in einer kulturellen Zwischenzeit, zustande brachten, beweist augenfällig die dem iranischen Volk innewohnende künstlerische Begabung. Djahangir Beheshti ist so hingerissen von der geistigen Gegenwart Ferdowsis, daß er gleich beginnt, dessen Verse zu deklamieren. Mit sanfter Gewalt muß ich ihn zum Wagen führen, sonst würde er die Wiedergabe hoher Dichtkunst bis mindestens Mitternacht fortsetzen.

»Eine Pilgerfahrt nach Mashhad«, sagen die schiitischen Moslem, »ist ebenso gut und wertvoll wie siebzigtausend Besuche in Mekka.«

Als Harun al Raschid, der berühmte Kalif von Bagdad, etwa 800 Jahre nach der Zeitwende seinen Tod kommen fühlte, befand er sich auf einer Reise im Dorf

Sanabad. Dort starb er, und Nachfolger des bis heute unvergessenen Harun wurde sein Sohn Mamun. Aus politischen Gründen bestimmte Kalif Mamun den Achten Imam der Schiiten (d. h. achter Nachkomme des Propheten Mohammed) zum ihm folgenden Kalifen. Es muß ihn jedoch gereut haben, da man vermutet, daß Kalif Mamun jene Weintrauben vergiften ließ, nach deren Genuß der Imam plötzlich verstarb. Natürlich konnte Mamun seine Schuld nicht zugeben, und so ließ er den Toten höchst feierlich an der Seite des Sarges von Harun al Raschid beisetzen.

Weil sich dennoch der Glaube vom böswillig herbeigeführten Tode des Achten Imams durch ganz Persien verbreitete, begannen schon früh die frommen Pilger an sein Grab zu ziehen, und Sanabad erhielt den Namen »Mashhad«, was »Ort des Martyriums« bedeutet.

Immer größer, schöner und kostbarer ausgeschmückt wurde dank der Pilgerströme die Grabstätte des Imams Reza. Oft von Feinden zerstört, doch immer aufs neue von den Verehrern des achten Imams wiederhergestellt, größer und glänzender als zuvor sind heute die Gauhar-i-Shad-Moschee und ihre Minarette, das Mausoleum und das Museum mit allen Nebenhäusern, Höfen und Hallen, sicher die größte Konzentration religiöser Gebäude im Iran.

Die Schätzung von zwei Millionen Pilgern pro Jahr scheint kaum noch zu genügen. Während unserer Tage in Mashhad, ganz gewöhnlichen Wochentagen, herrschte im heiligen Bezirk ein unwahrscheinliches Gedränge. Auch die Straßen, Gassen und Bazare in der Nähe quollen über von Menschen. Ein ständiges Kommen, Schieben, Drücken, Gehen und Wiederkommen. Keine lauten Rufe und ekstatischen Schreie, nur ehrfurchtsvolles Schweigen, leises Beten und stilles Flehen.

Streng sind die Bräuche, erst recht für fremde Besucher. Grelle Farben der Kleidung, kurze Röcke und Hosen weiblicher Wesen erregen Anstoß bei den Gläubigen. Frauen sollen den Chador tragen und ihr Haar verhüllen, schon wenn sie die Vorstufe des Heiligtums betreten. Lachen, lautes Reden und Fotografieren gehören sich nicht. Bis zum Jahre 1930 durften sich keine Ungläubigen im Umkreis der hochheiligen Grabstätte blicken lassen. Im übrigen herrschte in Mashhad und herrscht teilweise heute noch Verbot alkoholischer Getränke.

Das INTO-Büro in Mashhad ist eines der besten, das ich dankbaren Gefühls kennenlernte. Geleitet wird es von einem überaus tüchtigen, hilfsbereiten und

Grabmoschee des Propheten Danial am Karkhen Rud bei Shust, dem antiken Susa. Danial, bei uns Daniel genannt, ist ebenso ein Prophet der Moslem wie der Christen und auch der Juden. Er lebte zur Zeit der Achaemeniden, ist in Susa geboren und gestorben. Anhänger aller drei Religionen pilgern zu seinem Grab, das unlängst im alten Stil restauriert wurde.

الله

با اراده آهنین شاهنشاه
ت از آن ما شد و از این پس زندگی بهتر در انتظار ماست
کارگران کارخانجات ریسندگی و بافندگی ری

sprachgewandten Manager und dessen Frau. Dort besorgte man für uns bei den geistlichen Behörden die Sondergenehmigung zum Betreten der inneren Höfe und der sonst gesperrten Dächer. Letzteres war insofern wichtig, weil von dort aus so gut wie alles Geschehen zu überblicken ist.

Das Grab des großen Imams konnte nur Marianne besuchen, da es viel leichter ist, eine Frau mit Chaddor zu verkleiden als einen Mann. Erst die Ankunft der Schwester Beheshtis in Mashhad hat es überhaupt möglich gemacht, denn zwei Frauen zusammen fallen nicht so auf wie eine Fremde allein, die sich möglicherweise falsch benimmt. Marianne erzählte mir hernach, wie es gewesen ist.

Die beiden Frauen sind in den schwarzen Chaddor gehüllt, den sich Marianne noch bis zu den Augen herabgezogen hat. Den Kopf gesenkt, damit die helle Augenfarbe nicht auffällt. Erst muß man sich im Menschengewühl am Eingang der Schuhe entledigen, die ein Wächter zur Aufbewahrung übernimmt. Dann sind die beiden Frauen und Beheshti sogleich in der Menge von Gläubigen eingekeilt. Schiebend, mit nur sehr kleinen Schritten, bewegt sich die kompakte Masse der gewölbten Halle entgegen, wo sich hinter armdickem Silbergitter das höchste Heiligtum des schiitischen Islam befindet. Viele hundert, vielleicht tausend Kerzen flackern, der Geruch von Rauch und Wachs erfüllt die Luft. Ein Gemurmel von Gebeten und steigender Ekstase, je näher der Menschenstrom dem Sanktuarium entgegengedrückt wird.

Dann ist es soweit, Frauen klammern sich an die Stäbe, und Männer pressen ihre Lippen ans feuchtgeküßte Metall. Der Einzelmensch ist ausgelöscht, die Gläubigen sind eine Gesamtheit. Kaum ist es möglich, in der dichtgedrängten Menschenmasse noch zu atmen.

»Dieser Glaube, dieser ungeheuer starke Glaube«, sagt später Marianne, »diese Einheit des einfachen Glaubens, der alle verbindet, den habe ich geradezu körperlich gespürt. Das gewaltige Gefühl in dieser Umgebung, so mitten in der Masse, hat auch mich ergriffen. Ich kann's nicht erklären, aber in diesen Minuten habe ich fast selber an die Wunderkraft des Imams Reza geglaubt.«

Imam Reza, der Achte Imam, hat schon viele und oft unglaubliche Wunder vollbracht. Todkranke Pilger wurden geheilt, verschollene Söhne kehrten zurück, Gefangene gelangten in Freiheit. Blinde gewannen die Sehkraft wieder,

Oben: Wenn der Kaiser Geburtstag hat, empfängt er im Gulestan-Palast, der nur noch als Museum und für repräsentative Zwecke dient, zahlreiche Abordnungen des öffentlichen Lebens zum sogenannten »Salam«. Hier den Ministerpräsidenten Hoveyda und die Minister. Rechts hinter dem Schahanschah der Hofminister Amir Assadollah Alam.
Unten: Demonstration der Belegschaft einer Textilfabrik in Rai bei Teheran. Auf dem mitgeführten Transparent steht zu lesen: »Dem eisernen Willen des Schahanschah verdanken wir, daß nun alle iranischen Älquellen unser Eigentum sind. Dadurch wird unser Leben besser werden.« (Juli 1973).

und verzweifelten Studenten gelang ein glänzendes Examen. Schon verlorene Prozesse wurden wider Erwarten gewonnen. Imam Reza hat geholfen! Imam Reza gebührt ewiger Dank!

»Wir sind alle viel zu kompliziert«, erklärt mir Marianne danach, »viel zu skeptisch und realistisch sind wir geworden. Alles müssen wir sezieren, um womöglich dahinterzukommen. Einfach zu glauben, ganz primitiv mit Leib und Seele zu glauben, ist vielleicht besser und macht in seiner Art die Menschen glücklich. Ich jedenfalls beneide sie darum.«

Wir wohnen – welch ein Kontrast – im supermodernen, erst vor kurzem eröffneten Hyatt-Hotel, das man in Erwartung eines regen Besuches ölreicher Araber mit Luxus und viel Komfort ausgestattet hat. Nicht für deutsche, aber für iranische Verhältnisse sind die Preise himmelhoch. Weil sonst ausländische Weine nur selten zu haben sind, schon gar nicht im alkoholfeindlichen Mashhad, wähle ich aus dem vorbeirollenden Getränkewagen eine schlichte Flasche Beaujolais. Doch zu meinem Glück rät Beheshti, erst nach dem Preis zu fragen. Nach unserem Geldwert kostet die nicht einmal mit Jahreszahl etikettierte Flasche sage und schreibe 140 DM!

Eine große Überraschung, ein Gegensatz ohnegleichen steht uns bevor. Eine der modernen, weltgewandten und hochgebildeten Damen von Teheran hat uns an ihre in Mashhad lebende Schwester empfohlen. Sie hat jahrelang mit ihrem Vater, der zum Diplomatischen Dienst gehörte, mit Mutter und Geschwistern in Deutschland, Frankreich und sogar Japan gelebt und beherrscht mindestens drei Fremdsprachen. Gleich sollen wir bei Frau S. anrufen, wenn wir Mashhad erreichen. Marianne hat es getan und, weil deren Gatte nicht anwesend ist, die perfekt Deutsch sprechende Dame zum Abendessen in unser Hotel geladen. Eine geraume Weile ging das Telefonat hin und her, bis meine fassungslose Frau endlich begriff, daß die iranische Dame nicht ohne ihren Gemahl das Haus verlassen durfte oder nicht verlassen wollte. Schon der Gedanke, sich mit Fremden im Hyatt-Hotel zu zeigen, schien sie zu erschrecken. Nachdem ihr Mann von der Reise zurück war, erging von ihm die Einladung an uns, sein Haus zu besuchen. Ein gewiß altmodisches Haus mußte es sein, dachten wir, ein Haus, wo man am Boden auf Teppichen sitzt, wo alle weiblichen Wesen tief verschleiert sind und nichts außer süßem Tee mit Pistazien gereicht wird. Tatsächlich lassen die Lage im Altstadtviertel und sehr hohe Mauern darauf schließen.

Aber drinnen das Gegenteil. Die Einrichtung ganz so, wie man es bei uns in gutsituierten Familien gewöhnt ist. Die charmante, etwa dreißigjährige Hausfrau trägt ein geschmackvolles Cocktailkleid, ist elegant und heiter, durchaus weltgewandt und selbstsicher. Auch ihr Mann verhält sich ganz wie ein Hausherr, der in München oder Düsseldorf ein fremdes Ehepaar empfängt, das ihm von Freunden empfohlen wurde. Wir haben gleich guten Kontakt, erhalten Tee und Gebäck, können unter alkoholischen Getränken nach Belieben wählen und führen ein angeregtes Gespräch. Eine deutsche Dame, in Mashhad verheiratet, kommt mit ihrer halbiranischen Tochter hinzu.

Was bekommen unsere Ohren nicht alles zu hören! Unglaublich scheint es, entspricht aber doch den Tatsachen. Frau S. hat ihren sympathischen Gatten erst am Tage vor der Hochzeit kennengelernt. Eine glückliche, mit reizenden Kindern gesegnete Ehe ist es trotzdem (oder deshalb?) geworden. Fräulein P., sonst in München fleißig studierend, ist nur für die Ferien zu ihren Eltern nach Mashhad gekommen. Die Schwabinger Lokale scheinen ihr gut bekannt zu sein, aber im heimischen Mashhad kann sie das Elternhaus nur in Begleitung einer weiblichen Verwandten verlassen. Es ist in der Provinz, teilweise auch in Teheran, noch allgemein üblich, daß junge Ehen exklusiv von den Eltern gestiftet werden. Weil jedoch die Eltern ihre Söhne und Töchter zärtlich lieben, kann es doch gar nicht anders sein, als daß sie für Fatma oder Hassan die beste Partie auswählen. Dies selbst zu tun, fehlt es den jungen Leuten noch sehr am notwendigen Verstand! Gefühle und Leidenschaft können noch längst keine gutgehende Ehe begründen. Im Gegenteil trübt leidenschaftliche Liebe nur den Blick und stiftet Verwirrung. Eben deswegen läßt man es gar nicht so weit kommen. Auf dem Lande gibt es kaum eine Gelegenheit für junge Männer und Mädchen, sich zu treffen. Schon das harmlose Händchenhalten gilt als grober Verstoß gegen gute Sitten. Beisammensitzen im Park, vielleicht gar ein Küßchen bei sinkender Sonne, schon damit hat sich das lockere Mädchen um seinen guten Ruf gebracht! Ein berührtes Mädchen – die anwesenden Damen erröten und senken den Blick –, ein berührtes Mädchen aus gediegener Familie wird keinen Mann mehr finden. Man glaubt es kaum, aber jeder ehrliche Iraner wird es bestätigen.

Nicht minder verblüffend das zurückgezogene Leben der Ehefrau. Unsere Gastgeberin, die als Diplomatentochter einen großen Teil der Welt gesehen hat und sich materiell jede Reise erlauben könnte, ist bis heute noch nicht in Persepolis, Schiraz oder Isfahan gewesen. Eine der anderen Damen an unserem Teetisch kennt Teheran nur vom Hörensagen, obwohl ein bequemer Schlafwagenzug Mashhad und die Hauptstadt des Reiches in elf Stunden Fahrt verbindet. Nur eine knappe Stunde beträgt die Flugzeit. Keine dieser Damen hat bisher das Hyatt-Hotel betreten. Jede hält es für selbstverständlich, erst den Gatten zu fragen, wenn sie eine Freundin besucht. So und nicht anders im letzten Viertel des 20. Jahrhunderts.

Wenn die Jugend rebelliert und im Ausland gegen iranische Verhältnisse demonstriert, richtet sich das meines Erachtens nicht, wie man allgemein glaubt, gegen das herrschende Regime, vielmehr gegen die überalterte, für junge Men-

schen frustrierende Lebensform. Sie aber hat nichts, absolut nichts mit dem fortschrittlichen Regierungsprogramm zu tun.
Wir sind sodann auf der Rückreise nach Teheran, auf der sehr langen, noch nicht durchgehend asphaltierten Strecke, zu deren Bewältigung man selbst bei flotter, fast pausenloser Fahrt zwölf bis vierzehn Stunden braucht. Allzu rasch wollen wir nicht sein, denn Neyshabur, Damghan, Semnan und noch andere historische, prähistorische wie auch kulturgeschichtlich hochbedeutende Städtchen liegen am Wege. Er ist ein Teilstück der legendären Seidenstraße gewesen, die aus dem Fernen Osten kommend über das Hochland von Pamir durchs heutige Afghanistan, durch Persien, über Bagdad bis schließlich ans Mittelmeer geführt hat. Dort haben seinerzeit die Phönizier, später die alten Griechen und Römer, schließlich die Venezianer und Genuesen den weiteren Transport zur abendländischen Kundschaft übernommen. Etwa alle dreißig Kilometer, entsprechend der damaligen Tagesleistung einer Handelskarawane, lagen die überraschend großen Karawansereien am staubigen Wege. Viele hundert Tonnen Handelsgüter, etwa fünfhundert Menschen und über tausend Kamele fanden Platz, Futter, Feuer und Wasser hinter den hohen fensterlosen Mauern solcher Karawansereien. Alle Räume, die Stallungen, Warenlager und so weiter, öffneten sich nach innen zu einem großen, quadratischen Hof. Relativ leicht ließ sich die Anlage in unruhigen Zeiten gegen Straßenräuber und raublustige Nomaden verteidigen. Bis zum Beginn des motorisierten Massenverkehrs waren die Karawansereien noch in Betrieb, wenn auch nicht mehr in vollem Betrieb wie zur großen Zeit der Seidenstraße. Einige haben erst vor etwa zwanzig Jahren ihre Pforten geschlossen. Jedoch nicht für immer, wenn sich die Hoffnungen von INTO und romantisch veranlagten Touristen erfüllen. Die besterhaltenen Karawansereien, auf dieser Strecke nicht mehr als fünf oder sechs, sollen wiederhergestellt, für heutige Ansprüche eingerichtet und dem Fremdenverkehr übergeben werden.

»Lehmdorf links voraus, wieder so 'n Beispiel von Armut und Elend. Mach die Kamera fertig, Kumpel, wir drehen noch 'nen Streifen vom sozialen Tiefstand hierzulande.«

So und ähnlich habe ich es von einem deutschen Kamerateam im Speisewagen des Zuges von Teheran nach Korramshar gehört und ebenso bei verschiedenen anderen Gelegenheiten. Aber Spaß beiseite, man muß sich selber und so oft wie möglich diese aus Lehmziegeln, Weidengeflecht und Stroh erbauten Dörfer ansehen. Nur so wird man die Lebensart seiner Bewohner begreifen.

Da liegt nun wieder so ein »Lehmdorf« in völlig flacher, keineswegs fruchtbarer Landschaft, knapp einen Kilometer von der Durchgangsstraße entfernt. Ringsum die Mauern von etwa drei Meter Höhe, ebenso graubraun wie die Landschaft. Überhaupt hat alles, wenn man nicht sehr genau hinschaut, die gleiche farblose Farbe. Dieses Dorf wollen wir uns ansehen, auch wenn Beheshti meint, da gebe es gar nichts zu sehen. Auch wir haben wie fast alle Touristen bisher den Fehler gemacht, an vielen hundert Dörfern vorbeizufahren, ohne eines zu betreten. Auf diese an sich unverantwortliche Weise hat man vom iranischen Volksleben nur begrenzte Eindrücke gewonnen. Lebt doch über die Hälfte der Bevölkerung in dörflichen Gemeinschaften.

Normale Motorfahrzeuge kommen nicht durchs Tor, es ist dafür zu eng. Nur Motorräder, Kleinwagen und schmale Lieferwagen können passieren. Ein Parkplatz vor der Mauer dient zum Abstellen der Fahrzeuge. Doch sind es heute nicht mehr als drei oder vier. Das Tor führt durch einen Turm aus Lehm. Ohne weiteres ist ihm anzusehen, daß er Verteidigungszwecken gedient hat. Vielfach ist noch heute üblich, wenn auch unnötig, die schweren Holztore vor Dunkelwerden bis zum Morgengrauen zu schließen.

Nach Durchschreiten des Tores gelangen wir auf den Hauptweg. Er ist zu schmal und zu sehr nach der Mitte geneigt, um Hauptstraße genannt zu werden. Sein Boden ist identisch mit dem natürlichen, längst hart- und festgetretenen Boden des Dorfes. In der Mitte eine Rinne mit langsam fließendem Wasser, das vermutlich durch einen Kanat in die Siedlung geleitet wird. Hier und da knorrige Weidenbäume am Rand des Rinnsals, aber auch in der Mitte des Weges. Fuß- bis handbreite Seitenkanäle, durch Holzbretter abzusperren, können das Wasser durch mannshohe Lehmziegelmauern in Gärten und Häuser führen. Alles ist ruhig und still, fast könnte man glauben, das Dorf sei verlassen.

Dann begegnet uns ein Esel mit herabhängenden Ohren, der bei unserem Anblick vor Schrecken stehenbleibt und warnendes Wiehern von sich gibt. Hunde, die auf flachen Dächern zu schlafen gewohnt sind, werden sofort wach. Sie erblicken die völlig fremden Gestalten in der Gasse und bellen Alarm durchs Dorf. Der Lärm vertreibt umherlaufende Hühner, verjagt ein paar harmlose Schafe und bringt als erstes die Kinder auf Trab. Als sie uns sehen, erstarren sie für eine gute Minute zur Reglosigkeit, wonach die Schüchternen davonlaufen und die Tapferen näherkommen. Inzwischen treten auch Frauen vor die Tür, und Männer lassen im Haus oder Hof die Arbeit liegen. Überraschte, erstaunte, fragende Gesichter. Es kann viele Jahre her sein, ist vielleicht noch nie geschehen, daß absolut landfremde Leute ins Dorf kamen.

Beheshti gibt Erklärungen ab, von denen ich nur verstehe, daß wir Deutsche sind. Wer nie erlebt hat, welche Wirkung »Almani« bei iranischen Landbewohnern ausübt, den kann echte Rührung ergreifen. Die Augen der Menschen werden größer, das Gesicht gewinnt an Farbe, nimmt den Ausdruck des Lächelns an, und schließlich wird man von lachenden Augen angestrahlt. Grüße des Willkommens, Einladungen ins Haus. Schon wird auch heißer Tee gebracht. Von einem Kranz guter Freunde sind wir umgeben. Womit haben gerade wir Deutsche das verdient?

Die Frage habe ich oft gestellt, natürlich auch viele andere Deutsche. Die Antworten sind verschieden. »Die Deutschen haben nie ein Stück von unserem Vaterland gewollt, niemals haben die Deutschen bei uns geraubt und gestohlen, die Deutschen haben unsere Eisenbahn gebaut, im Krieg haben sie gegen unsere Feinde gekämpft, gegen die Briten und die Russen. Die Deutschen sind immer ehrlich (!) bei ihren Geschäften. Schon vor hundert Jahren hat der deutsche Schahanschah gute Lehrer in unser Land geschickt und dafür kein Geld gewollt.«

Gefolgt und geführt von einer Freundesschar im Alter zwischen drei und wahrscheinlich dreiundachtzig Jahren, bummeln wir durch gewinkelte Gassen und über staubige Dorfplätze, gehen durch Engpässe von kaum einem Meter Breite, auch über Hauptwege mit Bächlein und Brunnen. Das Dorf ist »nach Bedarf« entstanden, ohne planmäßige Straßenführung, ganz ohne autoritäre Anleitung. Mittelpunkt ist eine Moschee. Wie jedes andere Bauwerk besteht sie aus farblosen Lehmziegeln, jedoch gebrannten. Daneben die Zwei-Klassen-Schule, hier nicht von der »Armee des Wissens« geführt, sondern von einem zivilen Lehrerpaar. Das Polizeirevier fehlt, weil – wie unsere Freunde sagen – hier nur brave Menschen leben. Statt dessen gibt es eine Krankenschwester (zur Zeit abwesend), die leichtere Fälle behandelt wie beispielsweise Geburten. Für Schwerkranke kann die Schwester durch Sprechfunk ärztliche Hilfe, schlimmstenfalls einen Hubschrauber herbeirufen. Natürlich gibt es auch Geschäfte, aber draußen steht nicht angeschrieben, was drinnen zu haben ist. Es weiß doch jeder. Eine Fahne kennzeichnet die Schule, ein kurzes Minarett die Moschee und der »Rote Löwe« die Ambulanz. Es muß auch eine Post geben, aber gesehen haben wir sie nicht. Auf Telefon und elektrischen Strom können die Dorfbewohner verzichten, ihre Radios laufen mit Batterien.

Zu jedem Lehmziegelhaus gehört, davor oder dahinter oder ringsherum, ein Garten mit Hof. Dort gedeihen Gemüse, ein paar Obstbäume, Blumenbüsche, dazu einige Hühner, oft auch zwei bis drei Schafe. Im Hof ein Verschlag mit Plumpsklo, sonst noch ein Schuppen für Arbeitsgeräte, Vorräte und mancherlei tägliches Gebrauchsgut. Völlig anders wird das Bild, sobald man ins Haus selber kommt. Weiß getüncht die Wände, Teppiche und Kissen auf dem Boden, Truhen für Kleider, die Wände mit allen möglichen Sachen behängt. Sauber ist es, meist gut aufgeräumt und recht gemütlich. In keinem Haus fehlt das Bild des Schahs, der Schahbanu und des Kronprinzen. Als Vater des Volkes wird der Kaiser angesehen, und wie gut er für seine Iraner sorgt, können alle älteren Leute bestätigen. Sie erinnern sich und ziehen Vergleiche zwischen früher und heute.

Beheshti übersetzt meiner Frau die wiederholte Aufforderung der dörflichen Damen, sie »ins Bad« zu begleiten. Erst nach Rückfragen stellt sich heraus, daß dies bescheidene Dorf – wie fast alle vergleichbaren Dörfer – eine geräumige, für beide Geschlechter getrennte und vielbesuchte Badeanstalt besitzt, die alle Tage von mittags bis abends in Betrieb ist. Nichts läßt sich von außen erkennen, abgesehen vom aufsteigenden Wasserdampf. Marianne hat schon immer Spaß verstanden und zieht mit den badefreudigen Frauen davon. Was sie nachher berichtet, klingt wie ein orientalisches Märchen. Auf jeden Fall geht's im Badehaus der Frauen, Mädchen und kleinen Kinder recht lustig zu. Als erstes betritt man einen von warmen Dunstwolken erfüllten Raum, worin die Badegäste die Kleider ablegen. Riesige Wolltücher werden gebracht, dazu Wurzelbürsten und poröse Steine zum Abreiben der Haut. Im folgenden Raum stehen verschiedene Badebecken zur Verfügung mit heißem, warmem und lauwarmem Wasser. Sie werden abwechselnd benützt. Aber Hauptsache ist das Reden und Ratschen, wobei man auf dem gewärmten Boden hockt, Nüsse knabbert, Tee auf Holzkohlenfeuer bereitet, mit den Kindern spielt und mit dem Lachen nicht aufhört.

Also führen die iranischen Frauen kein so schlechtes Leben, wie oft behauptet wird. Draußen auf dem Land haben die einfachsten Frauen in den angeblich »elenden Lehmdörfern« ihren Spaß und flüchten ins Bad, wenn daheim die Männer zu lästig werden.

Meinerseits hätte ich gerne das Männerbad aufgesucht, aber es ist dort allzu leer und gar nichts los, weil die meisten Männer noch draußen auf dem Felde sind. Aber der Arbeitstag endet für fast alle im gemütlichen Dampfbad. Ich hoffe von Herzen, das iranische Dorfleben möge noch lange bleiben, wie es ist.

Noch am gleichen Abend sehr spät sind wir in Teheran. Die Bar im »Park« ist noch offen, und wir nehmen einen Gin-Tonic mit Beheshti. Er hat eben auf den Kilometerzähler geschaut und nennt die insgesamt zurückgelegte Entfernung. Ganz genau habe ich sie nicht im Gedächtnis, aber es ist jedenfalls mehr, bedeutend mehr als der halbe Umfang der Erde.

»Sie fangen allmählich an, unser Land kennenzulernen«, sagt er, nicht etwa im Scherz, sondern vollkommen ernst und fügt hinzu: »Was wollen Sie als nächstes unternehmen?«

»Die Durchquerung der Großen Salzwüste auf dem Rücken der Kamele ... wann können wir aufbrechen?«

»Vor ungefähr zehn Jahren heutzutage nicht mehr.«

Literaturnachweis

Avery Peter: Modern Iran, Ernest Benn, London 1965.
Bau Milli: Iran wie er wirklich ist, Bechtle Verlag, Stuttgart.
Bureau of Inf. and Reports: Fourth National Development Plan, Plan and Budget Organ, Teheran, 1970.
Bureau of Inf. and Reports: Development Plan, Budget and Plan Organ, Teheran, 1968.
Bureau of Inf. and Reports: Final Report, Plan and Budget Organ, Teheran, 1970.
Bureau of Inf. and Reports: The Imperial Government of Iran, Plan and Budget Organ, Teheran 1973.
Bureau of Inf. and Reports: The Textile Industry in Iran, Plan and Budget Organ, Teheran, 1968.
Bureau of Inf. and Reports: The Sugar Industry in Iran, Plan and Budget Organ, Teheran, 1968.
Bureau of Inf. and Reports: Dam Construction in Iran, Plan and Budget Organ, Teheran, 1969.
Bureau of Inf. and Reports: Fifth National Development Plan, Plan and Budget Organ, Teheran 1973.
Diez Ernst: Iranische Kunst, W. Andermann, Wien, 1944.
Firouz Eskandar: Conservation and Wildlife Management in Iran.
Ghirshman Prof. Dr.: The Island of Kharg, Iranian Oil Operating, Teheran, 1971.
Gödecken Horst: Der königliche Kaviar, H. Siepmann Verlag.
von Hentig W. O.: Meine Diplomatenfahrt im Verschlossenen Land, 1918.
von Hentig W. O.: Heim durch Kurdistan, 1940.
von Hentig W. O.: Mein Leben eine Dienstreise, Vandenhoeck und Ruprecht, Göttingen, 1962.
Hentrich A.: Ausgrabungen und Forschungen, Deutsches Archäologisches Institut, Berlin.
Hureau Jean: Iran für Sie, Hieronimy, Bonn.
Jaroljmek Edmund: Das andere Iran, Nymphenburger Verlagshandlung, München, 1951.

Kaster Heinrich: Iran heute, Econ Verlag, Wien, 1974.
Khalkhali Kucheh: Echo of Iran, Echoprint, Teheran, 1972.
Khalkhali Kucheh: Iran Almanac, Echoprint, 1973.
Louis Gregory: The Shah and Persia, Johnson, London, 1961.
Ministry of Information: The Royal Road to Progress, Teheran, 1974.
Markazi Bank: Iran Jewels.
Mathesson Sylvia: Persia: An Archaelogical Guide, Faber and Faber, London, 1972.
Ministry of Information: Iran, Offset Press, Teheran, 1969.
von Mikusch Dagobert: Wassmuss, Paul List Verlag, 1937.
Mostofian Y.: Iran Oil, N.I.O.C. Central Office, Teheran, 1974.
Pahlevi Reza Shahanshah: Im Dienst meines Landes, Deutsche Verlagsanstalt, Stuttgart.
Pahlevi Reza Shahanshah: Die Soziale Revolution Irans, Eugen Diederich Verlag, Düsseldorf.
Pakravan Emineh: Vieux Teheran, Editions De L'Institut Franco Iranien.
Paret Rudi: Mohammed und der Koran, Kohlhammer Verlag, Stuttgart, 1957.
Payne Robert: Persische Reise, O. Müller, Salzburg.
Preben Liebetrau: Oriental Rugs in Colour, The Macmillian Comp., New York, 1963.
Sahebjam Freid: L'Iran des Pahlavis, Berger-Levrault, Paris, 1966.
Sanghavi Ramesh: Iran Destiny of Oil, Transorient, London, 1971.
Sanghavi Ramesh: The Shah of Iran, Transorient Books, London, 1968.
Schlick D. B.: Modern Oriental Carpets, Conti Printing, Comp. Hongkong, 1968.
Stevens Roger: The Land of the Great Sophy, Methuen & Co. Ltd., London, 1965.
Stark Freya: Das Tal der Mörder, Rowohlt Verlag, Hamburg, 1949.
Tehrani Alexander: Kleine Auslandskunde Iran, Junker u. Dünnhaupt Verlag, Berlin, 1943.
Varenne Jean: Zarathushtra.

Register

Karawane 81, 151 f., 156, 188, 263

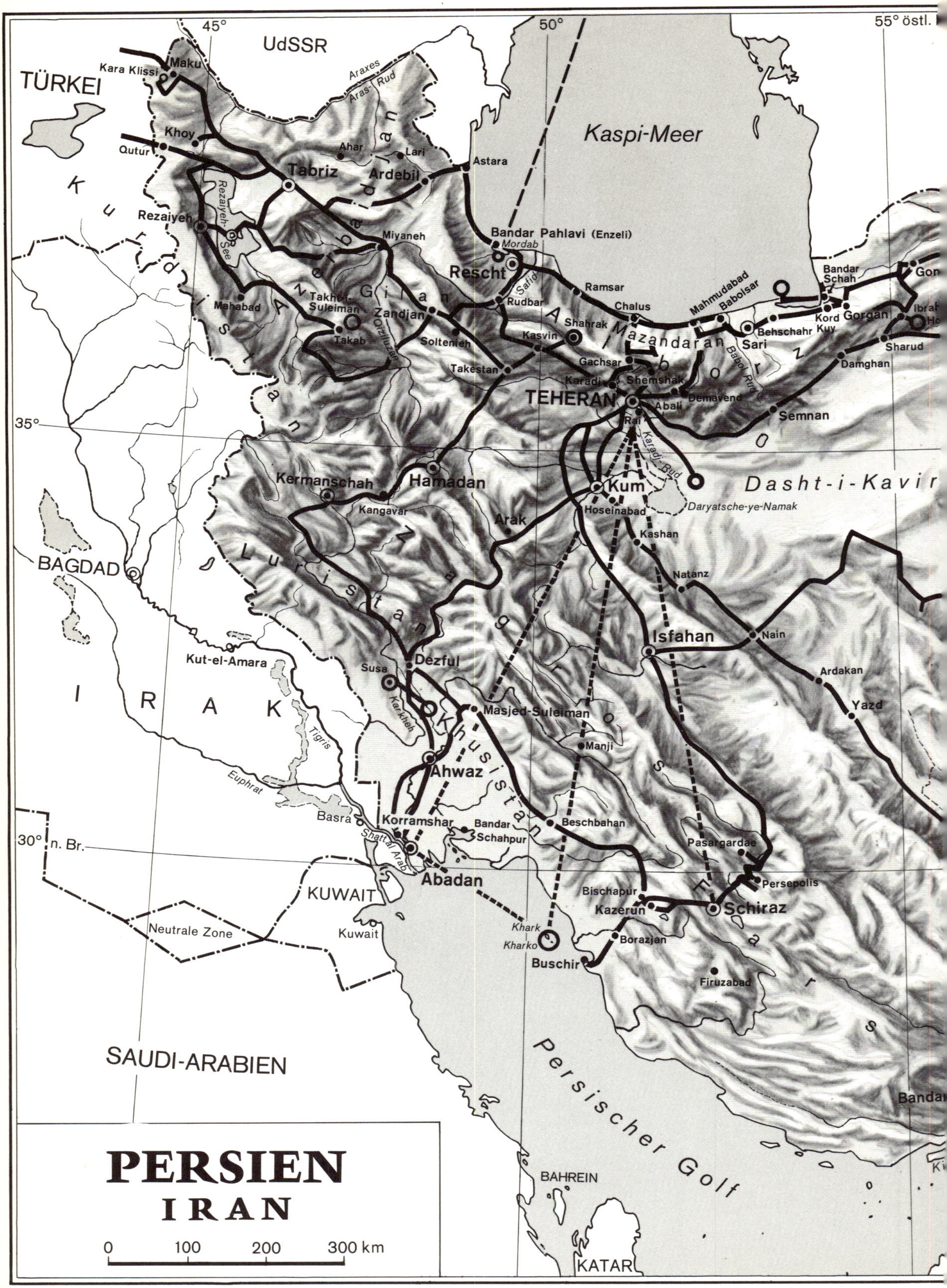
PERSIEN
IRAN
0 100 200 300 km
45°
50°
55° östl. L.
35°
30° n. Br.
UdSSR
TÜRKEI
Kaspi-Meer
IRAK
KUWAIT
Kuwait
Neutrale Zone
SAUDI-ARABIEN
BAHREIN
KATAR
Persischer Golf
Dasht-i-Kavir
Daryatsche-ye-Namak
Kurdistan
Aserbaidjan
Gilan
Mazandaran
Alborz
Luristan
Zagros
Khusistan
Fars
Araxes
Aras Rud
Rezaiyeh-See
Qizil Uzan
Safid
Babol Rud
Karadj Rud
Karkheh
Tigris
Euphrat
Shatt al Arab
Maku
Kara Klissi
Khoy
Qutur
Tabriz
Ahar
Lari
Ardebil
Astara
Rezaiyeh
Miyaneh
Mahabad
Takht-i-Suleiman
Takab
Zandjan
Soltenieh
Bandar Pahlavi (Enzeli)
Mordab
Rescht
Rudbar
Ramsar
Chalus
Shahrak
Kasvin
Takestan
Gachsar
Karadj
Shemshak
TEHERAN
Rai
Abali
Demavend
Mahmudabad
Babolsar
Sari
Behschahr
Bandar Schah
Kord Kuy
Gorgan
Sharud
Damghan
Semnan
Hamadan
Kermanschah
Kangavar
Arak
Kum
Hoseinabad
Kashan
Natanz
Isfahan
Nain
Ardakan
Yazd
BAGDAD
Kut-el-Amara
Dezful
Susa
Masjed-Suleiman
Manji
Ahwaz
Basra
Korramshar
Bandar Schahpur
Abadan
Beschbahan
Pasargardae
Persepolis
Bischapur
Kazerun
Schiraz
Khark
Kharko
Borazjan
Buschir
Firuzabad